THE HISTORY OF ENGLAND

英格兰史

六部曲

— Ⅵ —

革故鼎新

帝国斜阳与战后世界

[英国]

彼得·阿克罗伊德

— 著 —

马睿　朱邦芊

— 译 —

译林出版社

图书在版编目（CIP）数据

革故鼎新：帝国斜阳与战后世界／（英）彼得·阿克罗伊德（Peter Ackroyd）著；马睿，朱邦芊译．—南京：译林出版社，2022.9（2024.12重印）
（英格兰史六部曲）
书名原文：Innovation
ISBN 978-7-5447-9173-1

Ⅰ.①革… Ⅱ.①彼… ②马… Ⅲ.①英国－历史－近现代 Ⅳ.①K561.4

中国版本图书馆 CIP 数据核字（2022）第 086852 号

革故鼎新：帝国斜阳与战后世界 ［英国］彼得·阿克罗伊德／著 马睿 朱邦芊／译

责任编辑 陶泽慧
装帧设计 韦 枫
版式设计 黄 晨
校　　对 戴小娥
责任印制 董 虎

原文出版 Macmillan, 2021
出版发行 译林出版社
地　　址 南京市湖南路 1 号 A 楼
邮　　箱 yilin@yilin.com
网　　址 www.yilin.com
市场热线 025-86633278
排　　版 南京展望文化发展有限公司
印　　刷 徐州绪权印刷有限公司
开　　本 718 毫米 ×1000 毫米 1/16
印　　张 29.75
插　　页 12
版　　次 2022 年 9 月第 1 版
印　　次 2024 年 12 月第 3 次印刷
书　　号 ISBN 978-7-5447-9173-1
定　　价 92.00 元

目　录

1

日落帝国

第二次布尔战争最为惊人的不是旷日持久、血雨腥风的游击战，而是英国军队的惨状。[①] 士兵营养不良，体弱多病，士气低落。1902 年战争结束后的一项调查显示，有 16 000 名军人因口粮不足和体质虚弱而病死他乡。许多英国士兵都是因为贫穷而被迫入伍的，但大约 60% 的志愿者因不适合服役而遭到拒绝。这一发现促使人们进一步对“某些阶层的人口状况恶化”进行调查，只不过这些调查至少晚了 50 年。

对战争军事行动的调查同样令人不安。这场战争耗资 2.5 亿英镑，几乎征用了 50 万名英军才打败了与布莱顿人口规模大致相仿的布尔人。这些调查的公布促使政府成立了一个帝国防务委员会，协调军队的运作，并遏制
英国的侵略主义浪潮。1900 年，在战争的胜利开局阶段，帝国主义的热浪 1
使得保守党和自由统一党的联盟在所谓“卡其色选举”[②] 中上了台。保守党主导的该联盟获得了压倒自由党的绝大多数席位，致使英国政治的“钟摆”

① 本书是一部英格兰史，而非不列颠史。但本书会不断提到不列颠的陆军、海军、政府、君主制和帝国等制度与机构，因为它们与英格兰的历史密不可分。出于同样的原因，书中还涉及了发生在更广泛的联合王国的某些事件。——原注

② 卡其色选举，指受到战时或战后情绪严重影响的国家选举。——除特别注明外，本书脚注均为译注

定律失灵了。

随着战争的延续，从前那些有过帝国荣耀感的人开始感到失望和丢脸。工人阶级甚至声称自己对布尔叛军充满钦佩。“在我们的法庭上暗无天日之时，”一个伦敦人如此说道，“谈论日不落帝国又有何益处？”到那个十年结束之时，有关“大英帝国”的陈词滥调会引起一片大笑。

英国军队的种种缺陷标志着全国性的衰退吗？19 世纪有很多人认为，英国人的进取与诚信曾给大英帝国的远方领土和各种文化带去了秩序；而在新世纪的肇始，他们不再相信这些自夸了。第二次布尔战争后，政客们惯于谈论现有殖民地、自治领和“经济势力范围”的“巩固”或“整合”。人们认为，面对德国、日本和美国的蓬勃发展，英格兰如果要作为一个大国生存下去，就必须加强帝国内部的政治和经济联系。

有些政客认为，由于英国军队能力有限，而在英国控制的领土上，民族主义情绪日益高涨，在帝国内建立一个“自治领”的制度是确保一统的唯一出路。19 世纪末，受过教育的印度精英根据“国家代议制”的原则发展出种种政治理论。爱尔兰民众对“自治”的支持率也几十年来一直居高不下，反英情绪愈发强烈。

在英格兰也能听到类似的批评。英军烧毁了数千户布尔人的房屋和农场，并建造了 8 000 座“集中营”来安置被驱逐的布尔人，这一做法激起了公愤；而随着大约 2 万名妇孺死于集中营中，人们更是怒气上涌。随后又有消息传到英格兰，说政府竟然允许 5 万名中国劳工在南非矿区工作，工
2 资微薄，生活条件恶劣。在野的自由党政客惊呼政府居然“奴役中国人”。英国将文明馈赠给了“原始”社会，一直是为帝国扩张的正当性辩护的理由。19 世纪末，英国的印度总督曾吹嘘要向该国输入“正义的统治”以及“和平、秩序与善政”。但在第二次布尔战争之后，许多观察家认为英国的“文明使命”不过是一种剥削的借口。

进入 20 世纪后，英国人还不得不面对其国际经济地位的下降。在维多利亚时代，英国制造商主导了世界贸易。技术革新和廉价劳力的结合，使英国人能够以低廉的成本生产商品；帝国市场的存在和扩大，加上制海权，

确保了商品能够安全销往世界各地。同时，英国各个殖民地利用从伦敦金融城借来的资金，委托英国公司建设复杂的工程项目。19 世纪 70 年代，联合王国制造业总额占全世界的三分之一，但在 20 世纪初，这一数字下降到 10%。

英格兰再也不能自称“世界工厂”了——德美两国如今在争夺这个称号，这两个国家都因 19 世纪下半叶的统一而增强了实力，并在近来的战争中发展了现代生产方法。1900 年，美国的煤铁产量超过了英格兰，而德国的采矿技术、电气工程和化工业则更有优势。英格兰的部分问题在于其工业化远远早于对手，因此无论是政府还是资本和劳工代表，都缺乏振兴制造业的远见与意愿。英格兰技术僵化，无法拓展帝国疆土，并且由于外国政府的关税而被许多国际市场拒之门外。铁、羊毛、船舶和煤炭等主要出口产业都已老朽不堪。而且英格兰还越来越依赖外国进口，更使出口额下降的问题雪上加霜。1900 年后，英国出现了国际收支赤字，流出的钱比流入的多。在接下来的 14 年里，其经济增长减半。 3

1901 年初，《年鉴》认为英格兰的前景令人“充满忧虑”。几周后的 1 月 22 日，维多利亚女王驾崩，国民的焦虑更加严重了。消息传遍全国，教堂敲响丧钟，人们纷纷拥上街头，剧场停演，交通中断。对于许多人来说，绝望中夹杂着茫然。外国观察家有时会说，君主制就是英国人的宗教，但绝非举国都是王室的信徒。小说家阿诺德·贝内特认为：“无论记者怎么说，[伦敦人]大体上没有受到很深的震动。”

不过，所有评论家都认为，女王的去世是这个国家历史上的一个转折点。《泰晤士报》宣布：“我们的地位不那么稳固了。”作为一个“国家”，“我们的势头可能已经耗尽”。维多利亚女王驾崩后不久，有人预言维多利亚时代的道德观也将一去不返。下议院保守党领袖阿瑟·詹姆斯·贝尔福在议会演说中宣布“一个伟大的时代结束了”。

不久，维多利亚时代的另一根支柱也倒下了。1902 年 7 月，索尔兹伯里勋爵辞去首相职务，理由是健康状况不佳，他的庞然体重给双腿和心脏造成了过大的压力。自从 1886 年自由党因爱尔兰地方自治而分裂，自由统一党投靠保守党后，这位保守党大佬就一直掌控着政治生活，16 年中除 3 年之外的其他时间都在执政。作为老派的保守党贵族，他憎恶现代的民主倾向，认为本党的使命是代表持有土地的“执政”阶级，为了他们的利益维持现状。“无论发生什么都是坏事，”这是他最著名的政治宣言，“因此，发生的状况越少越好，这才是我们的利益所在。”一些观察家认为，索尔兹伯里的去世正是大英帝国即将崩溃的先兆；还有一些人认为，他的去世再度表明，维多利亚时代彻底结束了。

然而，索尔兹伯里风格的保守派竭力否认旧秩序的消亡。在保守党看
4 来，维多利亚时代的真理，包括自由放任的经济和政治，以及贵族、王室、英国圣公会和帝国在国家生活中的中心地位，都是神圣不可动摇的。虽然自由党代表了英国人口中的商人和不信奉国教者，但其内部颇具影响力的贵族成员比对手党派更热衷于自由市场资本主义。

两党内部的被动性反映出政治制度缺乏活力。英国选举的“简单多数当选制”使得新政党几乎不可能胜选。结果数十年来都是由保守党和自由党分享权力。选举权仅限于每年支付 10 英镑地租或拥有同等价值土地的男性，这意味着 40% 的英国男性以及全部女性都无权投出选票。由于议员不领薪水，因此只有最富有的男子才有能力参选下议院。议员一旦当选，就会制定立法提案，由不经选举产生的、由保守党主导的上议院修改或否决，然后提交给君主批准。名义上的“立宪制”君主除了是英国教会、军队和贵族的领袖之外，还是英国最大的地主之一，他或她实际上还享有广泛的行政权力，即所谓的“王室特权”，包括罢免和任命首相的自由。

与英国的政治家不同，这里的知识分子赞美维多利亚时代的结束，并急切地铺陈出一个美丽新世界的计划。H. G. 威尔斯将维多利亚女王比作“半个世纪以来一直压在人们心头上的一方硕大的镇纸……一旦被移除，他们的创意就开始在此地肆意传播”。威尔斯等激进派将“维多利亚时代”用作贬义词；而如今更公平、更理性的时代即将到来。自由派经济学家 J. A. 霍布森指出，越来越多的人突然看似“鬼迷心窍，觉得有义务、有意愿提出令其父母震惊的问题，并坚决要求简单易懂的答案”。国家的作用是什

么？帝国的目的是什么？妇女和工人阶级为何被排除在选举程序之外？经济与社会不平等的原因和对策又是怎样的？

为了回答这些问题，大量的政治和文化运动应运而生。社会主义、无政府主义和女性主义团体纷纷成立，工会也蓬勃发展。一些知识分子转向 5
神智论等宗教哲学，或致力于包括反活体解剖和反疫苗接种在内的单一议题的政治事业。许多改革者期待着科学为他们指明通往光明未来的道路。虽然不同的激进主义者采取了不同的手段，但费边社[①]的社会主义者比阿特丽斯·韦布相信，他们都在为同一个目标而努力：她写道，“整个国家”正在“滑向社会民主主义”。

取代衰亡的维多利亚时代巨擘的人与前辈的名望并不相称。继任维多利亚的是她的长子爱德华，他年近花甲，用年轻的保守党议员温斯顿·丘吉尔的话说，是“终于有了用武之地”。1841 年出生的爱德华髭须浓密、身材魁梧，一看就是个生活在 19 世纪的人。他喜欢雪茄、女人、八卦、笑话和军装，但最大的爱好是美食。他因放纵无度而致病，不得不推迟加冕典礼，这为他的统治定下了基调。当时的大部分臣民都生活在贫困中，新国王惹人注目的挥霍令宫廷尴尬不已。

爱德华也通身充满了维多利亚时代特有的欢乐、活力和奔放。据目击者描述，他在发泄“世袭的汉诺威坏脾气”时“像公牛一样咆哮”。他的许多政治观点也表明他是属于 19 世纪的人。在帝国事务上，他痛恨给予殖民地自治权。然而，同他狂热的保守派母亲相比，爱德华在党派政治方面比较中立，不太愿意干涉政府和议会的事务。另一方面，新国王渴望对政府的外交事务施加决定性的影响。作为一个能讲多种大陆语言的人，一个以“优秀的欧洲人”自居的人，他倒是比大多数现代英国君主更有资格这样做。

维多利亚对长子的享乐主义生活方式很不以为然，然而爱德华亲切友

① 费边社，由一群中产阶级知识分子发起的英国社会主义团体，成立于 1884 年。该学社以古罗马名将费边命名，意在师法费边有名的渐进求胜的策略。

善、衣着优雅又喜欢在公众场合露面的特点，为他赢得了无数崇拜者。他
6 最终举行了加冕典礼，举国欢庆，他在位期间也一直是一位广受欢迎的国王。在“爱德华时代”成长起来的作家 J. B. 普里斯特利回忆起这位君主在全国上下激发的热情，认为爱德华是自查理二世以来最受欢迎的英国国王。占绝对多数的右翼英国报纸将国王树立为一个偶像，他们可以借由这个偶像，间接地享受到权力和快乐。

首相职位的承袭也像王位继承一样，变成了家族事务。索尔兹伯里勋爵于 1902 年离任时，没有进行选举，而是任命其外甥阿瑟·贝尔福为首相。这绝非索尔兹伯里第一次在政府内部提拔亲属，但没有什么比这更能说明英国贵族统治阶级的霸权，也没有什么比这更能说明保守党的本质特性了。

贝尔福慵懒的姿态和狡猾的智慧，与他所效力的国王形成了鲜明的对比，他最有名的著作是一本名为《为哲学质疑辩解》的哲学小册子，此人热爱哲学研究，还是个修辞的天才。然而，他以这样的修辞来掌控议会，往往让人很难听懂他的要旨。贝尔福似乎从不主张或谴责某种观点；他不提出行动方案，而是倾向于分析所有可能的选择，到最后没有一个方案会显得具有可行性。这位保守党贵族不想改变现状本是情理之中，但此人的不同寻常之处在于，他怀疑一切形式的政治激情。他仿佛非常害怕国家会陷入无政府状态，努力通过讽刺、演说甚至是强制的手段与之保持距离。19 世纪 80 年代，作为爱尔兰布政使，他因政策严厉而被称为“血腥贝尔福”。他曾说，“允许”自治者“获胜”，“就是放弃文明……和权威”。贝尔福经常为保守派的“价值观”辩护，但他对任何具体的政治问题都没有热情。政治是追求自身利益的艺术，而不是成事的手段。

许多批评贝尔福的人认为这位首相软弱无能，而另一些人则哀叹他对
7 自己统治的人民缺乏兴趣。有人说，他一辈子都没读过报纸。保守党首相
对“下层阶级”几无兴趣，对“除了生产制造之外不适合”做任何事情的
中产阶级唯有蔑视，他是执政贵族精英傲慢自大的集中体现。这就是带领
8 国家迎接新时代挑战的领袖吗？

2

温馨家园

在王宫和议会之外，是无数大兴土木的街道。那里有着独立或半独立的两层红砖建筑，一式的板岩屋顶、凸肚窗台、木材框架、平开窗户，门前还有个小花园。路人透过保护住宅隐私的篱笆望去，可以看到蕾丝窗帘后面精心布置的窗台陈设。这些“郊区”的住宅整齐干净，带着一丝小康的气息，似乎在宣告着人民的繁荣和满足。在爱德华治下，郊区人口激增：1910 年，“外伦敦”地区的人口几近百万人。

新房子都取了“美景堂”或“月桂庄”之类的名字——在乔治和威登·格罗史密斯的维多利亚时代晚期名著《小人物日记》中，典型的郊区居民主人公查尔斯·普特尔的宅子就叫这样的名字。它们通常聚集成街区，或是沿着断头路排列成行。附近会有公园、保龄球馆或网球俱乐部和成排商店。穿深色西装、戴圆顶礼帽的男人会手持雨伞离家上班；年轻的母亲会推着婴儿车出门；杂货店和报刊亭的伙计会来送货。街上很少能听到孩子们玩要的声音。这就是“英格兰中产阶级”的深层意识。 9

郊区的特点是远离市中心的工业和商业关切。这里充满了田园和浪漫的想象，路旁绿树成行，碧草如茵，为那些有能力逃离市中心喧嚣街巷的人建立了一座没有市井嘈杂的城市。越是枝繁叶茂、辽远广阔的郊区，房价就越高，自有住房者的比例也越高。南伦敦郊区巴勒姆的一幢房子售价逾 1 000 英镑，周租金高达 12 先令，只有中产阶级才能承受得起。

郊区群体中较为低端的是熟练工和手艺人，他们在工作上倒是权威人士，“上司”在其姓氏之后要加上“先生”的敬称。这个群体还包括小店主、零售商、酒馆老板、教师、寄宿公寓管理员和小商户。他们一般在“内郊”租房居住，有时会雇一个仆人——这是爱德华时代劳动密集型家庭的必需品，也是身份的象征，表明他们比半熟练或不熟练的工人或力工高一个层次。“有仆阶层”中最底层的成员也会觉得自己太过优越，不能与酒馆里的劳动人民厮混在一起，但又无力成为中产阶级餐馆的常客。事实上，他们往往会竭力维持自己的社会地位，在爱德华时代的英格兰，社会地位就是一切——从内郊滑落到内城会被认为是不可逆转的悲剧。破产、失业和家庭成员的生病或死亡都可能造成这种不幸局面。

城市办公机构职员的社会地位比较稳定；公务员、财务人员和经理助理也是如此，他们的年薪在 300 到 700 英镑之间。这些人有两个以上的仆人，买得起曼彻斯特内郊乔尔顿和威辛顿等地的宅子。但更加枝繁叶茂的外郊地区却是他们心有余而力不足的。最有吸引力的高级郊区被上层中产阶级占据，他们是制造商和批发商，以及会计师、建筑师、大小律师、医生、兽医、银行家、精算师和测量师等专业人士阶层。随着 19 世纪的进
10 展，他们的势力越来越大，组织越来越严密，每个行当都成立了协会。他们有能力雇用几个仆人，让子女在私立学校接受教育。受过教育后，男孩往往会从事与父亲相同的职业；待嫁的女孩则被鼓励成为速记员或家庭教师。

郊区居民可以沿着新建的交通线去城里上班，这些交通线包括有轨电车和公共汽车，以及地上和地下铁路。例如巴勒姆通过肯宁顿和斯托克韦尔的地铁站与伦敦金融城相连，迪兹伯里也以地上火车与曼彻斯特中央车站相接。有轨电车是最廉价的出行方式，清晨班次特殊的“工人票”让乘客可以用一便士乘坐最多十英里的行程。然而正因为有轨电车广受工人欢迎，中产阶级往往避而远之，改乘火车。

每当城市郊外建起新的火车站，附近就会出现地产代理公司，向投机

者、建筑公司和私人买家供应土地。1907 年，位于北伦敦的格德斯绿地通过查令十字、尤斯顿及汉普斯特德铁路与金融城相连；建筑大军接踵而至。1910 年，在车站、铁路线和道路周围，山形墙砖木结构的覆瓦“半独立式住宅”越来越多，一份当地报纸评论说：“整日敲打不停，让人想起远处的雷声。”当时没有城市开发计划，地方当局也毫无管制，所以房屋建得挤挤挨挨，以实现利润最大化。这是一种无序的扩张，既不考虑新居民的生活质量，也不考虑对乡村的保护。到 1914 年，人们简直无法相信，仅仅十年前，格德斯绿地还是个林木葱茏的地方。

这些外围城市的不断发展会让人们以为，英国人口也在膨胀。然而，郊区的低密度住房与欧陆的高楼大厦和英国城市的老式庭园形成了鲜明的对比，揭示出不同以往的人口趋势。新式宅第适合英格兰相对老龄化的人口。在爱德华时代，英格兰人口的增长速度自有记录以来首次放缓了。
1900—1910 年间，出生率从 36‰ 降至 24‰；英国全靠死亡率下降和越来 11
越多的移民拥入，才使人口保持增长。

出生率和死亡率的下降，意味着英格兰不再是维多利亚统治初期那个充满活力的年轻国家了。1841 年，有一半人口在 20 岁以下，但到 1914 年，这个数字降至不到三分之一。这种趋势进一步引发了人们对国家强盛的担忧，而日益增加的移民则激发了排外情绪，许多人抱怨英格兰正在“沦为爱尔兰人和犹太人的天下”。民众对所谓盎格鲁–撒克逊英国人的种族“劣化”和“掺杂”的焦虑，为《1905 年移民法》提供了依据，该法案由保守党推出，旨在减少来自帝国以外的移民进入英国。

郊区生活的基调是私密性、家庭生活和体面。半独立式房屋前院的女贞树篱和后花园的栅栏确保了郊区家庭的“温馨家园”成为他们的城堡。郊区居民的生活可以不受邻居的干扰，邻里寒暄也不过寥寥数语。然而，每个人都清楚自己的社会和经济地位——房子的大小和外观宣告了一个人的等级。最富裕的家庭确立了全体郊区居民追求的标准：1913 年生造出来的“赶上琼斯一家”，就是郊区生活的目标。如果邻居违反了高尚的道德标准，比如意外怀孕，每个郊区人往往也心知肚明。市郊弥漫着一种群体监督的体面，“得体”成为郊区中产阶级的同义词。

郊区中产阶级的理想性格为文艺讽刺提供了一个显而易见的主题。“我们过着愚蠢而不真实的小日子，”上层中产阶级出身的作家萨基的小说里的一个郊区人物评论道，“还自欺欺人地认为我们真的是无拘无束、生活理性的男男女女。”其他作家则嘲讽在新街区大量涌现的据说很不成熟的戏剧、
12 歌唱、绘画和插花等文化团体，以及占去郊区居民大量休闲时间的网球、保龄球和高尔夫俱乐部。郊区本身也受到了诋毁和谴责。在 1910 年的小说《霍华德庄园》中，E. M. 福斯特描写了在伦敦周边乡村蔓延的一种“红锈”污渍。

一些知识分子倡导郊区的生活方式。激进的自由党议员查尔斯·马斯特曼预言，郊区将是 20 世纪主要的城市形态，会取代乡村成为新的“英国自由民”繁荣发展的温床。在维多利亚时代的自立、自由放任和个人主义价值观的激励下，人们认为郊区居民的出色之处就是他们的干劲、野心、世故和不可知论。郊区中产阶级作为一种政治力量也在崛起。19 世纪 60 和 80 年代的改革法案赋予他们部分选举权，1918 年又赋予他们全部选举权，他们的选票将决定整个 20 世纪由谁来统治英格兰。作为对这一阶级不断增长的权力的认可，1911 年的人口普查开始以男性户主的职业作为衡量其社会地位的主要标准，而不是他所拥有的土地或家族关系。

然而，新的人口有其局限性。郊区的政治意识和团结意识都不可能蓬勃发展，因为在那里，私人利益始终优先于公共关注。由于缺乏强大的集体精神和令人信服的公共道德准则，宗教习惯也在衰退。这并不是说无神论在郊区居民中蔓延，只是他们把时间都投注在家庭、休闲活动和消费上了。郊区的星期天是用来打高尔夫球、网球和保龄球的，而不是用来上教堂的。大多数中产阶级成员在观念上仍然是基督徒，但他们渐渐感到没有必要去教堂证明这一点。他们对于官方的圣公会态度冷漠，这会成为整个国家和即将到来的 20 世纪的基调。虽然圣公会在未来的几十年里会继续影
13 响英国文化，但其民众号召力和政治力量都会被严重削弱。

3

当前形势

郊区之外是英格兰乡间的古老村庄，它们的衰败一直令人惋惜。有逾百万名英格兰人仍在土地上耕作，但他们在劳动力中的比例不断下降。1851 年，四分之一的英格兰男性是农业劳动者，但到 1911 年，这个数字下降到 5% 以下。如今的英格兰是一个城市化程度很高的国家，超过四分之三的人口在城镇生活，这一发展使那些认为英格兰人民的健康受到城市生活威胁的人忧心忡忡。

英格兰的农村劳动力主要生活在六个地区——西北、东北和西南部的放牧郡，以及东盎格利亚、中部和东南部的农耕郡。19 世纪末的农业大萧条使农耕部门遭到了破坏。1870 年，农耕产品占全国农产品的一半，但到 1914 年，这一数字已降至 20% 以下。运输和保存方面的改进让远在新西兰的生产者得以将产品出口到英格兰；全国消耗的所有粮食中有一半来自进口。

在爱德华统治之初，耕种土地的人工资很低。人们每周劳作 65 小时，
平均工资约为 12 先令，社会改革家本杰明·西博姆·朗特里称，这份收入 14
“甚至不足以让一个中等大小的家庭维持温饱”。1900—1912 年间，农村工资增长了 3%，远远落后于同期生活费用 15% 的普遍增幅。只要有可能，农

业劳动者都会自己饲养牲畜以供屠宰，也会耕种自家的园地。

英格兰农民并不拥有自己耕种的任何一块耕地。经过前几个世纪的圈地，乡间几乎每一英亩土地都归贵族地主私有。即使在爱尔兰，那里的大片土地也在 16 世纪和 17 世纪被英国人从当地天主教徒手中夺走，但随着《1903 年温德姆土地（购买）法》的颁布，想从地主手中购买土地的佃户收到了补贴，情况也对农业劳动者更为有利了。在爱德华时代的英格兰，人们往往认为农活是让他人得利的毫无乐趣的劳作，农民的生活条件常常极为困苦。难怪那么多劳动者要么加入工会，为改善自己的命运鼓而呼之，要么背井离乡前往城镇打拼。乡村人口减少，包括古老的行业、手工艺和消遣在内的传统乡村生活方式也就随之慢慢消亡了。村落庆典渐稀，酒馆关张，面包和肉食如今都是从来自邻近城镇的面包师与屠夫的货车上购买。

在前往英格兰城市的途中，外来的农村工人经常会遇到驾车反向而行的城镇富裕居民。爱德华时代的中上层决定搬到乡下，为的是回归维多利亚时代的作家约翰·罗斯金等人在作品中所呼唤的“更简朴”的生活方式。19 世纪 90 年代末创办的《乡村生活》杂志影响力则更大，它向“热爱乡村的商人”承诺“和平、富足和宁静”。对传统乡村生活的怀念在很大程度上是一种对传统乡村生活的想象，这是整个 20 世纪城市中产阶级空想的一个显著特征。乡村生活被破坏得越厉害，这种传统生活的理想对英格兰人心理的影响就越大。

15 虽然城市富人往往声称热爱传统的农村生活，但他们并不准备放弃现代所给予的舒适。他们一般不愿翻修农民进城后空置在农村的破旧平房，而是建造自己的“农舍式”住宅，并配备现代化的便利设施。泰晤士河沿岸由此涌现出许多“河畔”住宅，其居民可以依赖稳定的铁路交通通勤到金融城。这些新宅子位于乡村但不属于乡村。那里会传出钢琴的乐音或网球聚会的喧闹声；城里人的谈话如今充斥在乡间小道上。

农村工人进城后发现，城中街上到处都是毫无特色的房舍和商店。住在内城的工人阶级男子大都是半熟练或全无技能的工人，他们受雇于工厂或建筑行业，领取微薄的周薪。社会和经济地位更低的人则从事更不稳定的职业，如清洁工、磨刀工或小贩。根据 1911 年的人口普查，英格兰工人阶级男女的主要职业类别是家政服务，约有 125 万人受雇为仆。从事家政工作的人数之众强化了保守派的观念，即英格兰是一个“有机”的等级社会，在这个社会里，每个人都有一席之地，而且都明白自己的位置。

不从事住家服务的工人阶级往往住在维多利亚时期建造的“两上两下”的城市排屋中。这些廉价的“工人小屋”隔热性能差，没有自来水，不过很多都已经用上了煤气照明。家庭生活集中在用作厨房和起居室的一楼后堂房间里。楼下的前厅摆放着家里最好的家具，只在特殊场合中使用。房后有一个带室外厕所的小花园；那里可以种菜，也可以存放劳动工具。

将近一半的工人阶级被正式列为贫困人口。虽然在爱德华统治时期，国民收入增加了 20%，但实际工资下降了 6% 左右。如果在外工作的丈夫不能带回足够的收入来满足家庭的需要，妻子就要被迫典当家庭的财产。在
20 世纪的头十年，伦敦金融城方圆十英里内就开了 700 家当铺。 16

失业、健康不佳、减薪或工伤等原因都可能导致贫困，这是工人阶级挥之不去的恐惧。一旦无法支付排屋的租金，曾经体面的家庭就不得不在拥挤肮脏的“社会底层”贫民窟中寻找住所了。据信，1910 年伦敦有 35 000 人无家可归。他们晚上在街头游荡，在公园门口等待，直到公园开门，才能睡在长椅上。劳动救济所几乎不提供任何庇护。寻求救济的人像囚犯一样，整天靠挑拣麻絮和做苦力赚取简陋的三餐，任何疏忽都会受到监禁的惩罚。

中产阶级的观察家常常把工人阶级描述为另一个种族：不仅发育不良、疾病缠身、充满暴力、精疲力竭，还对烟酒等兴奋剂上瘾。但是，虽然饮酒被上流社会的改革者谴责为“工人阶级的诅咒”，但饮酒者常常将其称为“走出贫民窟的捷径”。宗教并不是“大众”喜欢的刺激物——定期参加宗教仪式的城市工人阶级还不到 15%。一些神职人员担心工人正在退回到不信教的状态，而更尖锐的观察家则认为他们本来就没有完全皈依基督教。

值得注意的是，那些还保有工人阶级的些许拥戴的教派将出世的道德观与
世俗的政治关注结合在一起。基尔·哈迪在1892年成为有史以来第一位
“工党”议员，这位狂热的不信奉国教的新教徒宣称，“侍奉上帝的唯一途
径是服务人类”。另一方面，工人们认为英国圣公会冷漠无情，鉴于其“做
17 祷告的保守党”的名声，这也许并不足为奇。

4

千头万绪

工人们因为工资低、害怕穷困、明显的社会和经济不平等而备感焦虑愤怒。在一个连公共浴室都分出工人间和“上层阶级”专用的国家，阶级间的敌意是不可避免的。1900 年，费边社和独立工党等社会主义阵营的组织与决心确保自身合法地位和罢工权利的各种工会成员共同成立了工人代表委员会。工会支持的工人代表委员会（从 1906 年起被称为工党）的总体目标是在下议院促进工人阶级的利益，方法是赞助议会代表，用基尔·哈迪的话说，这些代表将形成“一个独特的劳工团体……并与一切促进劳工直接利益的立法政党合作”。工人代表委员会制定了一部“渐进式”社会主义的纲领，旨在改善英国现有的经济、社会和政治制度。它的目的是改良，而不是革命。

“劳工”在议会的崛起，以及它对自由党的选举挑战，是 20 世纪政治史引人注目的变局。早在 1901 年，费边社成员悉尼·韦布就认为，劳工党派的出现威胁到了自由党作为“有进步本能的政治机关”和作为保守党的主要反对党的地位。然而，在成立后的五年里，“工党”还只是一个议会压 18
力集团，没有挑战自由党的抱负。它只有两位议员，其中一位是令人生畏的哈迪，他以在议会中戴布帽而不是按照惯例戴丝质高顶礼帽而闻名。他能出现在威斯敏斯特，令许多人深感震惊。某个记者写道："共和制悄悄地潜入了君主制的老窝。"哈迪因其共和派观点而受到绝对保守派报纸的抨击。在后座议员席上，他主张增加以及逐步提高所得税（目前只有 7% 的人口缴纳该税），以补贴一项旨在改善工人阶级状况的社会改革计划。

当时还没有人听从工党的声音。1902—1905 年间执政的贝尔福政府对推行社会立法的兴趣不大，而大多数保守党人对增加税收的主意也是深恶痛绝。尽管如此，政府还是通过了《1903 年失业工人法》，至少承认国家应该解决失业问题。政府最雄心勃勃的国内立法是《1902 年教育法》，规定从地方纳税人那里征收资金，为各教派的宗教教育提供支持；它还合并了圣公会和天主教会义务创办的小学与教育委员会管理的学校。但这一法案激起了自由党议员的愤怒。他们声称，这是对不信奉国教的新教徒的歧视，因为得到房地产税补贴的主要是圣公会学校。

虽然《1902 年教育法》备受争议，但保护主义是贝尔福任内最著名的政治动机。1902 年，一群自由统一党人和保守党人试图说服贝尔福政府对所有从帝国以外进入英国的进口商品征收关税。他们的建议实际上要求结束自由放任经济和自由贸易，这可是维多利亚时代的两条伟大真理。自由党联合起来反对这一动议，理由是不受约束的竞争才是自然的、道德的、爱国的。

这场辩论不仅在两党之间划出了一条明显的分界线，还分裂了保守党和自由统一党的联合政府。许多保守党人同情自由党关于自由贸易的论点，
19 但更多的人却认为不应该干预现状。他们问道，既然联合政府的中心目标是**维持**现状，并使保守党在威斯敏斯特享有了近 20 年的权力延续下去，那么在保守党主导的联合政府中，怎么会出现如此激进的想法？

答案很简单：殖民地大臣暨自由统一党的领袖约瑟夫·张伯伦转而支持关税改革，确保它成为当时的重大议题。正如年轻的保守党人温斯顿·丘吉尔所说，张伯伦在内阁、威斯敏斯特和国家层面上都"是个呼风唤雨的人物"。这个戴着单片眼镜、纽扣眼里插一朵兰花的魅力男子"出身伯明翰"。这座在工业革命中经历过非凡的物质和技术进步的城市自信而昂

扬，张伯伦这位曾经的螺丝制造商在那个城市耳濡目染，也咄咄逼人、敦本务实、精力充沛、雄心勃勃。他是伯明翰欣欣向荣的商业贵族中的标志性人物，曾在19世纪70年代担任该市的市长，并通过实施“市政社会主义”计划改善了城市的基础设施。

鉴于张伯伦的性格和背景，难怪在1886年，他为抗议自由党政府的爱尔兰《地方自治法案》而在下议院投靠保守党人这一边时，并没有得到所有保守党人的欢迎。一些保守党人认为，地主统治阶级和英国圣公会的老牌政党不应该与制造商和不信奉国教的人结盟，尤其是像张伯伦这样激进浮夸，还可能制造分裂的人。然而事实证明，他对后来的“统一联盟”来说是一笔巨大的选举资产。他的自由统一党团体在1895年选举后为联合政府贡献了71名议员，而他从那时起作为殖民地大臣所推行的政策也深受欢迎。张伯伦是狂热的帝国主义者，相信“英国人是世界上最伟大的统治种族”。他的帝国计划是将“亲属种族”联系起来，以达到“相似的目标”；他尤其希望加强英国、加拿大、美国之间的“联系”，形成一个“更伟大的不列颠”。然而，统一与整合帝国还不足以满足张伯伦的野心；他希望扩大帝国的边界。他的侵略性政策挑起了与布尔人的冲突，后人称之为“乔的战争”。战争初期，他陶醉在英军的胜利中，捷报频传让统一联盟在1900 20
年的选举中取得了决定性的胜利。

张伯伦在竞选期间发表的演讲和新闻报道充斥着口号。他曾宣称：“政府输掉的每一个席位都被卖给了布尔人。”张伯伦认为，精妙的辩论在20世纪已经不合时宜。“在政治上，”他说，“必须大刀阔斧。”他能够通过简单的语句和现代媒体，直接对有投票权的中下层和商业阶层发表讲话，这让张伯伦在联合政府的同侪中独树一帜。用丘吉尔的话说，他是“大众熟悉的人”。虽然一些保守党人和大多数自由党人指责他通过“蛊惑人心”降低了公共生活的标准，但党内高层却不得不容忍他。

第二次布尔战争失败之后，侵略主义显然已经过时了，而自由党的反对派也在不断壮大，张伯伦需要一句全新的流行口号。此外，他年近古稀，渴望着职业生涯的最后一次冒险。那次冒险可能也会推进他的最终野心——领导一个统一派的政府和国家。作为时代精神的敏锐诠释者，张伯伦觉察到商人和中下层阶级已经慢慢意识到自由竞争是维多利亚时代的真理。正是这种直觉启迪张伯伦提出了关税改革方案。

1902 年，张伯伦向内阁提交了他的计划。一些同僚被他的论点说服，即关税可以保护英国工业免受外国竞争的影响，其他同事则公开表示了敌意。贝尔福认定自己绝不能因为支持该计划而失去张伯伦反对者的支持。政府的官方立场以贝尔福特有的模棱两可的方式表达了出来——关税改革是可取的，但在现阶段不切实际。然而，张伯伦可不是个有耐心的人。1903 年 5 月，他不顾贝尔福的反对，在伯明翰发表惊人的演讲，公开了自己的建议。他坚持认为英国的自由贸易政策以及其他国家对英国商品征收的关税正在摧毁这个国家的工业。“糖没有了，丝绸也没有了，铁受到威
21 胁，羊毛也受到威胁，棉花也将没有了！你们还能忍受多久？”只有对从帝国以外进入英国的商品征收关税，才能阻止国家经济的衰退，保住英国的就业机会：他的新口号是“关税改革意味着人人有工作”。此外，关税将进一步推动他最为钟情的两大事业——帝国主义和社会改革。它们将把庞大的帝国更紧密地联系在一起，成为一个单一的经济体、政治体和军事体，并增加政府的收入，用于国内立法。这样，“外国人”将为社会改革买单，而不必由英国纳税人付账。

张伯伦纾解英国困境的灵丹妙药受到了追随者的拥护。一些统一派议员称赞这个方案是一个雄心勃勃的尝试，既能改造迪斯雷利式的“一国保守主义”[1]，又可复兴帝国这个广受欢迎的政党政治议题。但贝尔福非常沮丧。他现在面临着巨大的压力，必须在保护主义和自由贸易中选一边站队，然而他的内阁和党派在这个问题上存在分歧。最后，贝尔福无法主动选边，只得允许内阁成员自行决定。他还制定了一项模棱两可的立法，旨在安抚党内两派成员对那些征收反英关税的国家征收“报复性”关税；保护主义

① 一国保守主义，英国保守党的一种务实的政治形式。该词由迪斯雷利首相提出，旨在吸引工薪阶层并解决日益严重的社会分裂。作为一种政治观点，它认为社会存在并不断发展，社会成员应该互相帮助。这一口号在某种程度上有意强调了上层阶级应该帮助下层阶级，或指社会及经济政策能够涵盖各阶层的保守主义观点。

措施将因此促进自由贸易。

这种特殊的解决方案只有一个问题，那便是两派都不满意。同时，首相不愿意向内阁下达官方路线，这被解读为他作为领导人的失职。争论双方的代表都从内阁辞职，张伯伦宣布他将离开政府，以便把他的保护主义福音传给全国。贝尔福没有与张伯伦对质，而是告诉他，如果他能改变大多数选民的看法，联合政府将在下次选举中支持关税改革方案。

这一事件损害了贝尔福在党内和下议院的权威，自由党在下议院大肆抨击他。他们声称贝尔福信仰保护主义，但他清楚这一政策不受欢迎，因此出于务实考虑而牺牲了他最有才华的大臣和他自己的信念。贝尔福的政府现在缺乏雄心勃勃的政策，也丧失了最主要的能量和思想资源。值得注 22
意的是，贝尔福还是惨淡经营了几年，但在 1905 年 11 月，他那受到致命削弱的政府终于结束了任期。这可能是为了暴露自由党影子内阁的内部分歧的一个诡计，因为如今自由党对组建政府义不容辞。倘若果真如此，那么这个诡计就失败了。自由党领袖亨利·坎贝尔-班纳曼爵士虽然没有得到党内所有高层人士的效忠，但还是成功组建了自由党政府，并带领政党在 1906 年 1 月举行的大选中团结一致，取得了胜利。在进入后维多利亚时代五年之后，好逸恶劳的贵族首相贝尔福诡计暴露，被迫搬离了唐宁街；他
从此再也没机会领导这个国家了。 23

5

世上最强的战舰

贝尔福政府弥漫着不安和无能的感受，这一点在外交事务上表现得最为明显。经济萎靡不振，帝国不堪重负，人口增长放缓，英国不再是那个能够同时在多条战线上应对挑战的卓越世界强国了。一些英国人甚至怀疑这个国家是否还有足够的实力面对其中任何一项威胁。

最大的威胁据说来自德国。该国蓬勃发展的工业实力、庞大的陆军、德国皇帝的帝国主义梦想以及不断扩大的海军，都让英国人焦虑不已。德国海军上将蒂尔皮茨在《1900 年海军法》中明确提出，要建立一支“实力强大的舰队，如此一来，即使是最强大的海军强国，与德国交战也会有危及其自身霸权的危险”。这被解读为对英国毫不隐晦的威胁。外交部宣称，德国“以政治霸权和海上霸权为目标，威胁到其邻国的独立，并最终威胁到英国的生存”。

英国的保守派报纸敦促政府响应，建造更大更好的战舰，到 1905 年，大部分英国民众都赞同这一观点。海军是国家的骄傲，当时整个国家正在
24 庆祝特拉法尔加战役一百周年；它通过保护贸易路线和帝国边界，保证了英国的繁荣和安全。贝尔福政府对大众的需求做出了响应，1906 年，爱德华国王在朴次茅斯下水了一艘巨大的战列舰——“无畏号”（Dreadnought）。

它被一位英国海军将领形容为“世上最强的战舰”，引起了轰动。但美国、日本和德国很快就加入了战舰的竞赛，媒体要求政府在国际军备竞赛中获胜。

但是，就算有望在竞赛中取得胜利，就一定能换来和平的奖赏吗？无论英国囤积了多少艘“无畏号”战舰，它都无法继续独自掌控制海权了。英国政治家曾经把英国远离大陆事务的地理位置形容为“得天独厚”；它使英国能够集中精力处理全球事务，扩张帝国。但帝国如今不堪重负，英格兰的经济也萎靡不振，孤立反而变成了一种危险。英格兰的当务之急是建立欧洲联盟，但这个国家在欧洲大陆几乎没有朋友。人们普遍厌恶它在第二次布尔战争中的行为，这场战争进一步疏远了它潜在的盟国。除了觊觎南非的黄金之外，压迫德国的自由农民有什么意义呢？这场臭名昭著的冲突加深了法国长期以来对“背信弃义的阿尔比恩”[①]的不信任；英法结盟的可能性似乎遥不可及。

然而，爱德华国王决心改善英国与近在咫尺的邻国的关系。他明白英国孤立地位的危险性，宁愿选择拉拢法国人而不是德国人。他在1903年对法国进行了国事访问，为次年签订历史性的《挚诚协定》营造了氛围。这份基于对德国的共同敌意的协约，标志着英法结束了几个世纪的彼此猜忌。与此同时，爱德华半心半意地试图与德国人建立更友好的关系，却一无所获。国王很快就和德国皇帝闹翻了，并对“撒谎成性”的德国官员大加抨击；德国皇帝则把英国人丑化成“堕落者”。

德国很快就开始阻挠法国控制摩洛哥的企图，对《挚诚协定》带来了
一番考验。它派遣一艘巡洋舰前往该地区，表面上是为了保护自己的经济
利益，但实际上这是一种军事挑战。令德国怒不可遏的是，英国站在新伙 25
伴的一边，英法联盟得以加强。德国皇帝指责英国“在全世界推行反德政
策”，而反德情绪也在英国蔓延。正如H. G. 威尔斯在小说《布里特林先生
洞察一切》（1916）里所写的那样，“英德两国在世界范围内的利益冲突”，
成为“英国人意识中的事实……整整一代人都在对德战争的威胁中长大”。

① 原文为法语 la perfide Albion，阿尔比恩是大不列颠岛的古称。

英国还在欧洲以外的地方寻找盟友。张伯伦继续主张英美两国联合建立一个“更伟大的不列颠”，主导世界经济，管制全球。然而这一愿景显得不太可能，而两国之间牢固的外交友谊才是更现实的命题。自 19 世纪 90 年代以来，美国女继承人与英国贵族之间频频通婚，而将两国结合在一起的历史和语言联系也得到了颂扬。英美最终达成了一项协议，英国对美国在阿拉斯加和加勒比海地区的领土要求做出让步。英国被迫承认了美国经济和海军优势的新现实。然而，无论是这些联盟，还是无畏号战舰的制造，都不能平息人们对英国自卫能力的担忧。许多人认为，国家的军事实力与其种族和道德力量是紧密相连的；人们认为，不幸的是，这两者在当下都很缺乏。

英国焦虑的另一个标志是“童子军运动”。它的创始人罗伯特·巴登-鲍威尔中将参加过第二次布尔战争，深知英军令人担忧的状况。他坚信大英帝国国运渐衰，并决心阻止这一进程。帝国和种族灾难的阴影笼罩在其《童军警探》一书的每一页中。该书于 1908 年成为畅销书，激发了英格兰各地自发成立“童子军巡逻队”；到 1910 年，全国已有超过 10 万名童子军。这些男孩由“队长”组织，而这些队长中有许多人都曾是军人；他们通过强调户外活动和生存技能，鼓励童子军变得更加健康坚忍、随机应变。巴登-鲍威尔宣称：“通过童子军训练，体弱多病的男孩将被训练出男子汉
26 的特质。”童子军有军队式的制服、军衔、升旗和阅兵仪式，它已然是一支
27 非正式的青年军。他们的口号是“时刻准备着”。

6

改革的呼声

自由党在 1906 年的选举中以绝对优势赢得了胜利。统一党联合政府失去了其在下议院的 400 个席位中的一半以上，贝尔福和许多内阁成员都属败选之列。397 名自由党人回到了下议院，比对手多出 241 个席位。这是保守党历史上席位相差最悬殊的失败之一；许多掌权长达 20 年的保守党人很难接受这样的结果。不过贝尔福倒是坚忍地接受了失败。选举结果出来后，他小声咕哝道："这种事**总要**发生的。"

竞选期间，自由党对统一党联合政府的政绩，特别是对第二次布尔战争发起了抨击。他们还谴责张伯伦的保护主义计划，认为关税会提高进口食品的价格。选民们接受了这一论调，使得放任主义继续决定经济政策，哪怕这会损害急需重振的制造业也在所不惜。因此，1906 年的选举是一张逆反票。选民不仅对统一联盟，而且对保守党和保守主义都作出了最严厉的判决。选民们认为，该党不适合迎接新世纪的挑战，它所代表的"执政阶级"不配掌权。这意味着 1906 年下议院里的人有一半是新议员，其中来 28
自地主士绅阶层的为数寥寥。

贝尔福的当务之急是重返下议院并巩固自己的地位。他通过稳操胜券的选区实现了第一个目标，但第二个目标却是三头两绪。许多保守党人将选举失败归咎于他的领导。右翼《国家评论》的主编利奥·马克西认为，贝尔福“在下议院之外已经名誉扫地”。让贝尔福更加焦头烂额的是，1906年回到下议院的保守党和自由联盟党议员中，绝大多数人都拥护保护主义。这样一来，他虽然领导着一个联盟，却并不完全支持该联盟的主要政策；张伯伦对领导权的挑战也让他腹背受敌。这位统一联盟的领头羊毕竟已是古稀老人，他终于放慢了脚步。选举结束后不久，张伯伦就因中风而被迫归隐。暂时无人能挑战贝尔福的领导地位。

贝尔福的无能领导和张伯伦的退休并不是保守党内悲观情绪的唯一原因。保守党枢密院顾问官詹姆斯·弗格森爵士在选举中被一个工人阶级工会成员击败，这样的失利似乎预示着艰难时刻即将到来。一位党内资深人士哀叹道：“老保守党一去不返了。”工党被认为是这次选举溃败的主要原因，也是未来最令人担忧的问题。“工党运动及其组织，”一位保守党的政治家评论说，“是当前最为迫在眉睫的危机。”贝尔福对此表示赞同，他在选举结果中听到了“对同一场革命运动的低声响应，而这场运动已经在圣彼得堡制造了大屠杀，在维也纳引起了暴动，在柏林产生了社会主义游行”。

工党的席位急剧增加，由2个增至29个。1903年自由党与工党的秘密协议是工党成功的一个促成因素，根据该协议，双方都允许对方的代表在特定选区参选时避免相互竞争。两党尽管在观点上有明显的差异，却都致力于自由贸易、社会改革和反军国主义。自由党渴望代表整个国家，而工
29 党的目标则是推进工人阶级和工会的事业。与大多数自由党人相比，工党议员主张进行的社会改革涵盖面更为广泛。

通过1903年的协议，自由党在看似无望取得压倒性胜利的时刻赢得了一小群工党议员的支持。这一切事关工党的崛起，它将成为一支独立的议会力量，成为一个有朝一日可能垄断不太富裕的选民的选票的政党。“我们急切希望与工党的代表保持一致，”坎贝尔-班纳曼说，“他们在下议院的人数太少了。”这是短期的谋算，却产生了长期的后果。这份协议有助于工党将自己确立为一个主要政党，使之可以在进步的中产阶级中与自由党争夺反保守党的选票。然而风险并不只是在自由党一方。自由党的极端激进派

所主张的社会改革观点与工党相似，工党也有失去其独特身份，最终被自由党所吸收的危险。

新晋的工党议员中有雄辩的苏格兰人拉姆齐·麦克唐纳，和有条不紊的约克人菲利普·斯诺登。这两位工人阶级政治家都曾与自由党有染，麦克唐纳还是自由党和工党盟约的主要设计师之一。虽然两人宣称支持社会主义，但那是一种议会式的、基督教式的、非革命式的社会主义。像大多数工党议员一样，他们属于读书识字的新一代工人和中下层人士。对他们的思想产生影响的是托马斯·卡莱尔、约翰·罗斯金和查尔斯·狄更斯等英国作家，而不是卡尔·马克思。麦克唐纳在确立自身的议会工党领袖地位后，决心将该党发展成为一个严肃的威斯敏斯特政党，而不是一个工会压力集团。他相信，该党有朝一日会取代自由党，成为保守党在选举中的主要对手。阿瑟·亨德森是一位自学成才的卫理公会教徒，曾经是自由党的支持者，他与麦克唐纳、斯诺登和基尔·哈迪一起入选下议院。亨德森从著名的工会成员晋升为工党议员，体现了工党成功的关键因素：工会决定转向政治，以锁定他们已经取得的立法成果。

工党的新议员认真勤奋，往往滴酒不沾。然而，尽管他们本质上显然并非革命派，但他们在下议院的出现还是令正统的保守党人惊慌失措。爱 30
德华国王在宣布议会开幕时，会如何看待他们的无礼亮相？先进的知识分子和乐观的改革家倒是欢迎新人的出现，这进一步证明了英格兰的文化鸿沟：一方是想要维持维多利亚时代体制稳固不倒的人，另一方是那些希望在其废墟上建立一个更平等国家的人。

宣扬社会主义的政治家取得了成功，这表明人们对国家干预的态度正在发生变化。社会主义意味着注重整个社会的福利而非为了精英阶层的利益而重组社会和经济。以前，人们一提起国家就会想起令人憎恨的《济贫法》、义务教育和限制饮酒，如今他们对国家的看法则越来越亲切了。人们逐渐开始认识到，自己与国家的利益休戚相关。

关于贫穷的各种社会学研究报告的发表，表明社会不能再把贫穷归咎于穷人的不道德。相反，贫穷被看作是由他们无力控制的社会和经济环境造成的。爱德华时代激进的知识界认定，贫穷是政府必须承认、国家必须解决的一个事实。在他们的干预下，很少有人相信通过个人、市政委员会和志愿组织的努力便可消除贫困。如今就连《泰晤士报》也在谈论政府必须要加强改革，并进行一定程度的财富再分配。许多人期待新的自由党政府能够纾解贫困，并实施一项雄心勃勃的国内立法计划。但是，自由党能否胜任这项任务呢？毕竟，维多利亚时代的自由主义可是建立在不干涉的信条上的。

从自由党的竞选活动来看，它既没有能力也没有兴趣进行广泛的立法。身材魁梧、精明干练、讨人喜欢的自由党领袖苏格兰人坎贝尔-班纳曼（他自己更喜欢被人叫作坎-班）在竞选活动中推出的是传统的格莱斯顿式的“和平、紧缩和改革”纲领。自由党的大部分竞选活动并没有勾勒出详细的
31 创新方案，而是集中火力批评贝尔福的政府。这也是坎-班担任反对党领袖那七年里一贯的强项。正如一位记者所说，他在下议院公文箱前面对含蓄而又老练的贝尔福时，就像“一个身材魁梧、和蔼可亲的金融城市民”被“赤手空拳地叫去面对一位身手矫健、手持利刃的剑客”。坎-班往往来之能战，而且总是泰然自若，这让贝尔福非常恼火。

坎-班采用相对消极的竞选策略，既是一种需要，也是一种主动选择。他领导的党派四分五裂，分崩离析，只有在批评反对派的时候才会团结起来。1905年底，贝尔福被迫让自由党组建政府时，自由党内支持帝国主义的派别（包括赫伯特·亨利·阿斯奎思和爱德华·格雷爵士等著名议员）试图将坎-班送去上议院，由他们自己来接管下议院。坎-班打击叛乱的做法是向谋反之人提供内阁中的关键职位，提出的条件是让他们放弃要求。他们随即同意并支持了他模糊而乏味的竞选纲领。

自由党的内部不和体现出自由党各个组成元素互不相干的性质。自由党最重要的元素是不信奉国教的人，此外还有商业主义者和实业家；不过党内也有贵族的辉格党支持者以及激进分子，如洗衣妇之子约翰·伯恩斯。该党传统上保护不信奉国教之人的权利，使其免受来自国教会的攻击；

它还维护商业和工业，反对地主阶级的利益。然而，要制定一个能够满足党内所有派别的条理清晰的方案确实是难上加难。历史上，自由党倾向于支持一系列单一的“目标”，如爱尔兰地方自治等，但这种策略的危险性在于，它让自由党看起来更像一个抗议党。将迥然不同的成员联系起来的纽带早晚有一天会松动，其中的一些成员也有可能会改变效忠对象。约瑟夫·张伯伦从自由党的下议院议席转投保守党一方，就表明该党不应指望那些白手起家、不信奉国教的商人能够始终不渝地保持忠诚。

但在1906年初，自由党的支持者信心满满。在才华横溢的领袖的带领下，他们的议员在新一届议会中占据了400个议席，反映了自由主义的广泛构成。三名前“帝国主义”叛军与激进派和不信奉国教的议员并肩而坐， 32
几名内阁成员都有贵族头衔。坎-班在议会初期的辩论中压倒了贝尔福。他宣称：“这位尊敬的先生什么也没学到。他处理起重大问题还是一如既往地轻浮……带着同样的做派回到了新一届下议院。他根本不了解新议院的脾气……我们谈点正事吧。”

“正事”包括社会立法的实施，虽然范围和影响都不大，但相对于贝尔福政府的努力是一个重大的改进。只要地方当局提出申请，每个孩子就都可以享受到免费的校餐；《劳资纠纷法》（1906）加强了工会的权力，提高了他们的法律地位；《1906年劳工赔偿法》为工伤者提供了赔偿。在国外，坎-班的政府给予德兰士瓦殖民地的布尔人以自治权，结束了英国历史上这段令人不快的时期。 33

7

吸引眼球的二人组

1908年4月3日，坎-班操劳过度、精疲力竭，因心脏病连续发作而必须卧床，于是不得不辞去了首相职务。他在几周后去世时，还住在唐宁街的首相府。称职的继任者赫伯特·亨利·阿斯奎思蓄势待发。尽管阿斯奎思早先颇属意背叛，但作为财政大臣，他对坎-班一直忠心耿耿，也表现出一定的行政能力。丘吉尔评论说，阿斯奎思的“头脑开闭自如，就像枪的后膛一样”，这样的描写捕捉到了阿斯奎思从容不迫的效率。他的淡定也体现在绰号“醉汉”上，暗指他有酗酒的习惯，哪怕有政治事务要处理也照饮不误。在乡间别墅的聚会上，他享受牌局和漂亮女郎的陪伴；在伦敦的俱乐部里，他与贵族为伍，如鱼得水。

一个像阿斯奎思这样背景的人出现在英国建制派的中心地带，着实不同寻常。他出身于约克郡一个以羊毛发家的激进非国教家庭，幼年时就成了孤儿。然而，他艰难而又极端拘谨的中产阶级成长经历给他灌输了不可动摇的自信心，与他在英格兰南部所受的建制派教育相辅相成。他通过牛
34 津大学和律师学院的传统途径进入政府，打一开始就有一种驾轻就熟的优越感，继而还获得了摧毁他人论调的论辩能力。19世纪80年代末，阿斯奎思在法律行业中蓬勃发展时，成为自由党的议员，并在党内毫不费力地接

连升迁；1892 年，他出任格莱斯顿政府的内政大臣。

阿斯奎思在议会前座发表过不少令人难忘的演讲，但人们往往很难记住他华丽辞藻背后的要旨。作为一位优雅的含蓄艺术大师，他可以与贝尔福相媲美；然而混淆视听也并非两人唯一的共同点。一位记者评论说“阿斯奎思并不能激发人们的热情”，连阿斯奎思的妻子也形容他是一个“冷酷无情的人，不会有人爱他”。这位自由党新任首相也有一种贝尔福式的懒散、拖沓和冷漠。他很少准备万全才参加内阁会议，只有在提出问题时才加以考虑。贵族建制派能够通过吸收和塑造愿意遵守其规则的、富有而强大的中产阶级新成员来保存和延续实力。比方说，阿斯奎思就愿意放弃不信奉国教的立场，皈依圣公会传统。他还决定娶一位男爵的女儿、古怪的社交“隽才”玛戈·坦南特为妻。

阿斯奎思的建制派观点没有赋予他实施广泛而激进的社会改革的魄力，却给予他调和党内多种不同意识形态的圆滑。阿斯奎思利用他繁复晦涩的演说，在自由党的不同派别之间达成了微妙的平衡。他一会儿批评“国家的错误导向和无能行动”，一会儿又承认“不能把需求和服务放心地交给不受管制的供需关系”。他以董事长而不是独裁者的风格统帅内阁的各色人等。党内的辉格派由雷金纳德·麦克纳和一大群伯爵与领主所代表；格莱斯顿派则由约翰·莫利领衔。自由党的激进派对伯恩斯保住地方政府委员会主席的职位非常满意，而不信奉国教之人则因威尔士人大卫·劳合乔治接替了阿斯奎思的财政大臣一职而颇感欣喜。阿斯奎思做出的最出人意料的决定是任命保守党前议员温斯顿·丘吉尔为贸易委员会主席。最后这两 35
项任命在进步人士看来大有希望，当选的两人都对社会改革充满热情，有着非凡的野心和充沛的能量。

农夫之子劳合乔治自幼说威尔士语长大，还是一个狂热的非国教信徒。他正是在非国教信徒的教堂里，以及后来担任律师在伦敦的法庭上学会了修辞技巧，成为这个时代最伟大的演说家。他掌握了把复杂的问题说成黑白分明的是非之争的技巧。他根据听众的特点或心情可以高谈阔论，也可以尖锐准确，这使得他无论在下议院的吸烟室里同议员促膝谈心，在内阁会议上发言，还是在数千名听众面前讲演，都同样能言善辩。

劳合乔治没上过大学，但是他通过广泛阅读文学和政治理论自学成才。因为与威尔士农村的联系，他尤其被土地所有权问题所吸引。虽然他的政治想象还是一派前工业时代风貌，但他并不反对实业家、商人或资本积累，对社会主义也没有兴趣。他年轻时曾受到约瑟夫·张伯伦的社会改革方案的吸引，因而转向自由主义。“我们的乔”鼓舞人心又与他志趣相投，然而年轻的威尔士人很快就发现了张伯伦的致命缺点——他的一意孤行和教条主义在他固执地反对爱尔兰地方自治的问题上暴露无遗。张伯伦因爱尔兰政策而离开格莱斯顿的自由党时，劳合乔治仍然坚定地站在格莱斯顿一边。他的务实思想屡屡会战胜他的原则。

在下议院，劳合乔治抨击了支撑帝国主义的“种族傲慢”，他因此作为第二次布尔战争最雄辩的反对者而引起了公众的注意。他并不希望帝国解体，而是想把帝国改造成一个自治国家的联邦。他表现出与坎-班惺惺相惜的理念，后者上任后即任命他为贸易委员会主席，以此来奖励这位门徒。劳合乔治在这个职位上最大的成就是避免了一次全国铁路罢工。他凭借自己的出众魅力和语言技巧，促成工会与铁路公司达成了一项协议，而双方此前一直都是不可调和的敌人。就连《每日邮报》也对劳合乔治的行政业
36 绩赞不绝口，并对这位激进的议员被任命为财相表示庆贺：“他在任上证明了自己具有非凡的手段……实用的商业能力……积极主动，心态开放。”这是个不折不扣的行动派，这是个不对建制派效忠的雄辩家马基雅维利，他将在未来 15 年主导威斯敏斯特的政治。

保守派记者对丘吉尔被提拔为贸易委员会主席就没那么热心了。几年前，他就抛弃了他天然的政治归宿——保守党，转而支持对手，抗议统一联盟内部越来越多的人支持保护主义。按照《国家评论》的说法，丘吉尔的“背叛”是典型的“雇佣兵行为，他只是希望得到晋升，除此之外从来不假装自己有任何其他动机”。在丘吉尔的整个职业生涯中，总有人指责他自私自利，同时还伴有与此相关的其他罪名，诸如在政治上哗众取宠、沉迷于权力等等。公务员抱怨说，丘吉尔从不守时，容易被突如其来的热情

冲昏头脑，还屡屡为不切实际的想法和华丽的辞藻而神魂颠倒。他思想自由，热情如火，既令人钦佩也引人怀疑。盟友称赞他是个天才，而敌人则认为他精神失常、不择手段。

尽管保守党媒体强调丘吉尔独断专行，但他并非没有原则。他效法其父伦道夫勋爵，发自内心地致力于社会改革。他认为贝尔福的政党极端保守、冷漠无情；自由党人因此欢迎他，认为他可以帮助他们改善工人阶级的境况。正是因为劳合乔治和丘吉尔都承诺社会改革，也都充满雄心，于是他们在阿斯奎思的政府里走到了一起。两人都明白，一个新的政治历史时期已经开启，在这个时期，“人民的境况”是最主要的问题。两人都坚信，广泛的改革才是未来进步和社会稳定的背景。两人也都认为，国内立法为自由党提供了战胜工党和遏制社会主义蔓延的机会。

这对被保守党媒体蔑称为“吸引眼球的二人组”的合作伙伴负责推行了一系列社会立法，并大大增加了用于社会服务的政府支出。丘吉尔通过 37
规定最低工资标准的《贸易局法案》并建立劳工介绍所而发挥了重要作用，增加了劳动力的流动性。而劳合乔治则是《1908 年儿童法》和《长者年金法》（1908）的推动者，前者保护未成年人免于从事危险行业和遭受虐待，后者向年收入低于 31 英镑的 70 岁以上男性发放无须预缴的年金。《1910 年教育法》也是劳合乔治的提议，旨在为青年提供就业选择；1913 年的《精神缺陷者法》也一样，该法将精神病人从贫民窟和监狱转去专门的机构。最后也最广为人知的是，劳合乔治提出了《1911 年国民保险法》，这是有史以来第一部有关健康和失业保险的立法。

一位邮局工作人员回忆说，第一批老人前来领取年金时，“有些人的脸上流下喜悦的泪水，他们会说……‘上帝保佑那位乔治爵爷［原文如此］’”。民众将这位值得夸耀的平民财相提升到贵族的地位，表明恭敬顺从的维多利亚精神尚未消亡，但新立法代表的是 20 世纪而非 19 世纪对英国社会弊端的回应。它在有专业背景而非贵族背景的政治家和公务员的推动下，为未来的福利国家奠定了基础，保证了一部分人的最低生活标准。它以这种方式为人民赋予了公民权，用当时的话来说，欢迎他们“加入国家的共同餐桌”。难怪有人将该计划描述为一种社会主义的“新自由主义”，或者说它激发了学生和年轻知识界的热情。青年一代相信，劳合乔治和丘吉尔在某种程度上满足了他们对社会正义的要求。

劳合乔治和丘吉尔的做法很可能已经挑战了保守党主导的上议院和许多自由党人的自由放任思想的极限。此外，他们还得应对阿斯奎思的小心谨慎。虽然首相赞成他们的大部分政策，但是他也得意地声称自己从不会“被精力充沛的同事们逼迫着……走上违背［我的］意愿的道路”。每当阿
38 斯奎思认为某项建议过于冒险时，他的保守本能就会促使他踩下“刹车”。私下里，劳合乔治向丘吉尔抱怨过阿斯奎思的“漫无目的”。

然而，危险也有可能来自实际的行动。这也是阿斯奎思从1909年《人民预算案》所引发的争论中吸取的一个教训。劳合乔治的预算案是以财富再分配的原则为基础的，这对维多利亚时代的大多数人来说都是个很陌生的激进概念。预算案的目的是通过对高收入者征收渐进税，以及通过各种措施对土地征税（包括对土地的一切自然增值征收20%的税），为政府的多种社会福利计划提供资金。财相为这些和平时期前所未有的财富需求辩护时，称其为一种“战争预算……它筹集资金，是为了向贫困和道德败坏发动无情的战争”。拟议的税收不会影响中产阶级的工薪阶层或大多数实业家，劳合乔治认为他们是自由党的天然选民。财相又一次试图平息社会动荡，他的眼界超越了工党，而工党的议员只能为他喝彩。如果代价是疏远地主士绅，那么劳合乔治很乐意付出这个代价。

其他人却没那么满意。自由党大佬罗斯伯里勋爵斥责劳合乔治的建议具有“专制和社会主义”的色彩。他呼吁建制派不分派别立即团结起来，而保守党的反应也着实不慢。就连保守党从富商阶层中招募的新生代议员也谴责预算案毫无公道可言。斯坦利·鲍德温首次在下议院发表演讲时称，如果预算案获得通过，贵族将不得不承担过多的开支。自《1832年改革法》的辩论以来，下议院的气氛还从没有这样紧张过。

与此同时，保守党主导的上议院弥漫着一种蔑视与恐惧交织的气氛。

上议院否决了《人民预算案》，由此引发了宪政僵局，破坏了人们对政治制度的信心。爱德华国王被可能导致的后果吓坏了，他试图安排一场幕后交易，然而即使是君主的努力也是徒劳的。保守党人以预算案缺乏选举授权的理由为他们的顽固态度辩护——这表明贝尔福相信他们会赢得大选。 39

“吸引眼球的二人组”乐于将新自由党的提案公之于众，阿斯奎思同意了他们在1910年初举行选举的要求。劳合乔治和丘吉尔以一贯的魄力，指导自由党的竞选活动。他们组成了“预算案联盟”，并协调自由党报纸编辑的活动。他们还使用了最新的技术，派遣安装着扬声器的车辆到全国的偏远地区，以便把他们的话语传播到不分高地还是低地的全国各地。上下两院之间的斗争被定性为社会民主反对世袭特权的斗争。这场斗争也被认为是自由党占主导地位的日益中产阶级化的下议院与贵族化的保守党上议院之间的一场战争。劳合乔治决心在中产阶级和上层阶级之间制造分裂；他要为自己的政党赢得前者的效忠，并且通过将贵族视为共同的敌人来团结贵族以下的所有阶级。在他的公开演说中，他把这些未经选举便把持上议院的贵族描述为“从无业游民中随机挑选出来的500号人”。

这种阶级斗争的语言令建制派颇感震惊，爱德华国王谴责劳合乔治的言论“不成体统”“含沙射影”。根据一位保守党议员的说法，这位财相“开创了因为富人有钱就攻击他们的时尚”。然而，出身贵族的丘吉尔也将平等主义和精英治理的观念引入了爱德华时代的政治话语。他宣称：“我们今天不仅要问：‘你有多少钱？’我们还要问：‘你是怎么得到这笔钱的？是你自己挣来的，还是别人留给你的？’”丘吉尔甚至主张废除上议院，理由是保守党总会找到控制上议院的办法。

然而对丘吉尔和劳合乔治来说，这样的事态并非吉兆。保守党能够调动其优势巨大的财政和宣传资源。《泰晤士报》和《每日邮报》指使选民拒绝自由党，转而支持张伯伦式的关税改革，以此作为社会改革的资金来源而无须给富人加税。中下阶层似乎对这些论调深信不疑，而郊区中产阶级则认为劳合乔治的阶级斗争言论过于社会主义了。结果，自由党在选举中失 40
去的123个席位几乎全部被保守党夺走，但在获得了40个议席的爱尔兰议会党和迅速发展的工党的支持下，他们勉强再次执政。

如今对自由党政府来说，让《人民预算案》获得通过的挑战已然变得无比困难；对一个少数派政府而言，加快劳合乔治和丘吉尔在竞选期间提出的“广泛重建计划”是不可想象的。阿斯奎思的一位朋友还记得，他在选举后的那些天里“徘徊踟蹰、苦恼不安”，但首相竟然还是设法应付了过来。不管选举结果多令人失望，他相信这给他的政府带来了预算案的民意授权。他认为，迫使保守党议员退缩的最好办法，是让爱德华威胁封授足够多的自由党新议员，以确保预算案的安全通过。虽然这个建议并非史无前例，但国王认为这“简直令人作呕”。和建制派的许多成员一样，爱德华也认为政府如今已经被爱尔兰党派所控制，该党派计划削弱上议院，以便强行通过《地方自治法案》。国王决定再次尝试与贝尔福和保守党贵族谈判。然而讨论毫无结果，他勉强答应了阿斯奎思的要求，但有一个附加条件：只有在两次大选确认了公众对这一问题的看法之后，他才会在上议院继续拒绝预算案的情况下，封授一批自由党的新贵族。

阿斯奎思还就另一个相关的问题向国王施压——通过立法改变上议院的否决权。爱德华手头没有可行的替代方案，只好又一次勉强同意了。阿斯奎思决意改革上议院，这无疑是受到了爱尔兰议员的压力，但他的政党其实早就希望削弱上议院的权力。1906 年，坎-班入主唐宁街之际，就曾说过要“剪掉贵族的翅膀”，劳合乔治也早就急于把老导师的威胁付诸实践。在财相看来，上议院与其说是“宪法的看门狗”，不如说是“贝尔福先生的贵
41 宾犬”。

事实证明，爱德华封授自由党贵族的意愿是有说服力的，上议院最终在作出少量修正后通过了《人民预算案》。然而，保守党贵族对限权的建议仍在负隅顽抗，并要求就此问题再次举行选举。这次选举发生在 1910 年 12 月，但结果与 1 月的选举几乎相同。阿斯奎思再次宣称提案得到了民众的支持，而在那年 5 月继承王位的新国王乔治五世别无选择，只能继续以封授自由党的新贵族为由来威胁上议院，以此强制推行改革。

政府出台了《议会法》，取消了上议院否决货币法案的权利，也限制了

它对其他法案的否决权。这部法案在下议院获得通过，而上议院进行了长时间的辩论后，政府以微弱的优势取得胜利。贝尔福和他的上议院盟友面对国王的威胁，在最后一刻选择退缩，这让很多人感到意外。保守党和统一党的“死硬派”（联盟中一个颇有影响力的贵族派系）因此指责党魁及其盟友都是叛徒。

《议会法》和此前《人民预算案》的通过，标志着自由党的一次非凡的胜利。经过两年的斗争，激进的预算和革命性的宪法法案在保守党与地主建制派的反对下获得了通过。下议院至高无上的地位正式确立下来，非选举产生的世袭贵族的地位则被削弱了。《议会法》的一条规定是议员可以领取薪金；政治由此成为一种职业，向专业阶层的人士开放，而不再是绅士的爱好。英国在实现完全的议会民主方面，已经迈出了重要的一步。

但胜利自有其代价。自由党政府丧失了多数党的地位，得依靠爱尔兰人的支持才能生存。而爱尔兰人的支持取决于政府能否提出必然会引起争议的《地方自治法案》。此外，这场斗争激怒了有贵族阶层撑腰的保守党“死硬派”。“国王需要忠臣的时候，”他们中的一个人在上议院投票后评论说，“会发现只有我们愿意为他献出生命。他有可能会需要我们的。因为如今的上议院投了支持革命的票。” 42

8

士绅怎么了？

在上议院宣布投票结果的时候，保守党的“死硬派”早就感觉到，地主士绅的政治优势已然一去不返了。1906 年大选后，无论是下议院还是内阁，都不再由领地贵族主导。在阿斯奎思的议会前排就座的五名律师，证明了专业阶层的新兴力量。1911 年推行议员领薪制度后，他们的政治影响力也会日益增加。在地方政治方面，土地权益的影响力也在衰退。虽然太平绅士、治安长官和郡长仍然倾向于从士绅中抽调，但他们不再能决定地方政府的选举，也很少以候选人的身份参选。如今，在英格兰各郡中占主导地位的是蓬勃发展的中产阶级。英国疆土扩大，国力渐增，乡村社会却在萎缩。现在的地方政治要求行政能力，怎么能把它看作是一项贵族义务呢？

在政治领域之外，领地贵族在近几十年来也一直在衰落。1873 年，官方公布的一份关于英格兰土地所有权的调查报告显示，英格兰的全部土地为不到 5% 的人所有。这一调查结果使日益强大的中产阶级感到震惊，土地特权受到了多方面的攻击。法律禁止军队卖官鬻爵，禁止教会捐纳有俸圣职，并规定了强制性的考试，此后士绅在专业领域的优待也就大大减少了。
43 不久之后，法律专业和文职部门的职位也必须公开竞争；到新世纪初，曾经弥漫在这些职业中的那种外行的贵族风气已荡然无存。

19 世纪末的农业萧条进一步削弱了士绅的力量。1910 年的土地价值与 1880 年相同，在此期间，英格兰南部和东部的租金下降了约 40%。此外还有自由党政府征收的遗产税——在奥斯卡·王尔德的《不可儿戏》中，巴拉克诺夫人就对遗产税大加鞭挞：“一个人身前要缴地产税，死后又要缴遗产税，有块地呀早就是既不能生利又不能享福啰。有了地产就有地位，却又撑不起这地位。”[①] 许多士绅因此决定卖掉自己的庄园。作为《人民预算案》的一部分而推行的额外土地税，导致更多的乡间宅第就此停用——在 1909 至 1914 年期间，有 80 万座庄园吉屋待售，此景前所未见。然而，即使在这次抛售激增之前，“大户人家”左右乡村的时代也已经结束了。

地主士绅的消亡并没有消除整个贵族阶层。1890 年以后，中产阶级中极其富裕的成员获准进入贵族阶层。19 世纪末，小型家族企业的合并创造了一些大公司，这些公司业主的财富几乎多得无法想象。啤酒商、棉花商和金属大亨变得和地主一样富有，他们要求得到政府的承认。在爱德华时代的新贵族中，金融、工业和商业的代表占据主导地位。

许多老牌贵族不赞成新人的到来，还有人斥之为“财阀”。据说他们的财富源自维多利亚时代的商业运作和帝国扩张，现在这些人除了挥霍无度外不作他想。《笨拙》杂志把这群人丑化成粗俗、无知、贪婪、沉迷于高尔夫球和汽车的人。士绅担心财阀会“混入”他们中间，拉低他们的等级地位，这种担心有时是出于排犹的心理；保守党的“死硬派”威洛比·德布 44
罗克勋爵哀叹“世界主义”和“黎凡特人”的金融“污染”了英格兰的古老正统。不过这种焦虑主要是由十足的势利态度所致。拉塞尔家族的一位成员说：“不义之财的汹涌洪流冲垮了河岸，污染了清澈的欢乐之河。”精英阶层的现有成员批评新人是为了彰显血统，掩盖其祖先也曾趋炎附势的事实。其他的贵族则认为，上流社会精于吸收新的百万富翁，就像它曾同

① 译文引自奥斯卡·王尔德:《理想丈夫与不可儿戏——王尔德的两出喜剧》，余光中译，辽宁教育出版社，1998 年，第 122 页。

化了阿斯奎思和鲍德温等中产阶级政治家一样。在多萝西·内维尔夫人看来，若非如此，这些“机敏而富于进取，精明且精力充沛”之人可能早已推翻了社会秩序。

不过，新近获封的贵族们并不打算瓦解士绅阶层。他们收购流入市场的地产，与士绅家族通婚，支持保守党。暴发户报业大亨都站在拥有土地的旧党、王室和教会一边，保守党在国内的势力因《每日邮报》等报纸而得到了极大的扩展。正如贵族历史学家 F. M. L. 汤普森所言：“旧秩序致力于维护财产的权力，通过群众的无知、偏见和冷漠来操纵政治民主的机器，尽可能地……拖延社会平等的传播。”

与保守党一样，伦敦金融城也成为新旧贵族之间基于利害的婚姻的一个象征。许多士绅将卖地所得投资于股票基金，有时也会听从最近获封的金融家的建议。在爱德华时代，其投资价值的增长远远超过了通货膨胀的速度。老牌贵族的年轻成员甚至进入金融城，当上了股票经纪人，为这个以前被认为是中产阶级的职业赋予了“体面”的虚饰。这是一场彻头彻尾
45 的英式革命——社会发生了巨大的变化，但目的是保持其基本结构不变。

9

为车痴狂

查理·卓别林回忆起他20世纪初的青少年时代，眼前浮现的是这样一幕景象：周日早上，沿着肯宁顿路，“可以看到时髦的两轮轻便马车停在房子外面，你随时可以带上一个杂耍演员跑去十英里外的默顿或诺伍德”。1900年，马匹是最常见的旅行工具，马路相对而言也不算拥挤，铁路则用于运送牲畜和长途旅行者。然而在十年之内，交通在一切意义上都发生了迅速变化。

19世纪80年代末，约翰·博伊德·邓洛普发明了供自行车使用的充气轮胎，第一次令自行车代替了马匹。新式轮胎让自行车骑起来更加舒适，到1900年，“自行车热”盛极一时。活跃的自行车爱好者在公园里骑车，男士们身着西装，头戴船夫帽，女士们在飘飘裙袂下面穿着宽松的灯笼裤。起初，海德公园禁止骑行者进入，因此他们只能在不太时髦的公园里骑车。保守派贵族看到身穿灯笼裤的女士在无人陪伴的情况下，衣着暴露地穿梭于骑马道，往往会心生反感，然而没过多久，骑行者就渗透到城市的每一个角落。

新闻界开始散播恐惧，说长时间骑车会对健康产生负面影响。过于热衷骑车的人可能会因为长时间靠在车把上而出现“自行车驼背”；还有报道

说出现了严重的“自行车足”，甚至是“自行车脸”的病例。由于一些廉价
46 的自行车难以驾驭，只有简陋的刹车装置，因此跌落是比较实际的危险，但这并不能阻止勇敢的骑行者四处飞驰，将个人安危置之度外。

在 1901 年，自行车是马路上最快的交通工具，但它们的这一殊荣只是昙花一现。自行车和马匹很快就被汽车所超越。到 1903 年，汽车的时速就超过了 20 英里（约 32 千米）。这些汽油驱动的汽车取代了 19 世纪末缓慢且不可靠的蒸汽汽车。爱德华时代早期的汽车司机需要高高地坐在发动机舱上，看上去跟马车夫一样，前挡风玻璃算是加装设施，要额外花钱购买。如果没有挡风玻璃，每当他们突然刹车时，乘客就有可能被推到车头前。调皮的孩子有时会把帽子扔到迎面驶来的车前，企图引发事故。机动车靠左行驶，需要从右侧超过自行车，这一动作经常伴随着事故和争吵。由于只有最富裕的人才买得起汽车——售价高达数百英镑，每年的运行成本也要数百英镑——早期的司机往往看不起骑自行车的人，称他们为“蹬小轮的家伙”。

拥有汽车的贵族对法律也同样是一副居高临下的态度。朴次茅斯勋爵因超速而被拦下时态度极为嚣张。“我担任本郡的首席治安官有些年头了，”他对警察说，“从来没有听说过超速这种荒谬的事情。我要是你，就到此为止。”还有过去特权阶层的成员拒绝支付高昂的交通罚款，理由是限制车速“很不英格兰”。被警察拦下的司机通常会声称自己的车速低于时速限制；也有人试图贿赂执法人员。如果这些手段都失败了，驾驶者就会被带到地方法官面前。这一时期被控超速的人还有首相阿瑟·贝尔福。贝尔福在马路上可以说是臭名昭著，以至于当议会讨论《1903 年汽车法》时，一位幽默的议员提议，立法中每小时 20 英里的速度限制不应适用于他。

47 汽车成为城市世界对乡村构成威胁的象征。每到周末，富裕城市居民的汽车会扎堆出现在路边的旅馆。在当地村民看来，驾车者就像来自另一个世界的人。他们穿着厚重的皮衣或毛皮内衬的大衣，戴着有耳罩的布帽，在恶劣的天气里还穿着橡胶“斗篷”。他们用这种吓人的方式裹挟着新的时代精神。

因此，在这个阶级对立日益加剧的国家，汽车被视为英格兰“闲散富人”的象征也就不足为奇了。在《1903 年汽车法》的辩论中，一位议员说汽车驾驶是“主要由富人享受的娱乐”，并敦促贝尔福政府通过惩罚贵族违法者来证明自己不是“由富人拥有、治理和享用的政府”。富裕的司机应该被征税，必须出资维护乡村道路，并且应该强迫他们通过考试。

这样的司机或许是不受欢迎的少数人，但他们也是很难对付的一群人。诺思克利夫勋爵是早期的汽车狂热爱好者，他就用自己的报纸推行司机的利益诉求。《泰晤士报》将汽车描述为“不仅仅是少数人的奢侈品或娱乐品”，而且是一种具有“服务公众”潜力的交通工具，并将在未来成为“英国的重要产业”。这份报纸试图将驾车的贵族与新富阶层区分开来，谴责后者的行为才是引发公众频频抗议的原因。它评论说：“汽车车主和司机中非绅士的人数似乎过多了。小混混绝无可能变成绅士。”围绕汽车司机的争论中掺杂着时人对士绅“稀释化”的担忧。讽刺的是，诺思克利夫这位反财阀宣传的始作俑者本人也是最近才获封爵位的。

那些支持驾车者的人声称，关于车辆事故数量的报道被严重夸大了。这些报道给全国范围内的“汽车恐慌”添砖加瓦，并进而引发了对财富和特权的攻击。不过，对危险驾驶者的批评仍在继续，这主要是因为事实证明了批评者的观点。1909 年，汽车在英国造成了 373 起事故，但在 1914 年，事故的数量已经达到了 1 329 起，不过事故的增加主要是由汽车的使用越来越多所致。 48

随着汽车成为英格兰道路上日益为人所熟悉的一道景象，“汽车恐慌”逐渐平息。报纸不再夸大轻微事故的发生率，政府也乐于把汽车作为一项新的收入来源。机动车和曾经的自行车一样，逐渐被人们所接受。私家车与出租车一起出现在伦敦街头，与之并驾齐驱的还有双轮双座马车、自行车、电车、有轨马车，以及敞篷公交车。很难想象在英格兰的历史上，还有哪一个时期有这么多不同类型的车辆在首都的道路上飞驰，也很难想象伦敦的街道还会出现如此混乱的局面。

1909 年，自由党政府出台了《城市规划法》，部分弥补了交通管理的缺失。然而，街上的大乱斗和郊区的无序扩张一样，都很难通过立法加以限制。机动车的激增和郊区的突然扩张，都是痴迷于速度和躁动的时代精神的体现。自由党政府接二连三地通过众多社会改革，英国急忙加入国际军备竞赛，也同样是这种精神的体现。自从维多利亚女王驾崩，维多利亚时代风尚衰落之后，一切似乎都变得更快了，无论是思想抑或时间本身也是如此。这一时期的文化可以被比作一辆新发明的汽车，它不确定自己将驶
49 向哪里，却打算以史上最快的速度到达目的地。

10

套中之锤

爱德华七世在宪政危机期间意外去世，在位仅有九年。这位表面上精力充沛的六十九岁老人在过世前已经病了好几个月，过度放纵的生活损害了他的体质。然而，由于他的疾病没有得到广泛报道，他在 1910 年 5 月驾崩很像是一场突发事件。

阿斯奎思说爱德华的死讯令他“惊慌失措”，此话道出了许多同胞的心声。人群静立在白金汉宫外，两天内有 40 万人瞻仰了威斯敏斯特大厅的国王灵柩。组织者希望葬礼的过程尽量民主化，所以富人阶级被迫和大家一起排队，致以最后的敬意。这场葬礼见证了英国自不到十年前维多利亚过世以来发生了怎样翻天覆地的变化；与母亲相比，宽容随和的爱德华似乎要平易近人得多。报纸称赞这位已故国王是一位在“品位和习惯上都非常普通的典型英国人”，不过它没提他对那些品位的放纵却一点也不普通。爱德华是第一个把“普通人”的形象呈现给臣民的英国君主。他也是新兴的名人文化中的首批明星，是一位由影响力越来越大的通俗报刊创造出来的社会名流。这也许可以解释为什么一位内阁成员会说，整个国家的“悲痛 50
感和个人损失感”要比女王去世时“更加深刻和强烈”。然而除了悲伤之外，公众的情感流露也表达出对于未来的恐惧。一位保守党议员认为：“国内的情况似乎越来越糟。”

新国王乔治对他口中“最佳父亲”的死感到“心碎而不知所措”。作为爱德华的次子，乔治年轻时曾受训成为海军军官，但在维多利亚统治末期，他的兄长去世，他成为王位的第一顺位继承人，海军生涯戛然而止。随后是结婚、生子、速成的宪政史课程和巡历帝国，但乔治并不喜欢最后两项事务，他既厌恶外国食物，也对书本不感兴趣。

乔治身材矮小，膝盖外翻，是个谦逊而忠于家庭的人。海军训练塑造了他的性格。虽然他过得像个保守的乡绅，思想和言谈却像一个海军军官，声音粗犷嘹亮，喜欢讽刺幽默。他遗传了父亲的蓝眼睛和金发，但缺乏爱德华的福斯塔夫式的体格、活力与亲和力，以及对上流社会和欧陆外交的热情。登基后没过几个星期，乔治就命人把白金汉宫的豪华装饰改得简朴一些；他还决定尽量减少奢华的公开宴会，因为它们与他的消化不良并不相宜。乔治打算恢复祖母统治时期英国宫廷简朴、严肃和家庭生活的气氛。虽然国王的忧郁气质有时会在公开场合一扫而光，虽然他在私下里也会大发雷霆，但他从不冲动行事。在外界看来，这位注重隐私、内敛矜持的国王把时间都花在了狩猎和集邮上。不过热衷于这些嗜好却也表明这是一个专心致志和渴望秩序的人。

乔治年轻时上过的历史课，没有教会他如何面对加冕之后出现的政治危机。阿斯奎思曾敦促新国王威胁保守党主导的上议院，如果他们不通过
51 限制其权力的法案，就会封授新的自由党贵族。如果乔治拒绝这么做，首相就会辞职下野。作为一个天生的保守党人，乔治对自由党政府有着一种本能的反感，他讨厌那个“该死的家伙”劳合乔治，而阿斯奎思在他看来也“不够绅士”。但他违背本性，答应了首相的要求；在一个不平等愈演愈烈的国家，站在“与人民相对立的贵族”一边似乎太危险了。乔治后来回想起来，认为自己犯了一个严重的错误，并责怪阿斯奎思利用了他的缺乏经验。

乔治在位的初期充满挑战，事态一触即发。1910 至 1914 年间，英国的社会和经济似乎处于崩溃的边缘，民众也显得动荡不安。自由党的少数

派政府和整个政治制度在面对新的挑战和进步要求时显得无能为力。历史学家乔治·丹杰菲尔德在《自由主义英格兰的奇异衰亡》(1935)中写道:“在1910年,英格兰精神中长期闷燃的火焰突然爆发,自由主义英格兰随即在1913年底化为灰烬。”

丹杰菲尔德所指的社会冲突和政治冲突,率先以罢工的形式出现。1910年后,罢工遍及全国。《泰晤士报》认为它在范围和强度上“有着史无前例的特点”。在英格兰各地,成群的工人放下工具。大多数人抗议要求改善工作条件,而有些人要求增加工资,因为工资的实际价值急剧下降了。“新自由党”的社会改革未能大幅降低贫困的发生率,这也是民众不满的根源。拉姆齐·麦克唐纳评论道,在整个1910年,“工党的世界”似乎“拥有了某种神奇的诱惑力”。伦敦的数百名女工毫无征兆地停下手头的工作拥上街头。在那里,罢工者高喊着、歌唱着,鼓励其他工人加入抗议活动。

1911年,罢工事件层出不穷,并且日渐升温。抗议活动席卷了港口、矿场和铁路。奥斯丁·张伯伦写道:“每天都有更多的工厂被关闭。”他是约瑟夫·张伯伦的儿子,也是统一联盟中贸易保护派的领袖。“每天都有更 52
多的火车停运。整部国民生活的机器正在慢慢地停止。”阿斯奎思使用了类似的比喻,说“整个社会和政治机器承受着沉重压力”。在正常情况下独立于政府的控制而运作的社会和经济,似乎正面临着崩溃的危险。绝大多数工会会员和工党议员并不希望用社会主义的模式来取代这台机器,但他们确实希望政府能确保将更高比例的利润分配给工人。麦克唐纳认为,国家的干预应该符合广大社会的利益。而许多自由党人认为,这就意味着彻底抛弃自由放任的政治和经济政策;它还将鼓励这样一种观点:财富应该和利润一样,通过增加针对收入、财产和资产的累进税,甚至通过直接再分配的社会主义立法,加以重新分配。虽然《人民预算案》朝着改良主义的方向迈出了步伐,但劳合乔治的本意是抵御社会主义,而不是宣传“反自由主义”的意识形态。

阿斯奎思的政府并不拥有议会多数派的优势,因而不得不随机应变地对罢工作出反应。他们尝试了各种策略，都遭遇了不同程度的失败。1910年升任内政大臣的丘吉尔试图通过派遣军队对抗罢工者来迫使他们复工。然而利物浦爆发骚乱，军队向抗议者开枪，打死了两个人。乔治国王觉得当前形势“更像是革命而不是罢工”，他还认为政府应该作出更加严厉的回应。英国建制派开始恐慌了。

工党议员抨击政府的胁迫行为，阿斯奎思试图通过立法来解决问题。一项由政府发起的法案保证了矿工的最低工资，而另一项法案则赋予工会出于政治目的而设立基金的权利。然而，这并不足以安抚罢工者（包括那些在铁路上工作的人）。1911 年，政府决定打出王牌，派劳合乔治介入铁路工人和雇主之间的协商。财相以“人民之子”著称，并以他们的“拥护者”自居。阿斯奎思的秘书写道：“他轻松地驾驭谈判桌上的众人……宛如拨弄
53 乐器琴弦，总算弹奏出真正的和声。”劳合乔治的雄辩口才发挥了作用，双方达成了协议，不过来年他却未能成功地调和罢工的码头工人及其雇主之间的紧张关系。那次失败后，政府不再直接参与劳资纠纷，而罢工则愈演愈烈。现在每年都有 1 000 多起抗议活动，涉及的工人逾 150 万名，这是爱德华统治时期每年罢工人数的 8 倍。

从长远来看，这些罢工所取得的成果对工会和整个工人阶级都是有利的。工会会员人数增加了，1914 年的工会会员人数是 1906 年的 2 倍，工人阶级意识也受到了鼓舞。伴随着工党的崛起，罢工运动清楚地向政府和统治阶级表明，维多利亚时代英格兰分配给工人的低贱地位是新世纪的劳动者所不能接受的。他们要求分享更大的劳动成果，如果遭到拒绝，就随时会采取行动。

这一时期的第二场社会和政治之火由妇女争取选举权的运动所点燃。自 19 世纪中叶以来，妇女参政权运动就要求扩大参政权，希望以此改善她们的恶劣处境。在维多利亚时代的英格兰，中产阶级妇女不能攻读学位或从事专业工作，就算在获准从事的少数职业里，她们的薪酬也远远不如男性。工人阶级妇女要么受雇于工厂，成为权利有限的体力劳动者，要么待

在家里，生下多达十个孩子。

维多利亚晚期的建制派担心男性霸权行将结束，因此拒绝了女性的选票诉求。爱德华时代的建制派同样不支持扩大参政权的主张。然而在20世纪初，妇女在政治程序中的参与度确实有所上升。此时，妇女获准在地方议会任职，可以在地方选举中投票，甚至能够成为市长。允许妇女参与地方政府的理由是那里处理的是纯粹的内政，是妇女的“天然领域”。到了爱德华统治末期，中产阶级妇女也有更多的机会接受高等教育（尽管仍然无 54
法毕业），并受雇从事某些类别的专业工作，如教师和护士等。

许多所谓的“妇女先锋”开始抱怨她们的就业机会有限，婚姻权利不平等，并且缺乏性自由。她们广泛追求网球、轮滑和自行车等充满动感的新式运动，并通过女性新时尚，表现出蓬勃发展的女性自信。轮廓分明和凸凹有致都“过时”了，宽松笔直的服装才更“时髦”；强烈的色彩取代了柔和的色调。一位男记者说：“在维多利亚时代的英格兰，女人是纯真的象征，是像小猫一样讨喜的生物，与世间俗务毫无关系。如今她出现了性意识，正试图砸开命运的枷锁。”

在爱德华时代，妇女参政权运动有所进展，并且其性质变得更加激进，这些都不足为奇。1903年，学识渊博的演说家埃米琳·潘克赫斯特与女儿克丽丝特布尔和西尔维娅一起组建了“妇女社会政治联盟”。它与以往的妇女参政组织很是不同。“我们决心限制成员只能是妇女，”潘克赫斯特宣称，“以便我们绝对不受党派的影响，只相信行动。我们的座右铭是‘要看行动，不听空话’。”《每日邮报》嘲弄地给其成员冠以“妇女参政权论者”（suffragettes）的称号，她们却自信地挪用并窜改了这个词，自称“妇女参政权**争夺**者”（suffrag*ets*），以强调她们获得投票权的决心。参政权论者想要“争夺”的不仅仅是各个阶层的妇女的投票权，因为男性也被剥夺了这一权利。相反，她们要求的是性别不再是获得投票权的障碍。如果投票的条件与男子相同，那么只有中产阶级的女性户主才能获得投票权，但是确立所有妇女都能投票的原则才是关键所在。

到1910年乔治加冕时，妇女社会政治联盟的资源迅速增加，参政权运

动姐妹社团的数量也在激增。然而，运动力量的不断增强并没有带来更大
55 的议会影响力。这一时期提出的一连串有关妇女参政权的私人法案都未能在下议院获得通过。一些后座议员公开嘲笑女性投票的想法，而当时的显要政治家在这个问题上也存在分歧。阿斯奎思认为，妇女的“领域不是政治的动荡之地，而是社交圈和家庭生活”。他的贵族妻女不需要选票就能发挥政治影响力，她们和他一样蔑视“衬裙政治”，并且会出面阻止那些为了主张妇女参政权而接近他的人。国王也将妇女参政权论者斥为“可怕的女人”。与之相反，贝尔福和劳合乔治对这一事业表示了谨慎的同情，一些工党议员则公开支持她们——尽管工党的官方立场模棱两可。

由于下议院议员对其要求不予回应，参政权论者决定与他们直接对峙。她们开始以提问的方式扰乱政治会议，并试图中断议会的会期。1910 年 11 月 18 日，数千名妇女参政权论者在议会广场游行，遭到警察的抵制。丘吉尔曾指示警察，无论如何不要让抗议者靠近议会，这一命令导致数十名妇女被殴打、推搡和逮捕。潘克赫斯特一家以煽动暴乱的罪名受审，但最后把诉讼程序变成了对政府慌乱无序地反对妇女选举权的剖析。“黑色星期五”事件及其后果激发了全国各地对活动者的支持。

从 1911 年起，妇女参政权运动变得更加好战了。激进分子点燃邮箱，用铁链把自己绑在栏杆上，打碎商店和男性俱乐部的窗户，破坏公共花坛，割破火车上的坐垫。她们在公共建筑上涂鸦，还肆意毁坏那些把妇女描绘成男性欲望对象的画作。并非所有主张妇女参政权的人都支持使用这些手段，然而潘克赫斯特坚信，暴力是唯一的选择。从 1913 年起，主张妇女参政权的人还实施了纵火袭击，在一场精心组织的行动中，她们在 18 个月的时间里点火焚烧了大约 350 座建筑物。主张妇女参政权的领袖向纵火者提供指示和易燃材料，纵火者则用它们制成了土炸弹，将其放置在著名的公
56 共场所。有些装置没有爆炸，有些则破坏了建筑物，其中包括劳合乔治的宅邸。

1913 年 6 月 4 日，埃米莉·戴维森成为这场运动最有力的象征。在埃普瑟姆赛马会期间，她大步走到赛道上，被一匹迎面而来的属于乔治国王

的马撞倒，四天后死于医院。一些历史学家认为，戴维森打算将参政权旗帜别在马身上，但那极有可能就是殉道之举。戴维森曾在报纸上的一篇文章中写道：“为尚未出生的几代人重演各各他①的悲剧，是斗士最后的完美牺牲。”戴维森死后，主张妇女参政权的人立即宣布她为烈士；5 万多名同情者参加了她的葬礼。

犹豫不决的自由党政府再次踏入了茫然未知的领域；和以前一样，它的本能反应是以强制手段来应对骚乱。阿斯奎思囚禁了大约 1 000 名主张妇女参政权的女性，同时拒绝给予她们政治犯的地位。这促使许多被监禁的妇女以绝食抗议。政府担心她们可能会死在监狱里，由此成为烈士，所以坚持把她们绑在椅子上，通过从鼻喉插入胃里的管子来喂饲。

对待主张妇女参政权的女囚的做法引起了众怒。在下议院，新近当选的工党议员乔治·兰斯伯里对阿斯奎思说：“你的行径为人所不齿……你折磨无辜妇女的臭名将被载入史册。”首相再次动用他在最近的罢工中采取的策略，用立法来回应批评。他提出一项法案，结束了监狱中的强行喂食，并允许虚弱的绝食者假释，在家中恢复健康，然后继续服刑。该法案被称为“猫鼠法案”，因为猫喜欢玩弄它的猎物，而自由党人也同时进行了反宣传运动。他们把主张妇女参政权的人描绘成一小群富有而精神错乱的怪人，她们的所作所为意在颠覆法律和秩序，而不是发起一场具有民众政治目标的群众运动。

一些历史学家认为，政府的回应在短期内是有效的：在 1914 年最初
的几个月里，妇女参政权运动的激进程度有所下降。不过，政府的镇压无 57
疑唤起了公众对妇女参政权的同情，也为她们的事业做了宝贵的宣传。从现代的角度看，自由党政府的残暴和短视是显而易见的。“读到这场运动的历史的人，”埃米琳·潘克赫斯特预言道，“都会疑惑政府怎么能毫无远见，
会抵制如此黑白分明的正义之举。” 58

① 各各他，意译为“髑髅地”。罗马统治以色列时期耶路撒冷城郊的山名，据《圣经·新约全书》中的四福音书记载，耶稣基督曾被钉在各各他的十字架上。

11

橙色牌

男性至上主义是政府镇压妇女参政权运动的原因。而另一个促成因素，可能是运动发生之时，恰逢社会空前混乱，其时阿斯奎思的少数派政府正面临腹背受敌的处境。1910 至 1914 年期间，罢工在全国各地随处可见；1912 年，爱尔兰又燃起了第三场政治大火。

名义上，爱尔兰与英国合并成为大不列颠及爱尔兰联合王国，但数百年来，它一直被英国视为事实上的殖民地。在反抗英国统治的爱尔兰人联合会起义遭到残酷镇压之后，两国于 1800 年联合，爱尔兰独立议会的议员受贿支持《联合法令》。都柏林议会遭到解散，此后爱尔兰的民选政治家列席威斯敏斯特。英国人继续通过都柏林城堡的总督统治这个国家。

无论是 1800 年的《联合法令》，还是英国的殖民管理，都没有得到爱尔兰民众的同意，而且无论以何种标准来衡量，19 世纪英国政府在爱尔兰的业绩都难称典范。英国花了 30 年时间才履行其承诺，废除了歧视占人口
59 大多数的天主教徒的刑法。19 世纪 40 年代的马铃薯晚疫病造成约 100 万爱尔兰人病饿而死，另有 100 万名爱尔兰人移居海外，政府对这一事件的冷漠和无作为不可谓不残酷。19 世纪上半叶，大多数爱尔兰民众支持丹尼尔·欧康诺废除联合的运动，到 19 世纪下半叶，他们又固守初心，支持为

爱尔兰自治而活动的威斯敏斯特议员。

1910 年大选后，阿斯奎思的少数派政府要依赖约翰·雷德蒙领导的爱尔兰议会党的选票才能执政。而获得该党支持的代价是，雷德蒙要求爱尔兰在联合王国内实行自治，并且成立都柏林议会来处理“地方”事务。自由党政府基于其原则及务实的理由，同意了这项建议。自 1885 年自由党领袖格莱斯顿开始支持这项事业并与爱尔兰议会党结盟以来，自由党一直致力于允许爱尔兰自治。格莱斯顿曾在 1886 年和 1893 年两次提出地方自治立法，都遭到保守党主导的上议院的破坏，但由于 1911 年的《议会法》剥夺了上议院的否决权，如今实行地方自治的障碍已经被清除。1912 年，阿斯奎思宣布，政府计划提出第三部《地方自治法案》。

然而，爱尔兰的新教统一党人与威斯敏斯特的少数统一联盟议员一起，极力反对拟议的立法，认为地方自治将无异于放任爱尔兰的天主教多数派压迫新教少数派。在爱尔兰的阿尔斯特东北部，新教徒人口占多数的四个郡抵制尤为强烈。这些阿尔斯特新教徒捍卫英爱统一，因为统一将确保他们对当地经济和政治权力保有控制权，并巩固他们的文化和宗教身份。他们中的一些人是英格兰和苏格兰殖民者的后裔，这些先辈是在 16 和 17 世纪英国对该地区进行殖民统治后陆续来到阿尔斯特的，当时英国是为了确立新教的统治地位才占据了这片土地。

阿尔斯特统一党议员中有一位魅力超凡的强势领袖爱德华·卡森，他对地方自治自然是抱有深仇大恨。然而真正给予新教统一党人在威斯敏斯特影
响力的还是来自保守党人的支持。保守党与阿尔斯特统一党的结盟可以追溯 60
到 1886 年，尽管保守党此前曾赞成爱尔兰的自治政府，但那次结盟就是为了反对格莱斯顿的地方自治。用伦道夫·丘吉尔的话说，保守党认为为了推翻自由党政府，“橙色牌就是我们要打的牌”，这里的“橙色牌”指的便是为了捍卫该地区的新教统治而于 1795 年在阿尔斯特成立的“奥兰治兄弟会”[①]。保

① 奥兰治兄弟会，一个共济会式的新教兄弟会，发誓要维护爱尔兰的新教统治。奥兰治兄弟会由阿尔斯特新教徒于 1795 年在阿玛郡成立，当时正值新教与天主教的教派冲突时期。因“Orange”意为橙子、橙色，故有“橙色牌”的双关语。

守党曾在随后几年里多次打出这张牌。19 世纪 90 年代，他们为了反对格莱斯顿的第二部《地方自治法案》，与阿尔斯特统一党议员和贵族建立了正式的联盟。20 世纪初，这一联盟得到了加强。在第二次布尔战争引发的对帝国衰落的恐惧中，哪怕给予爱尔兰一丁点儿的自治权都会让许多保守党人深恶痛绝：正如奥斯丁·张伯伦所说，他们“反对的根本理由”是认为爱尔兰作为一个国家，有朝一日可能会离开联合王国和帝国，从而削弱两者。此外，在 1906 年的选举失败和 1911 年的《议会法》后，保守党的政治地位十分脆弱。他们在关税改革的问题上产生了分歧，缺乏令人信服的意见，又失去了上议院的否决权，因此他们渴望能有一个借以团结起来的舆论呼声。打“橙色牌”的诱惑再一次变得无法抗拒，尽管其结果会令爱尔兰的宗派分裂日益加剧。

在这个时候，一个阿尔斯特苏格兰血统的坚定统一党人成为保守党内的重要人物，这当然绝非巧合。自学成才、白手起家的商人安德鲁·博纳·劳迅速崛起，部分原因是他热衷于统一主义，但这也是对他强有力地干预下议院事务的回报。根据一位保守党议员的说法，博纳·劳在议会中说话直截了当，“就像熟练的铆工的锤击，每一次都正中要害”。如阿斯奎思所说，那也是一种辱骂和连珠讽刺的全新风格。博纳·劳将自由党内阁斥为“一群赌徒”和“猪猡”。这种好斗的言辞使他成为约瑟夫·张伯伦的继承人，他的保护主义观点和对帝国的热情也是如此，他认为爱尔兰是帝国不可或缺的一个组成部分。

中产阶级出身的博纳·劳本人当然也逃不过成为被侮辱的对象。阿斯
61 奎思称他为“镀金商人”，而一些贵族保守党人则认为他的行止做派让人尴尬，一位保守党人说：“我感觉跟我说话的仿佛是我家受过高等教育的木匠。”在这个新时代，富裕的商人（哪怕是像博纳·劳这样没有英格兰血统、不信奉国教的人）成了古老的英格兰旧党派的领袖人物。用当时的词来形容，约瑟夫·张伯伦是“开拓者”，而博纳·劳等人则追随着他的路线。1911 年，陷入困境的贝尔福辞去保守党党魁的职务，由博纳·劳接替了他的位置，这个政党的新时代由此正式开始。机智的英格兰贵族被一位

言辞强硬、中产阶级出身、滴酒不沾的阿尔斯特苏格兰人所取代。如果说这项任命给保守党贵族带来了不安，它在自由党的要员中也引发了焦虑。“傻瓜们意外地碰上了最合适的人。”劳合乔治如是说。

博纳·劳被提拔为保守党党魁后，这个政党反对爱尔兰地方自治的立场就更加坚定了。这位新党魁的父亲曾是阿尔斯特的长老会牧师，他也因为自己是阿尔斯特东北四郡掌权的新教教派成员而感到自豪。他宣称，他们属于“同一个民族”，有“权利”加入联合王国。他作为党魁的首批行动，就包括将保守与自由统一党改名为“统一党”，表明阿尔斯特的统一如今已成为该党不可分割的身份标识。他还与爱德华·卡森过从甚密，后者向他保证，统一党议员和贵族将团结在保守党的麾下。虽然博纳·劳和卡森都是阿尔斯特新教事业的狂热分子，但他们两个集团的联手却是出于利益的考虑。保守党能帮助阿尔斯特统一党维持在阿尔斯特东北部的地位，而阿尔斯特统一党则是保守党用来对付自由党及其拟议的第三部《地方自治法案》的武器。

博纳·劳以其特有的强硬态度，反对阿斯奎思的地方自治提案。他宣称，通过《议会法》的“后门”强行提出《地方自治法案》，没有得到民众的授权——政府必须就此问题举行选举。博纳·劳认为，通过吸引一贯反爱尔兰的英国选民，保守党可以在这场与脆弱的自由党政府的竞争中获胜。阿斯奎思不想再举行一次选举，所以没有理会博纳·劳，而是自行提出了《地方自治法案》，但没有对东北部的新教少数派做出任何特殊规定。如果该法案进入法典，阿尔斯特的新教徒将不得不参加自治的都柏林议会，它 62
将取代相当一部分过去的英国殖民管理机构。该法案中没有任何与阿尔斯特新教徒有关的条款，表明阿斯奎思和雷德蒙低估了阿尔斯特统一党和保守党的反对力度。

该法案提出后，博纳·劳大肆在议会外煽动统一党民众的愤怒。他在英格兰和爱尔兰东北部的一系列公开演讲中宣称，他可以“想象阿尔斯特将不惜一切代价予以抵制，我定将尽全力支持他们”。如果这番话还不够清楚，他接着说：“我们将使用一切手段……即使《地方自治法案》在下议院获得通过……也一定会有比议会多数派更强大的力量出面阻止。”这是一篇战斗的檄文。自 17 世纪以来，英国政治家第一次公开在议会外煽动暴力，反对联合王国的民选政府。发表煽动性言论的也不止博纳·劳一人。卡森发誓说，如果法案通过，统一党人将不惜“违反一切法律”，而保守党议员和“死硬派”的贵族则大谈阿尔斯特“抵制的道德权利”。这种煽动性的言论让自由党人惊慌失措。阿斯奎思谴责博纳·劳的言论是“彻头彻尾的无政府主义言论”，而丘吉尔则认为，保守党决心“要治理国家，无论在朝还是在野”；由于保守党现在没有上议院的“特别否决权”，就只能通过“暴力否决权”来治理国家。博纳·劳试图使用王室否决权，英国君主可以据此拒绝王室对议会法案的认可。但乔治国王被统一党人的顽固态度所激怒，拒绝行使否决权，也不愿解散议会强迫举行选举。

事实上，阿尔斯特东北部的统一党人几乎用不着博纳·劳去煽动，就会抵制阿斯奎思的法案。1912 年，准军事组织“阿尔斯特志愿者”成立；次年，这些志愿者组织成阿尔斯特志愿军。兵力限制在 10 万人以内，准备在必要时用武力“保卫”东北四郡不受爱尔兰地方自治的影响。1914 年，他们与阿尔斯特统一委员会合作组织了一场行动，将 25 000 支步枪从德意
63 志帝国走私到爱尔兰东北部。英国政府没有采取任何措施阻止枪支走私，爱尔兰政治从此掀开了军国主义的新篇章。

阿尔斯特志愿者成立之后，爱尔兰民族主义者迅速作出回应，来自盖尔语联盟、古希波尼亚教团，政治党派新芬党和爱尔兰共和兄弟会等组织的爱尔兰民族主义者组成了爱尔兰义勇军。虽然其中也有一些新教徒，但大部分新兵是天主教徒。在过去的 20 年里，爱尔兰民族主义（甚至是爱尔兰分离主义）在对传统政客未能实现地方自治而感到失望的人群中大行其道。义勇军的主要目标是“确保和维护爱尔兰全体人民的共同权利和自由……不分信仰、政治观点或社会等级”。他们的宣言暗示，如果其他努力都失败了，他们就要拿起武器来维护自己的权利和自由。1914 年 7 月，1 500 支步枪从德国运到都柏林附近的霍斯，供爱尔兰义勇军使用，此时其人数早已膨胀到 20 万人。

在此期间，下议院经过旷日累时的讨论，通过了第三部《地方自治法案》，但随后在上议院遭到否决。根据《议会法》，一项法案只有在下议院连续通过三次，才能不经上议院的同意而成为法律。这就致使其通过时间会持续很久，博纳·劳在这一过程中制造了许多麻烦，造成了额外的拖延。他和卡森还利用这段间隔时间，煽动统一党人的叛乱，并再次以武装叛乱威胁自由党政府。“你打算借助法律的全部威严和力量，”博纳·劳问阿斯奎思，“用英军的刺刀对抗举着国旗游行并高唱《天佑吾王》的100万名阿尔斯特人吗？军队坚持得下去吗？英国人民以及王室，会容忍这样的屠杀吗？”

虽然阿斯奎思并不准备发兵爱尔兰东北部来推行自治，但他确实希望武装部队能帮助他对付阿尔斯特志愿军。1914年3月，英国情报部门报告，阿尔斯特新教组织即将从各处军队设施中夺取弹药；甚至有传言说，阿尔斯特即将发生政变，并向都柏林进军。自由党政府向爱尔兰最大的英军基地——基尔代尔沼泽营地的军官发出了局部动员令，然而他们中的许多人 64
拒绝执行，并威胁要辞职抗议。一些军人认为，爱尔兰地方自治可能会削弱英国的新教帝国，而另一些军人的行为则受到与博纳·劳有关的伦敦军官的唆使。统一党党魁赞同他们叛乱，认为所有英国公民都有权在形同内战的形势下选择阵营。

这一事件史称“沼泽兵变”，它是自17世纪以来英国军队首次拒绝执行政府命令。恼羞成怒的乔治国王认为这败坏了军队的荣誉；英国在爱尔兰的整个治理体系似乎都已处在崩溃的边缘。自由党政府选择不处分兵变者，宁愿假装这件事从未发生过。现在很明显的是，东北四郡不会实施地方自治。阿尔斯特统一党人得出的教训是天高皇帝远，他们不会受到约束；而爱尔兰义勇军则认为他们需要更多的武器，因为英国军队既不会保护他们，也不会保卫自由党政府的《地方自治法案》。

阿斯奎思和雷德蒙终于意识到，保守党支持的阿尔斯特统一党人并不只是在虚张声势。他们将不得不在自治条款上寻求妥协。博纳·劳、卡森、阿斯奎思和雷德蒙进行了幕后谈判。首相提出可以将阿尔斯特东北部新教徒占多数的四郡排除在《地方自治法案》之外，但卡森坚持认为，民族主义者仅占微弱多数的阿尔斯特两郡也应排除在外。雷德蒙拒绝了这一提议，并威胁说如果继续这样做的话，爱尔兰议会党就不会再支持政府了。双方随后陷入了僵局。《地方自治法案》行将被写入法规，爱尔兰来到了血腥内战的边缘。

尽管《地方自治法案》的确在 1914 年夏天成为法律，但阿尔斯特没有
响起枪声。欧洲大陆突然爆发的战争将各方的注意力从爱尔兰吸引了过去。
该法案的实施被正式推迟到欧洲冲突结束后，阿斯奎思向统一党人保证，
65 他将考虑在法案全面生效前对其进行修改。作为回报，统一党人同意为了
国家统一而搁置关于爱尔兰的争端。首相庆幸自己虎口脱险。“当时局势仅
有的一个亮点是解决了爱尔兰的内乱。”他在 1914 年夏天如此评论道。但
66 爱尔兰的冲突仅仅是被推迟了而已。

12

黑　日

对许多自由党人来说，1914年的夏天阴云密布、令人窒息。议会议员约翰·莫利评论说，“我看不到一片蓝天”，暗指爱尔兰上空笼罩的乌云。在东边，国际冲突的可能性一直有增无减。1906年后，英法两国的关系日益密切，双方对德国的恐惧和嫉妒加强了彼此的联系。作为欧洲大陆的经济和军事强国，德国对此作出的回应是大力投资海军，差不多追上了英国的海军实力。部分英国右翼报刊和民众要求政府建造更多的无畏号战舰：“我们要八艘，我们不想等！”这是他们的口号。劳合乔治认为再建造四艘就足够了，但是外交大臣爱德华·格雷不以为然，于是阿斯奎思只好委托建造了八艘战舰。

德国的盟友奥匈帝国和意大利也增加了军备开支。意大利人建造了一支新的战列舰舰队，威胁到英国在地中海的优势地位。英国现在面临着一个令人不快的选择：要么因建造更多的战舰而破产，继而在军备竞赛中落后，最后与德国谈判签订互不侵犯条约；要么同意法国提出的协调大陆防御战略的要求。英国选择了后一种方案，与盟友一起制订了军事计划，其 67
中包括应对未提及名字的第三方势力的侵略，而这个势力只能是德国。另一方面，英德关系在反德派国王爱德华驾崩后也没有得到改善。问题在于英国政府和统治阶级中的大多数人都认同前国王的偏见：格雷称德国是“我们最恶劣的敌人和最大的危险”。德国皇帝和建制派对英国人也持有类似的看法，两国之间的谈判破裂因此也就不足为奇了。德国希望英国同意它扩充海军，并承诺英国在大陆发生冲突时保持中立，而英国只准备在殖民地事务中做出让步。

英国仍然首先认为自己是一个全球大国，但如今的它在欧洲的争论中越陷越深，这在很大程度上是由于它担心帝国已不堪重负。虽然英国浮寄于欧陆之外，但它不能因为没有接壤欧陆而置身事外；此外，英国现在缺乏军事和经济资源，如果没有法国的援助，已经无法维持自身的庞大帝国。第二次布尔战争后，英国陆军的实力已无法令人信赖，海军也不再唯我独尊；因此，在外交上孤立于欧洲大陆会很冒险。

1907 年的英俄条约进一步承认了这一现实。由于俄国和英国一样，已经与法国结盟，因此三个帝国如今形成了一个三国联盟，与德国和奥匈帝国的同盟相抗衡。但是，德国皇帝把这种平衡的说辞当作英法两国传统的反德政策的烟幕弹；在他看来，三国联盟只是另一种包围德国的企图。一些英国人对本国平衡战略的反德前提表示质疑，认为格雷的做法过于激进。另一些人则认为这是一种本质上不稳定的策略，有可能会使英国卷入一场大陆战争。

批评者说，只有双方之间实现了真正的平衡，而且各方都致力于维持平衡，均势才能取得成功。但是这种可能性极小。奥斯曼帝国正在崩溃；欧洲民族主义风起云涌，特别是在巴尔干地区；德国决心与英国竞争，成
68 为海军和帝国主义强国，而且欧洲国家的殖民地边界始终存在着爆发国际争端的可能。非洲在 19 世纪末为潜在的对立提供了一个安全阀，其广袤的土地和丰富的资源为所有的欧陆强国提供了满足其经济和军事野心的机会。但如今非洲几乎完全被英国、法国、德国、比利时、意大利和葡萄牙瓜分和掠夺殆尽，殖民者如今在非洲大陆的内部边界上猜忌地彼此凝视。

1914 年 6 月 28 日，奥匈帝国王位继承人奥地利大公弗兰茨·斐迪南在萨拉热窝被波斯尼亚塞尔维亚族的一个民族主义者暗杀，对力量平衡最

严峻的考验终于到来了。以前也曾发生过同样有权势的人物被暗杀的事件；但这一次，相关人士似乎根本无意出面解决争端。奥匈帝国感受到该地区的巴尔干民族主义和俄国虎视眈眈的威胁。他们不能独善其身，便询问德国人能否支持它对塞尔维亚宣战，哪怕俄国一定会支持它的塞尔维亚盟友。德国人也担心俄国在巴尔干地区的影响力，他们坚信自己早晚必与俄国对抗；考虑到俄国有重整军备的长期计划，此事宜早不宜迟。于是在得到德国人开出的一张空头支票之后，奥匈帝国就对塞尔维亚宣战了。现在其他的棋子都落到了实处。俄国人估计到法国人会支持自己，就调军攻打奥匈帝国，支持塞尔维亚；德国随即对俄国宣战。法国自 1871 年德国占领法国领土以来就一直担心德国入侵，如今便动员起来支持俄国。

英国是唯一一个尚未采取行动的欧洲大国。德国确信英国不会加入这场战争，按照丘吉尔的说法，自由党内阁的情绪“一派平静”。与此相反，统一党反对派的领袖博纳·劳则情绪亢奋。他警告阿斯奎思说：“如果在支持法俄两国的问题上犹豫不决，将对［国家的］荣誉和安全造成致命的影响。”内阁不知不觉但又不可避免地接受了博纳·劳的观点；事态的发展势头似乎正使英国不可阻挡地走向欧陆战争。“我们都在昏昏欲睡中随波逐 69
流。”丘吉尔如此评论道。

1914 年 8 月 3 日，德国对法国宣战；次日，德国入侵比利时。自由党政府谴责如此侵犯一个大陆国家的中立地位，便对德国宣战以支持比利时，同时援助其法国和俄国盟友。政府现在相信，除了对抗这个被认定为对英国的安全和繁荣威胁最大的国家之外，它别无选择。英国必须阻止德国。

政府宣战时认为，战争在几周内就会结束，所有交战国都抱有同样的乐观态度。在北海随时待命的英国舰队仍然优于德国。人们相信，三国联军将从东西两侧迅速夹击德国和奥匈帝国。人们以为，大英帝国的广阔领土上有着几乎无限的兵源。基于这些原因，格雷向下议院保证：“战争给我们带来的苦难不会比袖手旁观更多。”丘吉尔确信，英国国内不会感受到冲突的影响，因为那里将“一切照旧”。

格雷和丘吉尔并不是唯二受到乐观主义鼓舞的政客。就在几周前，兰斯伯里、哈迪和亨德森还公开谴责一切“资本主义”和“帝国主义”的战争；然而如今的工党领导层却遵循政府的路线，只有秉持绥靖主义原则的麦克唐纳例外，他因此辞去了党主席的职务。博纳·劳和统一党人毫不犹豫地支持阿斯奎思政府宣战，并宣布在下议院以及阿尔斯特统一党内不再积极反对政府。乔治国王也为宣战欢呼雀跃，尽管他有许多德国头衔和家族关系，但在接下来的几个月里，他将一以贯之地大力反对德国。事实上，他不久就想要掩盖王室的条顿血统，将王室的名字从萨克森-科堡-哥达改成了温莎。

自第二次布尔战争的最初几个月以来，爱国主义情绪再次席卷英国。
70 这种情绪夹杂着宽慰的心态，因为国家正在保卫一个中立的邻国免遭无端的侵略，而不是为了国家自身的利益而攻击农民。当报童叫喊着宣战的消息时，人们纷纷从商店和房子里冲出来欢呼。霍拉肖·博顿利的通俗杂志《约翰牛》以“英国最伟大的荣耀降临”为标题，奠定了传媒的基调。激进的知识分子热衷于对“普鲁士军国主义”发起意识形态的讨伐。许多进步人士希望这场冲突能提供机遇，埋葬19世纪失败的政治、经济和社会文化，并建立更好的世界。这真的是一个时代的结束和另一个时代的开始吗？政治家、民众和知识界所表现出的是毫无欧洲战争经验的一代人的天真。对那些出生于19世纪下半叶的人来说，冲突只是意味着在与英国海岸保持安全距离的地方，与弱小得多的军队交战。英国上一次在欧洲大陆作战还是在拿破仑时代，那简直属于古代历史。就这样，英国带着过分的自信和急切的心情，盲目地参加了一场将成为有史以来第一次具有世界规模的冲突。

一方是德国和奥匈帝国组成的“同盟国”（Central Powers），而且最终还得到了奥斯曼帝国的支持。另一方是由英国、法国和俄国组成的“三国联盟”，它们被称为“协约国”（the Allies），意大利人也加入其中。当战斗人员向比利时移动，许多人都唱起了国歌，爱国主义和乐观主义的情绪融合在一起，现场一片欢腾。经历过“一战”的痛苦和恐怖岁月的人都会记得那些向西线进军之人的歌声；有些人的歌还没有唱完，就突然阵亡了。

阵亡者中会有无数的英国士兵。8 月的第一个星期，一支由六个英国步兵师和一个骑兵师组成的远征军集结完毕。军方计划把他们派到比利时，去支援法国军队。新任命的陆军大臣基奇纳勋爵是一位曾与布尔人作战的老兵，他认为比利时作为战区太危险了。法国参谋人员以及他们在英国军方高层中的盟友打压了基奇纳的顾虑，但事件的发展将证实他是对的。向比利时派遣部队的决定使英国丧失了战术独立性，英国在战争期间不得不 71
与法国盟友并肩作战。

比起战略，基奇纳更关心的是部队的数量。作为一个海军大国，一个幅员辽阔、人口众多的帝国之主，当时的英国认为自己并不需要像其他欧洲国家那样维持庞大的常备陆军。“你们一头扎进这样一场战争时，有没有考虑过，”基奇纳质问内阁，“自己没有军队？难道你们没有意识到这场战争很可能会持续多年，需要数以万计的士兵吗？”他很快就得到批准，在成年男性人口中征集志愿兵。

用一位士兵的话说，时人因为感觉“那场战争是荣耀之事，而英国人终会取得胜利”而受到鼓舞，总共有 100 万人前往英国征兵站，有些人甚至是在夜里步行数英里赶来的。征兵海报上的标语敦促人们响应基奇纳的号召，“国家需要**你**”，“英格兰的女人！尽好你们的责任！**今天**就送你们的男人加入我们光荣的军队”，还有“爸爸，你在战时做了什么”。接受了几个星期的训练后，志愿兵会在村镇集结，然后向最近的火车站进发，沿途都能听到留守故园之人的欢呼。火车将把这些人带到英国的军事中心，他们很快就会从那里被派往西线。

西线的战斗后来被称为“边境战役”，它为英国人提供了一个有益的教训。1914 年 8 月 23 日，英国人在比利时的蒙斯与法国人一同进行了第一轮重大行动。欢欣鼓舞的德军刚刚攻克了布鲁塞尔，兵力是协约军的三倍。在这种困难的情况下，英国人表现得不错，但还是无法阻止德国人的推进。根据《泰晤士报》的报道，协约军撤退的消息在国内“像霹雳一样炸响了”。有人问起部队的战备情况。士兵们虽然已经为一场旧式的帝国战役接受了训练和装备，但他们为现代的大陆战争做好准备了吗？他们有很多步枪，但机枪、手榴弹和电话呢？

德国人循序渐进地把法英两国的部队赶了回去，协约国的策略被称为
72 “大撤退”。他们撤出法国北部的城镇和村庄，身后尸横遍野。英国士兵的尸体被留在那里，撤退的军队没有时间埋葬他们。得胜的德国人杀害或驱逐了数以千计的法国和比利时的平民，其中有大量的妇孺，他们有时还把赤裸的尸体挂在肉铺里。他们的行为引起了平民“极大的恐惧”，并在英国激发起持续不懈的反德宣传。结果，德国人在英国的街道上遭到袭击，德国人的商店和住宅也被洗劫一空，还有许多德国人被作为敌国人关押在集中营里。

后来，英法两国利落的保卫战延缓了德国人的推进速度，德国人在巴黎以东停了下来。双方在 9 月初的马恩河战役中再次对峙，这一回协约军取得了胜利。现在轮到德国人撤退了，这一阶段史称“奔向大海”。双方在经过皮卡第、阿图瓦和佛兰德时展开了进攻和反攻。协约军重新夺回了伊普尔，他们希望进一步将德国人逼退，但他们前进的脚步中断了。如今任何一方似乎都不大可能取得决定性的胜利。他们的目标变成了不再撤退，而不是打垮敌人。

战争陷入僵局的明显标志是交战双方现在面对面地挖了一排排战壕，从法国的英吉利海峡曲折延伸到中立国瑞士的边界。战壕体系最终的总长度达到了 25 000 英里。对立的战壕之间是布满地雷的“无人区”，穿越该区域随时会面临机枪、迫击炮、火焰喷射器、炮弹和一种新的致命武器——毒气罐的威胁。一拨又一拨人群被送入一台巨大的杀人机器，高科技武器在远处完成了杀戮。攻击敌人战壕的任何尝试都注定要失败。即使前进的士兵奇迹般地躲过了子弹、地雷和毒气罐，也必须突破一道铁丝网，继而遭遇数量上具有巨大优势的敌人。

在徒劳进攻的间歇，双方的部队就躲在战壕里，因战斗、疾病、秋季
73 气温下降和战友阵亡而精疲力竭、情绪低落。有的士兵患上了“炮弹休克

症”，陷入无助的恐慌状态，无法行走或说话，还深受癔症和失眠之害。在战争初期的几个月里，军医认为这些人是神经衰弱或体质虚弱，然而这种疾病很快变成了战争带来的一种新病态。战壕里的生活焦虑不安，很不自在。持续不断的枪声和猛烈的炮击声，夹杂着伤残或垂死士兵的喊叫声，确实让人无法忍受。

士兵们发明了一个新词，他们意识到现在是一场“消耗战”。“我们必须比对方坚持得更久，”一个上尉说，“继续增兵，补充物资，直到他们罢休为止。”但谁知道要耗费多少时间和人命才能取得这场血腥的胜利呢？考虑到双方如今正在进行的战争类型，以及德国人所掌握的巨大工业资源，这场战争很可能会旷日持久，死亡人数也会史无前例。究竟发生了什么？政府起初预测的短暂而轻松的战争如今去哪儿了呢？

更糟糕的是，英国人预期的海战也没有开始，因为德国人拒绝与英国海军交战，而宁愿用U型潜艇来挑衅英国巡洋舰。德国水雷炸毁了一艘英国战列舰，总司令命令英国舰队脱离危险，撤退到爱尔兰海岸。东线也没有什么进展，因为那里的战斗远比西线坑道的杀戮战场要机动得多。俄国人迅速入侵东普鲁士，而奥匈帝国则在喀尔巴阡山脉的进攻中损失了近百万人。但当德国人把俄国人逼回自己的边界，土耳其决定支持同盟国时，协约国的乐观情绪又被迎面浇了一盆冷水。

季节秋去冬来，也再度冷却了英国人对战争的热情。报纸上关于死伤情况的报道起初引起了人们的同情和恐惧，后来他们就麻木得听之任之了。阵亡的士兵很快就多到报纸上没有空间列出所有人的名字。全英国的妇女和儿童都换上了丧服。从前线归来的士兵拄着拐杖或坐着轮椅，成为随处可见的景象。战争初期的乐观情绪消散了，许多知识分子开始担心德国最
终会获胜。英国传说中的力量和勇气在哪里？到圣诞节时，已经很少有人 74
相信战争会很快结束，而当基奇纳需要更多的志愿兵时，民众也没有表现出多少惊讶之情。在接下来的几个月里，又有150万人被征召入伍。

虽然基奇纳正确地预言了这将会是一场艰难而持久的战争，但他在军

事战术上却经常出错。英国远征军司令约翰·弗伦奇爵士认为陆军大臣不仅无能，有时甚至会“发疯”；现在很少有人相信他的西线战术了。1915 年初，第一海军大臣温斯顿·丘吉尔提出了一项旨在重振英国战略的建议。丘吉尔向内阁报告说，如果英国在全新的战线上发动战争，远离德国的势力范围，可以打开战争的局面。如果把新战线设在海上，就可以避免战壕战争的可怕伤亡。丘吉尔建议在达达尼尔海峡的水域（它隔开了欧亚两洲，当时处于奥斯曼帝国的控制范围）进行一次海陆“两栖作战”。如果海峡安全了，英法两国就可以向俄国派遣援军；联军也可以在该地区登陆，占领君士坦丁堡。击败奥斯曼人可以从实质上削弱同盟国的势力，还有助于保护英国的苏伊士运河。

劳合乔治喜欢这个建议，但阿斯奎思持怀疑态度；基奇纳先是摇摆不定，然后同意了。然而这项计划的支持者都有一个错觉：土耳其人天性软弱。丘吉尔起初认为这会是一场困难的行动，需要一支庞大的地面部队，但基奇纳说服他相信，海军单独行动就足够了。但当英法两国在 3 月中旬开始攻击达达尼尔海峡时，丘吉尔遭受到他职业生涯中最大的一次打击之一。协约国海军被土耳其的水雷阻挠，土耳其人击退了入侵其领土的军队。4 月底，英军、法军和殖民地部队再次试图登陆，结果也是一样。协约国士兵还在海滩上时，土耳其人就挖出了和德国盟友一样坚不可摧的战壕。协
75 约军弹药耗尽，进攻只好叫停。12 万名英国士兵死伤或失踪。丘吉尔听闻这个消息，对失败和伤亡损失甚感痛心。

这次溃败之后，英国媒体把矛头指向了自由党政府和英国军方最高指挥部。战争指挥不善；部队需要增援，还需要不同的战术和更好的装备。最重要的是，应立即向西线输送更多的高爆重炮。《泰晤士报》和《每日邮报》为更多的炮弹进行了宣传。这两家报纸同为诺思克利夫勋爵所有，他极力支持劳合乔治成立军需部，并且出任军需部部长。

另一方面，下议院的反对派也因“炮弹丑闻”[①] 而无所适从。博纳·劳

① 炮弹丑闻，“一战”前期的炮弹短缺导致的一场英国政治危机。

公开攻击政府，这是宣战以来的第一次。爱尔兰议会党认为，既然地方自治已被写入法规，他们就没有什么理由支持自由党政府了。雷德蒙收回了其政党的支持，将阿斯奎思的政府推至崩溃的边缘。格雷在战争持续时间的问题上被证明是错误的，丘吉尔在达达尼尔海峡战役中对海军实力的看法也是错误的，而基奇纳在战略上更是错误的。唯一靠谱的内阁大臣只有劳合乔治，而他在工会和商界领袖之间促成了一项交易。工会同意通过在工厂和办公室引进 25 万名妇女以及半熟练或非熟练男工来稀释劳动力价值。作为回报，财相向工会保证，这将是一项临时的战时措施；他还承诺抑制工业利润（这是前所未有的让步），以确保工会的支持。在其他方面，劳合乔治也表现出了干预战时经济的意愿，这与他的自由主义原则相违背。他征收进口税，提高税赋，支持金融城的银行，允许国债增长，并接管了那些未能完成军需品配额的工厂。

财相声望日隆，阿斯奎思则名誉扫地。劳合乔治似乎表现出了首相所缺乏的主动性，而他在新闻界的朋友也高调地突出了这种反差。报纸批评阿斯奎思不愿意行使战争赋予政府的巨大权力，并提到他沉迷白兰地。劳 76
合乔治的朋友声称，这种酒能让阿斯奎思保持清醒，然而看到一个首相在议会里仰面朝天、迷迷瞪瞪的样子，无论是弗利特街[①]还是整个国家都无法鼓起信心。在记者看来，“醉汉”似乎已经到了其调解技巧和谨慎本能都已经不再管用的年纪。20 世纪的世界大战需要一种全然不同的政治家。未来属于像劳合乔治这样的人，他们能够随机应变，采取果断行动，展示出引人注目的公共姿态，并通过媒体接触到广大公众。有了诺思克利夫的支持，财相显得极富魅力。

在征求诺思克利夫及其在反对党席位上潜在伙伴的意见后，劳合乔治宣布：“我们必须建立一个联合政府。”作为一个实用主义者，他发现一个由政党、个人和想法松散联结起来的政府自有其优势。这将给他带来回旋

① 弗利特街，伦敦市内一条著名的街道，以邻近弗利特河而得名。弗利特街直到 20 世纪 80 年代都是传统上英国媒体的总部，如今依旧是英国媒体的代名词。

的自由，不受自由党的等级制度或传统信条的约束。他尽管扎根于不信奉国教的新教徒的自由主义观念，却感到这是一股日益衰落的政治力量。博纳·劳背后的统一党人则不想为国外的军事失败或国内的民生疾苦承担任何责任。看来政府很快就可能要实行征兵制和粮食配给制了，他们认为如果由联合政府而不是保守党-统一党政府来推行这些措施，民众的接受度会更大一些。

劳合乔治选择的时机无可挑剔。公众已经厌倦了无穷无尽、毫无意义的杀戮和军事失败的报道。最近，德国的齐柏林飞艇居然出现在伦敦上空，公众对此几乎歇斯底里。他们急于改变命运和方向，而下议院和弗利特街对自由党政府的支持也逐渐减弱，阿斯奎思勉强同意了联合政府的建议，自由党政府于 1915 年 5 月下台了。

联合政府将由阿斯奎思领导，但他只是名义上的领导人。他参加内阁会议时很少提建议，通常以推迟决定的方式结束会议。真正的领导人劳合乔治则全权负责大后方，作为军需部部长协调社会和经济政策的方方面面。由于统一党领导人博纳·劳、贝尔福、奥斯丁·张伯伦和爱德华·卡森等
77 人的存在，阿斯奎思党羽在内阁的影响力被淡化了。接替麦克唐纳成为工党领袖的阿瑟·亨德森成为教育大臣，另外两名工党议员也在未来几个月内加入了联合政府。工党成员的出现使内阁具备了真正的“国家”形象，也改变了内阁的社会构成。这些任命表明，工党不再仅仅是一个抗议党派，而是已经做好参政准备的一场国民运动。军方高层也出现了人事变动。丘吉尔被降职为兰开斯特公国郡大臣，部分是因为达达尼尔海峡的惨败，但也是为了安抚博纳·劳，因为博纳·劳认为这个保守党叛徒是一个精神错乱的怪胎。

新政府面临着老问题——没有令人信服的军事战略，前线缺乏人力和装备，还得根据战争的需要重组经济和社会。劳合乔治很好地应对了后面两个挑战，他雇用了一批商人，确保不断增产的炮弹、坦克和机枪被送到士兵手中。在劳合乔治指挥该部期间，中型火炮的产量增加了 380%，重

炮的产量增加了1200%。这位军需部部长还任命了航运、粮食生产、煤炭和劳工等部门的“总管”，他们个个都是相关领域的专家。他的新型行政人员将国家的职能扩大到经济的各个领域和平民生活的方方面面。他们接管了工厂，实行严格的规章制度和新的生产程序；他们实行了产业征役制度，增加了劳动力的流动性。同时，他们还通过减少工作时间、改善工作条件和保持高工资来安抚工会。劳合乔治不难用这些让步的必要性说服内阁中的统一党人；博纳·劳明白，工会是“我们与无政府状态之间唯一的屏障”。

劳合乔治及其手下控制了食品、金属和化工产品的生产与销售。他们还将大量的国家资金用于科技研究，以及管理和生产工艺的研究。中央政府现在似乎掌控了一切。以效率为目标的官僚机构不断扩张；公共开支迅速增加，从直接税收中获得的资金也增加了。缴纳所得税的公民人数从100 78
万人增加到800万人，收入较高的人缴纳的税款也更多了，急遽上升的累进税制也得到了实行和接受。

这是一场经济、社会和政治的革命。报纸上谈到了“战争社会主义”和政府的变革，商人和专业人士取代了富裕且受过私人教育的公务员。许多中下层和工人阶级的成员史上头一回感到自己受人赏识和有所回报：工资增加了，贫困减少了，劳工运动被承认为经济和社会的重要组成部分。男性所获得的利益也惠及女性，她们大量进入劳动力市场，特别是新成立的军需工厂。英国妇女感到她们参与的不仅是一场伟大的爱国主义战争，还是一项比她们以前经历过的任何事情都更加平等的国家事业。国家开始像一个以普遍利益原则为基础的真正共同体了。“英国与过去决裂了，”历史学家W. H. 道森评论说，“和平到来的那一天，我们将面对一个彻底改观的新局面。” 79

13

被迫参战

联合政府的政策在国内取得了积极的成果，但在国外它还是连遭失败。达达尼尔海峡溃败后，开辟东部新战线的计划搁浅；由于海军参战无望，政府和军事指挥部认为西线是唯一有望成功的选择——只是它根本不可行。由于法国人在达达尼尔海峡中援助了英国人，基奇纳觉得有义务支持他们对德国人的秋季进军计划。卢斯战役是 1915 年英军规模最大的一轮进攻，也是最不成功的一轮。战役几乎没有取得任何进展，却让 5 万名英国人付出了生命的代价。一位官员在战役期间报告说，“有几个师确实到达敌人战壕”的唯一证据是，“在铁丝网上可以看到他们的尸体”。

这场大屠杀之后，基奇纳更加频繁、更加歇斯底里地呼吁征召志愿兵。然而他未能得到热烈的响应，阿斯奎思不得不考虑实行义务征兵制。他和贝尔福其实都不想这么做，但劳合乔治和博纳·劳却很支持——这生动地说明了内阁中“老人”和“新人”之间的分歧。新人认为义务征兵可以向英国的盟友和敌人表明他们“动了真格”。劳合乔治宣称“战斗必须进行到
80 底”，他的主要战争目标是消灭“德国威胁”。然而，长子正在战壕里参战的阿斯奎思痛恨这场“可怕”的战争，他似乎有意与德国达成和解。

志愿兵的缺乏和内阁成员的压力最终迫使阿斯奎思就义务征兵问题采

取了行动。不过即使到现在，他仍然以一贯的谨慎态度行事。他在 1916 年 1 月的《兵役法案》中规定，单身汉和无子女的鳏夫必须服义务兵役，而已婚男性则被排除在外。通过采取这种中间路线，阿斯奎思成功地博得了抵触义务征兵制的大部分内阁成员的支持。然而几个月后，事态的发展要求义务服役的范围必须扩大到已婚男性，阿斯奎思只得相应地修改了《兵役法案》。通过扩大征兵范围，国家掌握了整个成年男性群体的生死；由志愿兵组成的"基奇纳新军"为被迫参战的男性所取代。这也导致国内工厂没有了体格健全的男性，取而代之的是妇女和不太健全的男性。

义务征兵制没有扩大到爱尔兰，这清楚地表明该国在联合王国内的地位尚不确定。政府意识到，爱尔兰人不会接受强行征召所有成年男性来保卫联合王国或大英帝国；而征召爱尔兰人从军国主义侵略者手中解放"天主教小国"比利时，其中的讽刺意味也一览无余。事实上，威斯敏斯特的绝大多数爱尔兰议会党议员都投票反对《兵役法案》。1914 年 8 月宣战后，数以千计的爱尔兰人（包括天主教徒和新教徒）纷纷前来参战；但是在 1914 年，自愿参加一场"短暂而光荣"的战争是一回事，而英国政府在 1916 年强行征兵则是另一回事。

爱尔兰议会党领袖约翰·雷德蒙曾在 1914 年鼓励爱尔兰义勇军成员参军，理由是他们的牺牲将使自由党的《地方自治法案》更有可能实施。虽然大多数义勇军响应了雷德蒙的号召，但还是有大约 1.2 万人拒绝上前线。这些人对英国政府已经失去了信心，认为它不愿意或者不能够兑现对爱尔兰自治的承诺；无论如何，他们想要的自治权远远超过《地方自治法案》
的承诺。他们认为，世界大战为他们实现独立的爱尔兰共和国的梦想提供 81
了一个难得的机会。"英国的困难，"他们说，"就是爱尔兰的机会。"

1916 年 4 月 24 日星期一，一小队爱尔兰义勇军与一批爱尔兰公民军兵合一处，在都柏林发动了一次起义。他们占领了包括邮政总局在内的部分官方建筑，并在上面升起了爱尔兰共和国的旗帜。叛军领袖之一帕特里克·皮尔斯向过往的都柏林人宣读了《爱尔兰共和国宣言》。他宣布"爱尔兰人民有权拥有爱尔兰"，并补充说，新的共和国将"保证宗教自由、公民自由、平等的权利和平等的机会”。

皮尔斯呼吁爱尔兰同胞起义，但很少有都柏林人对此有兴趣。一些人认为叛乱没有必要，因为《地方自治法案》已经被写进了法典，只不过实施日期还不确定。另一些人则认为这是一种可疑的机会主义行为，因为有近 20 万名爱尔兰人在前线作战。几乎每一个都柏林人都认为起义注定要失败。爱尔兰义勇军内部的意见分歧导致只有 1 500 人参加起义，并放弃了全国范围的计划，只在都柏林举事。在英国海军截获一艘向都柏林运送德国武器的船只后，叛军也缺乏足够的武器供应。

英国政府决定，子弹和炸弹比封锁都柏林邮政总局更有效。三一学院的一座炮台和利菲河上的一艘战舰用重炮将邮局周围一平方英里的区域变成了废墟。经过几天的轰炸和血腥的巷战，200 名战斗人员和 250 名平民死亡，叛军投降了。威斯敏斯特在爱尔兰的统治得以恢复，并实行戒严，军方人员控制了爱尔兰政府。将近 200 名叛军被送上军事法庭，不过这些军事法庭后来被认为是非法的，因为它们是由镇压起义的人秘密设置的。90 名叛乱分子被判处死刑；15 人的判决得到了确认，其中包括几名既没有领导
82 起义也没有造成任何死亡的人。1916 年 5 月的第一周，行刑队执行了处决。

爱德华 · 卡森对政府的残酷回应表示赞赏。他告诉下议院，叛乱“应该以勇气和决心来平息，并应杀一儆百，防止叛乱重演”。雷德蒙最初也支持处决，不过他后来担心这会破坏民众对宪政民族主义的支持，并敦促阿斯奎思停止枪决。首相最终同意，“大量”处决可能会“埋下长期动乱的种子”，便下令停止处决。

然而，损害已经造成了。爱尔兰的民族主义舆论开始发酵。“一切都变了，彻底变了，”诗人 W. B. 叶芝在诗歌《1916 年复活节》中写道，“一种可怕的美诞生了。”爱尔兰民众原本对起义漠不关心、含糊不定，甚至视之为祸患，如今却把被处决的人抬高到烈士的地位。一些爱尔兰人因为处决之举毫无人性而备感激愤，另一些人则被叛军的“牺牲”感动了。对都柏林的轰炸、英军在起义期间的暴行以及起义后英国官员的审判和处决，激发了爱尔兰人对英国殖民统治的反感。对征兵的恐惧也激化了民族主义的

舆论。一场不受欢迎的、显然是徒劳的、主要是象征性的革命，成功地唤醒了爱尔兰的舆论。极端民族主义的政党新芬党很快就会从激进化的选举中获得好处；他们如今代表着民族主义的事业，爱尔兰议会党的形象一落千丈。

处决也激怒了英国的进步舆论。一位自由党议员要求不可再未经民事审判就处死爱尔兰人；另一位议员则要求起诉那些最初向爱尔兰输入武器的人，即在保守党统一派默许之下的阿尔斯特统一党人，因为正是在枪支到达之后，才促使爱尔兰义勇军在 1914 年武装起来。阿斯奎思回应批评的方式是要求劳合乔治安排统一党人和爱尔兰议会党之间达成协议，从而立即实施地方自治。劳合乔治利用他的魅力和狡猾，成功说服雷德蒙、卡森和贝尔福签署了一项方案，在战争期间将阿尔斯特六郡排除在外，并承诺 83
在敌对行动停止后审查局势。但是，当内阁中的“死硬派”保守党要求永久排除这六个郡时，协议谈崩了，博纳·劳退出了谈判。内阁没有达成妥协方案，阿斯奎思束手无策；因此一事无成。爱尔兰仍然由威斯敏斯特统治，其境内的民族主义情绪不断高涨。

复活节起义期间，俄国人的东部攻势已然崩溃的消息传到了英国。其他地方传来的消息也没有好到哪里去。5 月底，德国战舰在丹麦日德兰半岛的北海沿岸袭击了英国的大舰队[①]。虽然德舰“吕措号”被直接击中 24 次，但它仍成功击沉了包括“无敌号”在内的多艘英舰，造成逾 6 000 名英国海员死亡。死亡的消息传到英国，人们备感震惊和困惑。战役甫一结束，德国皇帝立即夸口说“特拉法尔加［海战］的魔咒被打破了”，然而事情没那么简单。对这场战役的全面分析表明，德国人也遭受了严重的损失；此外，他们未能实现其任务的双重目标——打进英国和大西洋，以及削弱英国舰队的实力。从那以后，德国将集中力量用潜艇攻击英国水域内或附近的船只，这一战略将对战争的结果产生重大影响。

① 大舰队，英国皇家海军于第一次世界大战前不久建立的一支主力舰队，是当时世界上最强大的一支舰队。

与此同时，西线毫无结果的残酷战斗削弱了交战双方的实力。死伤人数简直难以想象，更遑论忍受。索姆河战役第一天（1916年7月1日），英军伤员近6万人，阵亡近2万人——这是军事史上单次战斗最惨重的损失。“到那一天结束时，”诗人埃德蒙·布伦登写道，“在破碎土地和被杀之人的悲惨狼藉中，双方都看不到出路。无路可走。双方都没有获胜，谁也不可能赢得这场战争。”这场战役持续了四个多月，双方都一无所获。协约军向德国占领区推进了大约6英里，但德国人掘壕固守，保卫他们的新阵地。
84 这微不足道的推进代价有多大？在这场史上最血腥的战役中，英国人伤亡超过35万人，各方伤亡总数超过100万。难怪索姆河成为西方战争中泥泞、鲜血和徒劳无功的象征，也难怪英国军队把它称作“大败局”。

无休止的屠杀引得英国士兵怀疑他们到底为什么而战。法国人是在保卫他们的祖国，但英国人却不是。战斗人员还对英国军方高层的能力提出了质疑。让进攻的英国士兵在德国人的机枪扫射下一排又一排地倒地毙亡，他们目前的战术除了制造伤亡到底有什么效果？

对军方高层的批评有时以代际对立的语言表达出来，但更多的时候是由阶级冲突呈现的。作家J. B. 普里斯特利在西线中枪，还遭遇了轰炸和毒气弹的戕害，他痛心疾首地说：“英军从来没有把自己看成是公民的军队，[而是]表现得好像不得不征用园丁离家出走的儿子和贫民窟小伙子来当兵的一小群绅士军官阶层……军官阶层的传统害死了我的很多朋友。”士兵们所经历的阶级对立是战后政治和社会环境的一个突出特点。

拥有中尉和上尉军阶的作家的作品表露了对战争的强烈批评，以及对西线生活的生动描述。在威尔弗雷德·欧文的诗句中，无辜的士兵为了“为国捐躯是多么甜美又光荣”的空洞爱国口号而“风雨飘摇”，“哽咽着死去”。在罗伯特·格雷夫斯的自传《向一切告别》中，列兵的声音再次升起于无人地带：“不是懦夫，先生。非常乐意效劳。但我们都他妈的死了。”

战场进展不利，劳合乔治深感震惊，他决心在战略决策方面发挥更重要的作用。1916年夏天，他的机会来了，“汉普郡号”被德军水雷炸沉，基奇纳正是溺亡英国军人中的一员。在接任陆军大臣后，他不顾将军对“文职干预”的反对，向他们发出了无数指令；他还驳回了自由党同僚的和谈
建议。尽管肩负着新的责任，但劳合乔治仍有余力在幕后策划，经常向新 85
闻界通报阿斯奎思如何缺乏远见、活力和天赋。

1916 年秋天，这位新任陆军大臣告诉政治盟友，重组是必不可少的。他建议成立一个小型的战争委员会，“摆脱阿斯奎思毫无作为的‘死亡之手’”，由他亲自领导。首相惊愕地拒绝了这个计划。在采取下一步行动之前，劳合乔治咨询了博纳·劳和卡森，他们似乎倾向于支持他，而不是阿斯奎思；他们的反应让劳合乔治鼓起了勇气，大胆辞职。在接下来的几周里，劳合乔治、阿斯奎思和统一党人之间进行了大量讨论，但无法达成妥协，阿斯奎思发现他除了辞职外已别无选择。博纳·劳受邀组建政府，但由于自由党人不愿意参加，所以他只好拒绝了这一邀请。国王于是转而求助于劳合乔治。

国王指责劳合乔治在这场争端中形同敲诈者，而丘吉尔则说他的行为实质上就是夺权。虽然这些都是夸张的说法，但劳合乔治无疑表现出了无情的一面，他当然对逼走阿斯奎思负有主要责任。阿斯奎思在离开唐宁街时将自己比作《旧约》中那个毫无过错却忍受了骇人痛苦的族长约伯。英国公众的反应则是同情刚刚在战争中失去长子的离任首相。然而大多数人可能与英军指挥官道格拉斯·黑格的看法一致：“我个人非常同情可怜的老‘醉汉’。不过，我认为现在需要的是更多的行动，而不是空谈。”

大多数自由党议员试图宽慰痛苦的阿斯奎思，伦敦和英格兰南部的基层党员也是如此。自由党现在成了劳合乔治联合政府的正式反对党，尽管他们也不那么情愿反对一场由他们自己发起的战争。他们之所以团结一致，只是因为他们崇尚自由放任的经济，并且不喜欢新首相（用阿斯奎思的话来说）“不可救药的性格缺陷”。然而，自由党中不信奉国教的派别和外地成员支持劳合乔治，包括丘吉尔在内的少数自由党议员也支持他。不久以
后，会有更多的自由党议员加入联合政府。 86

自由党就这样分裂了，它在 30 年前的爱尔兰地方自治问题上也是如出

一辙。然而这次分裂是致命的。与19世纪80年代格莱斯顿领导的政党不同，阿斯奎思的自由党缺乏一致的政治信条和稳固的社会基础。不信奉国教不再是一种流行的政治意识形态，自由贸易、自由放任经济和爱尔兰地方自治等事项现在已经不重要了。20世纪上半叶关键的经济和社会斗争在于资本和劳工之间，而双方都没有把自由党视为自己的支持者。对工人来说，工党是新的支柱，而资本和工业的代表则越来越看重保守党。不过老英格兰的政党也随着时代的变化做出了改变，吸收和提拔具有新思想的新人，如博纳·劳和鲍德温。他们的财力比自由党雄厚得多，与社会精英和新闻界的联系也更密切。此外，英国的选举制度鼓励信条相左的两个主要政党之间的分裂。第三方的小党派身份因此更不稳定，在议会中的代表席位总是不足。

除了劳合乔治本人以外，自由党人均未出现在新联合政府的战时内阁中。统一党人也主导了更广泛的行政事务，贝尔福在外交部，卡森在海军部。博纳·劳如今领导着下议院，而老牌保守党人柯曾勋爵领导着上议院。撇开劳合乔治不谈，能够表明政府是一个“全国联合政府”而非统一党政府的唯一迹象，就是战时内阁里有工党的亨德森。劳合乔治现在实际上是一个没有党派的主席。他巧妙地主持着内阁，监督政府的各个部门，并任命他的商界朋友担任重要职务。

这样一种特殊的体制让劳合乔治拥有了对内政的绝对控制权，并对战事行动产生了极大的影响。“只要他扳动杠杆，”一位政府官员写道，“威斯敏斯特、弗利特街、政党办公室、乡镇公所、投票站就会全都运作起来。”作为军需部部长加入政府的丘吉尔对劳合乔治的专制充满热情，而统一党的要人也接受了这种情况，因为他们既能施加影响，又无须负责。“如果这
87 个非比寻常、不择手段的小人物想当独裁者，”贝尔福评论说，“那就让他当吧。”在随后的几个月里，博纳·劳与劳合乔治这两个性格反差强烈的人结成了成功的工作伙伴关系。

国王和许多人一样，指责劳合乔治虚伪，而这也不是国王对新首相唯一的不满。劳合乔治经常忘记回复他的信件，接到白金汉宫的传唤时也往

往不会露面。这个靠自己的功绩在政坛上崛起的人对世袭的君主制充满了蔑视；用乔治五世自己的话说，他以“怠慢”国王为荣。双方的对峙乃是另一场战时的革命——中产阶级的政治家恐吓国王。劳合乔治从工党招募了三名部长加入联合政府，“人民之子”因此名声大噪。

劳合乔治将他的政府描述为一个为了“赢得战争”而结成的同盟。他用法国战场上的恐怖景象作为继续作战的论据，宣称“作恶者”必须得到“惩罚”。他的老盟友诺思克利夫勋爵和《每日快报》的老板马克斯·艾特肯忠实地传播了他的观点。艾特肯曾为把阿斯奎思赶下台立下汗马功劳，不久将被封为比弗布鲁克勋爵，并获任联合政府的新闻部部长。无论时局多么动荡不安，劳合乔治的宣传工作都在很大程度上确保了国家对战争的支持。

然而，首相急于发出“致命一击”，来增强经由战争获得的民心。他相信没有什么任务是不可能完成的——英国军队可以占领耶路撒冷，帮助意大利人击败奥匈帝国，甚至在法国取得难以实现的突破。为了实现最后一个目标，劳合乔治撤销了不称职的英方军事最高指挥部，将军队置于法国将军罗贝尔·尼韦勒的管辖之下。然而，当下一轮重大战事于 1917 年 4 月发生在阿拉斯时，协约国也未能取得什么决定性的突破，战争的血腥程度也不亚于此前的历次战役。

但在同一个月里，发生了一起后来被证明决定了战争结果的重大事件。
在此前的几个月里，德国不分青红皂白地对进入英国水域的一切船只进行
潜艇攻击，企图封锁英国并让英国人饿到投降为止。然而，这一战略导致 88
美国的几艘船被击沉了。攻击激怒了美国人，于是他们在 4 月 16 日对德宣
战。人们希望美国能使天平向协约国倾斜，不过美军和物资都要在几个月
后才能到达西线。

英国人得到了一个盟友，却也失去了另一个盟友。饥寒交迫的俄国民众在“二月革命”中推翻了沙皇尼古拉二世，临时政府取而代之。起初，劳合乔治对罗曼诺夫家族的倒台表示欢迎，并认为这是一个难得的机会，可以把眼下的战争变成了一场自由“民主”的协约国与专制的同盟国之间

的道德战争。但俄国的新政府并不热衷于军事讨伐，并提出了一个不包含吞并与赔款的和谈方案。

劳合乔治的战略在4月受到了进一步的打击，布尔什维克革命领袖列宁乘坐一辆由德国人安排的火车抵达彼得格勒，谴责帝国主义战争。他宣称：“这场战争是为了瓜分殖民地和抢夺外国领土而发动的；盗贼们已经闹翻了……把盗贼的利益和国家的利益混为一谈，是不可理喻的资产阶级谎言。”这一观点在俄国，也在欧洲缺衣少食的工人阶级中赢得了广泛的认同。在接下来的几个月里，列宁的布尔什维克政党将变得越来越强大，11月，他们将冲进俄国政府所在地彼得格勒的冬宫，建立“苏维埃共和国”。作为有史以来第一个社会主义国家的首脑，列宁将与德国签署条约，结束俄国对战争的参与。

革命在俄国拉开大幕，西线却没有任何变化。虽然有数千名美国士兵即将到来，因此增强了英国陆军元帅道格拉斯·黑格爵士的信心，但这也促使他试图在美国人到达法国之前完成任务，他这么做无疑是为了给自己争取更多的荣誉。黑格现在相信，英国人可以夺回伊普尔，向比利时海岸
89 进军，由此加速德军前线的陷落。劳合乔治告诫他不要狂妄自大，不要急于求成，但黑格开启了另一场血战，让政府中的怀疑者沉默了，这次战役于1917年7月发生在帕斯尚尔。在英军第一次进攻失败后，黑格并没有像他此前承诺的那样取消行动；他仍然坚信己方会有“巨大”的突破。

8月、9月和10月一直在持续战斗，突破性进展迟迟未至。不合时宜的早雨，加上在此地拖曳的大量武器和马匹，把战场变成了一片死寂的沼泽，数千名士兵溺毙其中。在“泥泞之战”中，双方伤亡共计约30万人，协约军士兵再度被无谓地牺牲了。虽然帕斯尚尔最终在11月被加拿大军团攻下，但协约国一方没有取得决定性的胜利。

到了1917年的最后几个月，胜利已全无希望。由于德国潜艇的封锁，英国的小麦供应量持续减少，不得不实行配给制。恐怖的齐柏林飞艇再次出现在伦敦上空，哥达飞机也加入了它们的行列。德国飞机对英国首都进

行了密集轰炸，致使30万名居民每晚在地铁里避难。这时，民众中也有人开始呼吁与德国谈判解决，和平运动者和战争宣传者一样声势浩大了。工党的许多支持者想追随苏俄与德国人签署条约，而亨德森则退出了联合政府，以抗议政府未曾参与欧洲社会主义运动。就连统一党对战争的支持似乎也在减弱。该党一位领袖人物警告说：“延长战争将给文明世界带来毁灭。”

随着战争进入第四个年头，英国人对战争已经毫无热情可言。1918年春天发生的事件让人们的意志更加消沉了。由于与俄国签订了条约，德国军队得到了东线调兵的增援，他们决定在美国士兵加入协约军之前，利用自身的数量优势，发动一次大规模进攻。鲁登道夫将军计划突破对手的防线，从背后攻击其战壕。这次进攻开局极好，德国人在索姆河击败了英军， 90
并向巴黎推进了40英里。对撤退中的协约军来说，局势令人绝望。

由于美国援军还有几周才到，劳合乔治急需更多的兵力。他的战时内阁决定在爱尔兰实行义务征兵制，作为回报，他们向民族主义者承诺立即实行地方自治。但是爱尔兰人几乎都不相信劳合乔治的承诺，而且他居然把接受义务兵役制作为自治的条件，这更是令许多人感到愤怒。民族主义舆论闹翻了天：新芬党的要员与爱尔兰天主教会的领导层展开合作，誓要“精诚合作，以最有效的手段抵制征兵”。劳合乔治毫不气馁，通过了新的征兵法，并以与德国勾结的莫须有罪名，逮捕了许多新芬党的政客。这些逮捕行动更进一步激发了爱尔兰人对民族主义的支持，而英国政府试图实施征兵法的努力却落得徒劳无功。

虽然没有从爱尔兰搬到援军，但协约军还是成功地在西线挺了下来，直到1918年初夏美国士兵开始抵达战场。大约150万名美军在法国登陆，每天有1万人被派往协约军前线。在美国特遣队的增援下，协约军开始了反攻，德国人撤离了他们在那年春季占领的所有土地。8月，在亚眠战役打响的第一天，也就是鲁登道夫称之为“德军凶日”的日子，协约军推进了7英里。

就在德国人被迫从法国各地节节败退之际，他们还收到了土耳其部队在东部溃败的消息，这让协约军得以畅通无阻地进入奥匈帝国。德国士兵开始集体投降，而饥饿缠身的德国民众则呼吁结束战争。德国的政客意识到战争已经失败了。德军将领也不情不愿地承认了战败，但拒绝为此承担责任，继而开始散播政客迫使他们求和，由此“从背后捅了他们一刀”的
91 传言。德国皇帝退位，宣布成立德意志共和国，而奥匈帝国则解体为许多独立的国家。

1918 年 11 月 11 日，德国将军们签署了《停战协定》。这一协议结束了持续四年多的全球冲突，它夺走了大约 1 800 万人的生命，致使 2 300 万人身受重伤，还有数百万人身心交病、无家可归。战争也给参战国的经济、社会和文化结构带来了前所未有的压力，俄国的例子就证明了这一点。一
92 名侥幸从前线归来的英国士兵将这场战争描述为“西方文明的自杀”。

14

妇女兵团

战争以大量的证据表明，妇女既不是天生的被动者，也并不因性别而注定要成为“家中天使”。战争期间，她们证明自己适合肩负“男人的工作”——到1918年，商店和办公室、电车和火车、银行和学校里都能看到女工的身影。妇女如今下矿井、开汽车，还能下地干活。她们受雇于政府部门和工厂，还有数十万名女工在政府运营的军工厂工作。许多生产军需品的女工离开家庭，住在工厂附近的宿舍或专门建造的招待所里，在身体上和经济上独立于父母或雇主。虽然她们的收入远远落后于男性，但妇女这时的平均收入已是战前的两倍。历史上头一回，中下层和工人阶级妇女——无论已婚未婚——口袋里有了钱。

战争期间，还有近6万名妇女自愿加入了英国陆军妇女辅助队。她们在国内担任文员、技工、护士和军需品工人，或被派往西线担任厨师和医务人员。莫娜·查默斯·沃森医生是辅助队的队长，她认为这代表了“妇女运动的进步”，并且淡化了性别的界限。“战争工作型妇女”出现在大后 93
方，她们留着短发，穿着工装裤和靴子。考虑到她们的工作性质，以及战时布料的短缺，装束确实必须朴素而实用。爱德华时代的褶皱连衣裙被短裙、长裤或短裤所取代。伴随着新工作、服装和自由而来的是前所未有的自信，这种自信在妇女心中孕育了再也不会回到旧体制的决心。

男性主导的体制对妇女的参战努力大加溢美之词。“没有她们，我们怎么继续打仗？”阿斯奎思说，“除了在战场上亲手拿起武器之外，几乎没有哪种工作……妇女不如男人那样积极和高效。”这位前首相如今宣称自己皈依了妇女解放事业。随着战事的结束，许多政治家都认为，给予妇女投票权是对她们在战争中所做贡献的一种“恰如其分的认可”。他们私下里承认，扩大选举权还有其他更为实际的理由。一位自由党贵族说，“由于战争结束后的气氛不可能平静，如果拒绝给予投票权”，可能会再度掀起战前妇女参政权运动的骚乱。1918 年，允许三十岁以上妇女投票的法律被写入法典，胜利属于战前开展妇女参政权运动的人，也属于战时服役的妇女。

《1918 年人民代表法》使逾 800 万名妇女获得了选举权，但这很难说是对妇女在战时所做巨大贡献的恰如其分的认可，更不是对主张妇女参政权之人呼吁选举平等的充分回应。根据该法案的规定，年轻妇女仍然被剥夺了投票权。至于与男子平等，它也保留了性别差异，赋予二十一岁以上的所有男子和十九岁以上的所有军人以选举权，无论其财产是否合格。相比之下，三十岁以上的妇女只有在地方政府登记或与登记人结婚、拥有财产或者是在大学选区投票的毕业生时，才拥有投票权。男性选举权的扩大使选民中增加了逾 500 万名男性，这意味着哪怕英国妇女人数比男性多出了近 200 万，妇女仍仅占全体选民的 35% 左右。

94 《1918 年人民代表法》为战后有关妇女的立法定下了基调。新的法律承诺大步前进，但平等仍然遥遥无期。《1919 年（取消）性别限制法》和《1920 年妇女、青年和儿童就业法》的出台，使得妇女不再因性别而遭解雇，同时也获准成为议员、大学生、建筑师和律师。不过，她们仍然被禁止进入剑桥大学和证券交易所，入职医疗行业也受到了严格的限制。

对女性平等事业的最大打击之一，是解雇了 75 万名在后方工厂工作的妇女，这使得女性就业比例低于战前。《1918 年恢复战前惯例法》实际上重新确立了妇女作为二等工人的地位，让急于为从前线归来的男性工会会员如释重负。许多左翼人士宣扬平等，但只针对男性。尽管工作已经不再是男性的专利，工党仍然是一个男性化的政党。一些工党议员与统一党人和右翼男记者一起，将 20 世纪 20 年代初期男性失业的普遍现象归咎于妇女。这时，很少有人再提妇女是“国家的救星”了。

20 世纪 20 年代，对妇女独立的攻击仍在继续。专门针对妇女的立法倾向于认定妇女是妻子和母亲，应该将重心放在生育或守寡上。公务员和教师等职业也设置了婚姻门槛，这意味着战时在这些部门就业的许多妇女，现在不得不在工作和婚姻之间做出选择，而政策也暗中鼓励她们选择后者。

然而，女性主义斗士挺身而出，保护年轻一代妇女不受这些宣传的影响。英国作家丽贝卡·韦斯特向她的年轻“姐妹们”解释说：“一个女人如果没有意识到自己由于性别原因而生活在一个被围困的城市里，那她就是一个傻瓜，活该失去（因为她肯定会失去）心智更健全的姐妹为她赢得的所有权利。”在老大姐的引导下，许多年轻女性不顾男性体制的阻挠，过上 95
了自信独立的生活。在同时代人看来，这十年中的年轻女性变得如此果敢自信，以至于她们被赋予了一个新的名字：“飞来波”（flappers）。在维多利亚时代，飞来波指的是童妓；在爱德华时代的英格兰，它指的是喜欢最新式舞蹈的年轻女性。战后的飞来波用于指代年轻、活泼、性感自信的女郎。到了 20 世纪 20 年代初，这个词意味着所有这些元素，甚至更多——年轻、不拘小节、冲动、独立、性异端、享乐主义、自信、泼辣、热衷时尚，以及对男性气质的模仿。

飞来波这个词是中年男人用严厉的语气说出口的。在一次公开演讲中，一位名叫 R. 默里-莱斯利的医生谴责了“社交蝴蝶型……轻浮、不负责任、不守纪律、衣着光鲜、华而不实的飞来波”。然而，人口统计学却对这些男性批评者不利，因为现在女性人数超过了男性，在年轻群体中尤其如此。这个时代的精神也有利于飞来波。20 世纪 20 年代，年轻人决心用酒和舞蹈来消除对战争的痛苦记忆，而那些招致杀戮的老男人则遭到了嘲笑、羞辱或忽视。年轻妇女自豪地使用飞来波这个词，用它来形容自己和姐妹们。

一些飞来波来自中下层社会。秘书、女服务员、记者、接待员、教师还有店员，她们白天辛勤工作，晚上尽情狂欢。这些“职业女郎”中的许多人都能独立于家庭。即使大多数人没有能力离开父母居住，也坚持要一把家里的钥匙，以便在“一夜笙歌”之后自己进家门。不过在 20 世纪 20 年代，吸引小说家和记者眼球的主要还是中产阶级或上流社会的飞来波。伊夫林·沃的小说《邪恶的肉身》(1930)中一个有钱上校的女儿尼娜·布朗特就是范本式的人物原型。在被问及是否“介意”被引诱时，她回答说“倒也不是那么在意”。这次交流之后的性体验大概不怎么愉快，我们从小说后文中尼娜的一句话可以如此判断：“搞来搞去就是为了两个人上床，真要是想寻求肉体的快感，我宁愿哪天去看我的牙医。”

96 性是飞来波们最喜欢的话题。“我们无所不谈，”一位年轻女性在《夏娃》杂志上写道，“我们不把任何一种情感或体验归为讨厌或是错误的。”女权运动为这种行为提供了信息和动力。20 世纪 20 年代，女权主义者鼓励姐妹们使用避孕药具，以此来摆脱生育和家庭责任，避免因此而囊中羞涩。避孕药具也为女性提供了探索自己的生理冲动、品位和享乐能力的机会。知识分子多拉·罗素将性描述为女性的“尊严、美丽和快乐之事”——“即使没有孩子，即使没有婚姻”，每个人也都可以得到肉体上的满足。玛丽·斯托普斯是这一时期最有影响力的传媒专家。她在伦敦成立了一家节育诊所，并通过著作《婚姻之爱》传播避孕知识，这部作品在 1918 年甫一出版便成为畅销书。斯托普斯鼓励女性不要把自己看成“满足男性需求的被动工具”，而要把性快感当作“最高价值本身”予以探索。

这是一场没有明确目标或意识形态的革命。然而，飞来波在实质上都是女权主义者。根据一些记者的说法，当时无人陪护的年轻女子与年轻男人在公共场合被人看到都不成体统，更不用说私下见面了。同时，未婚男女之间的暧昧关系所造成的后果也骇人听闻，令人难以启齿：报纸上提到越来越多未婚先孕的人时，说她们身体“出了某种状况”。父亲教训女儿们淫乱、酗酒和晚归有多危险。女孩们被警告说，伦敦有四分之一的出租车参与了奴隶贸易；这些出租车内部没有把手，因此乘客无法逃脱。

飞来波无视此类宣传，在英格兰城市的夜街上大摇大摆，寻找跳舞的地方。上层和中上层阶级的女孩会由年长的女伴或司机送到酒店或私宅的课堂上，而那些社会地位较低的女孩则会步行或者乘坐电车或公共汽车去市政厅上课。在钢琴伴奏下，老师会帮助她们掌握当下流行的舞步。摇摆舞、一步舞、黑臀舞、林迪舞、希米舞、校队舞和快狐舞都在这十年间短暂地流行过；从 1925 年开始，每个人都在跳查尔斯顿舞，一家义愤填膺的 97
报纸说它“怪异、堕落，简直像黑人似的”。

新舞蹈大多来自美国，有着活泼、欢快和不拘礼节的特点。与战前的华尔兹不同，每个人都可以跳黑臀舞，无论穿的是什么衣服，随时随地都可以迈开舞步。它们是蓬勃发展的民主时代的民主舞蹈。有些新舞步是由战争结束后留在英格兰的美国士兵引进的；有些则出现在全国各地的电影院里放映的美国电影中。这些舞步被称为“散拍舞”，因为伴奏乐是散拍节奏的钢琴曲或后来成就一个时代的音乐——爵士乐。“爵士乐”这个词原是克里奥尔语[①]中对性事的委婉说法，它涵盖了多种音乐形式，有切分音的节奏，间歇性的即兴表演，以及自由和狂欢的气息。自 1919 年开业以来，伦敦哈默史密斯的大舞厅就接待了正宗迪克西兰爵士乐队等美国爵士乐团体。在伦敦以外的地方，专门建造的舞厅要晚一些才会出现。

飞来波也在私人聚会上通宵跳舞。上流社会的女主人会邀请朋友们来参加聚会，通常只需要提前几个小时通知，晚餐后客人们会随着散拍乐跳舞。如果没有乐师，留声机也可以，因为留声机早已变得便宜和小巧；如果连留声机也没有，就用无线电广播。被称为“舞会妈妈”或者更通俗地被称为“闹钟”和“灭火器”的年长女伴会留神注意舞会上发生的一切。

这一时期另一个重要的跳舞场所是夜总会。尽管根据《1914 年保卫王国法》，它会经常受到检查，但夜总会还是在伦敦各地开张了。该法案赋予战时政府监管社会和文化的广泛权力，如果娱乐场所被用于“不道德”的目的，政府就有权关闭它们。这使得夜总会有了一种非法的气息，而据说

① 克里奥尔语（Creole）一词的原意是“混合”，泛指世界上那些由葡萄牙语、英语、法语以及非洲语言混合并简化而生的语言，美国南部、加勒比地区以及西非的一些地方所说的语言也都统称为克里奥尔语。

在夜总会内发生的吸毒狂欢活动的报道，更加强了夜总会无法无天的名声。苏荷区杰拉德街“43号”的地下俱乐部里聚集了很多飞来波，她们与放荡不羁的贵族、恶行累累的精英、牛津剑桥的大学生，以及体育界人士厮混
98 在一起。这家俱乐部是由内心强大的爱尔兰女人凯特·梅里克经营的，后来她因为无照供应烈酒而被抓并入狱六个月。她毫不气馁，出狱后开了一家以玻璃舞池闻名的俱乐部——“银舞鞋”。

飞来波们享受的乐事还包括鸡尾酒和香烟。这是女性第一次在公共场合抽烟，而她们用引人注目的长烟嘴来炫耀她们的自由。鸡尾酒被许多人视为现代生活中最浪漫的表达方式；马提尼、曼哈顿、布朗克斯和白色佳人轮流成为首选饮品。一些夜总会还提供了一种名为“歌舞表演”的新娱乐形式，是以音乐、舞蹈和歌曲为特色的现场表演，表演者要么在舞台上，要么在餐桌之间来回走动。

在战前，女人的穿着包含阻碍呼吸和活动的花边、纽扣和裙撑，她们不可能跳出飞来波喜欢的舞蹈，也不可能参加网球、自行车和摩托车等运动。然而，简洁、轻巧和舒适才是最重要的，所以可可·香奈儿在1926年推出的“小黑裙”才是那个时期的象征。与简洁相伴的是低价：只需一码布料就可以在家里缝制连衣裙，如果布料是“嫘萦”或“人造丝”，则能节省更多成本。

妇女们有史以来第一次渴望拥有男孩般的身材：笔直的腰部、平坦的胸部、修长的大腿和髋臀。对一些人来说，要达到男子化的理想身材并不容易，许多飞来波转向饮食、按摩和游泳，而另一些人则依靠服装来获得男孩的修长。束腹胸衣曾经用于凸显胸围，如今女性的胸部却被紧身的扎带胸衣或胸罩压扁了。腰臀都被宽松的直筒连衣裙和肥大的裤子所掩盖。身穿长裤的飞来波想要影射的是战争期间女工所穿的制服，这是一种庆祝社会和政治解放的方式。她们还用衣服来宣扬自己在性爱和肉体中获得的愉悦。飞来波的连衣裙通常前后低垂，无袖且短小；这个时代一年一年过去，她们的裙子也在一寸一寸地变短。

99 “在战争和社会动荡时期，”一位时尚专家评论说，“女性剪短发的趋势

似乎不可抗拒。”短发和平头常常被当时的时尚推上巅峰——钟形帽催生出数十种仿制品，而类似头盔的帽子也出现在各地的商店里。有些飞来波喜欢把帽子压得很低，帽檐都遮住了眉毛，但那些化了妆的人则把帽檐抬高，以展示她们眼睛周围的眼影和睫毛膏。通过这样的化妆手段，这些女性可以在某个特别的夜晚拥有她们想要的造型：“空灵”和“饥饿”的妆容是其中最受欢迎的。喜欢调皮的“小姑娘”造型的飞来波则将嘴唇涂成“丘比特之弓”的形状。她们如今广泛使用化妆品也是另一种大胆的姿态；战前，化妆品通常会让人联想起妓女和女演员。

伴随着服装的潮流，各种时髦的语言也传播开来。为了表示赞许，飞来波可能会称某样东西为“爵士”、“极品”或是“妙极了”；她们不以为然的东西则是“维多利亚式的”、“闷人”和“垃圾”。无聊的男人是“枕套”，任何女孩都可以在晚上“借用”的年轻男人是“雨伞”。渴望性体验的女性被赞许地称为“松饼”，但如果一个女孩抢走了好友的男朋友，她就成了“工贼”。在这样的称呼和措辞中，我们可以听到战后英格兰年轻女性自信
而不敬的回声。 100

15

时钟停摆

《1918 年人民代表法》未能给予妇女平等的选举权，但这并不是它唯一的局限。它也没有在居住地选区确立“一人一票”的原则——大约 150 万名中产阶级男性享有额外的投票权，因为他们还有能力在大学选区或其企业经营的选区投票。该法案同样没有在选举制度中引入任何比例代表制，而是维持了“简单多数当选”的准则，这对成熟的政党非常有利。这种制度的沿用让英国选民普遍感到失望。在一个没有胜算的选区投票给自己喜欢的政党又有什么意义呢？

尽管存在这些缺陷，但《1918 年人民代表法》仍是一项革命性的立法，选民人数增加了两倍，达到约 2 100 万人。它首次给予大多数工人阶级男子以投票权，让他们有了参与社会治理的一枚筹码。就像给予 30 岁以上的妇女选举权一样，一些政客认为给予工人阶级男性选举权，是对这些男子在
101 国内和西线为战争所做的巨大贡献的一种奖励。这也是对工党和工会在战争期间所取得的地位和权力的认可，也是政治体制担心战前工业动荡的重现所做出的务实的让步。

给予 1 400 万名妇女和工人阶级男子选举权的后果很快就会显现出来；劳合乔治在停战后立即举行了大选。他的公开目标是寻求民众的授权，以

谈判达成持久的战后国际和平，并实施社会和经济重建计划。然而，举行大选也有其政治原因。劳合乔治想充分利用他作为“赢得战争的人”和丘吉尔所说的“能成事”的首相的声誉。唯一的问题是，他不再背靠一个强大而团结的政党了。在1918年，下议院只有半数的自由党议员支持他，其他议员则支持阿斯奎思，甘当有原则、没希望的在野党。这位首相也缺乏一以贯之的政治信念——传统的自由主义已经被战争的经历所摧毁。

但是，这位著名的政治掮客很快就提出了解决方案：他领导的国民联合政府在和平时期继续留任。劳合乔治认为，在战争期间，各党派之间的传统战线变得模糊不清，战事淡化了围绕自由贸易和保护主义、军国主义和反帝国主义、国家干预和私营企业的辩论所产生的分歧。他希望，共识政治已经取代了旧有的集团倾向和以阶级或利益为基础的政治，他将成为一个具有跨党派吸引力的总统式人物。统一党人赞同他的计划，部分原因在于劳合乔治的魅力确实无懈可击。统一党缺乏一位像首相一样被民众爱戴的领袖，并对于能否吸引新近获得选举权的工人阶级选民缺乏信心。此外，一些保守党人感觉到有望在联合政府的自由党和“醉汉派”之间挑拨离间，借此摧毁自由党。

工党拒绝了留在联合政府的邀请，宁愿单打独斗。选民中增加了一大批工人阶级，战争期间工党党员人数翻了一番，达到300万人，工会的地位和规模也大大提高，现在有800万名会员，这些都给他们带来了信心。党员人 102
数的增加使工党有资源扩大它的全国执行委员会，并在全国各地建立支部网络。工党最近的执政经验，加上自由党的渐渐消亡，在全党上下激起了乐观情绪，战争期间建立社会主义经济并为民众所接受的事实也让他们备受鼓舞。

工党还相信，它可以利用战后席卷整个英格兰的激进运动。人们希望建立一个更好的新社会，并决心永远不再爆发资本主义或帝国主义冲突。乔治·奥威尔说：“经过那些其蠢无比的混乱局面，你不会还认为社会……永恒不变、无可置疑，你了解到它不过是一片混沌而已。”[①] 类似的态度可

① 译文引自乔治·奥威尔：《上来透口气》，孙仲旭译，译林出版社，2014年，第113页。

能导致了1919年和平日庆祝活动中的民众抗议和骚乱，而这些庆祝活动本是政府组织的，旨在鼓励国家统一。在卢顿，一群人攻击并烧毁了市政厅。国家的领导人心神不宁。正如一位老朝臣伊舍勋爵所说：“如今的当局必须向饱受战争摧残、饥肠辘辘、拥有投票权的巨大优势的无产阶级证明君主制及其代价的正义性。”

工党有恃无恐地制定了激进的政策提案，包括铁路国有化、工人的行业控制权，以及征收资本税来消除国债等。由于工人阶级男性都被征召去打仗，工会成员和工党议员因此认为，中产和上层阶级“积累的财富”应该被“征收去支付战争带来的财政负债”。工党还决定采用明确的社会主义信条，这使它与自由党对手划清了界限。工党在1918年修订的章程中“向体力和脑力劳动者承诺，要在共同拥有生产工具和各行业及服务的控制权的基础上……将行业的全部成果按照最公平的方案分配给他们”。

工党提到“脑力工作者”，表明它试图吸引战前被自由党政府改革所
103 吸引的中产阶级和知识分子。工党以社会主义作为其官方教条，表明它希望与工会保持距离，扩大自己的社会吸引力；社会主义是一种超越阶级的国际信条，而不独属于工人阶级或工会会员。拉姆齐·麦克唐纳主张模糊而循序渐进的社会主义，其特定目标就是吸引因战争而激进化的“中间部分”，其“核心是聪明的手工业者和有知识的富裕阶层”。然而，无论工党多么谨慎地拥护社会主义，它还是会受到来自中间派和右派的攻击。在1918年大选前期，劳合乔治的保守派媒体朋友指出工党支持社会主义革命，引发了人们的恐惧，而首相随即声称“工党是由极端的绥靖主义者，即布尔什维克集团管理的”。但工党并没有因此被吓倒，从而放弃对社会主义的支持；它深信政治的中心阵地已经向左转。

全国联合政府以巨大的优势赢得了选举，背后有劳合乔治和博纳·劳支持的统一党和自由党候选人在700个席位中获得了逾500个议席。更令首相高兴的是，麦克唐纳丢掉了席位，这证明劳合乔治的反绥靖调侃是有效的。选举结果表明，民众对他的战时英雄事迹表示了极大的感激之情，

并认可他重建国家的计划。劳合乔治对更美好未来的承诺，以及选民对于他和统一党盟友能够实现这些承诺的信任，让他们赢得了这次选举。内维尔·张伯伦（约瑟夫的次子，奥斯丁同父异母的弟弟）等年轻的统一党候选人则因承诺要“让英国成为更美好的家园，向那些为英国而战和牺牲的人表示敬意”而获得了席位。

虽然选举结果对劳合乔治来说可喜可贺，但也可能引发了他的担忧。工党在新近获得选举权的工人阶级中吸引了大量支持，获得了近250万张选票，将其在民众选票中的份额从6%增加到21%，只不过“简单多数当选”的制度确保了这一结果无法足够有效地转化为议会里的收获。尽管如此，60名当选议员也比该党在1910年回归时当选的40名议员有了显著的增加。工党现在是一支强大的全国性力量，也是英国最大的单一反对党。
同时，在新教徒占多数的阿尔斯特东北部四郡之外，几乎所有的爱尔兰选 104
区都被极端民族主义政党新芬党赢得，新芬党取代了爱尔兰议会党，成为爱尔兰的官方政治代言人。当选的新芬党政客中，有许多人正在监狱服刑；该党的所有议员都拒绝在威斯敏斯特就任，拒绝向英国君主宣誓效忠，也拒绝承认英国议会干预爱尔兰事务的权利。相反，这些政客在都柏林成立了自己的议会——爱尔兰下议院。劳合乔治的政府现在必须回答一个更加紧迫的“爱尔兰问题”，比阿斯奎思政府战前所面临的局势有过之而无不及。

爱尔兰议会党的消亡也使得自由党失去了传统上来自爱尔兰议员的支持，这也是1918年选举结果不啻是对自由党宣判死刑的原因之一。官方的“醉汉派”自由党只赢得了36个席位，阿斯奎思本人在东法夫落选，而联合政府的自由党人只拿下了127个席位，使得他们在统一党主导的联合政府中只是个次要的伙伴。统一党拥有382个席位，在下议院中占大多数，理论上他们可以随时组建一个没有劳合乔治的政府。劳合乔治组建的内阁体现了他们的统治地位：博纳·劳是掌玺大臣和下议院领袖，奥斯丁·张伯伦是财相，贝尔福是外交大臣。

统一党玩了一个精彩的花招。他们在光芒万丈的自由党战争英雄的庇护下，吸引了工人阶级的新选民。他们还吸引了相当比例的妇女选票，从而与女性选民建立了牢固的关系，这种关系将在整个 20 世纪一直持续下去。此外，该党还利用并加剧了自由党的分裂，同时取代后者成为商界的非正式代表。260 名新议员中有很多人都是白手起家的商人，其中绝大多数都坐在统一党的席位上。斯坦利·鲍德温有句著名的描述，说这些初来乍到的议员“脸色铁青，仿佛他们在战争中表现得很出色一样”，他们实际上取代了贵族，成为保守党的命脉。在 1918 年的选举中，只有十几位贵族继
105 承人当选，而联合政府的 22 人内阁中却有 4 位贵族。劳合乔治曾希望这次选举能迎来一种两厢情愿的联盟新政治，但 1919 年初组成的议会还是一如既往地分裂。首相起身发言时，看到“一边是工会联盟，另一边则是联合商会”——工党代表前者，而统一党代表后者。其他席位上的自由党人又代表谁呢？

虽然劳合乔治在统一党人主导的政府高层中已成孤家寡人，但他起初的日子过得还算顺利。他通过特有的奉承和威逼相结合的方式，在内阁中建立了对统一党同僚的霸权，并像战争期间那样绕过了许多部长。他还无视议会，宁愿在问题出现时直接出手解决。

这场大后方的和平战役开局良好。自停战以来，流感已夺走逾 20 万名英国人的生命，如今它的势头也逐渐减弱。英国人的食物橱慢慢“复原”，肉券、糖券和黄油券被逐步取消了。政府中许多人所担心的政治、社会和行业动荡没有成为现实——《1918 年人民代表法》满足了民众对改革的渴望，战后经济蓬勃发展。战争创造了繁荣，政府的高支出和通货膨胀刺激了制造业与农业。男人们从前线返回，工人队伍随之扩大，但他们被不断增长的经济所吸收，失业人数很少超过 100 万人（不过，为了给归国的男人让路而被解雇的 75 万名妇女并没有被统计在内）。战争结束后，经济繁荣仍在继续，这得益于在战争中攒下钱的人们开始大肆消费，也得益于从战争中获得巨大财富的“新人”。商品供应不足，导致物价和工资同时上涨，鼓励人们增加消费，从而进一步提高了工资和利润。

劳合乔治政府在开展重建项目时投入的巨额开销，也与民众的大肆消
费不相上下。1918 年，政府出台了《教育法》，将离校年龄提高到十四岁。 106
第二年，政府通过了《住房法》，国家通过这部法律承担了为工人阶级提供
住房的责任。只要经济蓬勃发展，商业和财富都感受不到税收的压力，统
一党便会容许首相维持高额的公共开支。

劳合乔治乐观地认为，他在国际事务中也能取得成功。1919 年 1 月，他前往凡尔赛，胜利的协约国将在那里向战败的同盟国提出和平条款。首相相信自己可以帮助策划一个对英国有利的持久和平方案。他的目的是在不削弱德国在欧陆抗衡苏俄能力的前提下，消除其未来侵略扩张的可能性。英国的几项具体目标其实在会议之前就已经取得了许多成果。德国海军在停战后已被摧毁，协约国也默许剥夺了德国的殖民地，并自行瓜分了那些地方。结果，大英帝国在非洲、巴勒斯坦和美索不达米亚扩大了近 200 万平方英里，吸纳了 1 300 万名新臣民。劳合乔治完全可以在凡尔赛表现得宽宏大量一点。

他的另一个目标是维持战争后期与美国结成的紧密联盟。为了进一步
推动这个目标，他支持以伍德罗·威尔逊总统的十四点计划作为和平方案
的基础。威尔逊计划的其中一点，是让以前属于奥斯曼帝国和奥匈帝国的
欧洲人民实现民族自决。威尔逊和劳合乔治希望新兴的民族国家能够成为
友好的自由民主国家，强大到足以抵制俄德两国的经济和政治影响力。威
尔逊计划的另外两点旨在消除未来战争的潜在原因。他提议削减所有国家
的军备，同时建立一个“国家大联盟”，“目的在于为大大小小的各国提供
政治独立和领土完整的相互保证”。威尔逊希望这种联盟能够取代强权外交
所固有的不稳定的平衡。 107

在德国问题上，劳合乔治支持美国遏制法国的复仇欲望。法国人决心缩小德国的边疆，并要求德国支付沉重的赔款，而英美两国则坚持认为德国应该被削弱，但不应该被摧毁，以免为未来的国际冲突埋下祸根。法国人提议从德国手中拿走莱茵兰，并将其建成独立的国家，但它遭到了拒绝；

而当他们提出要德国支付一笔过高的赔偿金时，劳合乔治迫使他们同意日后再决定最后的赔偿金额。

英美两国也许在这些问题上起到了制动作用，但法国人在其他方面报复了德国。1919 年 6 月的和平协议史称《凡尔赛条约》，它将法国在 40 年前落入德国之手的阿尔萨斯–洛林地区归还给法国，并允许法军占领矿产丰富的萨尔地区。该条约还宣布德国城市但泽为自由邦。根据条约规定，德国失去了战前欧洲领土的 13% 和战前人口的 10%，其陆军减少到 10 万人，海军减少到 1.5 万人。德国还被迫签署了《战争罪行条款》，承认对战争的所有损失和破坏负有责任。德国政府认为这一条款不仅是对其荣誉的玷污，更是一则谎言。一位德国官员则称该条约是“用其他手段继续战争”。在接下来的十年里，该条约的惩罚性条款将成为德国民众愤怒的焦点，这种愤怒将最终表现为对极端民族主义纳粹党的支持。

不止德国人认为《凡尔赛条约》太过苛刻。剑桥大学的经济学家、财政部代表约翰·梅纳德·凯恩斯也认为巨额赔款很不明智，因为欧洲的和谐与繁荣都要依靠一个强大的德国。劳合乔治同意这一观点，但他无法说服法国人相信强大的德国与他们的安全是相容的。英国的新闻和舆论也反对他，右翼报纸开展了“让德国付出代价”和“憎恨德国佬”的宣传，并得到了统一党人的支持。结果，劳合乔治被迫签署了条约，其实他心下也
108 知道，这个条约“贪婪”地对德国加以“报复”，不大可能为欧洲的持久和平奠定基础。

该条约的其他条款也没有给经验丰富的观察家带来多少乐观情绪。南斯拉夫和捷克斯洛伐克等在同盟国的各帝国解体后出现的众多独立国家都没有自己的民主传统；在这些国家里还生活着与欧陆各大国有历史联系的各个民族，而且往往是对立的民族。至于普遍裁军，协约国都没有认真地削减其武库，条约也没有明确规定有多少武器应该报废。另一方面，由 48 个成员国组成的“国际联盟”是为了维护和平而成立的，但它没有陆军和海军。如果没有军队，国际联盟又如何能有效地维持欧洲的治安？美国决定不加入国际联盟，这也损害了它的权威性，而美国这种回归与世隔绝的

退缩对劳合乔治的外交战略也是一个打击。英国缺乏单独监管全球的军事和经济能力，需要这个新兴的世界超级大国的协助。如果没有跨大西洋的联盟，英国就会更加弱小和孤立。难怪从凡尔赛回来的英国外交官沉浸在悲观情绪中。“如果这是一场有利于世界民主安全的战争，那么它已经失败了，”尤斯塔斯·珀西勋爵评论说，“如果这是一场结束战争的战争，那么它只会让世界的未来更加不确定，更加充满争议。”

1919 年 6 月签署《凡尔赛条约》后，劳合乔治回到了英国，国内形势跟他离开时已是天壤之别。在协约国分享战利品的六个月里，英国的经济繁荣失去了动力。查尔斯·马斯特曼记得：“一切就这样结束了，就像时钟停摆了。”经济衰退的根本原因是英国负债累累、技术陈旧的造船业、煤炭业和棉纺织业无法面对国际竞争。与此同时，美国正享受着技术革命带来的好处，其基础是确保了低成本、大规模生产的自动化机械和新管理方法。
印度、加拿大和南非的本土工业也蒸蒸日上。由于英国的进口产品在战争 109
期间没有到达帝国的这些领土，如今那里已经能自给自足了。帝国内的工程项目现在可以由当地的公司执行，它们的产品在价格上更具竞争力。国际上对英国产品的需求也受到欧陆经济混乱的影响。面对 20 世纪 20 年代初的恶性通货膨胀，德国人怎么可能买得起昂贵的英国商品呢？

英国的重工业在战争期间获得了大量投资，停战后紧接着就涌现了如雨后春笋般的订单。在战争中损失的 800 万吨船舶必须得到补充，造船、钢铁巨头纷纷扩大规模以满足需求。但战时的投资和战后的需求掩盖了这些行业固有的弱点，以及战争冲突对经济的严重破坏。国家对战争的关注也为从 1914 年到 1917 年一直保持中立的美国提供了接手众多客户的机会。当政府投资停止，战后订单的高峰期结束后，英国的各行各业只剩下一批昂贵的商品库存，没有人愿意购买。英国的出口总额比战前减少了 20%，英国在世界出口市场的份额下降到 11%，低于美国。让这些问题更加复杂的是，战后的大肆消费刺激了通货膨胀，政府提高利率以控制物价，却又抑制了借贷和消费，从而减少了国内需求；这还意味着在低息繁荣时期借来的钱必须以更高的利率偿还。结果，许多银行过度扩张，许多企业纷纷倒闭。

英国的工业活动和国内生产总值在1920至1921年间急剧下降，而失业率却骤然上升。到1921年夏天，英国的失业人数超过了200万人（约占劳动人口的20%）。在英格兰北部的老工业中心，劳工介绍所外排起长队，
110 并成为人们熟悉的景象。在排队等候的人中有许多退伍老兵，他们觉得这个他们为之战斗的国家既不需要，也不想要他们。“如果他们在法国告诉我回来会面对这一切，”一位曾经的二等兵说，“我都不会相信。有时我真希望上帝让德国人杀了我。”

为了避免工业和政治的动荡，劳合乔治迅速采取行动，于1920年将失业保险扩大到所有每周收入低于6英镑的人。第二年，他允许失业者在保险计划允许的最长期限之后继续领取福利，只要他们能证明自己真的有在找工作。延长期限很有必要，因为人们如今陷入了长期失业。然而劳合乔治的果断并不能阻止抗议和劳工行动的出现。1921年，刚刚成立的全国失业工人运动协会组织了首场从伦敦前往布莱顿的饥饿游行。1920年和1921年，工程师、造船工人、矿工、铁路工人、棉纺工人、船厂工人甚至警察都参加了罢工，要求获得更好的工作保障，维持工资水平。仅在1921年，劳工运动就导致全英损失了8 500万个工作日。

政府担心一连串的罢工可能会合并成一次大罢工，让经济陷入停滞。劳合乔治为这种不测事件起草了计划，其中包括建立一支75 000人的国防军，在抗议活动期间维持治安，管理公共交通和分发食物。当局弥漫着焦虑不安的情绪。“民众越来越不满，”乔治国王说，“暴动会引起叛乱，可能还会引发革命。”精英们有充分的理由感到恐惧。苏维埃工人政权得到了左翼报刊的广泛同情，共产主义运动似乎即将在意大利和德国夺取政权。1920年，英国共产党成立，它的存在助长了资本主义濒临崩溃的信念。虽然大多数经济学家并不赞同这一观点，但许多人已经对当前制度能否提高生活水平和减少不平等失去了信心。

然而，随着危机持续到1921年，革命的前景逐渐黯淡。年初，罢工

者的决心似乎有所减弱；政府通过威胁、空洞的承诺以及略微提高工资和缩短工时等手段进一步削弱了罢工者的决心。劳合乔治在谈判中处于强势地位；高失业率意味着罢工工人没有其他的就业机会——他们只能在接受 111
雇主条件和靠救济金混个半饥半饱之间做出选择。首相在 1920 年底出台了《紧急权力法》，进一步加强了他的地位：现在，如果出现劳工运动的威胁，联合政府就有权通过这部法令进行治理。在这种情况下，罢工者除了退让之外别无他法，原计划于 4 月 15 日举行的支援矿工的大罢工被取消了。这一天史称“黑色星期五”，因为许多左派人士原本认为，那是有可能打赢反对资本家和政府之战的最后一天。

劳合乔治在与工党运动的斗争中取得了胜利，但这是一场无谓的胜利。他在战争期间与工会结成的联盟已经再无修复的可能，他再也不能摆出“人民之子”的姿态了。当政府未能兑现建设一个“适合英雄居住的国度”的承诺，工人阶级选民对此越来越失望的时候，他和他的联合政府自由党人还有什么机会吸引他们离开工党呢？虽然政府已经实行了一些进步措施，但在经济不景气时，政府最雄心勃勃的项目都被缩减了。《1919 年住房法》原本为地方政府提供了建造逾 20 万套出租房屋的资金，但在经济衰退到来时，房屋建设戛然而止，只造好了一半的房屋。

经济不景气的时候，联合政府的统一党多数派提醒首相，国债已高达 80 亿英镑——比 1914 年高出 40 倍。对统一党人来说，经济不景气正是政府通过削减公共开支来减少债务的机会，但这将会提高失业率，降低经济的总需求。进一步增加所得税的做法似乎也不合逻辑，因为统一党人认为富人是经济所依赖的生产阶级。统一党与广受欢迎的主张政府效率和节约的“反浪费”运动结盟，推动了一项紧急财政紧缩计划，以掩盖其减少公共开支和国家全面干预的意识形态目标。劳合乔治屈服于压力，成立了一个由商人组成的委 112
员会来决定应该削减哪些开支。入选的受害者包括教育、医疗和养老金，削减金额达 8 500 万英镑。工党的政治家很快就指出了首相的虚伪：这个自诩为“人民拥护者”的人竟然让工人阶级来为国家的债务买单。 113

16

爱尔兰问题

就在英格兰的劳工运动如火如荼之际，爱尔兰又爆发了另一场危机。事实上，自 1912 至 1914 年地方自治的非常时刻以来，爱尔兰一直处于危机状态，1916 年爆发了复活节起义，随后又是 1918 年的反征兵抗议活动。1919 年，新芬党主导的都柏林下议院宣布成立第二个爱尔兰共和国，从联合王国独立出来。英国既不承认共和国，也不承认爱尔兰下议院，名义上仍从都柏林城堡监督国家的行政。然而，爱尔兰下议院却绕过英国的殖民管理；他们向爱尔兰人民征税，指导地方当局，并建立自己的法院、警察部队和军队，即所谓的爱尔兰共和军。

这是对帝国的挑战，而这可是一个在当时覆盖了全球大约四分之一土地，包含了世界上四分之一人口的帝国。然而，20 世纪的头 20 年已经证明了这个帝国不堪一击，也证明了英国的军事和经济实力在不断下降。第二次布尔战争和第一次世界大战对帝国提出了严峻的考验，而帝国主义作为一种意识形态也受到了威胁。美国总统将民族自决的原则载入《凡尔赛
114 条约》，促使英国的许多帝国领地要求更多的自治权。独立运动在缅甸、埃及，以及爱尔兰蓬勃发展。

印度国民大会在莫罕达斯·卡拉姆昌德·“圣雄”·甘地的领导下越来

越得民心，这位前伦敦律师提出，印度应当获得自治领地位。《1919年印度政府法》增加了印度土著在省议会中的参与，省议会也被赋予了更大的权力。但这并不足以让民众相信英国继续统治的合法性；社会紧张局势依然严重，于是实行了戒严。这一决定的后果立竿见影。1919年4月13日，大批锡克教徒聚集在阿姆利泽的一个花园里庆祝宗教节日，并举行政治抗议。英军遵从戴尔上校的命令，封锁了花园的出口，并向手无寸铁的人群开火。根据上校的说法，这不“仅仅是驱散人群的问题，也是从军事角度［在全印度］产生足够的道德效应的问题”。总共有380至1 000人被害。

戴尔在议会和报刊上因“拯救帝国”而受到保守党人的赞扬。虽然他最终被开除军籍，但为他进行的公开募捐却筹集到了26 000英镑。杀戮在全印度各地激起了民众的愤慨。英国人现在又如何能够声称自己给“愚昧无知”的臣民带去了文明呢？1906年，英国印度总督曾说过要“征服”印度人民，“不是用刀剑的律法，而是以正义的规则”；如今这番话听起来空洞可笑。屠杀事件发生后，更多的印度人决定支持国民大会。这一事件标志着英国的统治开始走向终结。

爱尔兰的诸般事件正是在这种过度紧张和焦虑的帝国背景下发生的。爱尔兰名义上是联合王国的一部分；它近在咫尺，因而对英国的安全和繁荣至关重要。与印度、埃及或缅甸不同的是，这个国家自12世纪以来就一直处于英国的影响之下。最关注爱尔兰民族主义兴起的群体就是主导劳合乔治政府的统一党人；在1912至1914年的地方自治危机中，他们热衷于维护阿尔斯特东北部新教统一党人的利益，甚至冒着内战的危险也在所不惜。阿尔斯特统一党人如今生活在事实上的爱尔兰共和国，由来自不同政治、种族和教派 115
传统的人在都柏林进行管理。新共和国的行政控制权并没有延伸到阿尔斯特东北地区，那里的英军人数仍然很多。但是，局势难保不会发生变化。

爱尔兰民族主义运动由目标各异的不同元素组成。新芬党内有许多人主张在可能的情况下，通过和平的方式从英国独立出来。另一方面，新近成立的爱尔兰共和军准备与英国人作战，用武力捍卫刚刚宣布成立的共和国。军队由迈克尔·柯林斯领导，他在军事战略方面是个天才。

英国殖民行政当局的权力和影响范围现在被削弱了。帝国政府的高效运作有赖于爱尔兰民众的合作，要指望邮局工作人员、收税员、地方政府官员和警察等等，而他们中的大多数人都投票支持新芬党。爱尔兰共和军认为，现在正是用武力挑战英国统治的好时机，便向殖民政府宣战，从而开启了“独立战争”。柯林斯从复活节起义的失败中认识到，用常规的军事手段打败英国人是不现实的；他的计划是使帝国主义在爱尔兰的统治无法实现。爱尔兰共和军开始了对英国国家公务人员的一系列游击行动，在1919年底“处决”了18名爱尔兰警察部队成员。这场运动得到了帝国警察部队和情报机构内的爱尔兰卧底的帮助，也得到了庇护民族主义枪手的无数民众的支持。

爱尔兰共和军的运动取得了成功，英国政府认为自己对爱尔兰的控制正在松动，它的反应冷酷无情。劳合乔治宣布新芬党为非法组织，任命了一位严厉苛刻的爱尔兰布政使，并招募英国前军人来“整治”爱尔兰。这些失业的前军人得到了“每周15英镑……美女成群、尽情豪饮”的承诺，作为摧毁爱尔兰共和军，平息爱尔兰民族主义的报酬。他们组成了一支号称“黑棕部队”的“恐怖小队”，这个名字得自其制服的颜色，让人联想到
116 一种猎犬。他们果然名不虚传，追捕、绑架、拷打和处决嫌疑人，袭击房舍、抢劫商店，还放火烧毁了整座村庄。

爱尔兰共和军把回击的枪口对准了黑棕部队，而许多平民在交火过程中丧生。1920年11月21日，在都柏林的克罗克公园，黑棕部队向正在观看盖尔人足球比赛的人群开火。在这个被称为“血腥星期天”的日子里，有12人死亡，60人受伤。英国布政使声称军队的行动是为了自卫，但事实上，这是对爱尔兰共和军在当天早些时候杀害12名英国情报人员及其部队成员的报复行为。

克罗克公园大屠杀和其他暴行破坏了英国人试图在爱尔兰主张的一切道德或法律权威。英国人的残暴行为也进一步激发了民众对民族主义的支持，从而削弱了英军相对于爱尔兰共和军的数量优势。随着关于英国人残酷行为的报道传到英格兰，死亡人数也上升到逾1 000人（当地人口只有

300万），英国自由派报刊和知识分子越来越同情爱尔兰的民族主义运动，并谴责如今宣布戒严的联合政府的“恐怖”手段。爱尔兰剧作家和知识分子萧伯纳在英国有相当的知名度，他将黑棕部队的恐怖活动与阿姆利泽惨案相提并论，一些英国精英也同意这种分析。阿斯奎思对议会说：“在爱尔兰的所作所为，会让欧洲最卑劣的专制统治下最黑暗的史册蒙羞。”乔治国王问劳合乔治：“你要把所有的爱尔兰人全都枪毙吗？”首相摇摇头，国王继续说道：“好吧，那你必须和他们达成共识。这件事不能再这样继续下去了。”

起初，劳合乔治还为黑棕部队辩护，说他们“勇敢地”捍卫了一个“光荣”帝国的“文明”，使其免受“恐怖主义”的威胁。然而最终他不得不承认，“一定数量的不良分子”犯下了“错误”。他也被迫采取了更有建设性的政策。他提出第四部地方自治法案，正式名称为《爱尔兰政府法》，该法案于1920年底获得通过。根据该法案的规定，都柏林成立地方自治议会，而贝尔法斯特也成立了一个，以监管拥有大量新教徒人口的阿尔斯特六郡。这两个机构的代表将在爱尔兰理事会举行会议，而人数有所减少的 117
爱尔兰议员将继续在威斯敏斯特任职。爱尔兰将继续承认英国君主以及在爱尔兰代表君主的总督的最高权威。

这样的妥协方案自然不会令任何有关一方满意。爱尔兰民族主义者不承认都柏林地方自治议会，而是继续召集下议院；阿尔斯特统一党人拒绝承认爱尔兰理事会。然而，尽管统一党人反对地方自治，但他们还是接受了贝尔法斯特的新议会。该法案通过后，两个地方自治议会都举行了选举。统一党人在阿尔斯特的“六郡”赢得了80%的多数票，而新芬党则夺得了南部的几乎全部席位。这些结果只是进一步证实了爱尔兰的僵局，而且还加剧了教派的分裂，暴力事件开始在整个阿尔斯特地区蔓延。数千名天主教徒被迫从贝尔法斯特的住宅区撤离，针对天主教徒的歧视随处可见。与此同时，爱尔兰共和军杀害了“六郡”的新教警察，爱尔兰下议院则决定抵制“北方”和“南方”之间的贸易。

然而，这些选举也带来了一些好处。乔治国王前往贝尔法斯特，为北部地方自治议会揭幕，他呼吁“结束［爱尔兰］人民之间的纷争，无论他们的种族或信仰如何”。君主发话后，双方总算停战，并在伦敦进行了和平条约的谈判。然而，求得折中方案的机会仍然渺茫：民族主义者要求在整个爱尔兰建立一个独立的共和国，保守党主导的联合政府则决心维护“帝国的完整”以及阿尔斯特统一党人的利益，而后者再次威胁要发动内战。“如果你们不能保护我们不被新芬党的阴谋所害，”卡森警告政府说，“我们就自行处理此事。不惜一切代价，不顾任何后果。”

劳合乔治向民族主义代表团提出，要为新教徒聚居的阿尔斯特六郡之外的 26 个郡赋予“领地”的地位。南部的领地将被称为“爱尔兰自由邦”，那里实行自治，不受英国军队的影响；但其议会成员仍将宣誓效忠于作为
118 官方国家元首的英国君主。与此同时，阿尔斯特的六郡也获得了以“北爱尔兰”为名继续作为联合王国一部分的权利。但私下里，劳合乔治向民族主义者承诺，边界的划定方式将使六郡的北方邦在政治上和经济上都不可行；他暗示，北爱尔兰很快将不得不加入爱尔兰自由邦。首相还确认他将接受事实上的爱尔兰统一主权，正式将该条约定名为“大不列颠和爱尔兰之间”的协议。

劳合乔治以威胁重新发动敌对行动来调和这些私下承诺，由此对民族主义代表威逼利诱，迫使他们在 1921 年 12 月 6 日签署了这份条约。柯林斯意识到，这份条约并不意味着“所有的民族都能获得其渴望并努力想要达成的终极自由”，但他认为这份条约给予爱尔兰“获得”那种地位的“自由”。大多数爱尔兰人都对达成协议的消息感到欣慰，但这份条约的批评者却认为，它近乎必然会导致分而治之的局面。埃蒙·德瓦莱拉拒绝宣誓效忠英国国王，并在不久后辞去了下议院议长的职务；新芬党分裂成支持和反对条约的两派。这两个派别将进行一场持续一年左右的内战，致使 2 000 人在内战中丧生——这是新的“自由邦”的血腥开端。

条约签署后，阿尔斯特统一党人立即选择退出自由邦。北爱尔兰的“领地”、“省”或“地区”由此建立，英格兰所属的联邦成为“大不列颠及北爱尔兰联合王国”。内战在南部肆虐，统一党人巩固了他们在北爱尔兰的

势力。他们组建选区，以保证新教徒占明显多数，并通过了一部《特别权力法》，赋予统一党警察不经审判便可搜查和监禁天主教徒的权力。爱尔兰内战期间，边界划定位置的问题一直悬而未决。冲突结束后，这时由德瓦莱拉领导的贫困的爱尔兰自由邦正式接受了条约，并放弃了对弗马纳和蒂龙这两个天主教徒-民族主义者占多数的“北爱尔兰”郡的管理权。作为回报，英国政府取消了爱尔兰欠大英帝国的债务。1925 年的英国边界委员会 119
确认了北爱尔兰作为一个六郡之邦的地位。

从长远来看，条约和分而治之没有解决英国的“爱尔兰问题”。在随后的几十年里，由统一党人主导的北爱尔兰将压迫当地的天主教徒，导致边界南北两边都怨气冲天。边界将成为爱尔兰共和军攻击的焦点，其目的就是要结束南北分治，将英军驱逐出爱尔兰国土。与此同时，爱尔兰自由邦只维持了 15 年，此后，爱尔兰下议院放弃了爱尔兰的自治领地位，并根据新宪法宣布了“爱尔兰”的主权。

1921 年条约签订之后，劳合乔治因打破了爱尔兰持续十年的僵局，结束了该地区数十年来宪法地位的不确定性而受到自由党联合政府同事的赞扬。与此同时，许多右翼人士也有望从新的选举制度中获益，因为新制度确保了大多数统一党人将从北爱尔兰回到威斯敏斯特，而倾向于自由党的南部爱尔兰议员将不会进入下议院。摆脱了爱尔兰问题后，许多统一党人又开始自称“保守党人”或“托利党人”了，“保守党”的旧称最终得以恢复。

然而，保守党内并不是人人都欢迎爱尔兰事态的进展。保守党统一派里的五十余名“死硬派”谴责这份条约背叛了生活在爱尔兰自由邦的新教徒。他们认为，爱尔兰共和军在北爱尔兰与伦敦发动的一系列恐怖袭击证明，劳合乔治并没有解决“爱尔兰问题”，他们公开批评首相，并试图让自己的保守党同僚反对他。虽然大多数保守党人继续支持劳合乔治，但他们对联合政府的热情却在减退；当他开始为了自己的私利而大量出售贵族和爵士身份时，这种热情更是彻底消失了。首相的助手“野马比尔”·萨瑟兰在伦敦的俱乐部里四处拉客，以 10 000 英镑左右的价格向财阀出售从男爵

的爵位。首相以如此手段卖出了130个从男爵爵位，还有26个贵族头衔和
120 近500个骑士爵位。

每一届政府都会以这种方式出售头衔，而保守党可以愉快地拿走部分收益。令他们恼火的是，大部分钱都进了劳合乔治的个人基金，因为他是一个不属于正式党派的政客。此外，如此不分青红皂白地颁发头衔，对于旨在美化和延续英国统治阶级，以及大英帝国及其统治君主的制度而言，不啻是一种嘲弄。难怪乔治五世指责他的首相“贬低”了整个制度，这一指控当然不会给平等主义者劳合乔治带来任何困扰。但是许多保守党人同意国王的观点，并开始在自己人里面寻找潜在的替代者。

然而，劳合乔治尚且有时间进行最后一轮冒险。希腊试图反抗重新崛起的土耳其而发起了斗争，劳合乔治为了让英国军方干预此事而努力寻求民众的支持。土耳其人并没有表现出想要挑衅英军参战的意愿，而这一事件进一步突出了英国有多孤立，其帝国已变得多么不堪重负。斯坦利·鲍德温议员在保守党内迅速崛起，他在保守党的一次会议上谴责劳合乔治是一股“可怕的动力”，可能会分裂保守党。保守党应该断绝与联合政府的关系，自行组建政府，然后在自己的领导人和自己的纲领下竞选，此时不做，更待何时。

在最近的一次补选胜利和自由党持续分裂的现状的鼓舞下，大多数保守党议员都同意鲍德温的观点。他们已经受够了“威尔士律师”对他们的政党“发号施令”。然而，随着博纳·劳因健康状况不佳而退休后，继他而成为党魁的奥斯丁·张伯伦却持不同意见；保守党内部似乎有可能出现分裂。在对联合政府投出不信任票后，张伯伦辞去了内阁职务，劳合乔治也步其后尘。两人辞职的消息让博纳·劳的健康状况大为改善，他接过了临时代理保守党政府的领导权。在议会解散和举行大选期间，他将短暂执政。

劳合乔治辞职时，乔治国王说他很快就会再次成为首相。博纳·劳和阿斯奎思都太老了，无法领导国家，麦克唐纳时机未到，而丘吉尔则属于
121 失去了存在理由的自由党联合政府。然而如果没有一个强大的政党支持他，劳合乔治就永远没有可能回到唐宁街。保守党就这样拴住了自由党的替罪
122 羊，然后又把他引向了荒野。

17

纵情欢乐

如果说爱尔兰的种种事件表明帝国正在解体，那么全英各地的罢工则表明社会正在崩溃。全国到处弥漫着动荡、不满和分裂的情绪，而西线大屠杀的记忆依然历历在目。难怪在20世纪20年代，社会和文化生活的特点是混乱、悲观和不安，不过其中也有活力和振奋的迹象。许多人将这十年描述为青年反抗长辈并试图忘记过去的时期。

除了飞来波以外，这一时期最著名的狂欢者是号称“轻狂少年”的放荡贵族团体。他们主要由来自牛津剑桥和老牌公学的富有年轻流氓及其女友和熟人所组成。伊夫林·沃的小说《邪恶的肉身》把他们变成了永恒的文学形象。小说中写道，他们的主要目的就是聚会：“假面聚会，野蛮人聚会，维多利亚风格聚会，希腊式聚会，狂野西部聚会，俄罗斯式聚会，马戏团聚会，在圣约翰森林举行的几乎赤身裸体的聚会，在船上、旅馆里、夜总会里、磨坊里和游泳池里举行的聚会。”这最后一种聚会是伦敦圣乔治游泳浴场著名的“泳池狂饮聚会”。在彩色聚光灯的照耀下，鲜花漂浮在水
面上，宾客们身着令人眼花缭乱的泳装，喝着“洗澡水鸡尾酒”，在黑人爵 123
士乐队的曲调中翩翩起舞，有时还会纵身入池。

这些聚会令这群人的幼稚病得到了充分而古怪的表达。轻狂少年的哥

哥、表兄、叔叔和父亲在战前就已成年，许多人因为战争落下了残疾，伤痕累累，甚至故去了。年轻一代为什么要追随那些已经埋在西线乱葬岗之人的脚步呢？这群人的反抗也带着一丝愧疚，他们曾因为年幼而没有死在年长的亲人身边。

聚会往往不那么正式，环境拥挤不堪，狂野而吵闹。淫秽无度是聚会的主旨，聚会者在其间享受着性爱、杜松子酒和“嗨药”（可卡因）。小流氓还尽情极速享乐。“他们从一处餐馆和聚会赶到另一处，”一位同时代的人说，“一个晚上要赶三四处，最后以 60 英里 / 小时的速度冲向伊顿公学的游泳浴场，以清晨的沐浴聚会收尾，或者在大西路上赛车。”这些年轻的享乐主义者“在酒精的影响下高速行驶”于蜿蜒的乡间道路上，“希望如果撞车，星期日的报纸能报道这一事故”。

年轻贵族的逃亡是那个阶级歇斯底里的最后一搏。贵族失去了对下议院的控制权和上议院的否决权，他们从此不再是英国政治的主宰。在经济方面，等级地位也在衰落。战争期间的土地税历来很高；停战后，中央土地所有者协会要求财政部门废除此税。然而，反建制派的劳合乔治坚持征收土地税，故而在 1918 至 1922 年期间，几乎 50% 的乡间别墅和 800 万英亩的土地被投放到市场上。不动产市场在随后的十年里继续萎靡不振。美国出生的保守党议员亨利·“齐普斯”·钱农在 20 世纪 30 年代参观一些古老的大宅子时，感到那种“腐朽衰败，以及陷入绝境的贵族的感觉和气息”扑面而来。自诺曼征服以来，英格兰社会的最高阶层也许从未经历过如此翻天覆地的变化。

虽然贵族的政治和经济力量遭到了削弱，但是其成员仍然是创造社会
124 热潮和时尚的中坚力量。他们在艺术领域的影响很大，其中一些人推动了“现代主义”的浪潮。这场艺术运动以有意识地拒绝古典风格为其特点，热衷于适应城市化与工业化社会的形式和主题。特权阶层的孩子在音乐和绘画方面提倡前卫的潮流，如爵士乐和立体主义；而在文学方面，他们倡导了“布卢姆斯伯里团体”的激进创新。

弗吉尼亚·伍尔夫是布卢姆斯伯里团体最出色、最大胆的小说家。她在《达洛维夫人》(1925)中采用了意识流的写作风格，在直接和间接的言语、内心独白和自言自语之间肆意摇摆。伍尔夫也像轻狂少年一样，反叛着爱德华时期的形式规范和风气——据她说，那是个“个性消失的致命时代”。同一时期，布卢姆斯伯里团体的美国成员 T. S. 艾略特在他的长诗《荒原》(1922)中戏剧化地描述了战争期间西方文明的瓦解。艾略特的这首诗以其深刻的语义暧昧、元音省略和碎片化形式，反映了战后时期普遍的焦虑、对未来的恐惧和哀伤的回忆。《荒原》问世后的第一批读者中有许多人都在其纷繁的声音、风格、典故和意象中努力地寻找意义，然而这首诗写出来的目的是被念诵，而不是被理解。轻狂少年听到了诗中轰鸣的音乐，意识到它的节奏和旋律其实比“意义”更加重要。

艾略特偶尔会参加轻狂少年组织的聚会，布卢姆斯伯里团体的其他作家也一样，比如说利顿·斯特雷奇。在报纸的采访中，斯特雷奇表示，他对这群人对老一辈及其有害的“禁忌和限制”的“抗争”产生了共情。他的话有助于人们深入理解轻狂少年的心理，以及作者本人的现代主义小品《维多利亚名人传》(1918)。斯特雷奇的这部传记散文集——毋宁说是一部诋毁传主名誉的散文集——是在战争期间写成的，而作者本人在战时出于良心而拒服兵役。斯特雷奇所写的不是爱德华时代和维多利亚时代的人所喜欢的那种认真详尽，读起来令人疲惫不堪的传记，而是一幅幅短小、洒脱和讽刺的人物肖像。他的目的是在“意想不到的地方”攻击他的传主，并“在意想不到之处突然将明晃晃的探照灯射向晦暗的角落”。为了达到这些目的，斯特雷奇借鉴了西格蒙德·弗洛伊德的精神分析理论。在《维多 125
利亚名人传》中，斯特雷奇嘲讽了曾受到一代“口说混话的伪君子”推崇的维多利亚时代的基督教和为帝国服务的价值观。他暗示说，这些价值观助长了战争的发生，但仍被老一辈人奉为圭臬。

一些轻狂少年还嘲笑战前那些关于阳刚气概的观念和理想。胡须、短髭和烟斗如今被认为是男性浮夸的过时标志，因而遭到了抛弃。新生代男性喜欢清爽干净的面庞，并将涂了油的头发梳成大背头。他们穿着荒诞不经、自我解嘲的服装，尽可能摆脱爱德华时代男性的严肃认真。就像飞来波挪用男性时尚一样，轻狂少年也剽窃了传统上隶属于女性的衣服：就像其中一人所说，“现在的男孩都很娘”。他们穿着被称为“牛津布袋裤”的宽大长裤，裤管鼓胀蓬松，颜色轻快明亮。男人喜欢的麂皮鞋和高领套头衫同样以柔和的颜色为特色；他们是有史以来第一批穿上粉色衬衫的男性。他们的马甲绚丽夺目，晚礼服也装饰着图案。他们佩戴着迷人的腕表，不断抬起手来看时间。腕表从此就与女性气质联系在一起；不符合阳刚气概标准的男性被称为“可怕的腕表”或是被人说有“腕表口音”。轻狂少年养成了一套女性化的发音方式和词汇。他们会说：“亲爱的，你怎么能这样！”他们的娘娘腔被诺埃尔·科沃德搬到了舞台上，他的剧作在这十年的末期获得了成功。

轻狂少年里有娘娘腔，也有同性恋，还有的两者兼而有之。布赖恩·克里斯蒂安·德克莱本·霍华德是美国人的后裔，他从小鄙视父亲，崇拜母亲。高大、苍白、冷漠、浮夸的霍华德大摇大摆地从伊顿公学和牛津大学基督堂学院到了西区，身后留下了一连串粉红色的香槟酒瓶和名言警句。他策划了恶搞的艺术展、精致的恶作剧和聚会，在那里留下了他身
126 着交际服或历史装束的潇洒身姿。霍华德的一些历史题材聚会的主题包括“历代同性恋情人”，这是一个大胆的想法，判处奥斯卡·王尔德两年苦役的法律当时还写在法令全书上。霍华德和王尔德一样是花花公子，他们共同确立了同性恋者的原型。伊夫林·沃钦佩霍华德的“潇洒和傲慢”，但其他人却不太喜欢他的自我中心和忧郁。年复一年，他变得越来越阴郁，就像许多轻狂少年一样。他沉湎于已成过往的青春承诺中，少年华彩皆是浮光幻影，他变成了空池中的一条金鱼。

而事实上，即使在他们纵情放任的高峰期，忧郁也弥漫在这个时代的享乐聚会中。当他们稚嫩的放纵开始变得乏味时，这些被宠坏的孩子就会被单调沉闷的生活弄得沮丧而灰心。“没精打采的年轻面庞”散发着一种“凄凉、迟疑、徒劳的感觉”，从沃的《邪恶的肉身》的书页间凝视着我们。

另一位小说家理查德·奥尔丁顿也察觉到了同样的悲凉气息：“不安的脚步整夜踩踏……无趣之人毫无欢乐地纵情庆祝；黎明时分，风声发出巨大的叹息……在这可怕的庆典中几乎可以听到白骨的碰撞声。”凄凉黎明的意象在目击者对聚会的描述中屡见不鲜，暗示着对未来的预感以及舞蹈无法驱走的对刚刚过去不久的战争的记忆。在《邪恶的肉身》中，沃对这组人物的描写以未来的战场作为结尾，这很能说明问题。 127

18

工党登顶

劳合乔治下台后，保守党在1922年的选举中取得了决定性的胜利。根据当时评论家的说法，博纳·劳赢得选举的理由很简单：他不是劳合乔治。“鼓手在战场上是资产，”这位沉默寡言的保守党领袖在竞选期间对选民说，“但在和平时期，他和他的鼓就会令人厌烦。”英国选民同意这种说法；他们渴望的是博纳·劳所承诺的“安宁”和“稳定”。如今升任财政大臣的斯坦利·鲍德温认为，选民还把票投给了诚实，而劳合乔治明显缺乏这种品质。

事实上，情况更为复杂。这个选举结果是战争阴影下的一种反叛。停战四年后，战争及其后果仍是政治的中心问题，而保守党之所以赢得选举，是因为它提议要像战争从未发生过那样治理国家。博纳·劳宣称他将限制国家的权力，给人民的主动性和进取心留下自由的空间。他呼吁尽量减少政府干预，这预示着“战争社会主义”的结束，也预示着劳合乔治重建美好国家的宏伟计划宣告终结。不过，保守党人的胜利承蒙爱尔兰新选举制度以及投票系统的偏向性，使他们38%的普选票膨胀为56%的议会席位。

128 然而，尽管博纳·劳政府已获得多数席位，但他仍缺乏实力和稳定性。奥斯丁·张伯伦拒绝加入博纳·劳的政府，其他“保守党联合政府派”也一样。另一方面，博纳·劳健康状况不佳，上任几个月就辞职了。谁能接替被阿斯奎思称为“无名首相”的博纳·劳呢？柯曾勋爵被许多人视为理所当然的继承人。这位上院贵族议员自1919年起便担任外交大臣，而且曾在贝尔福和索尔兹伯里手下任职。以他的经验、背景和权威的气质，柯曾相信自己注定要成为领袖。

然而，旧贵族党却刻意忽略了这位专制的领主，选择了钢铁大亨之子、下议院议员斯坦利·鲍德温。这个选择标志着威斯敏斯特下议院地位的上升，也表明保守党内的权力大大向商人转移了。尽管鲍德温的经验相对不足，但他得到了金融城和商界的信任。保守党的大佬抱怨说，他们的政党因为鲍德温所代表的财阀的出现而变得庸俗化了，但他们的等级制度已无法左右政党或国家的走向。鲍德温以其特有的实用主义和精明，以乡下派头的商人姿态承认了贵族的文化力量，然而值得注意的是，他提拔的都是中间阶层的人才。在他的第一届政府中，最重要的任命是让内维尔·张伯伦担任卫生部部长，继而又让他担任了财政大臣。

保守党决定支持一个商人而非贵族，这在短期内没给它带来什么好处。鲍德温在扳倒劳合乔治的过程中起到了重要作用，他因此失去了联合政府保守党人的信任。接下来，在任职仅仅半年后，首相就对约瑟夫·张伯伦充满争议的保护主义方案转变了态度。鲍德温认为，他需要得到民众的授权才能实施这样激进的方案，因此他就此举行了选举。这位缺乏经验的首相相信，他可以用约瑟夫·张伯伦在20年前阐述过的论点来吸引最近获得选举权的选民：如果对来自帝国之外的进口商品征收关税，就会促进帝国内部的贸易；这将保护国内的就业，并振兴英国的衰退行业；还可以在无
须提高税赋的情况下增加收入；同时，陷入困境的帝国将转变为一个单一 129
的经济单位，在其疆域内进行自由贸易。

然而，新一代选民没有对张伯伦旧式的经济改革、社会立法和帝国主义组合拳表现出什么热情。在1923年的选举中，保守党在下议院丢掉了86个席位。尽管他们仍是议会中最大的政党，但未能赢得民众对保护主义的支持；由于旗帜性的政策遭到拒绝，鲍德温不愿意组建政府。忠于鲍德

温和父亲遗志的内维尔·张伯伦将失败归咎于“新选民”，而柯曾则认为失败全怪鲍德温“彻头彻尾的无能”。不过鲍德温还是保住了自己的领袖地位——这是他职业生涯中多次虎口脱险中的第一次。部分原因是英国缺乏可取而代之的领导候选人，但也因为他对保护主义和“托利式民主”的拥护有着积极的副作用。它团结了保守党，并将保守党人推向了政治的中心地带。在日益民主的时代，这对特权党来说是一个有利的位置。

但是，在 1922 年和 1923 年的选举中，真正的主线故事还是工党的崛起。工党在 1922 年获得了 142 个席位（比上届议会增加了 82 个），在 1923 年更是获得了 191 个席位。与最近在阿斯奎思领导下重新统一的自由党的 115 个席位相比，这个数字还是占有明显优势的，比保守党的总席数也只少了 70 个。在两次选举中，工党确立了自己作为保守党主要反对党的地位——这个“无产者”的政党在成立 20 年后已经越来越接近掌权了。论起工党崛起的原因，激进主义思潮在战后英国的传播，以及工党对 1918 年获得选举权的工人和中下层阶级的广泛吸引力都起到了重要作用。

工党在字面意义上代表了新近获得选举权的工人阶级，它让工人和来自中下层阶级的人坐上了 1922 年和 1923 年的议会席位。“群众”来到威斯敏斯特后，这里的礼仪发生了明显的变化。来自英格兰北部（和苏格兰）选区的衣着朴素的议员在谴责失业或声援弱势群体时，偏爱慷慨激昂的
130 “街头演说”风格。有一次，这些新议员高声唱起了社会主义颂歌《红旗》，令议长大为震惊，随即暂停了会议。《晨邮报》谴责这种“布尔什维克的可怕行径”，而保守党则指责这首歌是“仇恨的赞歌”。

但是，随着激进的工人阶级议员的出现，一批新的中产阶级工党政治家也进入了下议院。1918 年当选的工党议员没有一个上过公学，只有一人上过大学；他们绝大多数都是工会支持的工人。而在 1923 年的议会中，工党议员有 9 人上过公学，21 人受过大学教育，而工会支持的议员不再占多数。新当选的议员中有些是中产阶级知识分子，与费边社和旧时的独立工党有联系，比如曾在加利波利战斗过的牛津大学毕业生克莱门特·艾德礼。

另一些人则是因为对自由党的无能感到绝望，才最近从原党派改投工党的。工党不再是单一阶级的抗议党，也不再是工会的议会分支——如今的它开始类似于麦克唐纳在战后所设想的工人阶级和中产阶级的社会主义联盟。

工党将1922年重返下议院的麦克唐纳选作党魁，无疑是明智之选。作为议员，他远远强于和他竞争党魁的对手——工会成员约翰·克莱因斯，何况他还是一位天才的演说家。他奔放的激情、敏锐的政治智慧和生存本能令他能够与劳合乔治相提并论。如果说工党一直是一个抗议和务实用世的政党，那么麦克唐纳则是两者兼备的大师。

然而尽管拥有这些品质，麦克唐纳却只是以最微弱的优势赢得了党魁的竞争，党内的革命派很快就会抱怨他作为党魁所主张的温和演化的社会主义。他相信社会进步仅靠议会就能实现；他认为，英国社会由于“固有的习惯、思维模式和传统”的力量，具有“极其强大的抵制变革的能力”。这种固有的惯性意味着变革只能是渐进的。麦克唐纳相信，工党可以永久 131
地取代自由党，成为保守党的主要反对派；社会主义乌托邦则可以推后再议。

工党在1923年的选举中赢得了191个席位，成为支持自由贸易的最大政党。阿斯奎思宣称，由于有更多选民赞成自由贸易的政策而不是保守党的保护主义，工党依靠赞成自由贸易的自由党的支持，才赢得了治理国家的权利。这位自由党领袖私下里希望少数派工党政府很快就会转变为可以由他领导的自由贸易联合政府。阿斯奎思觉得，坐在麦克唐纳身边的那些“像乞丐一样”“狂野”的人，很可能会使这个软弱无力的政府垮台。政治精英有一种感觉：工党政府的组建在所难免，而且让它试水，没有比当前更安全的条件了。鲍德温和张伯伦都支持这种观点。鲍德温认为少数派工党政府“太羸弱了，不会造成多少伤害”，张伯伦评论说“但也没有弱到无法令它名誉扫地的程度”。

即使如此，某些社会知名人士还是对工党治理国家的想法感到震惊。有人提出建立工党政府时，人们对社会主义“夺权”的可能性感到紧张。伦敦金融城和媒体纷纷附和建制派的恐惧与愤怒，阿斯奎思也收到了“来自各方的呼吁、威胁和祈祷，要求他出面将国家从社会主义和没收财产的恐怖中拯救出来”。不过这位自由党领袖和他的保守党对手最后决定，他们的政党不应该阻挡麦克唐纳的人，以免激起全国的愤怒。

工党是否会接过这个可能被下了毒的圣餐杯？参加运动的许多人都建议他们予以回避，他们担心少数派政府必然会失败。另一些人则警告说，充满理想的社会主义政党将被固有的保守政治制度玷污。然而，麦克唐纳认为，工党只有接受了公职才能证明自己“适合执政”。他说，他们必须证明自己可以在现有的政治框架内工作。如果他们拒绝这个机会，就有可能失去自战争以来取得的所有选举成果。最后，麦克唐纳的观点占了上风。

就这样，英国组建了有史以来的第一个工党政府，这让一些政党纯化
132 论者备感惊惶。新政府的一位成员评论说，“命运之轮的奇特转动”让一位“潦倒的职员”（麦克唐纳）、一位铸造厂工人（亨德森）和“磨坊工人克莱因斯”在白金汉宫接受了国王授予的官印，而乔治五世本人也同样感到惊讶。“我不知道祖母［维多利亚］会怎么看待工党政府。”他如此评论道。不过，国王对这位新首相很有好感，认为他“希望自己能做正确的事情”。事实上，这对表面上不相称的搭档，后来建立了一段历久弥新的友谊。对乔治国王来说，“社会主义者”麦克唐纳比蛮横无理的劳合乔治和“懒散怠惰”的鲍德温好得多，而如今的工党对王室的威胁也要比过去小得多，因为在20世纪20年代初，工党就已经从党章中抹除了共和制的痕迹。至于麦克唐纳，国王的好感为他提供了进入上流社会的机会。在可能对工党的和谐不利的事态发展中，麦克唐纳的一些后座议员开始称他们的领袖为“绅士麦克”。

作为少数派政府，麦克唐纳的工党政府没有余力推行激进的社会或经济方案，不过这可能也符合新首相的目的。虽然工人阶级历史上第一次在内阁中占据多数，但麦克唐纳也挑选了多名前自由党人和贵族担任部长。他把财相的关键位置给了菲利普·斯诺登，斯诺登同意麦克唐纳的观点，即工党应该“向国家表明，我们没有沦落到野人的统治之下”。

因此，斯诺登制定了一份格莱斯顿式的，而非社会主义模式的预算。

他降低了食品税，并为历史性的《惠特利住房法》留出了资金——根据该法案，政府将为低薪工人建造50万套公营住房。然而，尽管当时的失业人口仍然顽固地高于100万，这位工党财相却害怕增加国家债务而不愿意用公共开支来解决失业问题。在一次关于这个问题的辩论中，新任劳工部部长坦言，他无法“从帽子里变出兔子来”。

劳工运动是糟糕的经济形势的必然结果。罢工迫使工党的政治家谴责他们曾经同情过的“背信弃义”的“共产主义”抗议活动，他们也不得不 133
拒绝这些资助罢工的工会所提出的要求。一些工会成员如今公开藐视政府；当麦克唐纳要求取消罢工时，他遭到了运输业和普通工人联合会的领导人欧内斯特·贝文的拒绝，工党的后座议员中也有不满情绪。即使像艾德礼这样的中产阶级议员，也对工党未能出台有效的政策而感到失望，并且因为麦克唐纳对某些无产阶级同事表现出的蔑视而感到担忧。同时，政府与阿斯奎思的自由党之间的关系也恶化了，如果政府在下议院没有获得多数席位，就无法开展议会事务。

然而，令工党政府垮台的原因不是自相残杀或阿斯奎思，而是它对苏俄的同情。当麦克唐纳的政府与苏俄签订商业条约，并撤销对一名英国共产主义记者的起诉时，人们惊怒交加。但与后来的一场风波相比，这些根本算不上什么，《每日邮报》发表了一封苏俄共产国际主席的信件，暗示政府参与了共产主义活动。这封信是相当明显的伪造品，但自从它发表后，“红色威胁”的癔症就蔓延全国。这是大众报刊统治英国民主的一个早期例子。而在整个20世纪，这种情况会愈发明显。这场争论给予保守党一个攻击政府的机会；麦克唐纳因此辞职，并举行了选举。

保守党在1924年的选举中比一年前更有优势，鲍德温的保护主义方案令他的政党团结了起来。现在，这位保守党领袖又做出了另一个明智之举，放弃他不受欢迎的关税改革方案，导致自由党人丧失了他们传统的“反保护主义”的选举呼声。他精明地拒绝在竞选期间提出详细的政策提案，而是集中批评麦克唐纳及其手下的部长。在新闻界朋友的帮助下，保守党向选民传达了一个简单的信息："投社会党的票就是投共产党的票。"

134 保守党在选举中获得了约47%的选票，并在下议院获得了67%的席位。成千上万的自由党选民转而支持保守党；阿斯奎思的政党失去了75%的席位，只剩下40名议员，而党魁本人也是败选者。凯恩斯预言，自由党人将永远不会再组建政府，而会成为一所政治上的精修学校，为工党培养观念，为保守党培训部长。丘吉尔很快就会捡起20年前的老路，重新加入保守党。他抛弃自由党的做法很好理解。作为一个意图反对社会主义和促进"保守党民主"的理想主义者，留在自由党中毫无意义。自由党如今显然无望挑战工党，也无望再次成为保守党的主要反对党；麦克唐纳的部下已经把他们的民众选票份额增加到了33%。

这次选举终于实现了保守党在两年前劳合乔治倒台后向选民承诺的政治稳定。自那时以来，已经举行了三次选举，有了三位首相和两次党魁之争，但政治动荡已经平息。保守党和工党之间现在已经有了明确的战线，两党联手消灭了自由党，并让自由党活跃的天才劳合乔治的影响力化为乌有。这两个大党在技巧娴熟的领导人的带领下联合起来，他们都有过一次不成功的执政经验。鉴于保守党优越的资源、新闻界的支持和选举制度的
135 变幻莫测，在可预见的未来里，它将不可避免地享有较大的权力份额。

19

势均力敌?

如今年近六旬的鲍德温，以乡村绅士的朴实形象出现在公众面前。初见他时，很少有人会猜到他来自一个拥有工业帝国的家族。这位保守党领袖在话说到一半的时候会停下来，长长地吸上一口标志性的烟斗。鲍德温常说，烟斗是维多利亚时代乡村世界的象征。在这个昔日的世界里，“老先生们整天倚在手推车的把手上抽烟”，耳边响着“乡下铁匠铺里铁锤的叮当声”。这就是罢工、煤气罐和帝国解体前的英格兰；一个人人都有自己的一席之地、人人都明白自己的地位的社会。鲍德温相信人们天生都热爱乡村和家庭生活。他认为，英格兰人是一个怀旧和保守的民族，拥有正直、谦虚、公正和常识的美德。

尽管这位“斯坦利大人”在哈罗公学和剑桥受过教育，但他仍声称自己只有二流的智力。不过他也说过，拥有一流智力的人通常不愿俯首听命。劳合乔治这种危险的天才人物也误以为政府可以通过主动进取来解决问题。新首相认为，最好是什么都不做，或者静观事态发展，作出谨慎反应。这位中产阶级实业家就这样把自己塑造成了索尔兹伯里和贝尔福的继承人；
在由他领导的财阀保守党和由其前任掌管的土地财富党之间，他架起了一 136
座桥梁。

鲍德温上任后，国王敦促他打击阶级斗争，但这位保守党领袖根本无须敦促，就会采取行动。他对和谐英格兰的憧憬，使他成为迪斯雷利派的“一国保守主义者”，而他在1923年的关税改革方案则表明，他也是张伯伦和伦道夫·丘吉尔式的“保守党民主派”。他批评工党加剧了阶级分裂和斗争，而他的政党主张“国家的统一，以及维护国家内部所有的利益和阶级”。他在演说中更倾向于关注有可能团结各方的问题，如“英国性”或“乡村”，而非引发争议或分歧的党政事务。他还试图恢复民众对帝国的兴趣，并将其政党同君主制和英国圣公会等国家制度联系起来。鲍德温具有卓越的管理能力，以及成功的政治家所不可或缺的时机感。这个貌似普通、不爱出风头的英格兰人非常清楚该在什么时候打击劳合乔治这类时代政治才俊式的人物。

1924年入主唐宁街时，鲍德温宣称他的雄心壮志是“实现国家的统一”，然而他所治理的国家却到处都是阶级分化。乔治·奥威尔称英格兰是“太阳底下最为阶级所苦的国家”。人们认为，英格兰人性格和生活的方方面面，他或她的教育、衣着、健康、观点、消遣、举止、愿望、工资和发音，都取决于其社会地位。

当然，工人阶级的健康状况也不如上层人士。有工作时，他们不得不用每周现金支付的低工资“凑合生活”，还要用这笔钱来支付房租。在年薪250英镑的关键门槛之上，经过中产阶级的层层递进，月薪制更加普遍，这类人同时还拥有房屋和汽车，并雇用仆人。最后一个阶层是垄断国家财富
137 的上层阶级。仅占总人口1%的上层阶级拥有全国三分之二的资产。

阶级之间的对立尖锐而明显。一位自由党议员评论说：“上层阶级鄙视劳动人民，中层阶级则害怕他们。”工人凭借他们的集体谈判能力和随时准备罢工的意愿，对位于他们“之上”的人构成威胁。在中产和上层阶级的眼中，体力劳动者看上去“粗鲁”、“肮脏”又“好斗”；他们的工资“需求”要价过高，而在他们失业时扶持他们的失业救济金不仅代价高昂，而且是他们不配得到的。

上层和中产阶级之间也很少团结一致。上层阶级成员认为中产阶级粗俗无礼；他们很少允许子女与“这样的人”一起玩耍，以防他们养成不良的习惯。就中产阶级而言，他们在20世纪20年代对上层阶级不劳而获的批判，可能比这个世纪任何一个时期都要严厉。然而，中产阶级确实对日渐式微的贵族还有残余的敬畏之情，这表现为对于君主制和培养上流社会口音的热情。他们也渴望将子女送入私立学校，这是上层阶级延续其权力的“特权引擎”。同时，中产和上层阶级也都被工人反感。鲍德温意识到“阶级意识日益增强”，“不分东西南北，全国各地的车间里都存在着激烈的对立”，但他把这个问题归咎于工党的政治宣传。

阶级并不是造成英格兰人分裂的唯一原因，除此以外还有战争的经历。那些参加过战争，其苦难却只得到极少回报的人，感到自己被其他群体孤立了。“他们的精神完全不对劲，”一位记者这样评价工人阶级中的退伍军人，“他们情绪怪异，对享乐无休无止的欲望与抑郁交替出现……每天的报纸上充斥着可怕的犯罪和暴力的记录……年轻妇女遭人谋杀，小女孩受到侵犯。”像往常一样，男人精神错乱的后果是女人遭殃。至于中上层阶级和贵族军官，他们打完仗回家却发现爱德华时代的卫道士仍然掌管着土地社会，好像“大中断”从未发生过一样。 138

20世纪20年代英格兰生活的几乎每一个方面都存在着代际冲突。例如，一部分老一辈人经常去教堂，而去教堂的年轻人人数却急剧下降，两者之间形成了鲜明的对比。“我们对宗教没有兴趣，”青年哲学家和电台广播员 C. E. M. 乔德说，“我们对权威不以为然，对道德准则疑心重重，对道德约束很不耐烦。”战争经历似乎再一次起到了决定性的作用。数百万人祈祷和平，但他们的祈祷没有得到回应。什么样的上帝会坐视第一次世界大战中的屠杀行径？此外，所有基督教教派的爱国教会牧师都曾鼓励战争的残杀行为；年轻一代怎么能在他们面前屈膝拜服？

鲍德温的长子奥利弗就是这十年当中典型的愤怒年轻人。他厌恶自己在伊顿公学接受的教育，表现出对权威、纪律和传统的蔑视。然而真正使他强烈反对“背叛了年轻人”的“老人”的，却是他在西线的经历。战争结束后，鲍德温敦促儿子与其政治盟友的女儿结婚，但奥利弗告诉父亲自己是同性恋，并搬去与伴侣同居。1924 年，他作为工党候选人参加大选，以最决绝的方式表达了对于父亲的抗争。

如果鲍德温连自己的家庭都不能团结，他又如何能团结一个分裂的国家？任何弥合国家分裂的严肃尝试，所需要的都不仅仅是安抚的辞令。然而，将言语转化为行动并不是鲍德温的强项；他更擅长确定政府的基调，而不是制定政策的细枝末节。他所在政党的大多数议员也不热衷于扩大中央政府的作用和权力。战争期间，国家在经济中无所不在，但保守党人相信那都是例外情况。和平时期，国家要做的是“袖手旁观”，让制造商自己推陈出新，让雇主与工人讨价还价，让市场发挥作用。“现有的证据通通表明，”一位保守党人评论说，“国营企业本质上都没有进取心。”另一位保守
139 党人认为，中央政府“把手伸进了每个人的口袋，把棍子抽在每个人的背上”。这就是以市场为导向、反国家意识形态的起源，这种意识形态将在 20 世纪最后 25 年的保守党政治和经济哲学中占据主导地位。

然而面对这样一个没有前途的烂摊子，鲍德温的政府却比此前的 20 世纪保守党政府都更加积极。这在一定程度上要归功于内阁中出现了鲍德温所说的“100 马力的头脑”。尽管温斯顿·丘吉尔承认自己对“技术问题的理解力有限”，但他还是得到鲍德温的赏识，获得了财政大臣的职位。首相希望这一繁重的任务能让丘吉尔忙得不可开交，无力干涉其他部长的工作；这也是为了使丘吉尔避免与工人阶级接触，那些人从未原谅他在担任自由党内政大臣期间派兵对抗罢工者的行径。

1925 年，财相丘吉尔做出了一个重大的决定：让英镑回归金本位，从而使货币与英国的黄金储备联系起来。战争期间，汇率的稳定和货币的可兑换性被放弃了，一英镑纸币取代了金币，因为政府需要印刷货币来支付非常时期的开销。但流通中的货币数量增加必然会导致通货膨胀。劳合乔治的联合政府对物价上涨非常警惕，宣布将在 20 世纪 20 年代中期恢复金本位制。丘吉尔同样担心通货膨胀的潜在影响，决定在经济条件允许的情

况下履行这一承诺。

然而事实上，《1925 年金本位法》的出台主要是出于政治而非经济的原因。它为多年的战争画上了一个句号，暗示要回到鲍德温希望人们回忆起的 1914 年前和平而富足的日子。此外，财政部认为，如果不能回到货币可兑换和汇率稳定的状态，就“表明我们丧失了意志”。丘吉尔决定将英镑的汇价固定在战前 4.86 美元的高汇率上——如果降低汇率，就意味着在这十年间英国的经济已经被美国超越，英镑再也不能“与美元平起平坐”了。该法案通过后，经济气象似乎立即有所好转。制造业生产水平开始小幅上升，失业率开始下降。这给了丘吉尔降低附加税的信心，党内的财阀和贵 140
族也深感欣慰。不过丘吉尔还增加了教育、卫生和住房方面的公共开支，这既符合他以前对“新自由主义”社会国家的承诺，也符合他现在主张的“保守党民主”。

丘吉尔的父亲是个曾经坚定地支持“一国”保守党信条的内阁成员，但在内阁当中有此家族传统的并非只有丘吉尔一家。新任卫生部部长内维尔·张伯伦是约瑟夫·张伯伦之子，其父也是个以致力国内改革著称的统一党人。“他是一位伟大的社会改革家，”内维尔这样评价他的父亲，“正是因为我看到了他对工人阶级的深切同情，我才激发出雄心壮志，要在自己的岗位上有所作为。”这位不屈不挠的理想主义者利用丘吉尔提供给卫生部（该部当时负责住房、保险、养老金和济贫金）的钱，开始实施直接受其父“市政社会主义”启发的福利提案。在接下来的四年里，他提出了 25 项旨在“改善不幸者状况”的法案。他将医疗、保险和济贫金的服务合而为一，扩大了养老金和保险的范围，并大大增强了地方政府的权力。在同一时期，张伯伦成为鲍德温非正式的副手；他在议会中的表现也很出色，他强悍的记忆力和对政策细节的把握堪比博纳·劳。

矜持而有条不紊的张伯伦钦佩那位掌管财政的浮华贵族，但并不完全赞同他的做法。虽然卫生部部长承认丘吉尔“才华横溢”，但他的“离经叛道”、“缺乏判断力”和“狂热鼓吹不成熟的想法”使他成了一个“非常危险的人”。的确，丘吉尔在许多方面很像劳合乔治，张伯伦认为他与不列颠并不同心同德，是诱惑英国选民走上歧途的人。而在丘吉尔这边，他很欣赏张伯伦的能力，但认为他狭隘而缺乏冒险精神。

虽然两人性格相左，但他们在战略上却经常协同合作。他们还一起在原本沉闷的保守党内阁中营造出一种充满活力和雄心的氛围。他们制定了一些积极进取的政策，例如成立公共的中央电力委员会，来监督发电、配
141 电和投资。这实际上是一种国有化的建议，但保守党更愿意称其为“合理化改革”。由此产生的《1926 年电力供应法》将 500 个独立的发电站统一纳入国家垄断之下，促使电力生产在接下来的十年中增加了四倍。

另一项雄心勃勃的国有化行动是 1926 年为英国广播公司（BBC）所颁发的皇家特许状。BBC 由首相选定的总干事和董事会管理，资金来自无线电拥有者支付的牌照费，其新闻简报、天气预报、儿童节目、综艺节目以及全国性体育赛事和国事活动的报道，很快就能传播到英格兰的每一个郡。到其成立的第一个十年结束时，由于技术进步降低了无线电的价格，BBC 的声音已经可以被全社会各个阶层的人听到。

鲍德温立即把握住新媒体带来的无限可能。他以清晰的语法、清脆的发音和平稳的语调，成为新广播艺术的大师。据说他在开始演讲前会先大声吸一口烟斗，这样听众便会想象他就坐在他们身边，大家围着无线电广播的情景就像维多利亚时代壁炉的现代对等物。在鲍德温广播期间，英格兰成了他的话语所呼唤的和谐社会。

鲍德温政府通过的最重要的法案是《1928 年人民代表（平权）法》，这部法案将选举权扩大到所有 21 岁以上的妇女，无论她们是否拥有财产，都给予她们与男子平等的选举权。这是对全国妇女选举权联盟的让步，这个联盟在整个 20 世纪 20 年代都在为选举权的平等进行积极的宣传。虽然这部法案是一项跨党派的措施，但鲍德温使其政党相信，选民中增加的近 500 万名妇女不会对其连任构成威胁。

在国际和国内舞台上，鲍德温常常言出有行。1924 至 1925 年在伦敦的温布利举办的大英帝国展览会是一次规模庞大且耗资巨大的宣传活动。
142 展览中随处可见促进英国帝国领土和平与团结的标志，展览的官方宗旨是

“加强母国与其姊妹国家和海外领土间的联系”。除了专门展示英国的工程和艺术智慧、军事实力和音乐表演的宫殿外，每个殖民地或自治领还设有展馆，陈列其特有的产品和传统工艺品。参观者穿梭于以帝国英雄（如弗朗西斯·德雷克爵士）命名的道路上，几个小时之内就可以遍历全球。通过展示处于庞大帝国中心的强大的不列颠“母国”，展览会还旨在重新点燃英国下层民众对于帝国的自豪感。这在当时可不是一件容易的事，帝国主义在战后不断受到知识分子的攻击，而帝国内部的分离主义运动也获得了极大的成功。

乔治国王在开幕式上发表了讲话，向逾千万观众实时广播，这是君主首次利用媒体促进帝国的统一，以后民众也将多次见证这一景象。乔治希望这次展览能给帝国和“全人类”带来持久的裨益。保守党政府专注于前一个目标，在 1926 年的帝国会议上倡议帝国内部进行自治。会议重新表述了英国、加拿大、南非和爱尔兰自由邦之间的关系，将这些国家定义为“大英帝国内的自治共同体，地位平等、互不隶属”。帝国议会不再决定这些自治领的内政或外交事务的任何方面，这些事务完全由它们自己的选举机构决定。

1926 年，一位相对开明的印度总督受命履职。欧文勋爵认为印度最终应该获得自治领的地位，他很快与圣雄甘地建立了友好的关系。这位印度领袖最近因被指控犯有煽动罪而入狱，此前他曾协调了一场“非暴力不合作”运动，其间有数千名印度人抵制英国商品和政府机构。鲍德温感觉到民族主义正在印度成为一股不可抗拒的力量；欧文被选为总督就是对这一局势所作的回应。

鲍德温的安抚任务很快就会受到强有力的挑战。英格兰的工业和制造业早已衰落，自战后不景气以来，出口额进一步下降。由于丘吉尔恢复金 143
本位制，巩固了英镑，降低了进口价格，但这使得英格兰的出口产品更加昂贵，更难在国际市场上销售了。英格兰负债累累、陈旧过时的煤炭、造船、钢铁和棉花产业的利润也在下降，工人纷纷失业。于是争论不可避免地出现：国家应在多大程度上干预经济，以保护这些产业及其工人。英格兰民众因战争的经历而变得激进，经济学家的思想也一样。约翰·梅纳德·凯恩斯认为，国家应该在和平时期的经济中发挥积极的作用，工资应该由公平的标准而不是由市场来决定。与此同时，工党和工会应享有越来越大的政治权力。在这种氛围下，保守党再也不能声称市场法则神圣不可侵犯了。

然而，生产商固执地认为，降低出口价格的唯一办法就是削减工资，而工会则认为利润应当用于重工业的现代化。1925 年，矿主提议将工资降低 13% 左右，于是矿工工会召集罢工。工会联盟对这次劳工运动不感兴趣，但还是决定支持矿工，一方面是因为对工会联盟在四年前的“黑色星期五”事件中的屈服感到羞愧；另一方面也是希望这次罢工能带来妥协：如果首相能说服矿主降低要求，他们就会向矿工施压，让他们接受通融。作为一名实业家，鲍德温的经验让他对这场争端有着深刻的认识，他同意在对立双方之间充当“调解人”。他一面指责“愚蠢而粗鲁无礼”的雇主管理不善，一面批评工人的限制性措施。令保守党内的一些人失望的是，鲍德温在工会联盟的帮助下避免了罢工；他承诺为矿工提供九个月的补贴，在此期间，委员会将探索提高煤炭业效率的方法。

报告建议对该行业进行长期的重组和部分国有化，同时在短期内削减
144 工资。矿主反对前两项建议，矿工则拒绝降薪，因此谈判又回到了起点。令政府恼火的是，矿主提议延长矿工的工作时间，同时减少工资，这又激化了局势。矿工的回应是再次发起罢工，工会联盟不得不予以支持。尽管许多工会会员有疑虑，但还是宣布了矿工、铁路工人、运输工人、印刷工人、码头工人、铁厂工人和炼钢工人的“总”罢工。麦克唐纳及其工党支持者对此感到失望，他们认为劳动者最好通过议会实现进步，而不是通过劳工行动或广泛的社会抗议来实现。鲍德温被大罢工的前景吓得卧床不起。当他回到内阁时，那里已经分成了两派，一派像他自己一样赞成调解，另一派则想“站起来”反对工会。丘吉尔和张伯伦都属于后一派；他们的观点占据了上风。

大罢工于1926年5月3日午夜开始。上述行业的所有工会成员都停止工作支持矿工，这给他们自己和家人也带来了巨大的损失。大约有175万名工人罢工，经济有可能会陷入停滞。而停滞之所以没有发生，是由于政府的精心策划和中上层志愿者的努力，他们开着火车送去食物，还加入了警察的队伍。警察和罢工者之间发生了暴力冲突，特别是在伦敦和北方城市。丘吉尔竭力激化敌意，把罢工者打成“敌人”，要求“颠覆者无条件投降”，并提议武装与他们对抗的士兵，这样的姿态令鲍德温备感苦恼。

尽管大罢工期间发生了激烈的阶级冲突，但罢工者和警察之间表现出的友好关系也为人们所铭记。在全国的许多地区，罢工工人帮助警察分发食物，而在其他地方，对立的双方还踢起了足球比赛。如果说这是一场阶级斗争，那么它并不是欧陆所特有的那种血腥冲突。中产和上层阶级的许多志愿者也对这次罢工记忆犹新，认为这是一次打破常规的运动。享有特权的妇女喜欢像下层阶级的成员一样穿戴和行动。志愿者们在罢工期间维 145
持经济运转，也决心表现出爱国的责任感。

志愿者和后来的历史学家都倾向于强调罢工轻松的一面，这掩盖了笼罩在国家上空的革命感。鲍德温敏锐地意识到了这种威胁。他谴责这次罢工是无政府主义和共产主义对议会民主与人民自由的袭击，因为民选政府也反对这次劳工运动。他声称，未经选举产生的工会正在“让国家挨饿”，企图“迫使议会和整个社会屈服于它的意志”。鲍德温实际上是在迫使工会联盟退缩或奋起反抗。亲政府的BBC和罢工期间唯一一份大量发行的全国性报纸（政府自己的《英国公报》）反复播报了他的论点。该事件的一大讽刺是，罢工运动让工人们丧失了可能是他们最有效率的盟友——新闻界。工会联盟无法令人信服地答复鲍德温关于他们无法无天的指控，而且他们也没有勇气发起革命。

首相在私下里要求工会和矿主做出让步。同时，乔治五世公开表达了对矿工的同情：“在评判他们之前，先试试靠他们的工资生活。”皇家委员会主席赫伯特·塞缪尔随后提出了一个折中方案，即工会联盟接受减薪建议，但前提是将实施对采矿业长期重组的建议。疲惫不堪的斗争现在已经进入第九天，工会联盟同意了。许多罢工者认为这是无条件的投降，但他们别无选择，只能重返工作岗位。政府赢得了阶级斗争，而工人则输了。

自从工会联盟“背叛”矿工之后，工会会员人数急剧下降。如今形势十分明朗：工人不可能通过大规模的劳工运动向政府施压，让它迫使雇主对雇员做出让步。1927 年后，尽管经济状况不断恶化，但劳资纠纷大大减少了。工党的运动重点发生了决定性的转变，从罢工行动转向了立宪社会
146 主义。议会成为阶级斗争的主要舞台，工党将成为受益者。即使如此，罢工还是彰显了团结起来的工人阶级所蕴含的力量。英格兰雇主将工资维持在比其他欧洲国家工人更高的水平，肯定不是巧合。

然而，大罢工向我们展示了无可置疑的证据，表明英国的阶级分化根深蒂固。它也嘲弄了鲍德温政府关于弥合巨大分歧的说法。因为鲍德温在对抗中虽然发出了和解的声音，但他言听计从的却是富人对穷人的要求。他也一直不愿意或不能完全制约丘吉尔。财相曾动用装甲车供应食物，和平示威也被警察暴力驱散。如果说丘吉尔在罢工期间的行动玷污了政府的声誉，这一声誉在几个月后就会彻底破产。1927 年鲍德温出台了一部《劳资纠纷和工会法》，禁止任何旨在“胁迫政府”或“对社会造成伤害”的劳工运动。该法案还禁止一切形式的“恐吓”，并取消了工会的政治征税。这
147 部法案标志着一场新的阶级斗争的宣言。

20

不进步就滚蛋

大罢工与《劳资纠纷和工会法》之后，鲍德温如今在同时代的一些人看来，显得更有心计了。他的目标似乎不是向整个工人阶级伸出援手，而是针对他们队伍中的一部分人；用张伯伦的话说，就是那些“有意愿和欲望把自己提升到更高境界”的一小群工人。这部分人的顶端是那些开始在郊区购置房屋的中下层阶级。建造房子的不是鲍德温政府，而是在销售中获得丰厚利润的私人公司。虽然政府规定了租金上限，租房相对便宜，但对于中下层阶级来说，这并不总是一个可行的选择，特别是在保守党政府停止建造公营住房之后。与此同时，丘吉尔推出了按揭付款的减税计划，通过让中下层阶级的储蓄免受通货膨胀的影响，鼓励首次购房者。

鲍德温的保守党旨在制造一种拥有财产的民主假象。如此一来，他们就可以将工人阶级和中下层阶级划分为受人尊敬的、纳税的、投票给保守党的郊区居民，以及居住在贫民窟或公营住房的社会主义租客，并希望通过搬迁将后者中的一些人转化为前者。奥威尔讽刺过这场将广大民众变成“保守党人和‘应声虫’”的阴谋，不过鲍德温对郊区化的描述当然不同： 148
“没有什么能比看到世代住在城镇的男女劳动者拥有属于自己的小花园更令

人感动了。”

在英格兰，拥有独立或半独立的房产是地位和尊严的象征。可是，以长期抵押贷款的形式承担前所未有的债务，这迫使郊区居民集中精力保住工作。阶级意识和政治活动都无法蓬勃发展了。保守党当时的口号是“不进步就滚蛋！”以及“上面还有很大的空间”。鲍德温在大罢工期间的策略促使郊区居民害怕工人阶级，而保守党的宣传则把工党议员描绘成决心摧毁英格兰中产阶级的极权社会主义拥护者。

鲍德温的天才之处在于，他将郊区的中下层阶级作为保守党的天然票仓，而以前的保守党领导人都没有试过培养他们的支持。通过欢迎中产阶级，鲍德温扩大了其党派的选举基础，并赋予中产阶级一种现代身份。他再次执政后，保守党不再是纯粹的代表土地或商业财富的政党，他们也是《每日邮报》读者的政党。这些不相干的群体之间的意识形态联系包括不喜欢高税收、“社会主义”和国家，以及一种模糊但狂热的民族主义。保守党人再一次显示了他们的适应性，表明他们洞察到，如果基本的社会和经济秩序要维持下去，表面上的改变是必要的。

鲍德温不顾车马劳顿，信心满满地参加了1929年的大选。虽然这次大选背靠失业率上升和大罢工结束不久的时代背景，但保守党领袖希望反对抗议的人能够出于恐惧和感恩而投保守党的票。竞选期间，保守党调动其优越的财力资源，走上了博纳·劳承诺“安宁”的老路。鲍德温的“**你可以信赖的人**！”海报出现在英格兰各地，并印有“安全第一”的字样。这个口号暗含着对工党政府将要推行革命立法的警告。

149 自由党缺乏广泛的选民，需要一个更鼓舞人心的主旨。劳合乔治总算在1926年取代阿斯奎思成为自由党领袖，他想出了一个以大胆、激进和敏锐出奇制胜的竞选计划——这些正是自由党在“醉汉”领导的十年中所缺乏的品质。大罢工之后，劳合乔治借鉴了约翰·梅纳德·凯恩斯的思想，制订了一个雄心勃勃的公共工程计划。现在他以“我们可以打败失业”为口号来推广这项计划。这位自由党领袖摒弃了传统的经济经验，比如失业不可避免，比如政府少征税少花钱民众就会有更多的钱，等等。他提出政府应该借钱来资助公共工程，增加就业。由于该方案抛弃了自由放任经济学，许多自由党人对此抱有敌意，甚至不能理解。他们缺乏劳合乔治对经济事务的直觉洞察力，也缺乏他对时代精神变化的敏感体察。他在战争期间推出大胆的“社会主义”措施时，其经济判断就是正确的；而 20 世纪 30 年代的事件将证明，他在 1929 年倡导的公共开支也是正确的。

英国选民似乎常常比大多数议员更加前卫，这已经不是第一次了。他们对劳合乔治的提案反响热烈，他的政党在 1929 年的选举中获得了四分之一的选票。然而，选举制度对两个主要政党的偏向性意味着，这只能转化为不到 10% 的议会席位。在另一个层面上，这次选举对劳合乔治而言也是一场代价惨重的胜利——回到新议会的大多数自由党议员都是传统的“醉汉派”，他们纷纷谴责劳合乔治的经济观念极其危险。保守党和工党相当平均地分配了其余的席位，但工党也在历史上第一次成为最大的政党，有 287 名议员当选。与 1924 年的表现相比，保守党赢得的民选选票少了 9%，但失去了 37% 的席位。鲍德温对由他扩大的 800 万名选民竟然如此不领情非常惊讶。与此同时，保守党的右派现在也希望在新闻大亨罗瑟米尔勋爵和比弗布鲁克勋爵的帮助下接替他的领袖位置。

选举结果证明，选民已经认可工党有足够的经验和可以委以重任的中产阶级议员，是一个可信的议会政党。麦克唐纳也从大罢工的失败中得到了好处。他实现了自己的两个伟大目标——取代自由党成为英格兰的进步 150
政党，并使工党获得“候选资格”。他现在有没有足够的远见，阐明和推进比过去更为大胆的目标呢？

鲍德温和张伯伦认为，不给予工党组建少数派政府的机会“不够光明正大”，但他们的“大度”姿态掩盖了一个务实的动机。鲍德温想把丘吉尔的保守党与他的老盟友劳合乔治的联合政府计划扼杀在萌芽状态，而张伯伦则认为工党的少数派政府很快就会让工党的支持者失望。乔治国王非常乐意召见他的朋友麦克唐纳；这位工党领袖接受了国王的委托，他警告自己的后座议员说：作为首相，他不会“由着他们‘耍猴’”。他组建了一个由温和的政治家组成的内阁，其中包括五个有贵族头衔的人——因此工党政府不可能推出激进的社会主义方案。不过，麦克唐纳的一项任命却有着真正激进之处。扩大妇女参政权的老牌斗士玛格丽特·邦德菲尔德被选为新的劳工大臣，成为有史以来第一位女性阁员。正如她所宣称的那样，这
151 是“妇女地位的伟大革命的一部分”。

21

崩　盘

在这十年的末期，一场经济危机笼罩了西方世界。1921年经济衰退后，美国股票的价值增长了500%，这主要是因为投资者的投机行为不受管制。但当1929年秋天泡沫破裂，股票价值暴跌40%时，大多数普通公民都付出了长期代价——失业、税负增加、公共开支严重减少。

华尔街股灾为20世纪最庞大、最漫长的经济衰退吹响了前奏，它使得全世界的生产总值减少15%，国际贸易减少了一半。美国的贷款曾鼓舞西方国家的贸易，让其他国家有现金从美国购买商品；如今贷款和对美国产品的需求都枯竭了。1929年入秋之后，国际物价、收入、利润、就业和税收全线崩溃了。就业岗位减少，流通中的货币减少，国内总需求过低，导致疲软的西方经济缺乏刺激。急剧的通货紧缩还使得有钱人紧紧抓住现金不放手，问题因而变得更为复杂。

英格兰在面对大西洋彼岸的经济动乱时显然准备不足。英镑同时与金
本位制以及与美元不切实际的高汇率挂钩，英格兰陈旧的工业也处于穷途 152
末路。在过去的20年里，英格兰的出口减少了四分之一，进口也增加了大约同样的数量，导致整个国家严重依赖国际贸易。自上一次崩盘以来，政治家几乎没有采取任何措施来改善这种状况，既没有帮助英格兰的衰退产

业实现现代化，也没有通过创造新的产业来重新平衡经济。议员们期望市场的力量能提供解决方案，但是方案付之阙如。在接下来的三年里，英格兰的工业生产下降了 23%，出口价格下降了 50%，对外贸易暴跌了 60%。由于生产和贸易的崩溃，同期失业率上升了 120% 以上。在依赖旧工业的地区，情况更加糟糕。20 世纪 30 年代初，西北地区的失业率提高了两倍，而在东北地区，70% 以上的成年男子没有工作。“失业问题”已经成为政治和公共辩论中最主要的议题。

经历过金融危机之后，英格兰的工业萧条又接踵而至。国际市场迅速抛售英镑，大量资金撤出了伦敦金融城。这些资金大部分原本就投向短期利润，但金融城此前接受了它可能蕴含的风险。英格兰各家银行本身也沉迷于获取短期利润的投机，它们以 2% 的利率从法国投资者那里借款，再以四五倍的利率向德国人放贷。歌舞升平之时，金融城的各家银行自然表现出色，但这能持续多久呢？1931 年，外国投资者突然从伦敦撤资，金融城的银行一夜间欠债 7 亿多英镑。英格兰银行允许它们从储备金中提取黄金，法国和美国的银行则借给它们 5 000 万英镑，然而这两项举措都不足以支撑外资对金融城或英镑的信心。外国政府继续每天从英格兰银行提走价值约 250 万英镑的黄金保证金。

“大萧条”的程度及其影响均为历史上前所未有；几乎所有的经济学家与政治家都对它的原因和可能对策一无所知。像第一次世界大战一样，“大
153 萧条”的发生似乎不可避免。19 世纪的正统经济学观念认为，市场总会扩大，购买力也会不断增加，但 20 世纪的事件证明这是错误的。然而，由于没有人预料到需求的制约，政府便无所适从。左翼的末日预言家预测资本主义和西方社会即将崩溃。即使是务实的麦克唐纳，也采取了类似马克思主义的观点，认为“我们生活在其中的制度已经崩溃……因为它必然会崩溃”。

工党执政初期的政绩并没有让人们相信它有能力解决复杂的问题。它的《煤矿法》（1930）每天仅仅减少了 30 分钟的工作时间，矿工们感到自

己被出卖了。如果工党与保守党相比只是两害相权取其轻，那么它怎么能声称自己代表工人？工党的教育法案试图将离校年龄提高到 15 岁，但它遭到了否决，它的选举改革提案也没有通过。这部法案本打算用选择性投票制取代“简单多数当选”，并废除一人多次投票制和大学选区，但少数派政府在下议院通过立法的席位不足。工党在国内的一项重大成就是启动了清理贫民窟和补贴建房工作的《1930 年住房法》。

1930 年和 1931 年，随着工业萧条和金融危机的加深，议会提出了大量政策。保护主义再次获得保守党议席的支持，但如今的它打起了“帝国自由贸易”的含蓄幌子。这个构思“鼓励”各殖民地及自治领向英国货品提供优惠关税，但政府当前还不确定该如何说服它们。与此同时，一些左翼人士建议将退休年龄降低到 60 岁，从而为年轻人腾出工作岗位；欧内斯特·贝文等人则主张货币贬值。

劳合乔治认为，“大萧条”使其公共工程计划变得更加紧迫了。他所言极是，但凯恩斯要到几年之后才能充分解释这样做的原因。根据这位经济学家在 1936 年以《就业、利息和货币通论》为题发表的论点，公共工程与降低利率是在社会无法从私营部门获得投资时维持就业和经济运行的唯一手段。“凯恩斯理论”在 20 世纪 30 年代末成为经济学的正统观念，但在这 154
十年之初，除了劳合乔治以外，很少有政治家持有这种看法。

不过，当时还有一位年轻的工党议员在考虑推行凯恩斯主义的解决方案。奥斯瓦尔德·莫斯利是麦克唐纳创立于 1930 年的经济咨询委员会的成员，他建议政府采取一项雄心勃勃的计划：将 2 亿英镑用于广泛的公共工程，增加信贷供应，推行关税并鼓励提前退休，大部分银行和工业部门必须由国家控制，设立政府机构对制造业进行“合理化改革”，提供建议并监督研发。莫斯利说，这场危机为工党提供了一个独特的机会，可以按照中央集权的思路重塑经济。

在菲利普·斯诺登看来，这一切都太过激进了。这位工党财相太过重视自由贸易和预算平衡，不愿意批准这样的计划，而麦克唐纳既没有想象力，也不愿意驳回他的意见。尽管斯诺登和麦克唐纳都自诩为“社会主义者”，但他们都不相信世间会有能够替代资本主义制度的有效方案；社会主义观念充其量是为了工人的利益加以调整，不过即使是适度的改善，也要等到经济环境更有利的时候。此外，这两个人都是政治家而不是经济学家，他们的首要目标是向选民展示工党的公信力；推行不可能在议会通过的不切实际的经济计划，并不会促进这一目标的实现。宁可失之谨慎，也要努力巩固工党在他们的领导下取得的选举成果。

工党拒绝了莫斯利的建议，也因此失去了他的思想和活力；他因挑战领导层而被开除出党，不过他在此之前就辞职了。这也让行政当局别无选择，只能退回到旧的经济正统和跨党派合作的理念上去。斯诺登在征求了其他党派领导人和金融城及财政部金融专家的意见后，决定不大幅增加税
155 收或借贷，而是决心减少政府开支。随后，财相成立了两个委员会，向他提供建议应该从哪些方面进行削减。失业保险的支出在公共开支中占了很大一部分，从 1928 年的 1 200 万英镑上升到 1932 年的 1.25 亿英镑。斯诺登的委员会难免会建议削减失业救济金。最终，他们建议总共削减 9 600 万英镑，以便把国家从 1.2 亿英镑的赤字中“拯救”出来，而大部分节省都来自削减的 20% 失业救济金。

委员会报告危言耸听的性质促使投资进一步逃离了金融城。财政部告诉政府，无法平衡预算正是问题之所在，它因此敦促政府实施它所提议的削减。他们声称，国债正在破坏国际社会的信心，他们担心英国能否维持其货币的高估值。如果英镑发生挤兑，英格兰银行的储备将不足以维持非常重要的金本位。一位银行家说：“对于一个如此依赖信用的国家来说，脱离金本位制将是一场大灾难。”就像海军或帝国一样，金本位制是国家强大的象征；脱离金本位制就等于放弃大国地位。

接下来的几天，金融城专家和财政部官员试图吓唬工党政府——他们警告说，英镑随时可能贬值。几次会议后，斯诺登和麦克唐纳彻底慌了。两人都确信，如果不迅速恢复外国资本对英镑的信心，如果不维持金本位制，就会导致无政府状态；两人都确信，减少政府在失业方面的支出是解决金融危机的关键。斯诺登和麦克唐纳接受这些论点，无异于承认工党不

仅要对解决危机负责，还要对带来危机负责。

麦克唐纳告诉内阁，他确实“完全同意”，节约失业救济金是支撑市场信心的唯一办法。然而，工党的部长如何能执行这样一项政策？就连麦克唐纳本人也承认，它“否定了该党所代表的一切”。经过激烈的辩论后，一半内阁大臣宣布反对削减失业救济金。但银行家认为，工党政府的不作为 156
“是行不通的”，而内维尔·张伯伦（一个在金融城和政府之间有影响力的中间人）也同意银行业的观点。僵局随之而来，越来越多的内阁成员感到自己不得不辞职了。

麦克唐纳向乔治国王解释了当前形势，国王决定征求其他党派领导人的意见。他和赫伯特·塞缪尔（代替病中的劳合乔治担任自由党领袖）得出的结论是：既然麦克唐纳未能获得足够的支持，进行所需的削减，最好的选择是由三党组成“国民政府”。麦克唐纳应该继续担任首相，因为如果由工党首相进行大刀阔斧的削减，似乎更容易为人民所接受，同时麦克唐纳的留任也可以争取工党对联合政府的支持。国王劝说鲍德温相信这么做一定会有效，然后请他的老朋友麦克唐纳领导联合政府，以解决国家的紧急状态。经过一番商议，麦克唐纳同意了，并随后召开了内阁会议。麦克唐纳没有在会上宣布此前已经达成一致的政策（政府辞职），而是告诉他们，他将组建一个全新的非常时期的联合政府，他们当中只有三个人会被邀请入阁。

多年后，人们反复审视了这一事件中各方参与者的动机。国王无疑行使了非一般的权力，在既没有征求议会也没有征求国家意见的情况下，在事实上提名了首相和政府，但没有证据表明他这样做是为了结束工党的任期。有人指责麦克唐纳把自己的利益置于他不再热爱的政党之上，而且他确实已经与党内的革命和工会分子渐行渐远。即便如此，这位工党领袖似乎自认为做到了真正的克己奉公，他牺牲了政府，也许还牺牲了自己的整个政治生涯。我们还须记住，参与事件的每一个人都认为国民政府是临时性的，是为了避免国难这个单一的目标而建立起来的。国王解释道，“在实现这个目标的大约五周后，各政党将恢复各自的地位”，随后再举行选举也

157 不迟。这一保证使鲍德温能够说服保守党议员参加国民政府，即便他们对此热情不高。

但是，麦克唐纳该如何带领义愤填膺的工党继续执政呢？除了即将进入联合政府新内阁的三名工党部长和八名后座议员以外，所有的工党议员都强烈反对国民政府。“他们选择了一条不负责任的省力途径，”麦克唐纳说，“却把负担留给了别人。”在更广泛的工党运动中，他和斯诺登被污蔑为“叛徒”——他们背叛了同志、政党和民主本身，与一个未经选举的君主暗中勾结，达成了违宪的协议。两人还被嘲讽上了银行家的当，据说银行家夸大了金融危机，以便通过反工人阶级的立法，搞垮工党政府。工党成员长期以来对麦克唐纳的怀疑现在被公开表达出来。这个曾想让工党取代自由党的人，自己却成了自由党人；“绅士麦克”为了右翼报刊的赞誉，为了进入上流社会，出卖了他的同志。

鲍德温和麦克唐纳都是把自己的政党转向政治中心地带的温和节制之人。他们都厌恶劳合乔治，并决心不让他入主唐宁街。他们现在组成了一个稳固的中间派联合政府，目的是在经济和社会的动荡时期使国家免受政治极端主义的影响。但这样做也使得这个政府与左右两派的创新思想绝缘，而这些思想本有可能会改善不稳定的经济形势。工党提出了银行、运输系统、重工业和土地的国有化，而在右翼，崛起的保守党人哈罗德·麦克米伦主张实行计划经济。同时，劳合乔治继续支持原型凯恩斯主义的公共工程计划。但鲍德温和麦克唐纳拒绝了这些激进的建议。

斯诺登在1931年9月提出的预算大幅降低了政府开支，削减了失业金和公营部门的工资。它受到90%的工党议员和绝大多数工会成员的反对，
158 而后者现在已经无可挽回地与前领导人断绝了联系。它还受到公务员的攻击，其中有2万人组织了一次抗议政府的集会。财相的批评者预测他的削减计划不会恢复外资对英镑或金融城的信心，结果被不幸言中——外国投资者继续卖出英镑，并从金融城撤出了资金。英格兰银行现在不得不使用大量的黄金来支撑英镑。雪上加霜的是，部分海军举行了罢工，抗议对水

手工资削减25%的提议，危机感席卷而来。

1931年9月21日，一系列事件迫使国民政府宣布，公营部门减薪幅度不得超过10%，英国将退出金本位制。英镑被允许对其他货币自由浮动，其价值也不再与国家拥有的货币数量挂钩。这也表明，这个为了维护金本位制而成立的政府如今已经放弃了它。小说家亚历克·沃写道：“对于我，以及大多数在1910年以前出生的人来说，这个消息……是我们所见所闻的最大的打击。”

然而天没有塌，经济也没有垮。英镑的价值下降了大约25%，但随即稳定下来：虽然它疲软了，但也更稳定了，而它的稳定让投资者重拾信心。投资者也因为内阁里有鲍德温和张伯伦而感到放心。同时，英国的货币贬值预示着出口价格的下降和低利率的可能性，这在投资者看来是另一个值得乐观的理由。脱离金本位制就这样结束了货币危机，而削减失业救济金却几乎或根本没有起到任何积极作用。银行家和财政部从一开始就搞错了，但失业者和工党政府却为此付出了代价。

脱离金本位制后，国民政府也失去了原先存在的理由，但它又获得了一个新的理由——让浮动的新英镑稳定下来。保守党人认为，稳定货币的最好办法是实行关税方案；他们要求举行大选，以确保这一政策得到民众的授权。但他们很乐意以麦克唐纳领导的国民政府的形式来推行选举，因为国王更希望这个政府能继续执政。此外，工党将因为反对跨党派联合政府而处于孤立地位，因此变得不堪一击。“阶级斗争的阴险学说无法违背国 159
民合作的普遍愿望而取得进展，”鲍德温评价道，“最重要的是让社会主义遭到真正的惨败。”这就是保守党的真正意图。

然而，麦克唐纳和联合政府中支持自由贸易的自由党人对推动保护主义的想法很不自在。首相也不愿意在竞选中反对他帮助建立的政党。尽管如此，张伯伦还是精准地预测到，麦克唐纳会发现权力的诱惑太大，难以抵挡。即使有1922年劳合乔治失去国民联合政府领导权的警世故事，也无法劝阻麦克唐纳回心转意。无论如何，工党没有给他们的前领导人留下什么选择——他只能加入国民政府，因为他们把他开除出党了。

举行大选时，麦克唐纳的小派别“国民工党”从工党的主体中分裂出来。而自由党则一分为三。“自由党”支持联合政府但反对保护主义，“国民自由党”则对这两者都青眼有加，而劳合乔治的“独立党”则两者都不能接受。虽然党派政治的形势一片混乱，但保守党和工党各自向选民传达的信息却毫不含混。在媒体朋友的帮助下，保守党指责工党造成了经济危机，并声称新的工党政府将把人民的储蓄交给领取救济金的闲人。另一头的工党则将危机归咎于银行家，并诋毁麦克唐纳，他在工党伦敦办公室的肖像被翻过去面壁而挂。作为回应，麦克唐纳和斯诺登告别了工党，称工党的选举方案是“疯狂的布尔什维克主义”。

麦克唐纳获得了授权，因为国民政府赢得了60%以上的选票，让521名议员重回新议会。不过，真正的胜利属于保守党，他们获得了473个席位。绝大多数中产阶级以及50%以上的工人阶级和女性选民都投了保守党的票。鲍德温向他的政党证明，他的财产所有权民主的梦想可以变成现实。他还使许多选民相信，挥霍无度的“社会主义”政府造成了国家的经济困
160 境。工党失去了235个席位，议员数量减少到只有52个，这个糟糕的结果可能也是部分工人阶级对该党执政成绩不佳的判断。另一方面，他们的议席大量减少也可以归结为选举制度的偏向性——该党在民众投票中的份额其实只减少了6%。背弃工党的是中产阶级，而不是工人。他们也背弃了自由党，这并不奇怪，因为大多数人现在支持保守党主导的联合政府。1931年的选举标志着格莱斯顿和劳合乔治的伟大政党的消亡。在20世纪余下的时间里，英国政治将是保守党和工党之间的简单斗争。而在可预见的未来，哪个党派会赢是毫无疑问的。此时的英格兰仍是一个保守党国家，主导权属于南部而非北部，它是一个属于某些阶级的国家，而不是一个属于大众的国家。

在国民政府内部，自由党现在已可有可无，斯诺登则可以忽略不计。麦克唐纳也无足轻重，甚至连傀儡都不是。一切再次显示出与1918年大选明显的相似之处，当时的大选让劳合乔治上台，保守党掌权。然而，两次选举也有明显的不同：即使在束缚重重、寡不敌众的情况下，劳合乔治也

一直是一个不屈不挠、不畏强权的领袖；相比之下，麦克唐纳则是强弩之末。政府核心缺乏活力会给英格兰带来毁灭性的后果，而保守党在议会中缺乏实质性的反对派也会如此。在接下来的八九年里，保守党将事事顺遂。

保守党很快就显示出他们在联合政府中的主导地位。张伯伦接替斯诺登出任财相后，不顾内阁中某些自由党人的反对，推出了一系列保护主义措施。起初，他以平衡贸易为借口，实施进口关税；但后来，他更公开地实施了这一政策，向最早支持保护主义事业的父亲致敬。他出台了 10% 的普遍关税，而帝国商品则得到豁免。保守党的宏伟计划是建立一个自给自足的帝国，通过帝国优先权与世界其他地区分开，一切正如张伯伦的父亲
所设想的那样。殖民地和自治领将为“母国”供应粮食和原料，并为其制 161
成品提供市场。

然而，这一政策存在着一系列的问题。组成帝国的各个国家都有自己的工业，它们自然希望保护这些工业。它们也在最近的经济崩溃中遭受了损失，几乎无法负担英国的出口商品。此外，在爱尔兰人和印度人成功地反对英国的直接统治之后，独立的呼声甚嚣尘上。最后，各殖民地和自治领同意提高从其他国家进口的关税，但对英国进口的关税仍维持在原来的高水平。结果，保守党在此前的 30 年里一直在推动的关税改革计划对经济的影响微乎其微。由于商品价格过高，英国的出口额只是略有增加。批评保护主义的人指出，保守党未能适应经济现实，而更多的是受到了意识形态的束缚。

不过，保守党保护主义的完全失败带来了重大的政治后果。它疏远了政府中支持自由贸易的自由党人，而麦克唐纳本人对这一政策也不满意，只是在勉力维持它们。他急于保持团结，提醒保守党人他们已经承诺过参加联合政府了。他的呼吁并没有得到重视，而当财相拒绝淡化其保护主义政策时，支持自由贸易的自由党人和斯诺登一起离开了政府。麦克唐纳现在更加痛苦地意识到自己已经变成事实上的保守党政府的领袖；他越来越焦虑，病弱无力。与此同时，支持保护主义的“国民自由党”派系仍然留在政府中，并最终与保守党合并。保守党吸收了自由党的右翼，正如工党

吸收了它的左翼。

保守党现在终于承认，保护主义是现代经济的一个持久存在的方面。他们着手将伦敦的公共交通收归公有，后来又将采煤特许权也收归了国有。张伯伦还对农业部门的某些方面进行了“合理化改革”，建立了为农民确保高价的营销委员会，并以丰厚的补贴支持他们。财相对“各郡”的“社会主义”态度并不像表面上看起来那么令人惊讶，那里毕竟是保守党的传统
162 中心地带。对张伯伦来说，取悦地主和农民就像他减少对失业者的援助一样自然——他现在就开始这样做了，用的是削减援助可以恢复对英镑的“信
163 心”这个古老的论调。至于对失业者，则不会有什么“社会主义”的规划。

22

郊区的礼节

财相的措施没有对经济产生任何重大影响；反而是保守党曾极力反对的政策——放弃金本位制，产生了更为深远的影响。英镑疲软意味着英国出口产品的价格更有竞争力；随着全球贸易慢慢回暖，它们又开始在国际市场上销售了。贬值的困难在于，在正常情况下，进口商品的价格必然上涨；但现在不是正常时期。1929年后商品价格骤降，确保英国的国际收支重新取得了平衡，同时生产也显著增加。失业率开始下降——起初略有下降，但随后稳步好转，1937年降至10%。保守党的财相自然把所有的功劳都归在自己的名下。

放弃金本位制还意味着货币不再需要靠高利率来支撑。基本利率降到了2%左右，而在此前的整个20世纪20年代，基本利率一直维持在5%左右。借贷变得毫不费力，同时低利率也会鼓励投资和消费。虽然由保守党主导的国民政府不喜欢借贷和公共工程支出，但私人投资者和企业承担了这个角色。当时出现的建房热潮使得1934年的建房量比1929年增加了40%；到了这十年末，新建房屋远超过200万套。英格兰历史上第一次出现 164
了房屋数量多于家庭数量的情况。大部分的新住宅都建在南部和中部地区城镇的郊区，或现有郊区的“乡村”郊外。其他的则沿城镇间的道路而建，即所谓的“带状发展”。在伦敦周围，斯劳、海斯、肯顿、阿克斯布里奇、希灵顿、费瑟姆和金斯伯里等地都极大地扩展了；地理学家将首都比作一只巨大的章鱼，将触角伸向了乡村。这种扩张速度，使得各种保护空地和乡村的运动应运而生，而对郊区“扩张”的批评也很普遍。鲍德温（他就是这个烂摊子的设计者之一）对乡村的破坏感到惋惜，却没有采取任何实际措施加以阻止。

由于国民政府终止了工党《1930 年住房法》试图恢复的建房计划，因此建房热潮的资金均来自私人投资。由于建筑法规和限制极少，资金又容易获得，建筑公司借钱买地，迅速建起了房屋。在战争间歇期，私人公司在伦敦建造了逾 60 万套住房，其中受到地方当局新房建设补贴的只有 15 万套。

由于利率很低，中下产和上层工人阶级可以买得起新房了。华尔街股灾后蓬勃发展的哈利法克斯和伍尔维奇等建筑协会向有固定工资的人提供“廉价”房屋。建筑协会急于从他们过剩的储备房屋中放贷，对潜在买家的定金要求降低到只有 2%。一套售价 800 英镑的伦敦新房，只需交纳 25 英镑的定金就可以到手，剩下的债务以 3% 的利率偿还；政府还为利息支付提供税收减免。由于当时的公营住房很少，中下产和上层工人阶级不得不举债购房。到 20 世纪 30 年代末，文员、店主、领班、邮递员、运输工人和教师都拥有了房产，还有五分之一的体力劳动者也加入了这一行列。到
165 1938 年，有 400 万人拥有房子，而 15 年前拥有房产者还不到 100 万人。就这样，保守党继续创造了一个郊区负债者的庞大选区。

这些新家装满了家具和电器。以“分期付款”方式购买的货物会由一辆没有标记的货车运送，以避免邻居知道他们“赊账”购物。尽管那是一段经济萧条的时期，或许正是由于萧条，许多家庭有足够的钱来购买商品，而不需要借钱。这场危机的最大悖论，也是英国经济能够从危机中复苏的主要原因，是它让许多人口袋里有了更多的钱。因为虽然自 1929 年以来工资一直在下降，但由于物价暴跌，这些工资的购买力却增加了。在经济萧条最严重的时候，实质工资比萧条前高出 10%，满足家庭基本需求后的收

入盈余也因此而更多了。1938 年，一个英国家庭的实际收入是 1914 年家庭收入的两倍，而且随着家庭规模的缩小，人均收入几乎高出了 70%。在可以廉价借贷的情况下，家庭收入的增加让全国各地的人们可以大手大脚地购买住房、家庭用品和服务。

国内消费市场的突然出现，意味着制造业和第三产业的蓬勃发展，新的大规模生产流程也令制造商得以满足上升的需求。原材料的成本如今降低了，照管机器所需的非熟练劳动力的成本也降低了，价格因此而进一步下降。化工业是这一时期表现最突出的行业之一。它生产医药用品、化肥、用于合成面料服装的人造纤维，以及用于无数家电的酚醛塑料等。汽车工业也迅速发展，随着流水线式的大规模生产的出现，到 1937 年英国每年可生产超过 50 万辆汽车。汽车价格在这十年里不断下降。到 1939 年，英国有逾 200 万人拥有私家车。在朗布里奇和牛津，奥斯丁和莫里斯汽车公司为数千人提供了就业机会，他们的工资可以用来购买更多的商品，从而进一步刺激了经济。

然而，20 世纪 30 年代最繁荣的产业，还是最广泛意义上的电气工
业——家用电器、电气工程以及电力生产和配电。工业对电力的需求很高， 166
因为新工厂的机器都是用这种相对较新的能源驱动的。家庭需求也很高，到 20 世纪 30 年代末，四分之三的房屋都通了电（而在 1920 年只有 6%）。自 20 世纪 20 年代以来，由于技术进步和煤价下跌，电价也大幅下降。

鲍德温是一位经验丰富的实业家，他明白一场新的工业革命正在发生。在这场革命中，前工业革命的主要出口产业正在被服务于国内市场的新产业所取代（例如，80% 以上的英国汽车都是英格兰人购买的）。这位保守党领袖希望新行业的扩张能够吸收萧条重工业的劳动力——失业的矿工和造船工人将成为无线技术员和电气工程师。然而，鲍德温并没有说明政府将如何推进这种“过渡”，这一进程将涉及英格兰北部无数群体的再培训和重新安置。

其他观察家则对新工业乌托邦持怀疑态度。查理·卓别林的电影《摩登时代》（1936）是一部讽刺“生活标准化，人变成了机器”的电影。在影

片中，卓别林的流浪汉形象被安排在不断加速的工厂流水线上工作，为了努力跟上庞大而贪婪的机器的步伐，他身体受伤，精神崩溃。现代科技仿佛正在用人类制造一个疯狂机器的新种族。

20世纪20和30年代的郊区房屋无论是租是售，往往都是清一色的半独立式房屋。它们的外部特征很容易与爱德华时代的房屋区分开来。这些房子的屋顶铺着瓦片，而不是石板和“都铎-伊丽莎白式”木板，外观是不加修饰的灰泥或卵石墙。除了对旧建筑风格的刻意模仿外，半木制的檐口、菱形铅条玻璃窗和壁炉边的高背长椅也给予它们一种“乡村宅邸”的外观。

仿佛是为了进一步令人错以为郊区是乡村，每栋房子都有前后花园。
167 “真了不起啊，”一位记者评论说，“许多家庭以前从来没有过花园，却很快就把新房子周围的荒芜土地变成了美丽的花园。一到夏天，那里便铺青叠翠、百花争妍。”前花园通常有一堵女贞树篱，既增加了私密性又减少了噪声。后花园有时会有一个棚子或温室，周围有栅栏。这是英格兰家庭的圣地，城市在这里穿上了乡村的外衣。新房子和街道的名字也是这种伪装的一部分：“桃金娘山庄”位于草甸岗，而“金合欢庄园”则位于冷杉街。郊区乡村化的怀旧建筑为鲍德温的英格兰奠定了基调。

对于从贫民窟搬到郊区的人来说，新房子最新颖的特点是有一个往往位于楼上的室内浴室。楼上通常有三间卧室，楼下有两间会客室和一间厨房。屋子里有电和热水供应，光线很好，整栋房子都有落地灯。每个房间都有插座，可供众多家电使用：无线电、留声机、电吹风、吸尘器和电动缝纫机。厨房里的插座最多，因为要考虑到烤面包机、烤箱、电熨斗、水壶、洗衣机和冰箱的电力需求。这些厨房装置可以“节省劳力”——它们是为没有用人的家庭设计的，由女主人监督家庭的管理和维护。

这些新的“半独立式住宅”也是大批量生产的新型消费品的“容器”。不锈钢餐具被放在厨房的抽屉里，而塑料饰品则被摆放在起居室的壁炉台上。“客厅”里经常挤满了批量生产的家具：带有“花哨”条纹设计的三件套、“软躺椅”、木制书柜，以及白橡木的餐桌和椅子。楼下房间的墙面一般都采用柔和的色调，而楼上较小的房间则更多采用醒目的深色系。一切都很实用、规范、省时、高效。

如果家里有车，它会停在车库里或户外的街道上。然而，郊区的有车一族是少数；大多数人都乘坐公共交通出行。“无轨电车”比在大街上尖叫着前进的“无产阶级”有轨电车更舒适、更安静。从英格兰各个城市延伸 168
出来的铁路“蜘蛛网”在不断扩大，对于居住在“蜘蛛网”之外的人来说，综合公共汽车公司的客车则是不可缺少的。

每天从郊区出发的通勤往往是一个近乎无声的过程。头戴深色帽子、身穿西装的男人们会静静地整齐排列在火车或地铁站台上，或者站在公交车站的队伍中。大多数人埋头看报纸，对周围熟悉的面孔只是略微点头致意。说话的人往往压低声音，只谈天气、运动或园艺等没有争议性的话题。车厢里经常挤满了人，但站着的乘客会尽量避免身体接触。日复一日的旅途平淡地过去，无惊亦无喜。

火车站和公共汽车站位于郊区购物商店街的旁边，那里总会有当时的几大行当：杂货店、蔬果店、肉店、面包店、奶制品店、报刊亭、烟草店，外加一个邮局。模仿都铎风格的商店上方都有公寓，这些商店街的目的是成为郊区“社区”的焦点，但它们缺乏传统市集的蓬勃气息。这些商店集中在一起，是为了将它们与周围的住宅街道隔离开来，因为那些渴望体面的地方不欢迎商人。郊区居民的购物欲望如此之大，以至于当地的商店或上门推销员并不总能满足他们的需求。郊区消费者有了更多的需求后，就会前往城镇的商业大街。

这些大街很快就被供应大规模生产的商品的“连锁店”所占领，森宝利、西雅衣家、利特尔伍兹、家庭与殖民地和博姿药妆正在取代当地的家庭商店。1929 年，马莎百货的营业额为 200 万英镑；十年后，它在全国 250 家门店的营业额为 2 300 万英镑。这些“连锁店”借来巨额资金，从英国的新工业和海外采购廉价的、大规模生产的、标准化的商品。它们的利润率很低，但由于营业额特别高（这也证明了国内的需求旺盛），所以

获得了可观的回报。这些“连锁店”似乎是高效商业管理的奇迹，顾客也
169 对其提供的新奇购物体验赞叹不已。这里没有店员唆使他们购买某件商品，他们可以随意在琳琅满目的过道上浏览，比较商品的质量和价格，想看多久就看多久，然后再做决定。购物者如今可以在一家商店里买到购物清单上的所有商品，这是当时的政治家所倡导的效率的一个突出的日常实例。

然而，并非人人都因连锁店的出现而欢欣鼓舞。随着全国各地的本土商店纷纷被伍尔沃斯的分店所取代，它们也陷入了倒闭的浪潮，英格兰城镇开始变得千篇一律。此外，由于本地生产的产品在新商店里被批量生产的国外商品所取代，当地生产者也在抱怨经营亏损，而消费者注意到，产品质量明显下降了。

连锁店出售的食品也都是大规模生产的品种。五颜六色、满足口腹之欲的食品开始向大众供应：蛋奶糕、果冻、冰淇淋、牛奶冻、海绵蛋糕和巧克力彩蛋都在这一时期备受大众喜爱。经历过战时配给制的一代人终于有机会沉湎于甜品，而喜欢咸味的人也可以购买马麦酱、保卫尔牛肉汁和史密斯薯片来获得满足。连锁店的货架上出现了早餐麦片，其中最受欢迎的是“葡萄坚果”、燕麦粥、“凯洛格玉米片”和“碎麦片”等。然而，新商店出售的大部分食品都是罐头装的——沙丁鱼、三文鱼、桃子、豌豆、梨、沙脑鱼和斯帕姆午餐肉。上层阶级对罐头食品深恶痛绝，但社会下层视之为福音，开罐器成了大多数郊区厨房里不可缺少的工具。许多罐头都是从国外进口的，同时进口的还有大量新鲜食品，包括鸡蛋和西红柿。虽然这一时期的食品革命对本土生产者是一个打击，而且质量和新鲜度普遍有所降低，但不可否认的是，消费者的选择增加了。从小饮食千篇一律、常常食不果腹的老一辈人，如今能以合理的价格买到罐头装的冷冻肉和异国水果，这样的进步让他们大为惊奇。

20 世纪 30 年代，郊区的夜幕很早就降临了。多亏了工会的压力，工作时间从每周 60 小时减少到 50 小时左右，周六的工作一般在午餐时间结束。

这意味着人们有了更多的晚间休闲时间，但是许多郊区远离城市中心，缺 170
乏公共空间和场所，人们更喜欢待在家里。郊区最受欢迎的两项消遣是园艺和“读报纸”。

每天早上，全国性的日报和地方“小报”都会出现在郊区大多数人家的门垫上。家里出门上班的男人会在早餐时草草浏览报纸，晚上再认真阅读（这时他还会做填字游戏，如今这是报纸的固定板块）。20 世纪 30 年代，全国日报的总发行量超过了 1 000 万份。到这十年末,《每日快报》每天能卖出 250 万份,《每日邮报》和《每日镜报》各 150 万份。这些报纸为读者提供娱乐以及体育和电影名人的生活报道，而《泰晤士报》、《曼彻斯特卫报》和《晨邮报》等老牌报纸则是新闻、评论和启蒙的严肃传播者。除了巨额财富之外,《每日快报》、《每日邮报》和《每日镜报》的高发行量还给比弗布鲁克勋爵和罗瑟米尔勋爵等报业大亨带来了巨大的文化和政治影响力。尽管这些大亨早先对鲍德温心存疑虑，但还是帮助保守党巩固了郊区中下层的票仓，并将这个新阶层的观点与公众舆论和国家利益等同起来。

报纸将大量广告带进郊区家庭；因此，广告在刺激这一时期以需求为导向的消费热潮中也发挥了关键作用。制造商和零售商如今每年在报纸广告上的花费超过 6 000 万英镑，最大的广告投放商包括百货公司，以及化妆品、香烟、药品和加工食品的生产商。蓬勃发展的广告公司为他们的产品提出了朗朗上口的口号，如“普莱耶，请！”和“周五的夜是雨海之夜”[①]。

第二则广告的目标群体是年轻女性，这是广告商的一个新兴市场。广告提倡一种独特的女性气质，也许是为了对抗新轻工业中吸收了大量女性就业所产生的影响。20 世纪 30 年代，女性的穿着普遍比她们的飞来波前辈更保守，更长也更贴身的裙子突出了“妩媚”的身材。虽然女性的衣橱中 171
不再有爱德华时代的厚重感，但现在服装的肩部变宽了，腰身也重返时尚。

① “普莱耶，请！”（Player’s Please）是普莱耶牌香烟广告，“周五的夜是雨海之夜”（Friday night is Amami night）是雨海牌洗发水广告。

在这十年间，发型变得更长更柔软，也更卷曲，而化妆更加厚重，化妆的女性也更多了。到 1939 年，90% 的 30 岁以下妇女经常使用口红、粉饼、睫毛膏和胭脂。

伴随着更传统的样貌，传统的性别分工也回来了。虽然妇女离开学校后可能会立即参加工作，但她们最终的命运还是结婚成家，安定下来。家政被许多人视为妇女的理想职业；对许多人来说这也是唯一的选择，因为她们的职业发展仍然受到婚姻的阻碍。家庭主妇在新电器的帮助下抚养孩子，操持家务。《女性》和《妇女界》等新"妇女杂志"指导妇女如何管理家务，同时敦促她们在婚姻中"当好副手"。由于宣传和经济方面的压力，英格兰妇女在 20 世纪 30 年代被迫回归家庭。郊区新房的房间按性别划分的做法司空见惯，男主人可以进入私人书房，而家庭主妇则会占据晨用起居室，就很能说明问题。难怪许多家庭主妇抱怨无聊和疲劳，渴望回到工作岗位。有些人感到失望，她们赢得了选举权，却仍然缺乏改善命运的政治力量。

孤独的郊区妇女花费大量时间读书，男人们下班后也一样。新式"半独立住宅"的书架上常常摆满了最新的出版物，20 世纪 30 年代末推出的"企鹅"小说和"鹈鹕"教育丛书每本只要 6 便士，而在伍尔沃斯可以便宜地买到"读者文库"的精装经典书。到这个十年结束时，图书销售量增加到了每年 700 万册。图书也可以从图书馆借阅，1939 年的借阅量达 2.47 亿册。"流动图书馆"的代表们会骑着自行车前往郊区。他们会询问年轻的母亲："想看爱情故事还是侦探故事？"因为这些是最受那个群体欢迎的类型。米尔斯和布恩出版公司统治了爱情文类，而阿加莎·克里斯蒂和多萝西·L.
172 塞耶斯则是侦探小说的霸主，为郊区读者提供了异国情调或贵族背景下的趣味谜题。与此同时，黑帮小说把无数男性读者带到了纽约，而惊悚小说则利用了他们对外国入侵和战争的无意识恐惧。

还有一种郊区家庭娱乐形式是听收音机。一家人晚饭后聚在一起时，往往会围着无线电收听新闻广播或欢快的娱乐节目。20 世纪 30 年代末，小型收音机只要 5 英镑就能买到，每个郊区家庭，甚至一些工人阶级家庭都能买得起。工人阶级家庭往往开着无线电作为背景音，而中产阶级则会切换到选定的节目，专心致志地收听。在20世纪30年代，听众可以收听卢森堡电台等欧洲大陆的广播电台，这些电台的经费来自广告，平日会播放流行音乐和喜剧节目。这种“美国式”的商业节目比BBC的典型节目限制要少，BBC主要播放的都是严肃冗长的高尚节目，带着强烈的公学口音。虽然BBC疏远了许多工人阶级听众，但有抱负的郊区阶级却是它的忠实听众。郊区家庭也用留声机听音乐，自20世纪20年代以来，留声机变得更便宜更小巧了，如今花6便士就可以在伍尔沃斯买到6英寸的唱片。这一时期的流行歌曲包括《疯狗和英格兰人》与《欢度时光》，而最成功的古典作曲家是拉尔夫·沃恩·威廉斯和爱德华·埃尔加。

在较富裕的郊区，“娱乐”往往会在晚上进行，但其他地方的社交聚会通常是按性别划分的。妇女会在下午小聚，一起品“茗”聊天，而男人则在晚间相聚，一起打牌或听音乐。在英格兰郊区的男性中，谈话并不流行，其中一些人承认他们“英语说得不好”，而且“对社交感到恐惧”。

住在同一郊区或街道的人之间的联系往往有限。邻居们更有可能鸡犬之声相闻，因为透过隔音性能差的共用墙可以听到收音机或留声机的动静，但相见次数寥寥。郊区这种不相往来的生活方式让新近从农村或内城
搬来的人感到失望；他们不喜欢新邻居碰见他们时只是点头示意。有些人 173
抱怨说，城里各家门前原有的亲密社会关系被花园和房屋之间的距离打破了。郊区生活使英格兰人成为一个更加私密的民族，他们认为自己的家庭生活与工作和政治等公共领域是分开的。阶级和政治意识的弱化是不可避免的结果。

小说家讽刺这是一个“贫瘠”的郊区，那里的居民“肤浅呆板”。乔治·奥威尔可能是他们最热衷的批评者。“变成一个典型的戴圆礼帽的小人物……安定下来，安心挣钱，出卖灵魂，换得一所别墅和一株叶兰！”奥威尔《让叶兰继续飘扬》（1936）中的主人公说，这就是郊区人士骇人听闻的命运。其他知识分子认为，英格兰郊区的蔓延是国家衰落的象征：一个仍然拥有世上最大帝国的外向型国家，居然变得如此私密、褊狭和孤立。一

个由园丁和家庭主妇组成的国家，似乎不足以履行英国曾经承担的全球角色，也不足以接过前辈参政论者和工会激进派的火炬。但在许多郊区人士看来，尽管郊区缺乏邻里精神，但显然比乡村或拥挤的内城贫民窟好多了。此外，大多数人在住在哪里的问题上根本没什么选择权，所以他们不得不往外城发展。正如一位郊区的家庭主妇所说：“这就是他们现在的生活，他
174 们不会放手。”

23

现在可以来点乐子了

酒馆是传统城市和农村社区的聚会地点，但建在新郊区的酒馆却少得可怜。贝肯翠有逾 11 万名居民，却只有 5 家酒馆；一些住宅区甚至完全禁止了这桩买卖。已经建成的几家对当时的人来说也毫无魅力可言。在一些酒馆里，必须向打着领结的侍者点酒，入座以后方能饮用。这里不是人们下班后可以随便站在吧台前喝上几杯聊聊天的地方。与战前相比，20 世纪 30 年代的啤酒销量不出所料下降了一半，烈酒销量也下降了三分之一。

电影院是对郊区居民更有吸引力的娱乐场所，部分原因可能是它提供了一种隐私感。电影甫一来到战时的英格兰，就受到城市工人阶级的热烈拥护，那些年的城市廉价剧场和电影院主要是无产阶级的场所。然而随着 20 世纪 20 年代的发展，电影逐渐成为一种受人尊敬的消遣方式：鲜明的工人阶级娱乐方式征服了中产阶级，这在历史上还是首次。对大银幕的势利态度消失的同时，同步配乐、彩色画面和“有声电影”也在 20 世纪 20 年代末出现了。

有声电影最初被称为“全对话全歌舞”电影，早期最受欢迎的是一些 175
壮观的音乐剧，例如由琴吉・罗洁丝和弗雷德・阿斯泰尔主演的作品。其他的早期电影明星包括克拉拉・鲍、葛丽泰・嘉宝和埃罗尔・弗林，而迪士尼的米老鼠与唐老鸭也是在这一时期成为英格兰儿童人人知晓的名字。20世纪30年代最流行的电影类型是异国情调的爱情片和描写边疆小镇生活的西部片。这些新建立的美国定居点究竟是英格兰郊区的镜像，还是无拘无束的人对郊区生活的指责？

尽管保守党出台了鼓励本国工业的保护主义立法，但几乎所有的电影都来自美国。与美国电影相比，人们认为英格兰的制作呆板而缺乏动感，其中充斥着中产阶级和上流社会的人物。不过，最伟大的两位电影天才都是英格兰人：分别是查理·卓别林和阿尔弗雷德·希区柯克。两人都来自伦敦，但在20世纪30年代末，他们都已经在美国工作了。他们创造了不少杰作，体现出这种新艺术形式的能量和创造力，以及探索的广度和活力。

阿尔弗雷德·希区柯克的《39级台阶》(1935)在伦敦一个破旧的歌舞杂耍剧场开始，也在这里结束。当时人们就已经感觉到，这是一个即将烟消云散的世界。这部电影是根据约翰·巴肯发表于20年前的小说改编的，但希区柯克把电影的背景设在当代，触及了30年代中期英格兰人隐而不宣的焦虑。对未来的忧虑似乎给一切都蒙上了阴影。影片中没有任何东西让人觉得真实或扎实，每一个场景似乎都是一场即将发生的灾难的背景。影片一幕接着一幕，高潮接连不断。主人公理查德·汉内无意中卷入了一起谋杀案以及一伙外国间谍窃取英国军事机密的阴谋。希区柯克的摄影机似乎一直追逐着汉内，他从伦敦赶到苏格兰再赶回来，接着又南下英吉利海滨，试图洗清罪名，挫败间谍。希区柯克在影片中加入了许多他从小就熟悉的伦敦底层街景。他说，英格兰电影导演往往会“忽略那些跳上行驶中的公共汽车的人……电影院外排队的人、歌舞杂耍女郎、交通警察……
176 [但]他们身上才体现了真正的英格兰精神”。

《39级台阶》的票价只有6便士。在20世纪30年代末，英格兰每周售出约1 500万张6便士的电影票，单在利物浦就有100家电影院。在大城市及其郊区，几乎一半的成年人每周都去看电影；四分之一的人每周要看两场，特别是在寒冷的月份。20世纪30年代的英格兰兴建了最多可容纳 4 000 人的“超级电影院”，并起了恰如其分的宏伟名字，如“丽兹”、“皇家”和“丽都”。进入影院后，公众要经过铺着红地毯的门厅，再沿着宽大的楼梯上到座位。巴洛克或洛可可风格的电影院并不少见，其中不乏小天使的身影；其他影院则偏爱埃及、希腊、印度或罗马主题的设计。在这些充满异国情调的环境中，人们可以欣赏到以遥远的时空为背景，由迷人的明星主演的浪漫电影。电影开始前，乐师用华丽兹牌剧院管风琴演奏流行的曲子，管风琴会从地板下缓缓升起到舞台上。观影过程中，观众总是全神贯注，而且经常发表意见；特别是工人阶级观影者总是大声地对影片议论纷纷。

电影无疑引发了深刻的文化和社会变革。电影是下层阶级男女可以共同享受的第一批娱乐方式之一，而酒馆仍是男性的天下。电影院还为年轻人提供了一个没有父母陪伴、在黑暗的掩护下见面的场所。青少年中传唱着一首关于欧典影院的颂歌：“我们来到欧典影院，现在可以来点乐子了。”乐子包括抽烟喝酒，以及“亲吻爱抚”（necking and petting）。

“亲吻爱抚”这个词证明电影带来的另一个重大的文化变革——它将美国俚语引入英格兰街头。在曼彻斯特内城，随处可以听到诸如“废话”（bunk）、“笨蛋”（dope）和“胡扯”（baloney）等名词，而在达勒姆，年轻人威胁要“干掉”（bump off）对方，或者至少让对方吃点“苦头”（the works）。年轻人如今大多使用形容词“OK”，而以前他们说的是“all right”；许多人现在说“yeah”或“yep”，而不是“yes”，说“no”的时候用的是“nope”。在英格兰工人阶级的耳朵里，来自大西洋彼岸的俚语听起 177
来既民主又自由，因为他们自己的习语标志着他们在英格兰僵化等级制度中的卑微地位。

电影院削弱了过去的娱乐形式对人们的影响。现在，“潘趣与朱迪”秀[①]和手摇风琴已经对儿童失去了吸引力，歌舞杂耍也不再令成年人着迷，

① “潘趣与朱迪”秀源自 16 世纪意大利喜剧艺术的英国传统木偶表演，主角是潘趣先生和他的妻子朱迪。

外地剧团更是经营惨淡。不过，其他的传统休闲活动仍然广受欢迎。20世纪30年代的人像20年代“爵士乐时代”的人一样喜欢跳舞。城市的舞厅在周六晚上吸引着西装革履的顾客，无数人会在工作日下班回家的路上“顺便”跳个舞。工人阶级通常更喜欢租借布道团或市政厅等场所，因为那里只收两先令的票价。一位目击者描述说，男人们一起进入舞厅，“在一侧排队站好，女人在另一侧。一个男性做出选择，凑上前去略微施礼就可以带走一个女孩，一起滑入音乐的节奏中”。到30年代初，爵士乐已经让位于大乐团音乐，而后者又很快会被摇摆乐所取代。新式舞蹈昙花一现地席卷整个国家，其中有充满爱国热情的“兰贝斯道”、康加舞和霍基科基舞。在英格兰北部，“花样”或“队形”舞蹈，也就是我们熟知的“舞厅舞”，风靡一时。

体育运动自19世纪末以来就形成了广泛吸引力，如今它又进一步扩大了，但妇女仍然普遍被排斥在外。公立学校为女孩提供的体育设施很少，也很少鼓励妇女参加工人阶级的体育活动。20世纪20年代是群众性体育活动的第一个十年，温布利体育场的修建、特威克纳姆体育场的重建和温布尔登的扩建，都标志着群众性体育活动的蓬勃发展。到了30年代，参与体育活动的人群进一步膨胀。

然而不出所料，具体的运动项目仍然与阶级密切相关。“有人要打网球吗？”这个问题从来不会出现在工人阶级中，板球的权威人士也努力保持这项运动的精英主义光环。“绅士业余爱好者”的记分卡上印有姓名的首字
178 母，而杰克·霍布斯等“职业球员”的记分卡上则只有姓氏，哪怕他是这个时代最伟大的板球运动员。球员们必须以“先生”或他们的头衔来称呼绅士，而“业余爱好者”对其他人都直呼其名。国家队和郡队的队长永远是业余爱好者——在英格兰，“职业球员”担任队长是不可想象的。虽然有些观众抱怨贵族血统不能保证跑动和击球，但没有人采取任何措施来减少这种势利行为。

最受欢迎的工人阶级运动是英格兰北部的英式橄榄球联赛和其他各地区的足球。这两项运动都是男性专属的，足球协会在20世纪20年代就已

经禁止了女子足球。工人阶级的男孩和男人普遍热爱足球。到30年代末，英格兰有3.5万个青少年足球俱乐部，同时许多企业也组织了球队。这十年间最伟大的职业球队是阿森纳队，他们获得了五次联赛冠军和两次足总杯冠军。在战争间歇期，足总杯和国家障碍赛马大赛等体育活动被定为“国家赛事”。BBC对这些赛事进行了报道，王室成员也经常出席并颁发奖杯。这是一个英格兰贵族与英才阶层相得益彰的童话。

无数“赌徒”对足球比赛下注。最流行的投注方式是“彩池”，人们预测比赛结果，并从投注资金中抽取现金奖。“利物浦有那么多人的生活都围绕着彩池展开，”一位社会学家说，“若非亲眼看见，真是令人难以置信。”还有很多人赌马，人们也可以在拳击、橄榄球联赛或鸽子和猎狗比赛上“下注”。参与者几乎都是工人阶级，这绝非巧合，因为赌博被认为已经取代了酗酒，成为工人的恶习。他们更喜欢投机而不是储蓄，这被解读为挥霍无度的一种标志，但这其实更显而易见地表明工人对未来缺乏信心。

这一时期流行的其他休闲活动包括远足和骑车。以中产阶级为主的远足者看起来像成年的男女童子军，他们穿着与众不同的绿色短裤、长袜，背着背包，随时准备应对任何不测事件。作家J. B. 普里斯特利独自在乡间漫游时，会遇到“二三十个人走在一起，着装都符合各自的角色。他们看 179
起来简直像德国人一样，组织有序，半军事化，半运动化”。这位作家还经常遇到骑行者，奇怪“他们到底从四野的乡村得到了什么乐趣，因为他们似乎从来没有把头从车把上抬起来过”。社会学家理查德·霍格特认为，对于工人阶级青年来说，“真正进入青春期的标志”是“父母同意他分期付款购买一辆摩托车。然后在周末骑着它出门，与各色俱乐部成员厮混在一起，每周日穿城越市，驶过寂静无人的火车终点站”。

远足者和骑行者代表了这十年间英格兰人与大自然的矛盾关系。郊区居民的新房子侵占了乡村，他们还渴望到真正的乡村去体验大自然的美好和裨益。但他们前往那里时乘坐的是对居民和景观有害的交通工具。周末一开始，一眼望不到头的汽车、摩托车和公共汽车队伍就从伦敦出发，乡村的空气中充满了汽油的烟雾。郊区的入侵者在到达乡村目的地后，举止做派实际上还是像城市居民，他们身上的气质挥之不去。直到凌晨，游客们还在草地和宁静的村庄里唱歌跳舞。

对远足与骑行的狂热体现出人们对健身和新鲜空气的渴望，这与对国民健康和战备的关切不无关系。健康与力量联盟拥有超过 10 万名成员，他们在英格兰年轻人中推广健身，以便为下一场战争做好准备。他们成功地游说了由保守党主导的吝啬政府，为地方当局拨款 200 万英镑，用于建造体育中心、运动场、游泳池、青年旅社和海滨浴场。

这十年来最有特色的休闲活动大概就是度假了。20 世纪 30 年代，有权享受带薪休假的人数从 100 万增加到 1 100 万人（约占全部劳动人口的一半）——《带薪休假法》（1938）规定大多数工厂、商店和办公室的工作人员每年享有一周的带薪假期。这是二十多年来一直争取带薪假期的工会的
180 一项重大胜利，也是工人的一个巨大福音。最受欢迎的度假目的地是海滨胜地，一些北方工业城市有 70% 的人口在夏季去海边旅游。伦敦人也喜欢到海边去，绍森德是最受欢迎的目的地之一。那些有更多时间和金钱的人会到西南部的海滨旅行。

在海滩上，孩子们会搭建沙堡或骑驴，而成年人则会享受日光浴、阅读或踢足球。任何人都可以在海里游泳，通常还可以租到帆船。海滨步道沿路有酒吧、咖啡馆和餐馆。游乐会、动物园、音乐厅和歌舞杂耍剧场争相招揽客源，大型舞厅也开门迎客。在这种狂欢的氛围中，人们往往喝得多，穿得少。一位到过马盖特的游客这样描述度假之乐："唱歌、调情、喝酒、班卓琴和笑声；明显的晒伤；肺里灌满了海风，我们自己则塞满了龙虾和三文鱼。"

工人阶级对海边的热情促使比利·巴特林于 1936 年在斯凯格内斯建立了有史以来的第一个商业度假营地，并且取得了极大的成功。他因此受到鼓舞，将这门生意拓展到其他地方。到这十年结束时，英格兰有一百多个商业营地，每年吸引超过 50 万名度假者。营地提供一日三餐和娱乐，淡季

1. 爱德华七世。他是维多利亚女王的长子，是自查理二世以来最受欢迎的君主

2. 1911 年，乔治国王在水晶宫的帝国节开幕式上

3. 雅茅斯的电车。即便在海边，这也是最廉价的出行方式

4. “无畏号”战舰是英国在20世纪初推出的一种革命性战列舰，彼时号称“世上最强的战舰”

5. 1914 年的埃米琳·潘克赫斯特。作为争取妇女参政权的先驱之一，她还成立了妇女社会政治联盟

6. 1908 至 1916 年担任首相的赫伯特·亨利·阿斯奎思。他因为酗酒的习惯，也被称为“醉汉”

7. 1916 至 1922 年担任首相的大卫·劳合乔治。他对社会改革充满热情，而且精力充沛，野心勃勃

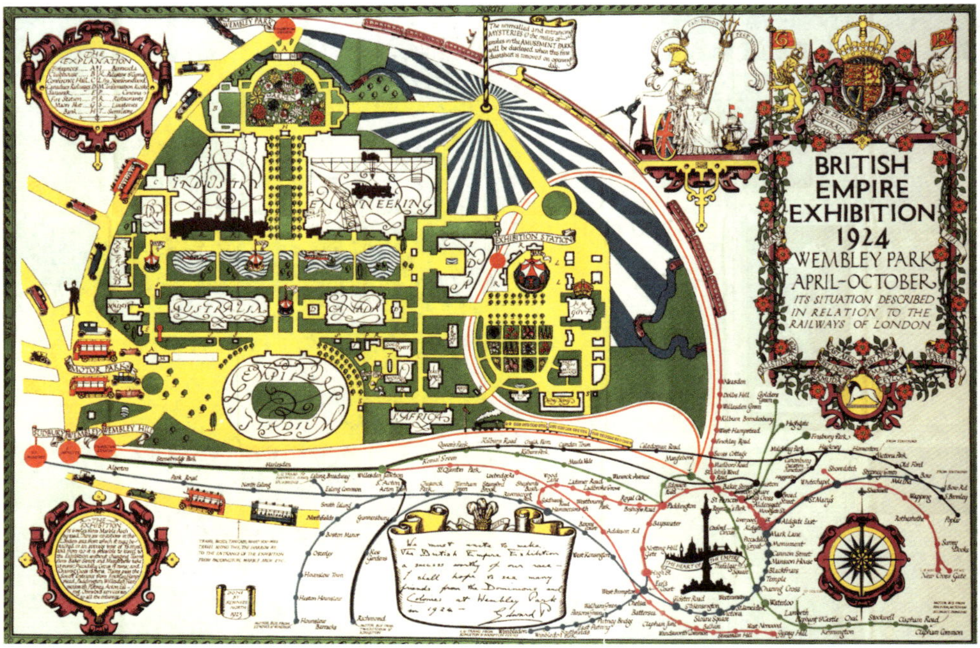

8. 1924 年的大英帝国展览会。它是为促进英国与其属地团结而举办的一场庞大而昂贵的宣传活动

9. 1926 年的大罢工。它加剧了笼罩在整个国家上空的革命感

10. 伦敦一家劳动救济所门外的失业人群，1930 年

11. 20 世纪 30 年代的一张巴特林海报。1936 年，斯凯格内斯在此开设了史上第一座商业化的度假营

12. 戈登广场51号的布卢姆斯伯里团体牌匾，上书“在20世纪上半叶，这座房子及其周边住着布卢姆斯伯里团体的几位成员，包括弗吉尼亚·伍尔夫、克莱夫·贝尔和斯塔雷奇一家”

13. 1940年的电影《大独裁者》中的查理·卓别林，他在此片中仿讽了阿道夫·希特勒

14. 1937 年 5 月 12 日，加冕典礼当天的乔治六世。他不情不愿地当上了国王，却在战争与和平时期都履行了作为君主的职责

15. 丘吉尔在迦太基圆形剧院，1943 年

16. 一位店主在英国家庭主妇的配给簿上盖章，1943 年

17. 1948 年的“帝国疾风号”。来自西印度群岛的乘客在蒂尔伯里上岸

时每周只需 35 先令。娱乐活动通常有 24 小时现场音乐、舞蹈、运动、一日游、才艺表演，以及包括竞选“迷人祖母”在内的选美比赛。经过一天的狂欢后，营地的巴特林广播电台的主持人会在晚上 11∶45 说“晚安，营员们”。不过，很多度假人士都选择无视这一公告，午夜过后很久都仍在跳舞。在巴特林营地，以及大多数海滨地区，工人阶级决心证明他们也能享受到和所谓的“上等人”一样的乐趣。 181

24

救济金之国

20 世纪 30 年代，有数百万人到访过布莱克浦，J. B. 普里斯特利是其中之一。1933 年，他为编撰国家调查报告《英格兰之旅》，曾路过这个海滨度假胜地。普里斯特利喜欢兰开夏郡这个度假地的民主氛围。“只要兜里有必不可少的 6 便士，大家都是好样的。”这个小镇似乎对工人阶级度假者如此说道。人们以前生活在“上上下下的社会阶层关系网中，鄙视或怜悯下级，钦佩或憎恨上级”；但在布莱克浦的“美式”氛围中，势利在英格兰人心理中的支配地位似乎正在弱化。

不过布莱克浦的某些方面却表现出不太受欢迎的“美国化”特点。根据普里斯特利的说法，度假区提供的娱乐活动是“标准化”、“机械化”、“精于算计”和“令人讨厌”的。这个小镇在方方面面都是新兴的英格兰大规模生产和大规模消费的象征：普里斯特利评论说，整个国家正在“迅速布莱克浦化”。他总结说：“所有的一切都被冲向……一条尘土飞扬的廉价大规模生产和标准化生活的主干道，无人能够幸免。”

普里斯特利对这个新的机械化国家的“单调”感到沮丧，但认为它比
182 自己见到的另一个英格兰要好得多：旧式的“煤、铁、钢、棉花、羊毛、铁路……方头方脑的小教堂、背靠背的房子……矿渣堆……小客栈……烟

熏火燎的阴暗小城［和］阴森堡垒般的城市所组成的工业英格兰”。英格兰的城市中心在 19 世纪一直静止不变，仿佛已经变成工业博物馆的展品。目睹这些地方以失业者为主的居民，普里斯特利觉得战争一定还没有结束；他对此似乎备感悲哀，因为他遇到的许多失业者都曾在 20 年前经历过法国的战火。

这个“救济金之国”没有享受到十年经济繁荣的任何好处。那些生活在英格兰北部和中部大部分地区的人并不觉得这是一个富足的时代，反而觉得它是“饥饿的 30 年代”或“魔鬼的十年”。在战后短暂的繁荣之后，英国的主要出口产业陷入了绝境，要依赖不断萎缩的国际需求。到 20 年代末，英国四分之一的煤矿工人和钢铁工人失业，还有一半的棉花工人和三分之一的造船工人下岗。达勒姆的矿区城镇、兰开夏的棉区城镇、坎伯兰以及泰因河与蒂斯河的金属和造船业中心被正式定为“萧条区”。

崩溃接踵而来。1929 年后，国际需求进一步暴跌，棉花出口量和钢铁生产量减少了一半，煤炭产量下降了五分之一，造船业下降了 85%。对工人造成的后果是可想而知的毁灭。1932 年，超过 40% 的矿工、50% 的钢铁工人和 60% 的造船工人失去了工作。许多城镇的失业率超过 50%，一些城镇的年轻居民离家寻找工作，那里的失业率随之上升到 80%。在这些鬼城，不仅失业人数众多，而且他们失业的时间也要长得多——有的会长达数年甚至数十年。大罢工失败后，劳工运动不再是一种可选做法，而议会提供的抗议空间也很小，因为工党议员现在只占下议院的 8%。不过许多英国人认为政府有责任帮助失业者。那么国民政府是否有远见，来保护那些并非因为自身过错而失业的公民呢？ 183

财相内维尔·张伯伦坚信，大规模失业是市场力量的必然结果。政府所能做的就是等待经济状况改善，即使这在“至少十年内”都不太可能发生。这与他对 1931 年金融危机的态度形成了明显的对比。内阁如今认为，通过“平衡预算”便可以拯救货币和银行，这实际上意味着大幅削减失业救济金。矿工、金属工人和造船工人都可以不用去管，让他们自己去直面极度混乱的市场力量就好了，但银行不能不管。政府对制造业和体力劳动者实行自由市场资本主义，而对金融和货币部门却实行社会主义。左翼的批评者提醒联合政府，英格兰是世界上最富有的国家之一，也是史上最大帝国的中心。

国民政府对失业者不闻不问，加剧了很大一部分人口的贫困化。他们试图以“节省”的名义减少现有的失业救济金；当长期失业者用尽从自己上缴款项中提取的“保险金”，或超过六个月的权利期限之后，用一位社会学家的话说，他们得到的救济金“仅限于最低金额，只能维持［他们］不致死亡或变得过分麻烦”。而只有在进行了“经济状况调查”，确定申请人真正“赤贫”和“应得”之后，政府才会向失业者提供这种微薄的救济。如果失业者有其他收入来源——无论是储蓄，还是由于另一个家庭成员在工作——那么他所得到的福利就会被减少或取消。

经济状况调查很受郊区中产阶级的欢迎。公共开支不应该“浪费”在那些不需要救济的人身上；此外，“奢侈”的福利会打消失业者“努力”找工作的念头。如果一名失业者拒绝接受离家人常住地250英里远的工作机会，他就应该被取消津贴，这在当时被认为是完全合理的。失业者自然会有不同的看法：一个不该为失业负责的人为什么要因为储蓄而受到惩
184 罚？他的家人为什么要在挨饿和离开社区到几百英里外重新定居之间做出选择？

失业者厌恶经济状况调查的开展方式。地方公共援助委员会的官员不事先通知便会去他们家，查看他们的子女是否在工作，或者他们最近是否购买了衣服或家具。如果发现其中任何一种情况，就会削减或停止该家庭的福利金。另外，公共援助委员会的人还会坚持要求他们典当某些家庭用品和衣服，然后才能申请福利。一名妇女为了向委员会官员证明她的贫穷，展示了她的幼女所睡的抽屉。该代表不以为然，“问这个婴儿是不是母乳喂养的，我说是的，他就因此减少了孩子的津贴”，理由是孩子不需要其他营养。经济情况调查对人们心理上的伤害不亚于经济方面的打击。一生独立的工人被迫向可恨的贫民救济委员的继任者敞开大门，继而又被

各种尖锐的问题所羞辱。日益官僚化的社会服务国家的运作方式颇具讽刺意味：它有权侵入人们私生活的方方面面，但它既不提供支持，也不提供保障。

1932 至 1933 年期间，超过 18 万名福利申请者被取消了救济金，而能继续领取的人，到手的钱也少了一半，由此为政府“节省”了 2 400 万英镑开支。张伯伦被迫承认这个制度需要“合理化改革”，但他试图通过《1934 年失业法》来提高其“效率”，却几乎没有缓解失业者的困境。向国内某些“特殊”地区提供的补助金也没有起到多大的作用。

失业成为广泛的社会学研究的焦点。记者马尔科姆·马格里奇说：“每年都有许多严肃认真的男男女女，从伦敦政治经济学院等机构前往萧条地区安营扎寨。”这体现了这个时代的政治良知和“科学”精神。1936 年，“大众观察”组织成立，收集有关英国民众的数据；“大众观察”的月刊向 185
渴望了解事实的公众提供经济和社会趋势方面的统计数据。

正因为有了这些调查，我们对“饥饿的 30 年代”的生活所知甚多。根据西博姆·朗特里的“人类需求”标准，在利物浦和约克等北方城市，30% 的无产阶级家庭生活在贫困线以下，而当时工人阶级占这些城市地区人口的 70% 以上。为了让读者了解挣扎在贫困线上的生活是怎样的，朗特里描述了一个家庭的日常生活，在这个家庭中，挣钱的人“从来没有一天不工作”。这样的家庭“从来不花一便士在火车票上……从来不买报纸……从来没有过储蓄……从来不参加工会……绝不能抽烟……绝不能喝啤酒……绝不能花钱买弹珠或糖果……除了对维持身体健康绝对必要的东西外，什么都不能买”。这意味着工作日的晚餐是煮熟的土豆和涂上“一丁点儿人造黄油”的白面包，用加了“一颗糖”的“一小撮茶叶”泡水送下。

生活在贫困线以下的人没有收入来满足租房和最低限度的饮食等基本需求。这些家庭的父母“为了给孩子提供温饱，自己简直快要饿死了”。利物浦的一家男主人是失业者，“早餐和晚餐只有面包、人造黄油和茶，还有炼乳”，而且“为了不感到饥饿，很早就上床睡觉了”。他们四五个人挤在维多利亚时代肮脏贫民窟的一个邋遢房间里，在国民政府叫停工党的清拆计划后，这些贫民窟仍然存在。据估计，在曼彻斯特有 7 万个这样的住所，在谢菲尔德有 6 万个。没有任何其他欧洲国家拥有如此广泛或肮脏破旧的贫民窟。在这些背靠背的排屋里，潮湿、屋顶漏水、灰泥剥落和虫子侵袭比比皆是。没有一间房子有热水，很多房子还没有干净的自来水；每张单人床上都要睡好几个人。

生活在这种条件下，贫民窟居民的健康遭受了不可避免的损害。他们营养不良，在这一时期，所有的工人阶级儿童中近 70% 患有佝偻病；许多人还饱受肺结核和贫血的折磨。最受苦的往往是母亲。“妈妈”为了孩子牺
186 牲了自己，忍受着量少质劣的一日三餐，却因此而身体虚弱。生活在贫困线以下的所有妇女中，有三分之一的人被归类为健康状况不佳，而孕产妇极高的死亡率也被认为是失业的严重后果之一。然而，国民政府对这些调查结果不屑一顾，将生病归咎于持家无道。在贫困地区工作的医生公开质疑这样的观点，却被政府以剥夺生计相威胁。

除了社会学家以外，众多小说家和记者也拥向了社会底层。纪实和虚构的“救济金文学”在 20 世纪 30 年代成为一种广受欢迎的分支流派。富裕的南方人喜欢阅读详细描述“北方人”困境的文字。正如一位小说家所说，“苦难”是一种“畅销的商品”，自然主义也一样。狄更斯等作家在 19 世纪 40 年代提出的“英格兰的社会状况问题”，现在又更加激昂地跃上纸面。失去生计的体力劳动者的自传开始流行，奥威尔等散文家的作品也传播甚广，他追随普里斯特利的脚步，在《通往威根码头之路》（1937）中记录了他的所见所闻。这一时期流行的救济金小说包括沃尔特·布赖尔利的《经济情况调查员》和沃尔特·格林伍德的《依靠救济金的爱情》，其中出现了这一文类的典型形象。在街角徘徊的失业者“像雕像一样一动不动”，“目光盯着人行道，双手插在口袋里，在凛冽的寒风中佝偻着肩膀”。

许多作品生动地描绘出失业带来的心理影响。奥威尔惊恐地发现，英格兰北部的许多男人都以失业为耻。“中产阶级在谈论‘领救济金的懒散闲

人’，这些观点也自然而然地渗透到工人阶级内部。”他们的个人堕落感伴随着一种无能感，以及抑郁、愤世嫉俗、精神不稳定、挫败感和宿命论。老一辈工人阶级是通过工作来定义自身及其在世间的地位的，没有工作，他们就觉得人生没有希望。而青年受到的影响则较小：普里斯特利形容他们“不守纪律、无忧无虑，是小巷里肮脏的蝴蝶”。 187

各个年龄段的失业者都有暴力倾向。有时他们的暴力针对的是劳工介绍所的官员，而在其他情况下则是针对自己。内政部的统计数字表明，30年代初，英国每天有两名失业者自杀。但暴力事件一般都是零星发生的，被一种压倒性的冷漠和无聊感所掩盖。正是这一点，加上纯粹的疲惫，扼杀了失业者对这个令他们失望的制度的愤怒。虽然一些保守党议员担心革命的形势已经形成，但失业者却没有表现出多少革命的欲望。“这句话怎么重申都不为过，”一位社会学家评论说，“失业不是一种运动状态……绝大多数人没有任何政治信念。”奥威尔对他在威根遇到的缺乏政治意识的苦难感到震惊。他把这归结为人们长期以来的痛苦——多年无业之后，许多人干脆把领取救济金作为一种生活方式。他还认为，廉价的奢侈品，如“炸鱼薯条……巧克力……收音机、电影”，“避免了一场革命”。

失业者可能缺乏革命性，但他们并没有默默承受。数千名失业者在共产党领导的全国失业工人运动的组织下，参加了反对经济状况调查和削减福利的抗议活动。新闻界将示威者描绘成暴力的布尔什维克闹事者，他们在与警察的小规模冲突中使用了砖头和石块。警察的官方政策是骑马持警棍“驱散”任何“无序或即将无序”的示威者。一些警察甚至将步枪对准抗议者；许多人因此受伤，还有少数人被打死。1934年，国民政府赋予警察更大的权力，当时的《煽动法案》允许他们拦截和搜查任何“涉嫌煽动”的人。无数抗议人士被捕，但全国失业工人运动没有因此被吓倒。它组织了从北方城市到伦敦海德公园的一系列“饥饿游行”，抗议者一路上睡在工人宿舍和小客栈里。这些游行引来了媒体的报道，工党议员也在议会中频频提到这些游行。 188

然而，工党对抗议和饥饿游行的官方态度模棱两可。在克莱门特·艾德礼的领导下，工党拒绝与信仰共产主义的全国失业工人运动一起组织示威，并谴责在一些抗议活动中爆发的暴力事件。这是典型的工党式妥协：党员们对广受欢迎的左翼运动表示声援，同时却与它的革命纲领保持距离。共产党人指责工党缺乏充分利用革命时刻的勇气，但事实是工党领导层希望无限期地推迟革命的时刻。艾德礼和其他工党领袖试图用激进的经济提案与麦克唐纳时代的保守主义拉开距离，但他们和前任领导人一样，都倾向于通过议会改革实现渐进的社会主义。

最能激发工党议员同情心的游行是1936年的“贾罗远征”。19世纪末，贾罗市的造船厂蓬勃发展，1850至1920年间人口增长了十倍。但到1932年，那里有80%的成年人口陷入失业，许多人身体欠佳，死于肺结核的人比19世纪的还多。翌年，贾罗的工党候选人“赤色分子”埃伦·威尔金森恳求麦克唐纳帮助这座城市。这位前任工党领导人和现任联合政府首相承诺他会考虑贾罗的困境，但麦克唐纳如今已经没有什么政治地位了；贸易委员会主席沃尔特·朗西曼让贾罗的居民“安排自救”。

1936年初，如今代表这座城市的议员威尔金森开始组织贾罗远征。在民众的呼吁下，这场饥饿游行的目的是让一个“被谋杀的小城”的困境广为人知，并抗议朗西曼的漠不关心。组织者与全国失业工人运动和共产主义没有任何关系；这场游行是工党的倡议。那年秋天，这座城市的200名男性失业居民向伦敦行进了逾250英里，仅用了一个多月的时间就完成了行程。最终抵达首都时，游行者拒绝参加共产党的集会，而是自行组织集会，吸引了多达15 000名同情者参加，他们在会上发表演讲，合唱歌曲，
189 挥舞旗帜。游行者想带着请愿书向政府请求援助，但联合政府的代表拒绝接待其代表团。工党议员在议会谴责这一决定，称政府的“自满”是对“国民良心的侮辱”；但朗西曼为联合政府的业绩辩护，并指出近几个月贾罗的失业率有所改善。中央政府不会向这座城市提供任何援助。至于贾罗的地方政府，其失业援助委员会在游行者离开时停发了他们的福利，理由是即便有了就业机会，这些人也无法工作。

许多游行者认为，他们的努力是在浪费时间，但其他抗议者的看法更加积极。他们认为，他们的示威活动“凸显了人们的处境”，并“向当局表明，我们不愿意就这么算了”。此外，即便这场运动未必能立竿见影，但那些成长于“魔鬼的十年”，并在40年代达到投票年龄的人对抗议活动一直记忆犹新。“大萧条的一代”将用他们的选票要求将处境艰难的工业国有化，并建立一个不再需要饥饿游行的福利国家。 190

25

法西斯

英国的欧陆外交政策的大方向由劳合乔治在 1919 年的和平会议上确定。它的中心目标是让和平的德国重新融入国际社会。英国认为，心满意足、经济繁荣的德国对欧洲的稳定很有必要，对欧洲大陆的力量平衡也必不可少，尤其是当前苏俄出现了共产主义的“威胁”。英法两国对苏俄的怀疑使它们失去了在德国东部边境的前盟友。英国人认为如果没有俄国的援助，他们不可能取得对德战争的成功；因此，德国必须得到安抚。

整个 20 世纪 20 年代，英国一直与欧洲事务保持距离。一些观察家发现，那种由来已久的、岛国人民的典型孤立主义本能正在复苏。不必回顾悠久的历史，我们就能找到英国人孤僻的主要原因：经历过大战的恐怖之后，英国人害怕卷入另一场欧洲冲突。另一个因素是这个国家自认为是一个帝国主义国家，而不是一个欧洲强国。鲍德温和张伯伦等卓越的政治家主要将欧洲大陆的事务视为帝国及国内经济衰退的附带事件。外交政策的主要对象不是欧洲中部，而是地中海和东方，尤其是日本被视为日益突出
191 的威胁。在 20 年代，政府官员甚至认为美国的野心比德国重新崛起的前景更令人担忧。1922 年，英美日三国签订海军条约后，这些忧虑得到了部分缓解，但并没有完全消失。

无论如何，英国人都认为没有必要广泛干预欧洲大陆的事务，因为再次发生欧洲战争的可能性很小。在英国政治家看来，以往的欧洲冲突都由某个野心勃勃的大陆强国的侵略引起，如拿破仑的法国或威廉大帝的德国。在 20 世纪 20 年代，没有任何一个强国有能力在其边界之外挑起战争。《凡尔赛条约》之后，德国一无军队二无军备，俄国也因革命而在经济和军事上受到削弱；同时，法国既没有欲望也没有军事能力征战沙场。20 年代的历届英国政府自信地告诉他们的军事指挥官，“至少在十年内”不可能发生大规模的欧洲战争。

从 1918 到 1931 年，每一届英国政府都在追求其国家的主要目标——将德国重新纳入国际秩序，同时扶植国际联盟和促进裁军。1923 年，德法因德国拖欠赔偿金而发生了危险的对抗。作为回应，法国军队占领了德国的鲁尔地区。在 1923 年工党政府中担任外交大臣和首相的麦克唐纳帮助解决了这一问题，促成了战后的第一个谈判协议——《道威斯计划》。这份协议终止了法国的占领，并尝试将赔偿金定在一个对德国来说既公平又可行的水平，毕竟德国当时正处于一场前所未有的经济危机中。麦克唐纳大力推动国际联盟的发展，试图将“自私和不择手段”的法国人进一步拉入国联的轨道，以缓和他们对德国的敌意。

鲍德温与麦克唐纳相反，用其私人秘书的话来形容，他“不愿意钻研欧洲”。尽管如此，他的外交大臣奥斯丁·张伯伦还是在麦克唐纳的基础
上，帮助设计了 1925 年的《洛迦诺公约》。通过这一系列协议，德法两国 192
互相保证彼此的边界安全，并同意通过仲裁解决未来的一切争端，而英国和意大利则承诺会协助领土受到威胁的任何一方。在军备问题上，虽然工党和保守党政府都主张裁减军备，但他们的动机各不相同。麦克唐纳是坚定的国际主义者和前绥靖主义者，他出于理想主义的原因而赞成裁军；保守党则认为这是节省国库资金的好办法。整个 20 年代，包括丘吉尔在内的历任财相都降低了国防开支，截至 1933 年，国防开支只占国内生产总值的 2.5%。新生的皇家空军经费有限，中队的数量从 1919 年的 187 个减少到

1923 年的 18 个，而陆军也缺乏打大规模战争的必要装备。英国曾计划在新加坡新建一座海军基地，以应对日本的潜在威胁，但这个想法最后不了了之。虽然削减国防开支在和平时期事属平常，但有人认为这是英国经济衰退的表现，也有人担心英国是否还有能力保卫自己的帝国。

《洛迦诺公约》后的几年里，欧洲战线无战事，这让急于将注意力转移到其他地方的英国政客感到很高兴。德国不间断地支付赔款，金额逐渐减少；它还参加了国际联盟的会议。德国外交部长古斯塔夫·施特雷泽曼决心将“和平的德国置于和平欧洲的中心”；这个目标似乎是现实可行的，因为德国在经历了 20 年代初的经济低迷后已经恢复了元气。德国的生活水平在经历了战后恶性通货膨胀带来的可怕贫困之后得到了改善，这促进了民主的魏玛共和国的政治稳定。

1928 年，德国与英国、法国、美国、日本、意大利等几个国家签署了《凯洛格-白里安公约》。签署国将拒绝把战争作为解决争端的手段；多边军备削减协议，甚至多边裁军条约都似乎终见曙光。在 20 年代末和 30 年代
193 初，麦克唐纳一直都是裁军事业热情洋溢、清晰有力的倡导者。

这些年间，许多英国知识分子都赞成裁军。历史学家认为世界大战的主要原因是军备竞赛而不是德国的侵略。因此迫切需要让所有的国家都削减军备，并允许国联对国际争端进行仲裁。20 世纪 20 年代末还出版了各种生动逼真的战争回忆录，让读者再次回忆起冲突的恐怖。这些出版物的部分结果是绥靖主义在普通民众中得到了极大的传播；牛津大学辩论社通过了“在下一场战争中，本院将不为国王和国家而战”的动议，很多英格兰人也不认为战争迫在眉睫。《泰晤士报》在评价 1929 年时写道：“除了限于帝国内部的各种骚乱……各地都在平静中度过了这一年。”

然而，如果仔细观察大陆的情况，就会发现一种令人不安的趋势。在战败的奥匈帝国废墟上建立的大多数独立民主国家，如匈牙利、波兰和保加利亚等，都放弃了民主政府，转而实行专制统治。这些新国家内部的少数民族也没有成功地融入社会；例如，生活在捷克斯洛伐克境内的大量德

意志裔人就把德国视为自己真正的家园。同时，葡萄牙和西班牙也抛弃了民主，转而实行军政府。整个欧洲转向专制统治被认为是对和平的潜在危害，因为新的统治者批评国联，支持侵略性的民族主义。他们所属的运动还没有名字，也没有成形。不过用不了多久，它将拥有自己的名称。

不良影响随后蔓延到了意大利。这个国家当初抵达凡尔赛时，决心要带走一些战利品。战争期间，英法两国曾向意大利许诺，作为对其军事支持的回报，意大利将获得大量领土，包括达尔马提亚海岸的大部分地区和不少殖民地。但意大利的要求在战后旋即遭到了拒绝，英法两国违背了他们的“君子协定”。结果意大利代表愤怒地离席而去，和平协议在意大利遭到了唾弃。正是在这样的背景下，在20年代初，意大利各地出现了一些极端民族主义和准军事的组织，或称“法西斯”。这些互不相干的暴力团体的 194
出现也跟意大利共产主义在战后严重的经济萧条时期的兴起有关。共产党人组织的大规模罢工和示威游行引发了工厂主和财产所有者的恐惧，他们不再相信意大利新生民主的自由派政治精英有能力对付共产主义。

其中一支“法西斯”力量由退伍军人、前社会主义报纸编辑贝尼托·墨索里尼领导。墨索里尼利用振奋人心的演讲和极大的领袖魅力，提出了“民族重生”的含糊承诺。他将把“权威”和“秩序”强加给这个似乎正在陷入混乱的社会，并在工厂主的帮助下把一蹶不振的经济握于掌心。他还会通过扩大意大利的领土，纠正“支离破碎的战争胜利”条款。他的愿景既古老又现代，吸引了很多中产阶级和地主阶级的人，他们认为“法西斯主义”与他们坚定的天主教信仰没有根本的抵触。这场运动在全国各地得到了区域性的蓬勃发展，到1922年秋天已拥有30万名成员。墨索里尼受到大量支持的鼓舞，决定带着他的准军事“黑衫军”向罗马进军，试图夺取政权。这次进军让焦虑的当权派异常恐惧，意大利国王邀请墨索里尼担任总理。精英们对自由派政治家和民主深感绝望，干脆就投降了。

这位新总理很快处理了他的政治反对派，修改选举法，使之对他的政党有利，并安排暗杀竞争对手——社会主义领袖贾科莫·马泰奥蒂。他接着镇压了所有其他政党和非法西斯报纸，监禁了持不同政见者。在意大利精英的纵容下，墨索里尼通过这些手段建立了一个极权主义的法西斯国家，控制了经济和司法部门，同时通过建立青年组织，鼓励军国主义和严明纪律。它还限制个人自由，威胁要逮捕任何在言论或行动上反对墨索里尼的知识分子。最后，政府造就了对墨索里尼的狂热崇拜，把他视为意大利的
195 神圣领导人，称他为“领袖”（duce）。

麦克唐纳很快就与这位杀害马泰奥蒂的凶手建立了友好的关系。丘吉尔在报刊上称赞这位“温和的”领袖是意大利“文明社会”的救星，也是“俄国鸩毒的必备解药”。很显然，对共产主义的恐惧毫不例外地战胜了对于法西斯主义民主威胁的担忧。很少有英国政客担心墨索里尼的扩张主义野心，认为这些野心都不可能破坏欧洲的均势。

换句话说，英国可以容忍意大利成为一个极端民族主义的、向外扩张的极权国家，因为它毕竟不是德国。德国不仅是一股强大的经济力量，而且它位于大陆的中心。任何向西扩张边界的企图都会挑起战争；另一方面，虽然俄国已不再是英国的盟友，因此德国向东扩张的问题已经不大，但扩大之后的德国仍然会对大陆的和平及英国的利益构成威胁。

在20年代初的经济萧条时期，巴伐利亚州出现了另一个极端民族主义的右翼政党。国家社会主义德国工人党为新兴的德国共产主义提供了一剂解药。根据该党领导人的说法，德国被“马克思主义”政客剥夺了作为欧洲最大强国的“合法”地位，这些政客在1918年投降时“从背后捅了［德国］一刀”，和他们一起捅刀的还有在凡尔赛实施“报复”的协约国。国家社会主义者由阿道夫·希特勒领导，他是一名退伍军人，因充满迷惑性的言辞和热衷于对政敌使用准军事暴力而赢得了“德国墨索里尼”的名号。不过，虽然希特勒的政党在巴伐利亚中产阶级和拥有土地的农民中得到了强有力的支持，却未能得到巴伐利亚军队的拥护。1923年，该党企图发动政变，却被毫不费力地镇压下去，领导人也锒铛入狱。希特勒在狱中创作了散乱无章的半文盲自传《我的奋斗》，在书中污蔑犹太种族是掺杂在“纯正”日耳曼民族中的“毒药”。他还把“俄国及其附属边境国家”视为德国为了获得必要的“生存空间”而必须扩张的领土。出狱后，希特勒将自己

的政党改名为“纳粹党”，但他们在选举中几乎没有取得什么进展，在1928年只获得了12个席位和2.6%的选票。

1929年金融风暴来临，一切都变了。在严重的经济萧条中，纳粹党的 196
吸引力呈几何级数增长。共产党在全国组织了罢工和抗议活动，得到了广泛的支持，纳粹党因此大受刺激。德国经济似乎处于崩溃的边缘——生产下降了40%，而失业率上升到30%。希特勒把危机归咎于惯常的嫌疑对象：“控制世界金融”的犹太人和起草了“惩罚性”《凡尔赛条约》的政客。在1930年的大选中，纳粹和共产党加在一起获得了大约三分之一的选票；两年后，它们获得了一半以上的选票，而纳粹成为最大的单一政党。

我们很难想象当时的德国在没有纳粹或共产党人同意的情况下，该如何治理这个国家，德国的领导人会倾向于哪个政党也很明显。兴登堡总统任命希特勒为德意志帝国的总理，天真地以为其总统权力可以约束这个缺乏经验而又“粗俗”的巴伐利亚煽动家。工业家和富人阶级将希特勒视为傀儡，他们偏爱除共产主义以外的任何其他选择。然而，希特勒一旦掌权，就被证明和墨索里尼一样残酷，他逮捕和杀害政治对手，废除工会和出版自由，建立了一党专制的国家。他对经济的社团主义态度与意大利的领袖遥相呼应，其对内部“秩序”和“纪律”的强调也如出一辙。他对德国种族纯洁性的痴迷和对犹太人的迫害比意大利法西斯的反犹主义有过之而无不及。希特勒对《凡尔赛条约》的批评也比墨索里尼更为猛烈，他要求立即撤销该条约的条款，允许德国重整军备。

希特勒上台并没有引起保守党或英国右翼媒体的重点关注。大多数保守派认为纳粹至少比共产党更可取，许多人对希特勒的不满表示了同情。《每日邮报》等报纸称赞这位德国新领袖是其国家的“救世主”，甚至称赞他的反犹主义。希特勒的嘴脸很快就像本国政客一样为英国公众所熟悉了。1933年1月后的几个月里，在执政党的席位上，几乎只有丘吉尔一人认为
纳粹主义是对大英帝国的威胁。 197

26

大 局

纳粹主义的兴起引发了战后保守党和工党在外交政策上的第一次重大分歧。与保守党人不同，工党议员基于意识形态的原因，从一开始就强烈反对纳粹。不过，工党并不主张以重整军备作为准备与法西斯主义斗争的手段，而是继续推动多边裁军。工党对 1914 年之前失败的外交和军事战略没有信心；相反，他们认为，通过国际联盟集体解决争端，再加上裁军，才是对抗法西斯独裁者和保证持久和平的唯一途径。

保守党议员同样热衷于国联，但他们的理由更为务实。他们希望这个组织能够维护大陆和平，这样英国就可以避免昂贵而不受欢迎的重整军备计划，集中精力解决紧迫的国内和帝国问题了。国联在 20 世纪 30 年代初激发了民众的热情。新一代人坚信，上一次战争毫无意义的屠杀，在很大程度上是由大国缺乏远见和判断力造成的，对于他们来说，一个超国家组织有着显而易见的吸引力。他们认为，这个组织可以解决所有争端，对其
198 成员国的风险也最小。

虽然英国人认为国联是解决潜在外交问题的答案，但它的存在带来了许多问题。在没有军队，而且最强大的成员国也并未重整军备的情况下，该组织的权威如何能得到武力的支持？国联的支持者似乎认为它光凭道德

权威就足够了，没有必要让成员国重整军备：他们认为，仅仅是经济制裁的威胁就会迫使侵略者退缩。但是，虽然这在理论上听起来具有说服力，在实践中却有待证明。另一个潜在的缺陷是，当成员国中大国和小国的利益发生冲突时，国联如何能公正地解决争端。原则上，国联的所有成员国都是平等的，但实际上，卢森堡和立陶宛等国家在组织中的影响力远不如法国、意大利、日本或英国。像英国这样的强国可以对国联置之不理，这是个坏兆头；例如，它们从未将帝国内部的争端提交国联仲裁。

1931 年，日本入侵中国的东三省，它在官方上属于中国领土，但在实际中具有很高的自治程度。在入侵之前的几个月里，东三省已经陷入了社会和经济的无政府状态，日本人控制了东三省，以保护他们在那里的众多商业利益。保守党主导的国民政府站在日本的立场上，确保国联不将日本谴责为侵略者，也不对其进行制裁。相反，英国人对这次占领进行了调查，认为尽管日本人的行为并不合法，但其许多不满情绪合情合理。这是典型的敷衍了事的外交，目的是让中国心甘情愿地接受领土的丧失，并有理由在国际舞台上谴责日本，但是这样的做法两头不讨好。中国感到被国联辜负了，而日本则退出国联以示抗议。

东三省事件表明了集体安全的局限性。国联未能达成令人满意的解决方案，因为英法两国不愿意以制裁或武力威胁来对抗像它们一样强大的日
本。同时，这一事件加深了保守党人对于英国致力于集体安全的担忧；英 199
国的国联成员国身份有没有可能因为一件对其人民或帝国的利益几近无关的事件，而使英国卷入一场灾难性的战争？

东三省事件仍在调查之中，国联的成员国在日内瓦召开了世界裁军会议。这次会议在英格兰国内引发了乐观情绪，部分原因在于当今的世界强国美国的出席。然而事态很快明朗，包括日本和意大利在内的部分与会国并没有真正的裁军愿望，而俄国也不愿意削减其军事实力，因为它认为自己周围都是敌对的邻国。无论如何，会议很快就陷入了凡尔赛会议以来困扰大陆外交的一个难题：德国希望与其他的大国实现军备均势，但法国不

允许这种情况，除非英美两国提供军事保证来保卫其边界。最终，德国获准在四年试验期后实现军备均势，但这个建议来得太晚了：1933 年初希特勒就任德国总理后，妥协的时间就结束了。他急于巩固自己的权力和声望，因此拒绝了这一提议，认为这是“对个人和国家的侮辱”，随即带领德国退出了会议和国联。

希特勒的大胆举动在德国广受赞许，却引起了其他国家的惊慌。当他公然实施全面的重整军备计划时，德国之外的阴霾愈发浓重了。国民政府对这些事件的反应发人深省。在没有征求国联或其老盟友法国意见的情况下，英国政府决定违反《凡尔赛条约》，与纳粹达成海军协定，以确保自己的利益。法国人认为英德海军条约背信弃义，违反了规则，他们得出的教训是英国会把自己的利益置于集体安全之上。同时，希特勒认定协约国分崩离析，国联软弱不堪；他可以继续修改《凡尔赛条约》而不会受到任何惩罚。

英国的参谋长对国联无力处理中国东三省和德国的事件感到不安，敦促国民政府重整军备，追加 4 000 万英镑用于陆军，9 000 万英镑用于海军，
200 1 500 万英镑用于空军。由沃伦·费希尔爵士监督的行政部门也建议对英国的国防进行检阅，并建议国民政府牢记希特勒是扩张主义宣言《我的奋斗》的作者。丘吉尔认为希特勒在“为战争做准备”，因此恳求政府重新武装，并立即组建国防部。

然而，国民政府不愿增加军费开支——鲍德温和张伯伦都没把希特勒当作严重的威胁。认为他是一个疯狂的意识形态主义者，而不惜一切代价扩大德国边界的想法则太过荒谬和骇人听闻。当希特勒宣称自己只是希望纠正《凡尔赛条约》对于德国的不公，并希望“英德两国保持良好的关系”时，执政的英国政府其实愿意相信他。在英国看来，德国的不满合情合理，其补救措施也不会与英国的基本利益（帝国的安全和海洋霸权）相冲突。而如果撤销《凡尔赛条约》，还可以为德国在东部获得一些“生存空间”，那么这或许是应该予以欢迎的，因为毕竟受到威胁的是俄国的而不是英国的利益。“如果有任何战斗在欧洲打响的话，”鲍德温说，“我希望看到纳粹

和布尔什维克互相厮杀。”

无论如何，重整军备在经济上和选举上对英国政府来说都不是一项富有吸引力的政策。1932 至 1933 年，张伯伦将国防开支减少到 8 年来的最低水平。增加军备开支将意味着提高税赋或增加公共债务，而张伯伦曾发誓绝不做这两件事。与此同时，公众仍然固守着集体安全和裁军的理念。工党以公开的绥靖主义纲领在地方选举和补选中取得了优势，这一事实促使国民政府相信行政部门的说辞，“公众对危险的现实还没有充分的了解，无法接受官方建议为国家财政带来的后果”。

怠惰和疲惫也是政府面对纳粹威胁时作出疲弱反应的原因。鲍德温和麦克唐纳如今正被疾病和老迈所困扰：保守党的领袖越来越聋，又患有腰痛，正如丘吉尔讽刺的那样，“懒惰刻板得惊人”，而麦克唐纳“待在家里会好得多”。即使在鼎盛时期，麦克唐纳和鲍德温也无法对付如今统治德 201
国的这帮疯狂匪徒；到 30 年代中期，他们甚至缺乏必要的清醒、精力和果断，无法挑起这一艰巨的任务。然而麦克唐纳和鲍德温之所以谨慎应对，他们首先想到的是有可能会因此导致一场可怕的战争。两人都不愿意重整军备，因为正如鲍德温所说，他们认为“强大的军备不可避免地会导致战争”，而且两人都坚信，第二次世界大战会摧毁西方的文明。

即便如此，政府最终还是承认，国际形势已经变得越来越凶险了。1935 年，鲍德温从麦克唐纳手中接任首相，标志着政府态度的转变。他承诺要保持英国的海军实力，并与德国蓬勃发展的空军实现均势，然而行政部门对这些保证并不满意。它采取了史无前例的行动，发表了一份白皮书，在其中警告政府，鉴于希特勒决定重整军备，政府不能再依靠集体安全来保证和平了。英国必须加紧弥补其军事方面的短板。鲍德温终于承认这些论调是正确的，并在下议院为白皮书辩护，反驳支持裁军的工党议员的批评。与此同时，希特勒以白皮书的发表为借口，在德国重新实行征兵制，并宣布计划扩大德国空军。他声称，德国空军已经与皇家空军势均力敌了。

国民政府的回应是在 1935 年 4 月与法国和意大利签署协议。“斯特雷萨”宣言承诺，三国将“以一切可行的手段”反对任何“可能危及欧洲和平的否认条约的行为”。虽然该协议重申了各国对国联的承诺，但同时也表明，国民政府现在接受集体安全已经无法维系的事实。实际上，宣言表明各国已回归国联前和战前的外交策略，当时协约国结盟的目的就是建立力量平衡。英法两国之所以招募墨索里尼为盟友，是因为担心他可能会站在
202 法西斯同伙希特勒的一边，从而使天平偏向于德国。

尽管鲍德温转而支持重整军备和旧式外交，但他的政府在执行白皮书的建议时仍然支吾其词。重整军备在选民中仍然不受欢迎，而且很快就要举行选举了。自 20 世纪 30 年代初以来，英国出现了无数场绥靖主义运动，而国际联盟与国家和平委员会等组织每年都会散发数以百万计的小册子和传单，宣传和平事业。1934 至 1935 年，国联调查了英国人对集体安全的态度，这次调查史称“和平投票”，因为它显示出绝大多数人支持多边裁军。

1935 年 10 月，意大利入侵阿比西尼亚，表面上是为了纠正《凡尔赛条约》，因为它剥夺了意大利人分享协约国殖民地战利品的权利。英国将阿比西尼亚视为意大利在经济和殖民地方面的合法影响范围；它也希望与这个最近结交的地中海盟友保持友好的关系。然而，阿比西尼亚是国联的成员国，如今的它呼吁援助；其成员国同伴也在谴责意大利的侵略行径，要求采取果断的集体行动。但英国拒绝公开批评意大利；相反，国民政府承诺将英属索马里让给意大利，诱惑墨索里尼停止入侵。

然而墨索里尼拒绝被收买，他的部队继续向前推进。国联决定对意大利实施有限的经济制裁，国民政府勉强同意了这一提议，令部分保守党后座议员相当恼火，工党议员则欣喜不已。然而，工党内的绥靖派并不同意，工党于是分裂成两派。鲍德温一贯精准的政治直觉促使他举行了选举。竞选期间，他成功地利用了工党的分裂，同时吹嘘国民政府成功地让英国摆脱了经济困境。他承诺，由保守党主导的国民政府将尽其所能“维护盟约，维持和增强国联的效力……只有集体安全才能拯救我们”。鲍德温没有参加
203 过该组织的任何一次会议，现在却摆出一副国联捍卫者的姿态。

鲍德温提出了一套重整军备的必胜之道，再度证明他是个含糊言辞的

天才。他要求选民授权他“弥补我们防御方面的缺陷”，以促进国联的目标，同时他承诺“不会……大规模扩军”。由于选民本身对重整军备的态度就很矛盾，他们或许倾向于假定鲍德温是正确的。无论如何，自劳合乔治退休后，他是英国最有经验的政治家。不过工党在克莱门特·艾德礼的领导下，信心和凝聚力也在增强。尽管艾德礼在这个业已分裂的政党内部起到了团结的作用，但他缺乏鲍德温对于公众的吸引力。

在1935年11月的选举中，保守党失去了一些席位，这对一个现任政府来说是平常之事，但它仍然获得了近50%的选票。由于国民自由党和国民工党都损失惨重，保守党在联合政府中的优势也增强了。艾德礼的工党表现良好，获得了38%的普选票，然而工党的154名议员并没有对政府构成严重威胁。事后看来，这次选举最重大的后果，是让当时被人笑作“老人帮”的人掌了权。鲍德温组建的内阁由他青睐的“二流智者”组成，我们只能信任他们会对事件作出谨慎的反应，但他们不会试图影响事态的发展。政府中最敏锐也最有活力的成员是财相张伯伦，但他在外交事务方面没有天赋，而外交如今是议会中的主要议题。

另一方面，丘吉尔也被党内领导层疏远了。部分原因是他反对谨慎的重整军备，但最主要的原因出在他对印度的看法上。在选举前几个月，鲍德温通过了《印度政府法》，赋予印度实质上的自治权。丘吉尔曾激烈地反对这部法案，理由是它将使英国制造商失去一个关键的市场，并造成国内的失业。他认为，实行民主选举对印度也没有真正的好处，因为印度对此还没有做好准备。另外，这只会增加甘地的权力，而丘吉尔认为甘地是“一个冒充法基尔的摇唇鼓舌的中殿律师”。 204

丘吉尔曾就《印度政府法》公开质疑鲍德温，但只有约50名保守党议员加入他的行列。保守党的大多数后座议员认为，没有理由为一项败局已定的事业与受欢迎的殖民地领袖作对，而许多年长的保守党人则认为丘吉尔是一个无耻的野心家。哈罗德·麦克米伦等党内年轻政治家则认为，他是一个不合时宜的反动分子。另一位同样敌视丘吉尔的著名青年保守党人安东尼·伊登站在鲍德温一边，鲍德温因此奖励了他一个内阁席位。从此，丘吉尔在下议院被孤立了；他在演讲中警告灾难即将到来，但总是无人理睬。

鲍德温甫一上任就违背了他在竞选中做出的主要承诺，开始认真地重整军备。在接下来的两年里，参谋长希望每一个军事部门都能与德国相抗衡，因为他们已经将德国确定为潜在的敌人。政府的官方目标仍然是说服德国重返国联，然而一旦失败，应急的外交计划也很有必要。这个策略的部分目的是向意大利这个德国的潜在盟友示好。结果，由于阿比西尼亚事态的发展，鲍德温在选举中做出的“提高国联效力”的承诺受到了严峻的考验，意大利的入侵仍在继续。

国联代表现在要求对意大利进行包括石油禁运在内的全面制裁。他们还敦促在地中海部署一支海军舰队，以阻止意大利和非洲之间的物资和人员流动，并暗示战争的威胁迫在眉睫。但是，英国政府对禁运或海军演习都没什么兴趣，因为这可能会给它造成损失，并使英国在太平洋上暴露在日本船只面前。它不相信法国人会加入英国舰队，而且它也被意大利的空中力量所吓倒。在各式各样的借口背后，历史学家察觉到英国政府在极力避免疏远关键的盟友又特别害怕挑起另一场战争。鲍德温想到这一前景就满怀恐惧，一心绥靖的国王也是如此。“我不如先去特拉法尔加广场亲自挥舞警示国民的红旗，”乔治说，“总好过让这个国家卷入……一场可怕的、
205 不必要的战争。”外交大臣塞缪尔·霍尔没有对意大利采取行动，而是试图用一个让阿比西尼亚割让大量领土的改良提议来收买墨索里尼。

不知何故，霍尔的秘密计划遭人泄露，引起了公众的愤怒。国民政府曾发誓要保卫国联，如今却绕过它去支持一个无端侵略的盟友。英格兰各地都组织了抗议游行，并起草了无数请愿书，工党议员也大声反对政府的背信弃义。政府被迫放弃了这一计划，霍尔也被迫辞去了外交大臣的职务，由安东尼·伊登取而代之。

在没有其他备选政策的情况下，鲍德温不情不愿地考虑对意大利实施石油制裁。但由于首相一拖再拖，墨索里尼已经敦促他的军队继续前进。

为了击破阿比西尼亚人的顽强抵抗，意大利人违反 1925 年的《日内瓦议定书》，使用了有毒的芥子气；他们还不分青红皂白地攻击平民、红十字会和医疗机构。最终在 1936 年 5 月，阿比西尼亚皇帝宣布投降并离开了自己的国家。

流亡的皇帝要求国联谴责意大利“违反国际协议”，并批评英法两国纵容意大利的攻占。“今天是我们，”他预言道，“明天就是你们。”他的努力是徒劳的。在英法两国的压力下，国际联盟承认阿比西尼亚属于意大利，并结束了对墨索里尼政权的制裁。公众再一次愤怒了，丘吉尔也指责鲍德温给国联“抹黑”。国民政府认为，如果能确保意大利的善意，破坏国联也属合理，然而，它处理这一事件的手段却是赤裸裸的失败。英国只实施了有限的制裁，却激怒了墨索里尼，他如今宣布斯特雷萨宣言无效。希特勒对这一消息表示欢迎，开始与这位意大利法西斯独裁者同伙展开外交讨论。欧洲的法西斯主义正在联合起来。

由于意大利姿态友好，而英法两国又专注于阿比西尼亚问题，希特勒在 1936 年 3 月决定违反《凡尔赛条约》和《洛迦诺公约》，重新武装莱茵兰。他指望英国人会拒绝法国人对德国采取联合军事行动的呼吁。如果国 206
民政府不反对墨索里尼入侵一个国联成员国的领土，希特勒推测它也不会反对德军和平进入德国的领土。他赌对了。政府拒绝响应法国采取军事行动的呼吁，鲍德温含泪向法国政府承认，英国的军事资源有限，无法采取这种行动。他还说，公众舆论也反对军事干预——大多数英国人并不反对德国士兵进入他们“自家后院”。

工党全心全意地赞同鲍德温的决定。唯一持反对意见的人是丘吉尔，他警告说一场灾难即将到来，并敦促政府与法国人一起用武力反对希特勒。许多历史学家带着强烈的后见之明，同意丘吉尔的观点，认为 1936 年 3 月是协约国对希特勒发起军事挑战，而不致引发毁灭性战争的最后一次机会。

政府强调整体的外交格局，为自己对希特勒的软弱反应辩护。“我们面对的始终是整个欧洲的姑息政策。”外交大臣深信不疑地向议会如此说道。

他试图将注意力引向“大局”，但这并没有给人们带来多少信心，因为大局不仅更大，而且也更暗淡。凡尔赛和洛迦诺的条约被希特勒撕毁了，他不愿意接受任何可能稳定国际关系的新协议。至于国联，它在阿比西尼亚事件中被去了势，现在已经奄奄一息了。

希特勒对莱茵兰的重新军事化得到了德国人民以及德国精英阶层的赞扬。这位德国总理向他的国家和世界证明，他能对其他欧洲强国发号施令。他很快就与意大利建立了联盟，并在 1936 年 10 月正式成为罗马–柏林“轴心”（后来在两国与日本签订的 1937 年《反共产国际协定》中又得到了确认）。虽然希特勒公开宣称在欧洲没有更多的领土野心，但他秘密地扩大了
207 自己的重整军备计划，使德国为“世界性冲突”做好准备。十多年前，他在《我的奋斗》中宣布的第一阶段计划是对苏联发动战争，以确保东部的土地。如此说来，难怪有经验的外交观察家对未来充满了不祥的预感。前
208 外交大臣奥斯丁·张伯伦说，他从未“在地平线上看到过更阴暗的乌云”。

27

西班牙悲剧

英国民众在着迷和惊恐中围观了最近发生的一系列外交事件。自凡尔赛会议以来，外交政策第一次吸引了大众的想象力，并成为议会辩论的主导议题。希特勒和墨索里尼出现在无数英国漫画与广告中，报纸上和酒馆中也在无休无止地讨论他们的政权。在 1935 年的选举中，对国际联盟的支持是一个决定性的问题，政府在阿比西尼亚被入侵期间对这个组织的“背叛”使得成千上万的人走上街头抗议。虽然“国联狂热”在左派比右派更为强烈，它还是影响到了所有的党派和阶级。然而，眼前这场欧洲悲剧的下一幕，让英国舆论在政治和意识形态上都出现了明显的分化。

1936 年 7 月，西班牙军方在佛朗哥将军的领导下，试图夺取政权。佛朗哥极端保守，还崇拜意大利和德国的法西斯政府。他的目标是重建“天主教的西班牙”，彻底征服民主、社会主义和世俗主义等现代“疾病”。为了实现这一目标，他必须打败西班牙第二共和国，建立军事独裁政权。西班牙出现了严重的分裂，一边是天主教、专制、君主制的右派，一边是世 209
俗、社会主义的左派。左派在加泰罗尼亚与巴斯克地区的城市和无产阶级中心蓬勃发展，而右派则在地主和教会掌权的大多数农村地区占主导地位。由于这些深层社会分化的存在，佛朗哥的未遂政变引发了一场漫长而血腥的内战。

这场冲突很快就扩大到西班牙境外。意大利和德国宣布支持佛朗哥，而苏联则站在共和国一边。这使得西班牙内战成为一场微观的国际大战和意识形态之战，也是一场全面大陆战争的预演。它还对英法两国政府构成了外交和意识形态上的挑战。一个欧洲民主国家伙伴正在呼唤支持，但援助它的外交代价是什么？而拒绝援助西班牙共和国，袖手旁观的代价又是什么？

法国的左翼政府起初向西班牙共和军提供了军事援助，但是由于担心其援助可能会在法国内部挑起内战，它便撤回了援军。由于英国的军方和行政部门都支持佛朗哥，而英国的建制派害怕共产主义甚于法西斯主义，因此保守党领导的国民政府主张谨慎行事。鲍德温的主要目标是防止西班牙内战演变为欧洲大陆的冲突，哪怕维持欧洲和平有可能导致欧洲民主的毁灭。国民政府绕过国联，促成了欧洲列强之间的不干涉协议，并成立委员会来执行这份协议。

意大利人和德国人很快就开始向佛朗哥提供大规模的军事支持；作为回应，苏联也向共和国军队提供援助。双方都想与未来的西班牙政府结盟；他们还将西班牙视为演练军队和军备的便利场地。面对法西斯和共产党明目张胆的干涉，不干涉委员会则名副其实地拒绝干预。在此期间，名存实亡的国联也没有发挥任何重要作用。集体安全的失败，以及英法两国的不作
210 为，让佛朗哥获得了相当大的优势。英法两国的民主政府眼睁睁地看着西班牙的民主政府最终落败，法西斯主义的影响进一步蔓延到整个欧洲大陆。

工党议员批评国民政府的不干涉政策，但他们并不希望在推行备选策略之后发生战争。他们也没有明确地倡导共和事业，因为共和事业得到了共产主义苏俄的支持。工党有所保留的反应让英国的左翼知识分子很失望，他们高呼“为西班牙提供武器”，“与法西斯作斗争”。这些激进分子中有人离开工党，加入了英国共产党，后者的党员从 1930 年的 1 300 人膨胀到 1936 年秋天的 15 000 人。许多左派人士认为内战是法西斯主义和民主社会

主义之间的直接斗争，而民主社会主义是建立文明的未来所能依靠的唯一道德和政治基础。英国左派希望加速并分享这一光荣的胜利。与他们对立的是亲法西斯的知识分子和右翼报刊中强烈反共的记者——《每日邮报》将佛朗哥的人称为“正义十字军”。一些保守党议员也支持亲佛朗哥的观点，而鲍德温等更务实的保守党人则乐于看到法西斯分子和共产党人两虎相争。

西班牙内战无疑在30年代的英格兰青年中传播了意识形态，但这一代人参政还有更深层次的原因。用诗人埃德蒙·布伦登的话说，这一代人曾在“1914年的托儿所”里度过童年，如今面对的是越来越逼近现实的“炸弹咆哮的世界”。30年代人在很多方面都与过去的轻狂少年截然相反，这并不奇怪。20年代对享乐富人的崇拜已经被伊夫林·沃所谓的“对无产阶级的庄严崇拜”所取代。30年代流行的是简朴的着装风格——灯芯绒长裤、宽松的羊毛夹克、纯白衬衫——再加上浓密的髭须。就连浮夸的布赖恩·霍华德也不得不收敛自己的花哨外表，以免他现在主张的左翼观点缺乏说服力。

庄重诚挚和意识形态也成为贯穿这十年英格兰文学和艺术的主线。在20年代，许多作家和艺术家曾试图通过关注风格的实验来逃避历史和当代 211
政治。在30年代，历史与政治重新成为艺术和文学的中心主题。根据当时的一句老生常谈，艺术作品“首先是一个社会和政治事件”，它与世界和历史的关系要比它在艺术传统中的地位更重要。在这种氛围下，许多作家变得颇具话题性和说教性，而文风平实的奥威尔等另一些作家则追求清晰易懂的风格。这十年间为“拯救”、“斗争”、“捍卫”、“宣告”或“推翻”等各种政治事业而成立的俱乐部数量激增，也体现了同样的趋势。

维克多·戈兰茨的左派书社便是其中一个组织。这个社会主义社团向6万名成员寄送《左翼新闻》杂志和它选出的“每月一书”，以及各种教育刊物。到这十年结束时，它已经散播了超过50万份出版物；其中许多内容都支持西班牙的共和事业或反法西斯事业，而其他出版物则关注国内的贫困问题，其中最著名的例子就是奥威尔的《通往威根码头之路》。一系列左派书社的出版物都支持俄国内外的共产主义事业。1937年，书社增订了悉尼和比阿特丽斯·韦布在1935年出版的《苏维埃共产主义：一种新的文明？》，并遵从斯大林的愿望，删去了原版书名中的问号。而这位苏联独裁者最近才在作秀的公审之后，对60万名官员和农民进行了“大清洗”，但这一事实似乎并没有玷污他在作者和出版商眼中的名望。这种天真在左派中很常见，许多人把斯大林看作是民主社会主义的捍卫者。

英格兰各地纷纷成立了左派书社的中心，为讨论小组和讲座提供场所。奥威尔曾多次举办左派书社讲座，据他说，与会者通常是“来自当地工党的［身穿］大衣的老家伙”、来自当地共产党的喜好争论的青年，以及坐在那里“朱唇轻启，如醉如痴”的女青年。许多听众佩戴着橙色的左派书社徽章，上面写着该组织的标语：知识，团结，责任。

部分中产阶级知识分子所做的事情远远不止写书，他们在国际纵队中
212 发誓用生命捍卫西班牙共和国。在西班牙代表共和派参加战斗的30 000名欧洲理想主义者中，约有2 400人来自英国。他们中有大学生、艺术家和诗人，如朱利安·贝尔和W. H. 奥登，他们都为这段经历写下了不朽的篇章。对于一些中产阶级的士兵、担架兵、救护车司机和护士来说，这次战争是他们生命中的决定性经历。在过去的十年里，中产阶级的决定性政治经历是大罢工，而如今的战争则是它的反像，许多志愿者维护现状，反对工人阶级的罢工。然而，赶赴西班牙的其他志愿者却对他们的经历感到幻灭。奥威尔的《向加泰罗尼亚致敬》（1938）讲述了作者在参战期间亲眼看见的共和派内斗的故事，无疑令人沮丧。事实证明，共产主义在行动中的表现令人失望，俄军对盟友和敌人都很残酷。奥威尔在西班牙的七个月让他变成了一个强烈的反斯大林主义者；然而一些左派人士对他的批评无动于衷，左派书社甚至拒绝出版此书。

可能一部分是因为著名的战争文学作品都是由知识分子创作的，故而英国人对共和事业的贡献有时被认为是一件属于中产阶级的事情，但英国新兵中人数最多的是工人阶级。英国为志愿兵牺牲者建立的第一座纪念碑是献给珀西·威廉斯的，他是一个来自斯温顿的23岁见习铁路工程师，在

加入国际纵队两个月后去世。

526 名英国志愿者命丧西班牙，约有 1 200 人受伤。这些伤亡数字，以及各方统计的 25 万名死者，给英国左翼理想主义的乐观精神浇了一盆冷水。战争的恐怖，被处决的 8 万人，以及佛朗哥主义者对格尔尼卡等毫无军事战略意义目标的轰炸，加速了他们理想的破灭。随着佛朗哥和法西斯势力的推进，左派中很少有人保有在西班牙获胜的希望，而对最终打败法西斯主义持乐观态度的人就更少了。斯大林式的社会主义似乎不再是必然之事，甚至不值得为之献身。然而与此同时，内战加强了左派的信念：他 213
们必须反对法西斯，而民主与法西斯独裁之间决一死战也是有可能的。朱利安·贝尔写道："反战意味着向法西斯主义屈服，反法西斯主义意味着为战争做好准备。战争必定会到来。"绥靖主义在左翼中逐渐失去了吸引力。社会主义者如今敦促国民政府加紧重整军备，挺身反对希特勒和墨索里尼。

尽管前有奥斯瓦尔德·莫斯利爵士做出了最大的努力，但法西斯主义这一政治意识形态始终未能在英格兰兴起，而西班牙内战使左派成员第一次真正接触到法西斯主义。莫斯利在 1931 年被开除出工党后成立"新党"，推行他的社团主义经济政策。在墨索里尼思想的影响下，莫斯利越来越相信自由资本主义和议会民主制度不可能挺过经济大萧条，于是将该党改组为英国法西斯联盟。

英国法西斯联盟在莫斯利的领导下联合了各种法西斯分裂组织。该党鼓吹专制、民族主义、反犹主义和疯狂反共，将自己作为除共产主义最终获得成功之外唯一可行的选择。英国法西斯联盟的政策及其精神都具有意大利式的风格：一群被称为"黑衫军"的身穿制服的准军事暴力分子在公众集会和游行中"保护""领袖"免受反法西斯抗议者的伤害。他们最臭名昭著的游行发生在 1936 年 10 月，游行途经伦敦东区一个拥有大量犹太居民的地区。大约 6 000 名警察试图确保这 2 500 名游行者安全通过，但他们被大约 10 万名反法西斯抗议者击退，其中有许多妇女和儿童。在与警察进行了一系列的追击战后，反法西斯抗议者迫使英国法西斯联盟改变了游行路线。

莫斯利颇有领袖魅力，他的工人阶级追随者钦慕他贵族式的倨傲。他的演讲慷慨激昂、雄辩滔滔，令群众和某些新闻界人士为之着迷。他对建制派“老人帮”进行民粹主义的抨击，令那些被主流政客忽视和鄙视的年轻人和穷人拍手称快。英国法西斯联盟在最初两年里吸引了 5 万名成员，
214 还得到了《每日邮报》的大力支持，该报曾有一篇报道的标题是“黑衫军万岁！”然而，英国法西斯联盟受到的追捧从未转化为议会的收益，只有少数几个保守党议员向莫斯利表示了支持。此外与共产党不同的是，英国法西斯联盟缺乏中产阶级的知识分子拥护者。

1934 年后，莫斯利的黑衫军变得越来越暴力，他们的行为使得那些希望自己代表的是受人尊敬的舆论的同情者急于与之撇清关系。国民政府试图出台《1936 年公共秩序法》来消除政治暴力，这部法案禁止一切准军事组织和示威活动。法案获得通过并成为法律后，英国法西斯联盟的成员减少到了几千人，最终它也没有比英国共产党更成功。1937 年后，相互诋毁成了两党存在的理由，在法西斯集会上，共产党人是人数最多的抗议者。

在普遍贫困和政治精英无能的情况下，法西斯主义和共产主义为什么仍然未能左右英国？有人认为，莫斯利的运动注定要失败，因为它的群众聚会、制服和领袖崇拜在英国政治中没有先例，但这种解释没有什么说服力。20 世纪 30 年代的英国街头经常可以看到政治暴力，而英国人对军事庆典和童子军运动等组织的喜爱也表明，法西斯主义精神与它的文化并非格格不入。

即使如此，对议会民主和法治的信念还是深深地扎根于英国人的生活中，无论现实中的政治和法律制度有多不民主、不可靠。通过接二连三的改革法案，全英成年人口都获得了公民权，政治制度有了一定的合法性。英国统治阶级之所以能够得到人民的授权，归根结底是因为根据传统的社会契约，统治阶级为人民提供了实际的或可感知的保护，以此回报他们的
215 服从。

28

真是糟透了

1936年初，乔治五世的健康状况显然迅速恶化。BBC的公告让人们了解到他日益恶化的状况。1月20日，播音员宣读了乔治的医生道森勋爵的话——“国王的生命正在平静地走向终结”。随后，道森给君主注射了两针致命的吗啡。快速到来的结局保证了国王去世时少一些痛苦，也确保了他的死讯可以在《泰晤士报》的早报而不是晚报上公布。乔治到死都是恪守礼仪的典范。

道森勋爵为了“保全［国王的］尊严”，还加速了他的驾崩。弥留之际的国王心神不定，言语烦躁。当得知自己可能很快就会好起来，可以重访博格诺镇时，他大叫“去它的博格诺！”然而乔治临终遗言的官方版本是“帝国怎么样了？”——他也是最后一位可能会在临终前似是而非地提及帝国事务的英国君主。因为等到下一次国王驾崩的时候，帝国早已被削弱得不成样子。

从乔治五世死后公众的悲痛来看，他是一位比较受大众喜爱的国王。然而，这也可能证明了民众对未来的焦虑，以及对其性格之形成的所谓稳
定的19世纪世界的怀念。乔治的棺材被拉着横穿伦敦城，在越过一组电车 216
轨道时受到震动，王冠顶上的蓝宝石十字架和钻石球掉落到街上。有人认

为这是不祥之兆。

乔治五世由他的儿子爱德华继任，他和父亲一样受到大众的喜爱，不过原因不同。绰号“白马王子”的爱德华八世是一位潇洒的20世纪花花公子，他有着杰出的战功和无数的绯闻。作为威尔士亲王，无忧无虑的爱德华对婚姻没多大兴趣，而他对自己未来的公众角色也毫无准备。他目前的情人是沃利斯·辛普森，一个引人注目的美国人，她在与第一任丈夫离婚后，嫁给了一个英裔美国商人。乔治五世不赞成这段婚外情，也反对儿子的行为。他曾预言：“在我死后，这孩子会在12个月内毁掉自己。”爱德华八世在成为国王的头几个星期里一再打破常规，为他的统治定下了基调。他在政治问题上也不拘一格地直言不讳，对失业者以及要求国家完全自治的印度人表示同情。宫廷和唐宁街都因此对他表示不满。内维尔·张伯伦决心要让新国王“安定下来”，但被鲍德温劝阻了。

国王登基几个月后，有传言说他打算与辛普森夫人结婚，而辛普森夫人已经第二次提出离婚了。然而问题在于，政府以及各自治领、英格兰教会、王室大家族和王室内府都强烈反对这桩婚事。爱德华是所有这些机构名义上的首脑，根据先例和协议，他有义务听取他们的意见。仍以贵族为主导的社会同样对此不以为然，公众的看法被麦克唐纳总结为——“他们不介意男女私情，但不喜欢通奸”。

爱德华低估了建制保守派的舆论力量，又高估了自己对舆论的影响力。他主张婚姻是他的私人事务；但大多数执政精英却恕难从命。鲍德温采取
217 了坚定而又圆通的态度，对爱德华说如果国王成婚，他就辞职；这实际上是最后通牒，因为这可能会引发“国王对抗政府”的宪政危机。支持爱德华的罗瑟米尔、比弗布鲁克和丘吉尔等一批人建议通过婚姻让辛普森成为爱德华的妻子，而不是王后。但鲍德温与帝国和王室一道拒绝了这个妥协方案。

随着危机的拖延，许多人开始感到厌倦，指责沃利斯·辛普森威胁到一个世上最古老机构的生存。与此同时，爱德华越来越被视作厚颜无耻、独断专行、精神失常之人。最后，他被迫在沃利斯和王室之间做出选择，

他对鲍德温说："我准备走了，我要和辛普森女士结婚。"随后，他通过广播向全国民众告别，再次成为温莎公爵，拿着巨额的俸禄从公共生活中退休了。1937 年，他的弟弟乔治继任王位。

"真是糟透了，"乔治六世对表亲说道，"我从不曾希望发生这种事。我毫无准备。"乔治缺乏自信，情绪不稳定，有时说话会有明显的结巴。得知哥哥退位的消息，他竟然像孩子一样抽泣起来。一般人都认为他是个品质非凡的"仁君"，但当时的他茫然无措地从与世隔绝的家中突然被曝露在聚光灯下。年轻时，他曾被教导说，惯例、纪律和男子汉气概是最为重要的，正如责任和忠诚是一个人必备的品质。他知道必须为公共角色牺牲私人利益。这种成长环境塑造出一种"健全"的品格，令他与爱德华截然不同。在他作为国王的第一次公开讲话中，乔治说，他将履行"君主的义务"，并宣布他"会恪守严格的宪政原则"。

然而，乔治不谙世事的青年时代没有让他做好准备来统治国家，带领它度过这段内有政党分裂，外有劲敌威胁的艰难时期。就外交事务而言，他支持政府的绥靖政策。谁也不能说乔治缺乏魄力——1916 年，他在日德兰半岛服役时就已表现出了这一点，而他也将在未来的岁月里利用这一经
验。他性格的古板执拗让人们想起了他的父亲；一些观察家认为，如果没 218
有穿插其中的退位事件的话，他的统治就是乔治五世的延续。华而不实的爱德华很快就被人遗忘了。

鲍德温在退位事件中取得了胜利。令许多人惊讶的是，"斯坦利大人"至今已经应对了一连串看似无法克服的挑战——宪政危机、经济萧条，以及同劳合乔治和丘吉尔这些本时代最伟大政治家的交锋。人们现在希望他能成功地平息正在欧洲大陆上酝酿的冲突。但首相在 1937 年初决定，是时候退出政坛了。虽然促使他做出退休决定的原因是疲惫不堪和日益失聪，但这本应该引起政治观察家的警觉：这位卓越的政治幸存者可能已经意识到，他无法引领国家安然度过丘吉尔所说的大陆外交"正在集结的风暴"。

"从来没有一个人是在受到如此热烈拥戴的气氛中离开的。"哈罗德·尼科尔森在日记中评论道。鲍德温将自己塑造成维多利亚时代的国父：

认真、仁慈而严厉。但不幸的是，他被迫要处理包括经济萧条和希特勒在内的后维多利亚时代的问题，而这些问题超出了他的能力范围。因为他把英国看成是一个帝国强权，所以他对决定其国家命运的大陆事务兴趣不大。鲍德温退休后，因“为国家服务”而被封为伯爵，成为英格兰财阀与贵族之间权宜联姻的另一个标志。

继任者满怀热切地从鲍德温手里接过了首相圣杯，却丝毫不曾担心里面藏有毒药。内维尔·张伯伦从20世纪20年代起就一直生活在鲍德温的阴影下；他的家族为英国的最高职位等待了近40年。内维尔的父亲约瑟夫是当时最有影响力的政治家，但在贵族仍然主宰政治的时代，他从未成功地爬上权力顶峰。内维尔的同父异母兄长奥斯丁曾领导过保守党，却没有领导过国家——这在保守党享有霸权地位的时代是个异数。

内维尔·张伯伦在国内的业绩不错。他是一位勤奋的卫生大臣，也是
219 一位虽然没什么想象力，却也尽职尽责的财相。他在担任首相期间，通过了《工厂法》、《煤炭法》、《带薪休假法》和《住房法》，改善了工人阶级的生活条件，而又不至于过度耗费财政或过度冒犯保守党的感情，他由此为自己提高了声誉。只有一个娴熟而坚定，具有强大的工作能力和掌控微观技术细节的能力的政治家，才能制定并通过这样的立法。张伯伦也是政府各部门的完美管理者，他很清楚手下的每一个大臣都在做什么，与懒散前任的对比再明显不过了。鲍德温看起来像穿着拖鞋的约翰牛，而张伯伦则正如一位当代人所说的那样，“像乌鸦一样长着一双炯炯有神的眼睛和弯曲的鼻梁”。

然而，虽然张伯伦高效、认真和专一，他却有一些阻碍其发展的性格缺陷。他害羞而过于敏感；性格内向与自立自强让他变得固执、傲慢和不够圆通。这个毫无魅力的人就像他随身携带的那把黑雨伞一样死板。由于他全无想象力、情感和直觉，所以他只相信常识、理性自利和公平竞争。他自己遵循这些价值观和动机，便以为人人都是这样。他的个性代表了英格兰重商主义的非国教信仰者性格中狭隘、刻板和悭吝的一面。退位危机

期间，他的个性暴露无遗，他曾敦促国王在1936年底之前就婚事做个了断，以免他的优柔寡断“损害了圣诞贸易”。

张伯伦希望尽快解决欧洲大陆的事务，这样他就可以集中精力处理更重要的国内和帝国问题了。就像父亲和导师鲍德温一样，他认为这个全球背景下的国家是一个由“白人统治”的帝国，而不是一个欧洲强国。但与鲍德温不同的是，他狂妄地相信自己有能力通过个人谈判来解决所有困难和纠纷。这种态度的一种后果是，他对欧洲外交采取了积极得多的应对方案；另一种后果则是，当外交部和丘吉尔警告他说希特勒不可信任且很有领土野心时，他竟毫不理会。张伯伦宁愿依靠自己的判断和核心圈子的建议——他们都是所谓的“老人帮”成员，是经验丰富但缺乏想象力的政治 220
家。丘吉尔对张伯伦身边“显然缺乏能臣”感到不安。也许只有老迈而孤立的帝国以及陈旧的政治制度才能产生这样的领导人。墨索里尼说过：“这些人是一长串富裕祖先的疲惫子孙，他们必将失去自己的帝国。”

劳合乔治曾经说过：“内维尔在批发业中运用的是零售思维。”如今他正试图用这种一丝不苟的“零售思维”来对付掌管德国的一群黑帮和赌徒。张伯伦的策略看似合理，在某些方面也是善意的绥靖政策，这一政策是在希特勒重新军事化莱茵兰之后，由伊登首先采用的。绥靖政策包括解决希特勒对“有缺陷的”《凡尔赛条约》的不满，并允许德国扩大在东欧的影响力。德国可能会获准吸收居住在捷克斯洛伐克、波兰和奥地利的德意志裔人，他们都“理应”有自决的权利。如果这些事态发展中的任何一个引发了令人遗憾的战争，那么它也不必牵扯到英国。在军事政策上，英国将继续重整军备，而其外交策略则是向墨索里尼示好，削弱罗马–柏林轴心。

张伯伦及其心腹相信，恢复德国的权力和地位足以让希特勒心满意足，并有助于他“安定下来”。与德国独裁者直接谈判可以促进绥靖；某些情况下适合召开会议，但没有什么比面对面的讨论更能解决难题。1937年11月，张伯伦派他信任的内阁同事哈利法克斯子爵通知希特勒，英国对于德国对奥地利、但泽和捷克斯洛伐克的领土要求表示支持。与此同时，首相还开通了与墨索里尼的私人通话线路，他认为“与墨索促膝谈心一两个小时可能会非常有价值”。

历史学者一直围绕绥靖者的动机及其政策的相对优点争论不休。绥靖的动机首先是希望避免再次发生血腥而代价高昂的冲突，英格兰报刊早已
221 不厌其详地报道了这种观点。20 世纪 30 年代后期，人们无休止地讨论第二次世界大战的可怕后果，无线电和报纸生动描绘了即将到来的末日景象。英格兰的城市将变成一片废墟，英格兰人的后代将生活在废墟之中。由于英格兰绝大多数民众都反对战争，因此绥靖是民众情绪的一种雄辩表达。

然而，绥靖也暴露出英国方面不愿意承担它的欧洲责任，也不愿意从意识形态或道德上谴责纳粹。大陆问题往往看似会使英国分心。由于英国的殖民地和自治领都不愿参与战争，所以英国不惜一切代价寻求大陆和平。希特勒迫害犹太人、暗杀政治对手之事已经尽人皆知，但对纳粹暴行的报道并没有让英国制定外交政策的人挂心。一些保守党人钦佩希特勒“恢复”国家经济的方式，而英格兰上层阶级则成群结队地参加在德国大使馆举办的奢华聚会。乔治六世就曾代表统治阶级，认为纳粹德国是比“布尔什维克”更可取的选择。

一些历史学家认为，绥靖是张伯伦为争取时间和解决英国防御缺陷而制订的微妙计划的一部分。1937 至 1939 年期间，英国重整军备的力度加大，同时政府各部门都在为下一场战争做准备。然而张伯伦重整军备的努力既不足够，也为时已晚。他在 1937 年为国防开支拨款 15 亿英镑，少于各个国防部门认为必要的 18.84 亿英镑。无论如何，张伯伦从 1931 年起就主管经济了，他本可以在 1937 年之前就在国防上投入更多的资金。

其他历史学家同意丘吉尔的观点，认为绥靖既无助又无望。这种论点认为，张伯伦及其同僚最终成了希特勒之虚伪和狡猾的受害者，他们徒劳地抱着和平的希望，因为他们无法面对再次陷入战争的前景。政府应该着手进行更广泛的重整军备计划，而张伯伦应该与法俄两国建立反法西斯联
222 盟。有了强大的盟友和武器支持，首相就可能接受希特勒的挑战。最后，我们很难不认为英国在 1937 到 1939 年的这段时期浪费了一系列的机会，

用丘吉尔那句令人难忘的话来说，这是“通往灾难之路上的一串界碑”。

1937至1938年间，英国试图说服墨索里尼从西班牙撤军，并且通过认可地中海现状，以此换取国际社会承认其对阿比西尼亚的征服；领袖没有受到诱惑。他也不会帮助张伯伦说服希特勒同意通过谈判解决“奥地利问题”。1938年3月，希特勒在没有通知其他欧洲大国的情况下，派兵进入奥地利，将这个国家纳入大日耳曼帝国的版图。奥地利军队和政府都没有做任何抵抗。

尽管奥地利是一个民主共和国，也是国联的成员国，但是张伯伦并不反对德国吞并奥地利。他只是对希特勒单方面炫耀武力“深感震惊”，并向柏林提出了正式抗议。德国外交官说奥地利不关英国的事，这令张伯伦很生气。但他能怎么做呢？这是丘吉尔在下议院提出的问题，他警告说，欧洲“正面临着一个经过精心策划、择机而动的侵略计划，这个计划正在逐级展开”。

希特勒是否曾经进行过周密的计划，这很值得怀疑，然而事件的进展很快，它也就证明了丘吉尔的论点。在奥地利之后，希特勒将注意力转向了捷克斯洛伐克，这个国家的大多数德意志裔人住在西北部被称为苏台德的地区。他宣称将“捍卫”这些德意志裔人的“自由”，并确保他们加入大日耳曼帝国的权利。他的意图是吞并苏台德地区，这或许是吞并捷克斯洛伐克其他地区的前奏。

希特勒占领奥地利之后，下议院曾有人要求张伯伦承诺支持捷克斯洛伐克的独立地位。这个国家是在《凡尔赛条约》之后创立的。自1919年以来，在东欧的新生国家中，捷克斯洛伐克在维持民主制度方面表现得非常出色。该国拥有丰富的工业和军事资源，并占据重要的地缘政治地位，法俄两国都曾保证其边界不受侵犯。然而张伯伦拒绝跟进，他认为保证捷克斯洛伐克的边界安全在军事上是不可能的，而且在外交上也风险很大，有 223
可能会挑起另一场欧洲战争。与此同时，陆军参谋长警告首相说，英国出面干预无异于“拿着一把还没有上膛的枪去攻击老虎”。张伯伦认为，无论是公众还是帝国的军队都不会“跟随我们……为了阻止某个少数民族获得自治权而参战；问题的严重性还远远不够”。

俄国人急于阻止德国向东推进领土的任何可能性，故而提议召开一次会议，目的是阻止欧陆的侵略行为。工党和丘吉尔认为这是一个建立联盟的机会，可以威慑希特勒并促使德国国内反对他。然而张伯伦拒绝参加——他厌恶共产主义，认为俄国人想把英国卷入与德国的战争。他告诉下议院中对他的决定提出批评的“理想主义怪物”和“好战分子”，开会无论如何都不会有用。采取直接的个人路线要好得多。

1938 年春夏之际，张伯伦在各种场合与希特勒和墨索里尼进行了讨论。这些私人讨论是在德国入侵苏台德地区的威胁所造成的公众恐慌的气氛下进行的。经过这些会谈，张伯伦开始相信希特勒的确准备使用武力来促进苏台德地区德意志裔人的“自决”。尽管如此，他仍然相信希特勒的为人，并且自信有能力策划和平的解决问题。希特勒则在讨论结束后确信，如果他吞并苏台德地区，英国不会对他锋镝相见。

然而，张伯伦决心要做的远不只是畏缩不前，他甚至还要倒退一步。首相现在私下里劝说法国放弃确保捷克斯洛伐克边界不受侵犯的承诺。这倒不难，因为法国人也不想再被卷入战争，而且在没有英国援助的情况下，他们也无法保证捷克斯洛伐克的边界安全。张伯伦敦促法国接受将德国人占多数的全部捷克斯洛伐克领土纳入德国，以换取英国保证新的捷克斯洛伐克边界的承诺。法国勉强同意了。首相随后向捷克斯洛伐克的民主政府
224 施压，要求其接受这些条件，并明确表示否则它就会遭到德国的入侵，而那样的话，英法两国都不会插手。在法国和捷克斯洛伐克都勉强同意的情况下，张伯伦于 1938 年 9 月 22 日“凯旋”，向希特勒宣布他已经达成了一个令所有人都满意的解决方案。

然而，德国总理非但没有感谢张伯伦，还坚决要求德国军队立即占领德语区。张伯伦以应避免“使用武力”的常用理由予以拒绝。法国人和捷克斯洛伐克人同意他的立场，随后便出现了外交对峙。法国如今宣布它将维持捷克斯洛伐克的边境，而英国则勉强承诺协助法国。丘吉尔在下议院

敦促政府严阵以待，因为捷克斯洛伐克的分治将代表“西方民主国家彻底向武力威胁投降”。他对一位朋友说，当前要在“‘战争’和‘耻辱’之间做出选择。我觉得我们会选择‘耻辱’，稍后再投入‘战争’”。

然而在9月的最后一周，战争似乎要率先爆发了。伦敦疏散了学校和医院，公共建筑周围堆满了沙袋，还分发了数百万个防毒面具。为了预防空袭，全国各地城市的公园里匆匆挖了许多战壕，海军也被动员起来。人们心怀恐惧。历史学家阿诺德·汤因比写道：“我们预计伦敦一晚上便会有3万人伤亡，我们相信自己……在零点过后的三个小时之内就会遇难。感觉就像是世界末日即将到来。”

9月27日，疲惫不堪的张伯伦在广播中向全国发表讲话，他用僵硬而微弱的声音说：“多么可怕，多么荒诞，多么不可思议，我们竟然因为我们一无所知的人在一个遥远的国度爆发的争吵而去挖战壕，试戴防毒面具。”这种对德国和捷克斯洛伐克的奇谈怪论，竟来自一个对辽阔帝国内部的密切联系夸夸其谈之人。但也许正因为英国是一个庞大的全球强国，其统治阶级才会用这些冷漠的词汇来形容欧洲的“争吵”。

尽管张伯伦以疲惫的语气接受了现状，但他仍希望能找到一条脱险之 225
路。当希特勒要求张伯伦与捷克斯洛伐克人交涉时，这位首相又一次变得乐观起来，向德国总理保证说，他将“不战而屈人之兵”，“毫不拖延地”满足其“基本”要求。在墨索里尼的帮助下，四国会议在慕尼黑匆忙召开。9月30日，会议达成了一项协议，几乎满足了英法两国几天前拒绝希特勒的一切要求。协议肢解了捷克斯洛伐克，把工业发达的苏台德地区割让给德国，这实际上摧毁了这个国家的基础设施和军事能力。英法两国以武力相威胁，保证了捷克斯洛伐克的新边界，但由于德国和意大利也做出了同样的保证，所以这个协议毫无价值。法西斯分子怎么会反对自己的侵略行为呢？捷克斯洛伐克政府的代表被迫在达成协议的房间外等待；张伯伦事后打着哈欠向他们通报了协议的细节。

会议结束后，张伯伦又与希特勒进行了一次私下会谈。在会谈中，他请总理签署了一份宣言，承诺德国将“采用协商的方法……处理可能与我们两国有关的任何其他问题”，并称《慕尼黑协定》象征着“我们两国人民永不再战的愿望”。希特勒高兴地签署了宣言，而张伯伦返回英国，下飞机时手里还挥舞着这份宣言。“捷克斯洛伐克问题的解决，”他宣布道，“只是一份更大的协议的前奏，那份协议可能会让整个欧洲走向和平。”当天晚上，他更加兴高采烈地宣称：“[我们]带着体面的和平从德国回到唐宁街。我相信，这是属于我们这个时代的和平。”

许多报纸赞同张伯伦的胜利论，大多数英国人感到欣慰。“普遍的看法是，”一位牧师评论说，“首相拯救了文明……似乎没有人关心哪一方占了上风。他们只关心一件事，那就是不会有战争……感谢上帝。”商店里卖起了伞糖，证实这位随身带着雨伞的首相的确一度成了民族英雄。

226 但下议院很快就出现了反对的声音。艾德礼抱怨说，一个民主的欧洲国家遭到了“背叛，并被拱手让给了无情的专制主义”，而丘吉尔称这次事件是“一场彻头彻尾的失败”。他预言，希特勒现在会不费“一枪一弹”，“沿着多瑙河谷直至黑海”，而在不久的将来，英国将被迫接受“对德国的臣服”。哈罗德·尼科尔森在结束一次议会辩论回家后，睡觉时还在“思考着大英帝国的衰落和灭亡”。

然而，也许张伯伦本人也并不相信自己从慕尼黑回国时所说的话。1938 年冬天，他声称签署《慕尼黑协定》只是为了争取必要的时间来重整军备。他如今制订了能够参与大陆战争的建军计划，并加强了英国皇家空军。与此同时，他还在后方为各大城市制订了详细的疏散计划，越来越多的防毒面具被分发出去。街区的尽头堆满了沙袋，整个英格兰也进行了“灯火管制”的试验，为应对空袭做好了准备。民众以焦虑和将信将疑的心情注视着这些发展。西线大屠杀过去才 20 年，形势何以至此？

从《慕尼黑协定》到开战，情况急转直下。四方会议结束后几天，希特勒就把目光投向了但泽自由市，宣布他决心解决尚未并入祖国的“其他德意志人口”的命运。随后，他执行了针对犹太人的计划，为其后的种族灭绝埋下了伏笔，以表明他可以随意行事，不受惩处。在奥地利、苏台德地区和德国，纳粹暴徒杀害了数百名犹太裔德国公民，摧毁了他们的房屋、商店、学校和犹太会堂。这场被广泛报道的大屠杀引起了英国民众的愤怒，但并没有立即改变政府的外交政策。

1939 年 1 月，在德国和意大利的帮助下，佛朗哥终于打败了西班牙共和国。法西斯势力又一次战胜了民主的欧陆政府，而英国一直不愿出面阻止，或许是力所不逮。为了改善与意大利人的关系，张伯伦在几周后承认 227
了佛朗哥的西班牙政府，并在罗马与墨索里尼政府展开了进一步会谈。会谈结束后，首相确信了法西斯分子的“善意”和“诚意”，而意大利人只确信了英国的软弱。墨索里尼对张伯伦的提议显然不屑一顾，并向希特勒靠拢，将意大利与德国的政治轴心转变为军事上的“钢铁条约”。

同时，希特勒推进着捷克国内残余势力的分裂。这个残缺不全的国家在 1939 年的头几个月里解体了，西部落入了他的手中，东部成为独立的国家斯洛伐克。希特勒如此吞并“捷克”，不仅撕毁了他在慕尼黑签署的协定，而且还违背了他在外交政策上的几乎所有官方声明，将非德国人的领土并入了第三帝国。他的扩张主义野心似乎没有受到任何限制，其政策也没有任何逻辑依据。

1939 年春天，英国舆论发生了巨大的变化。报纸现在主张反对希特勒，即使这样做有可能会导致战争。“谁能指望安抚一条大蟒蛇呢？”一个记者问道。人们终于广泛认识到了法西斯主义的威胁。“下一次我们必须阻止他，”人们在全国各地的酒馆里评论道，“我们必须喊‘停’，我们也不得不去打仗了。”

如今，就连张伯伦也改变了态度。在德国吞并捷克后，他在一次公开演讲中问道：“这是对小国的最后一次攻击，还是接下来还会有下一次？”连首相都能看出，绥靖已经失败了。他还警告希特勒说，英国将“尽其所能抵制”任何“以武力统治世界”的企图。首相在这番话后随即付诸行动，宣布征召 20 万人进行为期六个月的军事训练。

张伯伦还做出了一个重要的外交承诺，当时关于德国军队在波兰边境活动的报道促使首相承诺英国支持波兰独立，这一承诺得到了法国人的附

228 议。这是张伯伦的一个不同寻常的大胆姿态，和平时期的英国首相还从未有过这样的先例。这也是一种极其鲁莽的表态，因为英法两国的军队都无法接近波兰。而且，由于只有法国的支持，英国的立场比一年前捷克斯洛伐克和俄国也会挺身反对希特勒时要弱得多。“我不明白，”76 岁的劳合乔治在议会中抱怨道，“为什么在承诺之前，我们没有确保俄国的参与……如果没有俄国的帮助，我们只会自投罗网。”丘吉尔和工党表示同意，并再次要求建立包括俄国在内的“反侵略大联盟”。然而张伯伦不觉得俄国是什么了不起的军事强国，而且对共产党人深恶痛绝：“我不信任俄国的动机，在我看来，这些动机与我们的自由思想没有什么联系。”与他对希特勒和墨索里尼的态度相比，反差再明显不过了。

然而，英国和苏俄在 1939 年前半年确实进行过讨论。英国人希望苏俄保证在英国和波兰两国有需要时提供军事援助；而苏俄则希望得到更普遍的相互保证，共同抵御德国的侵略。会谈丝毫没有减少双方的相互猜疑，而且张伯伦政府也是半心半意，他们可能只是把这些会谈作为促使希特勒回到谈判桌上的一种手段。一旦到了那一步，张伯伦就准备把但泽的控制权以及在非洲和欧洲东部的经济影响力拱手交给德国总理——而这正是俄国人最担心的。

张伯伦的希望再一次落空了。德国没有与英国展开新的讨论，而是自行与俄国展开谈判，为 1939 年 8 月的《苏德互不侵犯条约》铺平了道路。俄国同意在德国卷入战争的情况下保持中立，而德国同意他在东面的领土扩张会在波兰止步。德国不再被“包围”了，而俄国也不再被孤立了。这个条约的消息在英国引起一片恐慌。保守党议员曾将纳粹德国视为比苏俄小得多的恶魔，如今他们觉得遭到了希特勒的背叛，而左派则认为自己被
229 斯大林出卖了。

张伯伦公开表示决心履行英国与波兰的协议，同时私下里又试图用经济回报的承诺来引诱希特勒撤离波兰。他还向波兰施加压力，要求波兰在但泽问题上答应德国的要求，但波兰人立场坚定。希特勒不相信英法两国会为了波兰而开战，认为他可以再一次欺骗敌人，在波兰打一场成功的小

规模战争，然后再进行谈判，让英法两国对他的要求让步。

1939 年 9 月 1 日，德军进入波兰，德国的飞机同时袭击了华沙。英国的反应是敦促希特勒撤军，作为谈判解决“波兰问题”的前奏。张伯伦第二天在下议院提到这个计划时，在场的议员沉默以对。替正在康复中的艾德礼代理工党领袖的阿瑟·格林伍德要求张伯伦立即发出最后通牒——“现在，每一分钟的拖延都意味着伤亡，它既危及我们的国家利益，也危及国家荣誉的根基。”张伯伦同意了，最后通牒于次日上午 9 时发出。它于两小时后到期时，英国正式向德国宣战。很快，法国、印度、各殖民地和自治领也加入了英国的行列。1937 年宣布自己是主权国家的爱尔兰则行使了保持中立的权利。

1939 年 9 月 3 日，整个伦敦响起了防空警报，沙袋都被填满了，成千上万的儿童被疏散到郊外。他们手拿防毒面具盒，挤满了首都火车站的站台，他们头顶的天空雷电交加。此时英国人的情绪与 1914 年有着霄壤之别。没有欢欣鼓舞，没有热情洋溢。相反，正如作家薇拉·布里顿所说：“预料中的事情已经发生了，人们不得不带着悲观主义接受无奈的现实。” 230

29

改弦更张

如果战争确实已降临英格兰，那么它来得相当羞怯谨慎。英格兰为预计的轰炸伤亡做了大量准备，单是大伦敦地区就预留了200万张床位。但整整八个月里，英格兰人既没有见到也没感受到可怕的空袭。战争的传言迟迟不落地。灯火管制已经到位，孩子们做好了准备，配给制也已经开始了，但敌人在哪里?

事实上，敌人有其他的顾虑。直到1938年，纳粹还没有认真考虑与英国开战的可能性。例如，他们从未试图确定英国最脆弱或最有价值的攻击目标。德国的情报机构向来极其业余。德国在开始任何进一步的冒险之前，无论如何都要保住波兰。波兰守军勇气可嘉，但装备差得可怜，国家很快就沦陷。波兰人听说英国宣战后欢欣鼓舞，但当炸弹落在波兰的城市时，法国人和布署在法国的英军师旅却袖手旁观。他们的兵力比德军多出一倍多，然而其全部战果只不过是法国人短暂入侵了德国的萨尔地区。事实上，这次“入侵”只是让德国人确认了盟军的胆怯，如果这一点还需要进一步
231 确认的话。波兰总司令先是得知德国的齐格菲防线已被突破，继而得知盟军行动“必须推迟”。第一个消息是纯粹的谎言，而第二个则是一种痛苦的委婉说法，也将成为这场冲突的主要特点。那么，英法两国本该根据条约

的承诺，在“两周内”对德国开展地面进攻，为何如今要置身事外呢？法国的指挥官相信前战之策，法国人在他的领导下无所适从，而英国人则内部仍有分歧。

同时，一位德国官员写道：“元首与戈林的意图是破坏和灭绝波兰民族。此外之事甚至都不能落于文字。”但是德国人暗中的疯狂和报复性的残酷很快就一目了然了。他们从一开始就采取一种迷惑被征服民族的政策；野蛮的暴力与虚伪的和解姿态交替出现，特别是在涉及犹太人的时候。即使是被迫迁往犹太居住区，也被说成是保护犹太少数民族不受非犹太教徒邻居伤害的一种手段。不过，纳粹对其他波兰人的政策从一开始就直截了当。他们往往会被拖出家门，大批转移到东部，然后便遭到随意的杀害。消灭国家的文化领袖至关重要，所以知识分子遭受了与实业家和贵族相同的命运。牧师被挑出来接受特别野蛮的对待。

最终，除了拥有德国血统的人之外，所有人都被禁止乘坐公共汽车，前往剧院、音乐厅甚至教堂。这样做的目的是要杀死或赶走所有人，只留下一小部分人口为大日耳曼帝国提供奴隶劳动力，把土地“免费”留给德国人定居。波兰儿童只能接受最低限度的教育，这种“教育”最重要的任务是让他们在征服者面前产生自卑感。这为以后的征服提供了模板。清除那些“不适合”、“不受欢迎”、“退化”或“无用”之人的政策开始了。勃兰登堡的郊区建立了一个安乐死中心，专门负责处死精神失常和智力受损的人。

英格兰人在无线电广播中听到这些消息，内心充满了焦虑和恐惧，他们准确地注意到这些迹象：他们对德国的快速推进感到惊恐，并担心“闪电战”将很快降临自己的国家。“闪电战”恰如其分地再现了德国军事方 232
针所特有的连续冲击、恐怖和破坏性。英格兰人很快就会感受到它的第一波威力。希特勒残酷地戏弄了他的下一个受害者。他在一次群众大会上宣称：“英格兰人正在自问：‘他什么时候会来？他还会来吗？’我告诉你们：他就要来了。”

挪威已尽其所能保持中立，但第三帝国还是入侵了它。同盟国曾派军对抗北上峡湾的大型驱逐舰，但很快就被迫撤离。英国与敌人的第一次积极交战在纳尔维克以屈辱的失败告终。5 月 7 日，下议院的气氛达到了白热化。劳合乔治公开要求张伯伦“挂印辞职”。工党的赫伯特 · 莫里森在提议分组表决前提醒下议院，失败“对这个国家乃至人类未来都是致命的可怕之事”。最著名的是利奥 · 埃默里的呼吁，他援引克伦威尔的话，敦促“以上帝的名义，出发吧”。战斗英雄罗杰 · 凯斯爵士那天穿上了全套军装，他严厉、简洁的斥责也许比什么都更有分量。他拒绝归咎于任何个人或党派，只是抗议说这“不是海军的错”，这已经足够雄辩了。至于丘吉尔，他在宣战那天官复原职，重新担任了第一海军大臣。因此，无论他个人有什么疑虑，都觉得有义务支持他曾经无情抨击过的政府。政府公布分组表决的结果时，发现曾占大多数的绥靖派已减少到两位数字。这是一场事实上的失败。

5 月 10 日，张伯伦询问克莱门特 · 艾德礼和自由党人是否准备加入联合政府。艾德礼客气而坚定地回答，在做出任何决定之前，他都必须征求工党全国执行委员会的意见；他们确认，工党不会在张伯伦担任首相的政府中任职。“如果你起初不肯认输，就一次复一次地跑，跑，跑吧”，这句针对张伯伦的嘲讽已经流传了好几个月，但如今他总算可以光荣地认输了。张伯伦当晚辞职。人们认为哈利法克斯勋爵比丘吉尔更可靠，但他知道自己并非在这种时候领导国家的人选；丘吉尔立即召集各党各派，组成了战
233 时内阁。

张伯伦辞职那天，德国军队入侵了比利时和法国。丘吉尔向下议院承诺“只有热血、辛劳、眼泪和汗水”。[①] 随着 1939 年 9 月被派往法国的英国远征军逃到海岸边，所有这些很快都会奔涌而出。英国孤立无援，可能会被击溃，但哈利法克斯相信，和平可以从荣誉的残骸中抢救出来。5 月 25 日，他向战时内阁提议与意大利接触，将其作为英德两国之间的调停人。

① 这是 1940 年 5 月 13 日丘吉尔在下议院的演讲中的名句，也指代了这次演讲本身。全句为“我能尽心奉献的别无他物，只有热血、辛劳、眼泪和汗水”。

内阁中的许多人都对墨索里尼表示钦佩，丘吉尔也在其中；他们一定能说服领袖软化德国敌军的要求吗？在接下来的日子里，丘吉尔对意大利这一选项持开放态度，但是到了最后，当他看到战时内阁倾向于不体面的和平时，他突然想起了责任和派头。5 月 28 日，他向大内阁的 25 名成员发出呼吁：“如果这个岛国的悠久历史终将结束，那就让历史随着我们每一个人呛血倒地而彻底终结吧。”

1940 年 7 月 10 日，首次空袭降临；德国人终于来了。可怕的容克斯 Ju 88 轰炸机猛烈地轰炸了英国的城市和港口，而灵活的梅塞施米特 Bf 109 战斗机则与飓风式和喷火式战斗机交战。许多评论家怀疑英国如何能在这样的攻击中幸存下来。数十万名平民将会死去，雷达也将毫无用处，而皇家空军肯定不是所向披靡的纳粹德国空军的对手。然而到 1940 年夏天结束时，德国空军战线过长，武器不足，溃不成军，被迫放弃了对大都市以外地区的攻击。现在轮到伦敦发起反攻了。

“闪电战精神”在当时被外国人看作是集体精神的奇迹。1940 年 9 月 7 日至 1941 年 5 月 11 日，德国空军夜以继日，企图摧毁伦敦。除了东区码头这个明显的目标外，圣保罗座堂、白金汉宫、兰贝斯宫和下议院也都遭到了袭击。酒馆似乎也吸引了德国空军的注意。有一座酒馆遭袭后，一位观察员还记得酒流到街道上，“一个老人拿着杯子，从水沟里舀出酒来”。在这样一个拮据的时代，此情此景所引发的一定不是厌恶，而是满怀悲伤的钦佩之情。 234

民众并不总是会对政府的呼吁作出回应。伦敦人的特点是对提高警惕的号召不屑一顾；尽管有人死亡，有房屋被烧毁，有苦难和恐惧，但他们表现得毫不退缩。舞厅仍在营业，酒馆仍在忙碌，留下的孩子仍在玩耍。由于没有人知道炸弹何时会来袭，一段时间后，似乎没人觉得有什么必要为它们担心了。久而久之，这座城市开始把“闪电战”看作是一种恶劣天气。不过，纳粹的典型做法是对弱小无助的人给予可怕的待遇，但英国对自己的弱势国民采取了大不相同的措施。关于在空袭下可能会发生什么的故事已流传了多年；政府不惜一切代价，一定会把没有自卫能力的民众转移到安全地带。“魔笛手行动”就是为英国城市大规模疏散青少年的行动所起的一个别出心裁的名字。

疏散儿童的计划早在宣战之前就已制订完毕；鲍德温本人也曾向全国警告过空袭的恐怖。西班牙内战显示了空中武器对城市造成的破坏会有多大。轰炸也会让人心碎——没有什么比儿童的夭折更摧毁士气了。在1939年7月投递至全国每一个信箱的一份公共信息传单就明确说明了这一点：

> 我们必须确保敌人不能实现其主要目标——制造任何类似恐慌的情绪，或者使我们的社会生活陷入瘫痪。为了防止这种情况的发生，我们可以采取的首要措施之一，就是把儿童从比较危险的地区转移出去。这个计划完全是自愿的，但很明显，孩子们离开危险性最大的大城市，会更安全、更快乐。

出于疏散的目的，全国被划分为三个区域：“危险区”、“中间区”和“接收区”。危险区都是对国家非常重要的地区，因此对敌人也很重要，包括大城市、码头、工厂和工业园区。中间区包括小城镇、较大的村庄和郊区，而接收区则全都是农村地区。家长和孩子被要求把防毒面具放在小盒
235 子里，挂在孩子们的脖子上随时待用。到头来毒气袭击并没有发生，但政府预先考虑到这种情况则很能说明问题。

1939年8月31日，卫生部下达命令：“立即撤离”。当时英国还没有宣战，但一位被疏散者艾琳·韦勒还记得，母亲们站在门口“哭泣，我们前往车站……走过自己家时，我对弟弟们说：‘无论如何都不要四处张望。’因为我知道妈妈会在那里挥手”。他们都抽泣着直视前方。在预定撤离的三天时间里，政府预计有350万名儿童需要撤离；最终这一数字接近190万。

大批儿童的到来令一些地方措手不及。安格尔西岛本来预计接收625

名儿童，结果抵达的儿童人数达到了 2 468 人。文化冲突频频发生——例如，被安置在威尔士农村的英格兰儿童不得不学习一种陌生的语言。正如社会科学家理查德·M. 蒂特马斯所说："城市和乡村在危急的氛围中相遇了。"

然而，当你不安地意识到自己给人添了很多麻烦时，实际的不便倒是变得微不足道了。如果你与人为善，你造成的麻烦可能会被忽略，但到头来这也不是多大的安慰。21 岁的教师苏珊·沃特斯从沃尔瑟姆斯托来到贝德福德，记得当时的场景"像极了牛市或奴隶市场"。一些妇女会指定要"两个金发碧眼的小女孩"，而农夫会估量男孩的体格，看他们是否强壮到可以下地干活。巴特西的约翰·威尔斯提到，"如果你长得像秀兰·邓波儿，会马上被人抢走"。一个妇女似乎在检查被疏散儿童的头发和口腔。一名助手突然闯了进来，免得孩子们遭到更多侮辱。"他们也许来自东区，"她说，"但他们也是人啊，他们是孩子，可不是牲口。"被疏散的儿童几乎不可能带够必需的衣服。比如说，很少有人带了耐穿的靴子。事实上，利物浦很快就成了著名的"橡皮底帆布鞋之城"——孩子们的父母买不起更耐用的东西，而帆布鞋对乡村泥泞的防护力不值一提。

据报道，韦茅斯有"头虱"，一些养父母和"阿姨"的反应是给小孩 236
剃光头。兰开夏郡的一位药剂师提到，有一位特别机智，或者说是手头很紧的妇女，给她负责的孩子们使用了浴羊的浸液。脓疱疮是一种特别危险的皮肤病，在被送往雷克瑟姆的疏散儿童中几乎有四分之一的人染有此病。当局在安排他们出发前也没有时间对他们进行医疗检查。毕竟当时局势岌岌可危，俗话说得好，谁也不欠着谁的。

疏散中也有比较开心的故事。一个被迫疏散的儿童回忆起夹杂在苦恼和快乐之间的中间音符。她被一位同样不情愿的"灰发女士"接纳，她用一句话来迎接自己的照管对象："嗯，进来吧。我本来不想让你来的，但还是进来吧。"一条大狗第一个上前来欢迎这个孩子，把爪子搭在她的肩膀上。"利特尔汉普顿的人是世界上最善良的。"一位备感欣慰的女校长如此说道。地区、文化和社会期待以及人性各不相同，每个疏散儿童的经历也因此各异。母亲们曾对十岁的孩子挥手告别，六年后却拥抱着十几岁的孩子。眼尖手快的好斗之徒回来后变得宽容了，无法无天的孩子被收拾得服服帖帖，而温柔的孩子变得坚强了起来。

1939 年 9 月，政府既做了准备，又没有准备妥帖。从官方来说，它一直坚定地致力于和平，但正如在英国事务中经常发生的那样，事实证明白厅比威斯敏斯特[①]更有先见之明。文官们一直在推动战争的齿轮，而张伯伦则希望和平。他们不敢低估空袭的毁灭之力，但幸运的事实证明这种力量被夸大了。纳粹恶龙的倒数第二声咆哮来自在英国人称作“嗡嗡”的 V1 导弹，它的升空导致了第三拨撤离。然后是以逾 3 500 英里的时速撞击地球的
237 V2。“万魔殿”的名字或许是弥尔顿起的，却是由希特勒创造的。

① 白厅是政府所在地，而威斯敏斯特是议会所在地。

30

蚂蚁的行军

1940 年 5 月 10 日，德国人血腥的足迹踏入比利时，挥师剑指荷兰。工党议员中的派系分子仍然很难接受希特勒是他们真正的敌人；在安奈林·贝文看来，敌视德国是为了转移工人的注意力，让他们不再把精力集中在摧毁资本主义的真正事业上。难怪丘吉尔后来说，事实证明他“在和平时期对国家是一个巨大的诅咒，而在战争时期则是一个道德败坏的讨厌鬼”。

但张伯伦辞职后，英国必须成立新政府，而由丘吉尔担任首相和国防部长，工党可以问心无愧地加入政府了。与此同时，德国部队继续推进，他们越过法国边境，威胁到荷兰。英法军队未能守住阵地，英国远征军的侧翼遭人包抄，火力也受到压制，退到了海岸边。此时的德国人抵达他们征服的第五个首都布鲁塞尔，并占领了安特卫普和康布雷。丘吉尔说：“这是英法两国历史长河中最令人胆寒的时期之一。”

5 月，布莱切利园的专家解除了最难对付的德国秘密武器的武装，“二战”终于出现了一线希望。数学家艾伦·图灵指导设计出了一台能够破解纳粹空军可怕的恩尼格玛密码的机器。德国人的这台加密设备根据波兰人 238
的模型改装而成，密码的设置每 24 小时就会改变一次。英国人只会在走投无路的情况下才会使用图灵机的破解能力，当局不愿泄露他们破译德国密码的天机，被迫让许多船只沉没海底。这也许是战争中最伟大的突破，却付出了惨重的现实代价。

1940年5月26日晚，英国人发起了“发电机行动”，以此营救滞留在敦刻尔克海滩上的远征军士兵。为了实现这一奇迹，英国人征用了所有可用的水上工具，但由于官方的无能和当时的情况紧急，还是有一些部队被留了下来。

翌日，比利时国王退位；他同其他被法西斯征服的欧陆统治者一样，已经无法勉力支撑。“我们必须占领欧洲大陆，”丘吉尔宣称，“每一步都要在‘灾难和悲痛’中前进。”纳粹夺取和占领巴黎是一场重大的灾难。接下来还有更糟糕的吗？7月2日，希特勒命令部队为入侵英国制订详细的计划。这个计划让人早早地瞥见了元首后来表现出来的反复无常和痴心妄想。连戈林也不相信当时的德国具备入侵英国的条件。

但如果英国没有意识到德国入侵的可能性，那几乎不能算是政府的错。所有关于把锅碗瓢盆变成战斗机和军舰的言论都使得家家户户热情不熄。1943年，当局每周都能回收11万吨的废金属。许多从豪华大宅里拆下来的铁栏杆都被送进了熔炉。雷丁夫人的加入壮大了“平底锅大攻势”。她呼吁英国妇女“把你家的铝器给我们”，演讲结束后几分钟，她就在回家的路上看到妇女们手拿锅子聚集在最近的仓库前。

妇女大军的到来并不是这股热潮的最后一波行动。著名的儿童救助团收集了他们能回收的一切东西——而他们也承担起责任，只要国家需要，他们就会用敏捷的双手去收集。他们以《世间总有英格兰》的旋律唱起了
239 “世间总有垃圾桶”。“一战”老兵交出假肢的传说比比皆是，尽管他们都被礼貌地拒绝了。1943年，政府的统计数字声称，全国每个家庭都提供了大约半吨可利用的废品。

连图书馆也未能躲过节约纸张的运动。除了对国家有重要意义的书籍外，私人藏书者把其他书籍全部上交。所有纸张都必须回收，包装纸也被禁止使用。1945年，全国图书募捐活动收到了超过一亿册的图书。与此同时，配给制被扩大到除了蔬菜、动物内脏、野味和鱼以外的所有食品。其

结果竟是全民的健康状况大为改善，但同时也出现了肠胃胀气的毛病。民众的精神状态仍然很坚定。军队在作战，平民则在生产、修理、装卸和鸣笛的同时尽量笑对时境与敌人。一块恶搞的酒馆招牌上画着希特勒独特的发型和八字须，下书“野猪头”。无论是在歌舞杂耍剧场、无线电广播，还是在家里，喜剧都达到了欢乐的巅峰。

事实也确实如此。众所周知，1940 年 7 月开始的不列颠战役是希特勒对英国战备状态的试探；德国最高指挥部认识到，除非德国部队能够控制岛上的防空系统，否则纳粹在欧洲的计划就不可能得到安全保障，更不用说入侵英国了。更多的攻击接踵而至；伦敦的码头是被特别针对的目标，此外还有利物浦、曼彻斯特和布里斯托尔的码头。戈林指挥作战行动；他反对肆意轰炸平民，因为他认为这样做毫无战略优势。到 1940 年 9 月底，已有 1 500 名平民被炸死，但到 11 月初，德国人已不再在伦敦上空俯冲了。他们的飞行员和飞机已经达到了效用的极限。但在“德国影响下”的欧洲地区，恐怖和暴力事件不断增加。数以千计的婴儿、男孩、女孩、残疾男女在惨遭下流的侵犯之后被扔到燃烧的火堆上，或被射杀在沟渠中。

但是，希特勒的意志不可违背。1940 年 11 月 14 日，考文垂市已成为一片废墟。一张当时的照片显示，一位牧师静静地站在一排排尸体旁。与之相比，牛津城则幸免于难——希特勒曾打算在成功入侵后将其作为被占领的英国首都。出于同样的目的，他也决定不摧毁巴黎。 240

然而，作为“堕落的”斯拉夫各民族的领袖，俄国却受到了不太体贴的对待。《苏德互不侵犯条约》已于前一年签订，但希特勒无意履行。苏联在对芬兰的冬季战争中落败，再加上斯大林适时裁撤了自己的军官，给希特勒带来了可乘之机。希特勒曾发布命令说：“对俄国的战争是意识形态和种族差异的战争，将不得不采取无情的严酷手段。”他说，这不是一场可以“用骑士的方式”发动的战争。怨恨、暴力和谋杀的言辞从他的嘴里脱口而出，仿佛是从地狱的某个秘密角落里喷涌出来。希特勒告诉他的官员们，他将在 5 月 20 日大举入侵俄国。

以常规手段进行的屠杀仍在继续。轰炸贝尔格莱德期间，纳粹在一天之内就杀害了 17 000 名平民。南斯拉夫人签署了投降书，随后国家解体。新成立的法西斯国家克罗地亚接替了如今被占领的塞尔维亚，成为前联盟的领袖，其后果在战争结束几十年后仍延绵不绝。在巴尔干半岛的其他地方，希腊独裁者梅塔克萨斯拒绝了意大利关于交出国家港口的要求。意大利入侵希腊主要是为了讨好德国，这次侵略原本被认为“轻而易举”，但意大利人很快就陷入了希腊人为民族自尊而牺牲的旋涡中。过于自信的意大利军队被顽强的希腊对手赶回了阿尔巴尼亚山区，但是当德国人开始援助盟友时，自由欧洲的希望很快就破灭了，希腊被两个轴心国分而治之。

与此同时，另一场大规模的吞并也正在进行。1941 年 6 月 22 日清晨，德国人开始进攻俄国。在德国人开始穿越边境之前，已有 67 个机场遇袭，5 座城市遭到轰炸。3 000 名乌克兰人被共产党秘密警察 NKVD 杀害，随后罗马尼亚的犹太人也遭到了屠杀。这是一场人们想都不敢想的战争。德国
241 人挺进莫斯科，沿途铺设了铁丝网，挖掘了深深的壕沟。鲍里索夫的 7 000 名犹太人被“以罐装沙丁鱼的方式”枪杀了。杀手们以痛饮来为他们的屠杀助兴。这种做法并不罕见：在死亡营中，负责在病人中间把健康人挑出来的德国医生只有在喝醉后才能忍受这种工作。

一切都在 1941 年 12 月 11 日发生了变化，在日本袭击珍珠港和美国随即作出反应的四天后，德国向美国宣战了。盟军固然为此而振奋，却仍须耐心等待——胜利绝非定局。香港于 12 月 25 日向轴心国投降，11 000 名盟军沦为阶下囚。死亡营以几乎难以想象的方式成倍增加。在波兰卢布林地区的索比堡，轴心国军队在一年内就杀害了 25 万名犹太人。奥斯维辛是其中最臭名昭著的集中营，但是其手段“秘而不宣”。我们很难确定这是否意味着德国人有内疚感或害怕遭到惩罚，然而他们使用的委婉说法就很能说明问题了：“特别处理”指的是大规模屠杀犹太人；“特殊行动”是指单
242 独杀害。而后者是很受来访官员欢迎的娱乐活动。

31

想吃洋葱吗?

如今英国的配给制愈演愈烈，就连最平常的食物竟然都成了奢侈品。把洋葱包装起来作为乔迁聚会或结婚礼物的笑话，很快就被证明是先知先觉，但啤酒仍然供应充足。尽管对粮食实行了严格的配给，但政府还是承认剥夺国民的乐趣愚不可及。一个意想不到的后果是，酒馆开始接待女客人了，或者说妇女有意前往酒馆了。而粮食因此可以有更多有益的用途。在一家被炸毁的酒馆外，招牌上自豪地宣称：“虽然我们的窗户不在了，但我们的酒还是很好。进来尝尝吧。”

然而，平民生活艰苦，朝不保夕；相比之下，人们越来越觉得国家的军人倒是很轻松。空袭让普通公民也置身于前线，而士兵则经常等得很不耐烦，一心想着解甲归田。一位观察家说出了很多人的心声：“虽然我乐于相信大多数现役军人都想为打赢这场战争立下功劳，但我还是忍不住要嘲讽一下，参军是最快的忘记战争的办法。”

人们普遍感受到了这种情绪，只是很少有人说出口，而是以笑话的形式出现在民众的不满情绪中。在这个对军人的敬畏之心已经消失殆尽的国家里，有关军人“练兵是怕万一遇到隆美尔元帅”（也就是赶紧逃跑）的尖刻嘲笑比比皆是。还有人嘲笑他们是“坐办公室的部队”，在许多人看来， 243

他们只不过是文员而已。在经济紧缩时期，人们不可能不注意到士兵比同胞拥有某些物质上的优势。当然，这种不满在很大程度上都是毫无根据的，也不妨碍民众的感激之情。只不过士兵和平民之间在生活上的明显差异产生了一种与20年前完全不同的态度。

不过，当士兵们真的遇到隆美尔元帅时，人们就绝口不提逃跑的笑话了。第一次阿莱曼战役遏制了德军第八军向亚历山大港进军的行程，但它不如伯纳德·蒙哥马利指挥的第二次战役那样成功。纪律严明的“蒙蒂”和威灵顿一样也非常关心将士，将士们对他的尊敬中掺杂着一种古怪的喜爱。约翰·考利爵士回忆起他与蒙哥马利的第一次见面时说，只要看到那个精瘦的身影解开外套，卷起袖子，就知道一切都会好起来了。指挥空军的道丁勋爵也有类似的性格；他在其他大多数方面都很严厉，却称手下为自己的“羊羔”。

1942年夏天的第一场战役就阻止了轴心国的推进。第二场战役的成就还要大得多，致使非洲军团的撤退和1943年德国在北非投降。这是战争的转折点，是改变整个战争的盟军沙漠战役的高潮点。如果连无敌的隆美尔元帅都能被阻止，还有什么不能实现的目标呢？与这一战争风向的转变相应的是，俄国人守住了斯大林格勒，以及英国和英联邦军队具有了把德国人赶出了埃及领土的实力。这可能暴露出，希特勒及其军官只在杀戮上有优势。这场战役还与“火炬行动”有关，其目的是用300艘军舰、大批商船和10多万人将德国人从北非驱逐出去。教堂的钟声响彻英国。

1942年11月，红军在与德军入侵相同的月份，对斯大林格勒以北的
244 德军发起了反攻，然后向敌军南部移动并包围了他们。对马耳他的围困也被突破了。罗斯福和丘吉尔在卡萨布兰卡会面，丘吉尔主张盟军“不能辜负俄国”。双方还商定，“希特勒的灭亡”必须优先于打败日本的问题。斯大林格勒的困境陷住了德国人，轴心国拱手交出了这座城市。这是一场伟大的胜利，已然明白无误地向希特勒及其同伙显示了他们的命运。对德国的空袭夜以继日地进行着。现在盟军正在为跨海峡入侵做准备，精心策划的骗局让纳粹以为美英的目标是加来海峡省，而不是真正的目的地诺曼底。

德国每个月损失的飞机数量上升到 1 581 架。

德国如今在东西两线都受到盟军的攻击，更不用提德国人相互之间的不信任了。希特勒的第三帝国噩梦正在被撕成碎片。红军在一年内前进了近 1 000 英里，而“超级密码”的破译使盟军对德国的军备有了准确的了解，其宝贵价值无法估量。柏林局势混乱，但德国人仍在把越来越多的无辜者推进火坑。每天都有几千名犹太人被送进奥斯维辛，其中来自新吞并的匈牙利的犹太人越来越多。为了寻找逃出希腊大陆的少数犹太人，爱琴海中最不起眼的几座岛屿也遭到了突袭，而在这一切的同时，盟军进一步向北挺进，已经来到罗马城下。第三帝国已经到了自欺欺人的最后期限。

6 月 6 日，盟军在诺曼底海滩登陆，不到 24 个小时后就集结了 15.5 万人。希特勒不知道敌人真正的目的地，头一次变得全无把握。与此同时，丘吉尔得知轴心国的飞机燃料已经快耗尽了。它的帝国是靠从其他国家掠夺来的资源维持的，而这些国家正在慢慢脱离征服者。一群阴谋家试图摧毁希特勒，敲响了更为私人化的复仇音符；暗杀失败后，这些未遂刺客遭到绞死或枪决，希特勒受邀观看了他们悬挂的尸体。

1944 年春天，丘吉尔宣布了到目前为止英方的伤亡人数：120 958 人。
一份来自第三帝国的报告指出，“在这个入侵和报复的不安时期……德国人 245
民开始渴望和平了”。英国情报部门现在凭借超级密码，发现了所有德国军事编队的位置和规模。德国人至今没有怀疑军事情报已然泄露，是这次战争的若干巨大谜团之一。盟军即将跨越海峡入侵北欧，戈培尔不得不写道：“德国一定会变得比撒哈拉更荒凉。”此话来自绝望的深渊，但它也让希特勒产生了如下信念：德国如果战败，它就不配存在于世上。

结局已经到来。6 月 5 日晚，盟军船队接近了诺曼底的海滩。希特勒曾下令说，德国军方的目标应该是击退敌人并把他们“送回海里”，但这就像过去的卡努特大帝对海浪发号施令一样徒劳。午夜时分，有超过 50 000 名盟军战斗人员登陆法国。8 月 25 日，巴黎的总司令冯・肖尔蒂茨将军投降，夏尔・戴高乐取而代之。不过解放巴黎的不是戴高乐的部下，而是自由西班牙的军团。一位拜访希特勒的德国将军报告说：“接待我的是一个疲惫不堪的穷途潦倒之人，他拖着脚耷拉着肩膀走向椅子，请我坐下……他说话的声音很轻，语气迟疑，他的话很难理解。他的手抖得厉害，不得不夹在两膝之间。”

到1945年2月，柏林仍是由德国人掌控的要塞城市，因此盟军需要进一步摊牌。那就是美英两国对德累斯顿的空袭。希特勒培养的火箭专家逃去了避难所。随着俄军逼近柏林，纳粹领袖们做好了最后的准备。他们的命运众所周知。希特勒饮弹自尽，他的妻子吞下了毒药。他们浸泡在汽油里的尸体被付之一炬。誓死忠心的戈培尔夫妇在杀死自己的孩子后与元首共赴黄泉。戈培尔的妻子在她留给世界的最后一封信中道出了这样做的理由：“一切的美好都即将被毁灭。”

德国人的激进民族主义盟友虽然避开了这样的命运，却也没有逃脱正
246 义之手。墨索里尼和情妇被枪毙并倒吊在集市广场上。1945年10月被枪决的挪威“全国政府总理”维德孔·吉斯林至死仍然宣称自己是以国家的最高利益为重，他的名字成了通敌的代名词。在斯洛伐克，变成法西斯独裁者的牧师约瑟夫·蒂索于1947年被捕并处以绞刑。罗马尼亚的“伟大领袖”扬·安东内斯库在1946年被处决。信奉“匈牙利主义”的残暴妈宝男费伦茨·萨洛希也在同一年被处决了。只有臭名昭著、残忍程度甚至让纳粹都感到震惊的克罗地亚分裂主义运动组织——“乌斯塔沙”的头目安特·帕韦利奇设法逃避了法律的制裁。阿根廷的胡安·庇隆对他表示同情，不仅收留了他，也接纳了数量可观的德国逃亡者。关于欧洲的战争，只有受害者才有资格盖棺论定。布痕瓦尔德的一名囚犯在最后一刻死里逃生，他写道：“你们是我们的解放者，但我们这些勉强还算是人的病弱幸存者却是你们的老师。我们将教你们了解黑夜的王国。”

在英国，欧战胜利纪念日的喜悦之情如洪水奔涌，与之相比，纪念第一次世界大战结束的庆祝活动则显得平淡无奇，甚至有些阴沉。在以往任何一场战争中，英国平民都没有如此深切感受到战争的无情力量。对上一代人来说，“本土战线”的概念几乎是无法理解的。在五年多的时间里，伦敦人每隔36个小时就要面对一次被消灭的威胁，无论他们在工作、吃饭、

哄孩子睡觉，还是在处理生活中的日常事务。那是一个战争的“道义经济”被复杂化，有时甚至会被颠倒的时代。如果说士兵作为战斗人员遭受痛苦和死亡，平民也难逃厄运。

但盟军还有一份道义清单需要偿还。广岛和长崎的名字不会被遗忘，德累斯顿也一样。离国土更近的海峡群岛已经从德国人手中解放了出来，但发生在那里的故事并不算抚慰人心。那次占领的一张照片显示，一名德国军官和一名英国“警察”在路边友好交谈。这张照片可能是出于宣传目的而拍摄的，但看起来令人不适。无论怎样，它都是让我们冷静下来的矫正良药：英国获得胜利感和解脱感无可厚非，但不能沾沾自喜或自我 247
放纵。

宣布欧战胜利纪念日的时候，这个饱受配给之苦的国家总算能够暂时放松一下了。孩子们受到特别的优待，那就是免费的冰淇淋。一位母亲说，无线电广播宣布德国武装部队投降的消息时，她记得自己对四岁的孩子做出了这样一个郑重的嘱咐：“‘玛丽安，你一辈子都要记住这一刻。这就是历史。’但接收信号不良；我看得出来，不管她碰巧听到了什么，她马上就会将它忘了。” 248

32

经济紧缩之苦

1945 年 6 月，聚集在投票站外的国民已经疲惫不堪，需要刮一阵乐观主义之风了。但是，就在工党掀起窗扇，开窗透气之时，保守党人却似乎蜷缩在角落里，咆哮着发出诅咒，丝毫不顾及国民情绪。正如丘吉尔警告的那样：“社会主义在本质上不仅是对英国人的进取心的打击，也是对普通人自由呼吸的权利的侵害，甚至无须用一只严厉、笨拙、专制的手捂在他们的口鼻上。”许多人可能会同意这一点，但他进而说道：“任何一个负责国家全部生活生产的社会主义政府都不可能允许公众自由、尖锐或言辞激烈地表达不满。他们必将倒退回某种形式的盖世太保。”如果说他提及战时的情况仅仅是不恰当的话，那么这后一句话无疑是致命的。这番明显的夸大其词令许多支持者深感厌恶，由此疏远了他们。

相比之下，工党打击了投机商人，并承诺了最难实现的目标：经济平等。丘吉尔援引自己战时的功绩，而工党则把目光投向更遥远的过去，提起了让 20 世纪 30 年代岁月蹉跎的艰难困苦。《每日镜报》的一幅漫画表现一个老兵向英国人民做出了和平的承诺，并恳求他们不要再浪费“这一次
249 的机会”。更微妙的是，工党撬动了保守党的基石。“自由不是一个抽象的东西……有一些所谓的自由是工党不能容忍的：剥削他人的自由，支付低

工资和为一己之利抬高物价的自由，以及剥夺人民过上充实、幸福、健康的生活的自由。”当然，这里面有“空拳练习”的因素：两党的主张并非不可调和。然而，大多数人在团结平等的口号的激励下做出了选择。工党在1945年的成功出乎一些人的意料，却让另一些人如愿以偿。

有一些人挺身而出，为一个更好、更安全的世界制订了精心的计划。虽然威廉·贝弗里奇爵士很有资格说自己是后来“福利国家”的奠基者，但保守党人也参与了1942年制定《社会保险和相关服务》的专家小组。而这又建立在劳合乔治与自由党人在20世纪头十年完成的工作基础上。1944年，一位评论家宣称：“与我们为‘美丽新世界’付出的时间、精力和思考相比，我们为‘残酷现实世界’付出的东西太多太多了。”现在，每一次再三思量都是为了调和雇主和雇员要求的目标。人们认为工会将听任雇主摆布，就像羔羊屈服于狮子。

工党并不希望继续与丘吉尔和保守党组成联合政府。许多人渴望在多年的艰难困苦之后回到“美好旧时光”，有少数人甚至蠢到了相信这些说辞。但是，工党所阐述的愿景将为新的时代带来新的曙光，而且它也将哺育出新一代的人。

这一点反映在对立党派的竞选活动中。工党带着来自新视野的活力和生机投入战斗，而丘吉尔则没法不沉浸在他往日的胜利中。很少有人希望别人提起痛苦的岁月，哪怕这个人是他们的救星，事实也正是如此。在1945年7月的大选中，工党赢得了393个席位，而保守党只赢得了219个，这个结果相当出人意料。即使是最顽固的保守党人也感受到了风起云涌的力量。

尽管新首相克莱门特·艾德礼以谦虚谨慎著称，但他也意志坚定且独 250
立。他安排的内阁成员与他一样坚定独立，不过他们在其他方面的共同点就不多了。卫生和住房大臣安奈林·贝文是长着小天使面孔的威尔士公牛，满腹牢骚但志向高远；燃料和电力大臣是休·盖茨克尔，他凝视的目光极其锐利，他之于中间主义的热情就像贝文之于社会主义一样狂热；新任财相是外表像个吸血鬼的休·道尔顿，他忠心耿耿、智力出众，却天真得一塌糊涂；他的继任者斯塔福德·克里普斯瘦弱而未老先衰，是一个朴素的护民官，总在舔自己的上唇，仿佛在滋润他严厉的禁欲观一样。然后是艾德礼本人，他身材矮小，五官紧凑，笑起来可以让最顽固的对手怒气全消。他们之间的不和谐将成为他们的荣耀。

这个世界仍然和以前一样，到处是莱昂斯街角连锁餐厅和蒸汽火车。大多数商品仍在配给供应，需要用暖乎乎、沉甸甸的硬币支付。处处都有经济衰落的印记，700 万栋房屋没有热水。一切都还是战前的老样子，只是更为局促和紧缩了。国家的公营部门正慢慢地被各部委所塞满，红砖小楼里的官员挤在一起谋算着未来，而经济依旧疲软，也就显得更不寻常了。1948 年春天，42% 的人想移民，而 1945 年的这一数字只有 19%。除了那些沉浸在令人眼花缭乱的爵士乐时代的人以外，人人都着眼于未来。还有的人专注于制订计划，改善家庭甚至国家的处境——看来严肃的心态真的有希望战胜时代的轻浮。但是正如奥威尔所写的："每个人都希望能先休息片刻。"

但谁有时间休息呢？又有什么条件能让休息变得香甜呢？"衣服？这里没有，伙计。食物？去隔壁看看吧。燃油？手头可能有一罐。啤酒和烟草？根本没有。"《快报》宣布："下周不再供应肉类和鸡蛋。"而这类话语直到 50 年代还在广泛使用。然而，有一伙人承诺无论发生了什么都将"继续供应"。那就是战时地下世界的大佬："黄牛"。他们当然是为了牟取暴利，人们虽然鄙视这些人，但还是需要他们。这种人的形象一目了然：头
251 戴软毡帽，留着一撇小胡子，走路时步态倾斜。他不能像前辈那样以街头小贩的过时方式叫卖货物，而是喃喃自语，声调不断下压以便保密。黄牛的身后站着他的搭档，给他披上了体面的外衣，出售的货物放在一个小箱子里。他日落而作，无视却并不违背公认的道德。

在塞西尔·戴-刘易斯的战后小说《奥特伯里事件》（1948）中，大反派约翰尼·夏普就是个黄牛。他和同伙对两个勇敢的男孩（他们自己更喜欢捡破烂儿）发动了一场不张扬但难以和解的战争。夏普说话轻声细语，动作鬼鬼祟祟，说话带美国腔。他称呼别人是"哥们儿"，这是黄牛的另一

种典型的矫揉造作，但美国人对国民口音的影响要比黄牛的影响长久好几代人。

战后，超过四分之一的劳动人口不得不回到老家重新学习平民的生活方式。海外服役虽训练了男人和女人的战斗能力，但它不能满足处于物质匮乏状态的国民需求。经济紧缩的艰苦，正常工作的需求，以及妻子、丈夫和心上人的期待，一切都那么令人困惑和沮丧。他们离开时的那个富足、欢快的国家在哪里？为什么会有这么多废墟？他们记忆中的谦恭有礼哪儿去了？

缩略语“demob”（复员军人）给人一种不屑一顾的感觉，其隐含的意义模棱两可。一方面，这些男女都是得胜的英雄；另一方面，他们也逃脱了平民不得不忍受也常常回忆起的许多事情。不止一个回国的士兵在无意中听到，“那个家伙打了一场漂亮仗！”他们当中的一些人肯定会得到同情和尊重，特别是战俘。但无论受到怎样的欢迎，复员军人无疑都被认为是一种负担。当时的一个孩子记得，她的父亲贪婪地大口吃着餐桌上的奶酪，问她的母亲还有没有。“没有了，亲爱的，”她回答说，“你刚刚吃光了家里这周的配给。”此后，“他变得非常沉默”。

从归国士兵的角度来看，这反而是一个期望落空的问题。一个人回忆说：“我们在丛林里挥汗如雨，每天只挣几先令的工资，战争曾让我热血沸腾。现在我开始明白，我完全不可能靠如今的平民工资生活——更不用说 252
战前的工资了。货币的价值全乱了。”另一个人说：“我把衣服拿去洗的时候必须计算一下，免得在取回衣服之前没衣服穿……我比五年前更烦心这些小事了。”这种“小烦恼”是复员军人被迫适应的生活日常，却往往会凝聚成难以忍受的恐慌。

但是，民众渴望社会变革；不然战争还能是为了什么？30 年代的艰难岁月又要回来了吗？1947 年 11 月举行的王室婚礼庆典被认为是一场具有正面意义的狂欢，但报道听起来很低调。作曲家拉尔夫·沃恩·威廉斯的妻子厄休拉认为，那天“像星期天一样安静”。秩序井然的人群相当拘谨地聚在一处，盛会的篝火照亮了整个活动现场。淡蓝色灯光下的游人等着坐上最后一班 68 路公交车。复员军人在工作场所的表现没有给平民留下什么好印象。人们认为他们沾沾自喜、拈轻怕重——人们很快就创造出许多讽刺性的词汇。“军衔病”、“优秀症”、“空勤箱”、“库管的紧要关头”、“军士长的托词”和“玩忽职守”都是针对复员军人的表达方式，有时甚至当着他们的面使用。一个老兵觉得有必要予以还击，他在《图片邮报》上发文说：“作为一个在国外公费度假五年的人，我觉得现在正是我转向诚实工作和平民生活的时候，而某些负担过重的平民则应该有机会去部队休息恢复了。为什么要剥夺这些疲惫不堪之人在阳光明媚的缅甸野营度假或去日本巡游的乐趣呢？”泛泛地批评复员军人显然事属不智。他们的故事涉及方方面面：有的轻松自在，有的忍饥挨饿，有些在“安逸的”参谋职位一待就
253 是数年，有些则沦为阶下囚。

33

残酷现实世界

这是一个匮乏愈演愈烈的时代。1946 年夏天，英国重新实行了面包配给制，核战争的威胁造成了遮天蔽日的新恐怖。人们在这种情况下还能自在生活似乎很奇怪，但忍耐和认命已经成了习惯。在新闻界的不断攻击下，艾德礼首相觉得有必要向全国人民保证，“很多限制确实加重了家庭主妇的负担。你们可以放心，只要有可能，政府就会尽快取消这些限制……在面包配给问题上，面对去年夏天的新闻宣传，你们的知情和理智是稳定与教育公众舆论的重要因素”。

20 世纪 40 年代末开启了“家庭主妇战争”，在某种程度上，这是一场针对政治阶层的战争。没有人否认，日益严格的配给制度的负担落在了家庭主妇身上，但是当保守党妇女把矛头指向政府时，忠于工党的妇女却把愤怒发泄给了反对派。这是一个乏味的事件，在威斯敏斯特和白厅的圈子之外并没有明确或稳操胜券的赢家。

各类措施由美元经济和食品进口的大幅削减引发。衣物配给进一步减
少，还暂停了使用外币的旅游。休・道尔顿无意中向一名记者提供了 1947 254
年的预算细节，因此被迫辞职。他也许是后来所谓的新闻“泄密”的第一个受害者。斯塔福德・克里普斯如今担任财相，他似乎打算悄悄地传播极

其苛刻的社会福利政策。但他像丘吉尔本人一样以身作则。作为一个骄傲的禁欲主义者，只要是自己不准备做的事，他也绝不以此要求他人。

随着20世纪40年代的进展和新选举的临近，政治言论的热度和声势都在上升。“我们面临着困难”，“我们要么努力，要么匮乏”，“这是对英国人勇气的挑战”——这类呼吁是典型的工党做法。仅仅在几年前，这些口号还能引起民众的某种共鸣，但现在许多人开始怀疑为什么政府在和平时期还要发出战时的呼吁。新闻界照旧出现分歧。支持工党的报纸强调削减经费是不可避免的，但它们遭到了保守党同行的嘲讽，后者认为这只是管理不善的借口。

虽然人们普遍认为战时配给制促成了比以前健康得多的饮食结构，但到了20世纪40年代后期，情况就不那么明朗了。1947年5月，富兰克林·比克内尔医生在论文《垂死的英格兰》中首次提出，配给制已经开始严重影响到国民的基本健康。代表政府发言的迈克尔·富特宣称，如今的儿童平均而言“比我们以前在这个国家养育过的任何一代人……都要强壮”。诚然，即使是保守党人也没有说全国人民正在挨饿。另一方面，医学界对低脂肪配给的影响越发感到担心。这个时代所特有的疲劳和烦躁的原因，与其说是厌战国民的生存痛苦，不如说是缺乏碳水化合物。

战争期间的前粮食大臣伍尔顿勋爵最为有力地阐明了反对派的观点。此人现在最为人铭记的是伍尔顿馅饼，它是用储藏室里剩下的边角料做成的，但在当时，他仍然被尊称为国民健康和心灵的不事张扬的救星。他在任时为了“保持国民的健康和生产能力”，曾拒绝把脂肪配给量降到8盎司以
255 下。但如今的脂肪配给量已经降到了7盎司，他认为“这是个危险的状况”。

工党呼唤集体精神来反驳这种担忧。当前的英国需要的是“齐心合力”的态度，以及“勇气”和“常识”——简而言之，就是类似闪电战的精神。但在许多人看来，这种精神要求的与其说是坚定和团结，不如说是一种近乎天使般的忍耐。“政治宣传”这个词如今被经济紧缩辩论中的各方毫无愧疚地使用——双方都用它来诠释1947年的削减措施。自由企业和个人努力的号角与出口生产和团结运动的召唤此起彼伏。这一年的地方选举听到了

回应召唤的第一个杂音。摩根·菲利普斯称之为“食品和最低标准量汽油选举”，它使得保守党在地方选举中大获全胜，但并没有撼动整个国家。

1948 年，配给制有所缓解，商店的煤气灯亮了起来，电灯也偶尔闪烁。但是物价却在上涨。一位学校教师感叹道：“到处都是一派凄凉，街道冷清，灯光昏暗，人们的衣服破旧不堪，他们的烦恼暴露无遗。”一位社会工作者抱怨道：“哦，再来一点黄油吧！”向消费主义的倾斜在 20 世纪 40 年代末就可以看出端倪了。

人们通常认为，互相竞争的两党的目标之间实则没有选择的余地，但这种说法往往是出于后见之明，而两党之间的差异在当时是很明确的。工党要求实行有充分就业的社会主义民主，建设为公民提供“从摇篮到坟墓”的一切需求的国家，这与保守党对个人富裕和不受国家干预的承诺格格不入。对战后和解的默许虽然逐渐成为所有政党的标志，但这是后来的事情了。

在斯塔福德·克里普斯的领导下，配给制度变得更加严格了。公众起初愤愤不平的反应完全在预料之中，不过当人们发现普通家庭虽然紧紧巴巴，但还可以应付新的紧缩措施时，气氛很快缓和了下来。虽则仍有人心怀不满，虽则短缺仍在持续，但英国人终于可以分享一种几个世纪以来一直定量配给他们的奢侈品：感恩之心。新政府刚上台就开始履行其承诺；其中最重要的是，这些岛国之民再也不用担心疾病或匮乏了。1942 年，自由党人威廉·贝弗里奇起草了一份文件，其中提到了“五个巨人”：匮乏、 256
疾病、无知、肮脏和闲散。贝弗里奇所说的“无知”是指缺乏教育，“肮脏”是指住房条件差，“闲散”是指失业。这些都可以由国家来修正，也应该如此。于是 1946 年通过了《国民保险法》，确保了针对失业和患病的补助，并为母亲与寡妇提供了保障。原则上，任何人都不必挨饿了。《工伤法》为在工作中受伤的人提供帮助，《巴特勒法令》为全民提供免费教育。剩下的只有国民的健康问题，而这需要更长的时间来解决。1948 年 7 月 5 日，在英国大选三年后，工人、职员、矿工、助产士和女裁缝，连同他们的孩子，都可以免费看病而不必支付一便士。对工党来说，这是伟大新时代的伟大新承诺。“这是真正的社会主义，”安奈林·贝文宣称，并补充说，“但要记住，这也是真正的基督教精神。”

这是一场在英国没有明确先例的革命。无论 G. K. 切斯特顿信仰的是什么，宗教改革前英格兰的修道院和修士会绝非“无人付账的上帝之家”。同样，那些起草都铎时期的《济贫法》和建立教区救济制度的人也没有全民保健的观念。维多利亚时代对这些法律的细化让人们认为，疾病应该被理解为不负责任的生活所造成的后果。即使是《1911 年国民保险法》中相对开明的条款，也只保障男性劳动者。

配给制可能会使国民瘦身，但对避免患病却毫无帮助。维多利亚时代的“白色瘟疫”结核病仍在四下传播，用于检测结核病的 X 射线机屈指可数。白喉会导致儿童窒息。佝偻病和脊髓灰质炎会令年轻人致残，情况和一个世纪之前相比毫无改进。麻疹会致命。猩红热、天花和流感也像以往一样广泛流行。此外，整个国家简直是一塌糊涂。穷人脸颊凹陷、垂头丧气，牙齿灰暗短平，体形像个胡桃夹子。仿佛极差的卫生条件、过度的拥挤和不近人情还不够糟一样，受到维多利亚时代营养观念的影响，儿童仍然被喂食淀粉类的母乳替代品。的确，如此喂养对儿童的危害不亚于不讲
257 卫生。在那个时代，单是腹泻就能在几天内导致幼儿夭折，医院的管理人员常常有一半的时间都在填写死亡证明。贫富之间的供给失衡既黑暗又丑陋。在东区，每 18 000 人才有一个全科医生，而在郊区，“每 250 人就有一个”。每个家庭必须预先存好一笔钱，以防有人生病；如果没有钱，人们会用实物支付，也许是鸡蛋，也许是蔬菜。

从任何意义上讲，医学本来都是私人事务。就连医院的资金原本也是由慈善游行或私人赞助者提供的。医生本身也是与众不同的一类人。你不去看他，他就会来找你。在那个世界里，最重要的是会诊医生，他在医院里被下属追随着，就像国王的身后跟着一大群臣子一样。他和全科医生如果对病人展现任何一点爱心，都可以被认为是意外的。但这种看起来相当唯利是图的做法，其原因却很简单。在国民医疗服务存在之前，全科医生的行医业务由他全资持有。像其他专业人员一样，他会试图扩大并改善自

已的生意，并尽可能将其出售以获取利润。他对自己的工作进行了资本投资，并试图维持下去。

安奈林·贝文就是一个认为现状应该有所改变的人。他自己的父亲，用矿工们的说法，就“死于灰尘”。贝文本人在十二岁时就开始在特里迪加的矿坑里工作。他说盘子里食物的量已经变成了一家人的日历：几乎什么都没有的时候，你就知道到周末了。他写道：“当我看到……自己家里的人生病和憔悴的面孔时，心里充满了痛苦……一定有另一种解决方法。”它早就有了，就在附近。特里迪加医疗援助协会成立于19世纪末，为当地工人提供他们无法负担的医疗保健。工人们从收入中拿出“每周3便士”，就可以获得免费的医疗、牙科和眼科护理。据一位居民回忆，这是一个“小型的国民医疗服务”。贝文把它作为自己的模板。

《国民医疗服务法》与其他福利立法一起获得通过，但其他法案不需要大量的准备工作。丘吉尔领导的保守党以成本为由反对贝文的提案。贝文希望出台一套真正覆盖全国的医疗服务，由雇员投资，但由税收来维持。 258
但反对者认为，这将是昂贵、笨拙、无效的，而且鉴于所需的高额税收，还必然对英国人的自由构成威胁。当然，这些事情可以下放给各地区。但民众希望社会变革；除此之外，战争又是为了什么而打？

1948年1月3日，贝文提出了他的承诺：在当年7月5日为全体国民提供免费医疗。他在一次演讲中表示：“你们知道，有一个思想流派认为，如果某种东西很稀缺，它就应该很珍贵……但这不是一个循规蹈矩的政府，我也不是一个墨守成规的卫生大臣。”这番评价就连他最顽固的对手，由英国医学会代表的全国医生都会同意。

英国医学会的成员被称为中产阶级的“先锋队”。在这个学会看来，拟议的改革相当于国家对医学的入侵。这种反对并不像乍看起来那样虚伪或自私自利：教师后来也曾对国家课程设置表现出类似的担忧。如果律师被告知要成为国家的公仆，他们会有什么反应？到20世纪40年代初，医学已经成为一门真正的科学，医生们有理由为已经取得的成就感到自豪。

查尔斯·希尔医生是反贝文派的领袖，他在战争期间曾是一名常驻

“广播的医生”，用新出炉面包般温暖的声音向 1 400 万人民提供朴实无华的健康建议。现在，他在电视上发表反对改革的讲话时，声音严峻而沉闷，提出了保守党关于自由的老话题。“我们都想要更好的保健，更好的治疗……但是在做出安排时，我们要确保你的医生不会变成国家的医生，你的仆人不会变成政府的公仆。”尽管希尔来自伦敦的伊斯林顿，但他在这个场合讲话时却带着轻微的英格兰西南部口音，那股子虚张声势的英格兰腔调让人听来非常安心。

1948 年 1 月 13 日，英国医学会召集其 35 000 名成员进行表决。它主张，“我们的独立性将被牺牲在一台没有灵魂的机器上”。一场公开的谩骂性新闻运动开始了，贝文在全国报纸的读者来信中被讽刺为“元首”。整个项目被谴责为“社会主义阴谋”。2 月 9 日，贝文史无前例地第四次提交法
259 案，而在纽卡斯尔、伦敦和利物浦，英国医学会的努力取得了成果，国民医疗服务遭到了医生的断然拒绝。在布莱顿，拒绝的比例是 350 比 1。

面对这一切，一个亚群体横空出世；社会主义医学协会的绝大部分成员是学生，他们直面敌意和嘲笑，牵头对国家医疗服务体系表示支持。该团体的成员在讲座中被指为“共产主义者”的情况并不少见，这与英国医学会的措辞是一致的。反对者相信，伴随着同化而来的是系统化。医生们将被迫“疲于奔命”。“极权主义”的影射无处不在。

1948 年 2 月 18 日，英国医学会的投票结果出来了。3 万人投了反对票，占会员总数的 86%。贝文表面上努力表现得既坚定又幽默，但私下里他承认自己越来越绝望了。他试图回忆激起自己使命感的初心，以此来安慰自己。“听到企图恐吓我的刺耳声音时，我闭上眼睛，倾听穷人的无言之声。”这个据说能让他人相信“他们的梦想可以实现”的人开始心生疑窦了。法案获得了通过，但政策无法开展。英国医学会认为胜利在望，可以开始用屈尊俯就的态度来对待仇敌了。贝文被比作“一个非常难缠的病人”，执拗任性却力不从心。

现在总算轮到国民说话了。1948 年 3 月 1 日，盖洛普民意调查显示，87% 的人赞成国家医疗服务体系，但即使这样的支持率也无法结束僵局。

国家医疗服务体系有头无尾，如果医生选择不在其系统内工作，贝文也没有办法强迫他们。因此，由于无法说服医学界的中层人士，贝文决定向其上层精英示好。3 月 10 日，他拜访了皇家内科医师学会的会长、丘吉尔的前医生莫兰勋爵。莫兰领导着全国的会诊医师，而他们又控制着包括巴茨医院、圣托马斯医院、伦敦医院在内的大型慈善医院。这些庞大的机构已经达到了财务上的极限；它们的弱点正是贝文的优势所在。

两人一见面就对彼此产生了好感。莫兰因为说话转弯抹角而被称为“开瓶器查理”，他眼中的贝文不是议会讲坛上的演说家，而是一个循循善诱的迷人男子，是个通达圆融之人。现在一切都取决于莫兰，但他面临着 260
来自霍德勋爵的挑战，霍德勋爵是国王和王后的医生，与英国医学会站在同一阵线上。1948 年 3 月 26 日，皇家内科医师学会举行了选举。其成员一个接一个将他们的银币投入桶中。莫兰获胜，只赢了五票。

莫兰写信给贝文，解释了英国医学会不妥协的深层原因。“亲爱的奈，”他在信的开头写道，“全科医生的非理性恐惧［是］：有一天你**会**把他们变成国家的受薪仆役。”贝文认为，这个问题是可以解决的。因此，他在 4 月 7 日提出了一项修正案，确保在没有议会新法案的情况下，全科医生绝不会成为公务员或是受雇佣的公仆。更重要的是，他承诺全科医生可以既加入新的医疗服务，同时保留他们的私人诊所，这是他从特里迪加医疗援助协会学到的东西。新法案真是惊人地宽宏大量，却也着实悲观犬儒。“我在他们的嘴里塞满了黄金。”贝文吹嘘道。但是，对最终的胜利仍然充满信心的英国医学会还没有打算就范。

尽管新闻界的质疑声音越来越大，但贝文在 4 月 12 日指出，他的医疗服务将按时启动。政府这次通过一场新闻宣传活动，再次向全国人民发出了呼吁。他们强调说：“每 40 分钟就有一名儿童死于白喉。”如今已有 2 000 万人报名参加了这项承诺免费的医疗服务。五周之内，这一数字将达到成年人口的 75%。

1948 年 5 月 4 日，英国医学会再次向其成员寻求支持。然而，现在有近 40% 的人改了主意。这一转变并不彻底，但也足够了。因此，5 月 28

日，英国医学会建议所有成员加入国民医疗服务。这个看起来很爽快的有条件投降附带着一个说明：他们要求推迟国民医疗服务的实行。如果答应下来，这将意味着贝文的最终失败，所以贝文的还击指出，总是会有更多的要求和更多的拖延。这一答复效果极佳。

但是国民医疗服务仍然远远没有准备好。此外，在两年内，其成本几乎翻了一番，达到 1.8 亿英镑。3 000 家医院中的大多数都摇摇欲坠；这是拜年久失修和闪电战所赐。在伦敦，没有一家医院毫发无损。最令人担忧的是，离启动还有五个星期的时候，这一服务仍有 3 万名新护士的缺口。
261 另一场运动的发起再次显示出工党政府对于新媒体的适应能力，但媒体也开启了新一轮的攻击："人人免费"和"阻止这个坏法案"都算是比较温和的新闻标题了。

那天是 1948 年 7 月 4 日星期日，国民医疗服务将在次日开门营业。而贝文却选择在这一天对他的政治对手发起攻击，其言辞之激烈，简直是自取灭亡。过去几年的积怨让这个原本宽宏大量的人将保守党说成是"比寄生虫还低级……他们迫使数百万的一流人才食不果腹"。贝文为何要在国民医疗服务体系诞生的前一天发起如此惊人的攻击？这其中并没有什么算计的成分。事实上，虽然他说话像个诗人，但思维像个孩子，心中有着不可动摇的是非观念。

翌日，国民医疗服务体系正式启动。曼彻斯特的特拉福德公园医院的开业成为这一事件的标志。护士玛丽·贝恩还记得，"那就像一场婚礼"。贝文一如既往地向大家问好。他宣称："我们一直都是梦想家，也一直都是受苦的人。现在我们都是建设者。"艾德礼本人在生病期间拒绝住单人病房，坚持认为他应该与其他人待遇相同。护士们看到他与其他病人聊得很欢。长期抑制的感恩精神如今涌现了出来。就连医院的行政人员也会得到一些小礼物，仿佛是他们创造了这个奇迹。这个社会当然有大量积压的病人，此前由于没有其他选择，他们只能默默承受。子宫外翻的妇女会去看全科医生。男人们会去看"像气球一样肿大"的疝气。

所有这些都是有代价的：全英开出了 2.4 亿张处方，处方量两年内增加了四倍。预算上限很快就被打破了，1.7 亿英镑的上限在两年里膨胀到 3.52 亿英镑。很快，公民就得等上半年才能去见配镜师。牙科在最初的九个月里制作了 3 300 万副假牙，其中许多是为儿童造的。贝文等人曾设想，全民健康改善之后，使用国民医疗服务体系的人数会减少，但另一个不同的规律在这里发挥了作用：医学发展，需求增加，成本也随之上升。但是，新服务的效果不可否认。死于传染病的人数下降了 80% 以上。反对派一度仍 262 顽固不化，对此不以为然。霍德勋爵说他是"临时的大臣"，并预言私人诊所的好日子很快就会回来。但国民医疗服务存续了下来，全科医生仍是它的发动机。医生的角色回到了原点：他再度成为帮助者和疗愈者。

休·盖茨克尔对牙科护理和配镜实行处方收费，导致贝文本人于 1951 年辞职。后来这些资金被用于贝文的同情者尤其厌恶的一项开支——朝鲜战争。艾德礼觉得有必要谈谈英国"非常严重的财政状况"；美国人取消了他们的"租借"条款，该条款提供了英国无须支付费用的物资，这导致进口严重超过了出口。18 个月后，专注于英格兰银行、民用航空、煤炭工业以及电缆和无线电的"产业社会化"委员会成立了，但工会致命性的持续反对、管理不善和普遍无能并没有因乐观主义而有任何起色。这个时代虽然做出了很多全面的承诺，如今它发现要维持这些承诺更加困难。在 1950 年的工党宣言中，执政党仍然觉得能够回顾自己在《新约》中的根源：

> 社会主义不是只有面包。经济安全和摆脱资本主义的奴役性物质束缚并不是它的最终目标。它们是实现更大目标的手段——进化出一个更加仁慈、聪明、自由、合作、进取和文化灿烂的民族。它们是实现每个人的充分和自由发展这一更大目标的手段。我们……已在着手创建这样一个社会，它的驱动依赖于人释放出全部更为杰出的建设性力量。

但是从此以后，再也没有哪个政党能够说出这般乌托邦的措辞了。这个国家似乎又一次跌跌撞撞地走向了危机。如果战时能够发生危机，和平时期也能发生。国有化计划已经落实到位，但许多人质疑这是否会带来任何实际的好处。他们可能会同意丘吉尔的观点，他说国有化“每天都在证明自己是一个危险而昂贵的谬论”。没有什么事情会像表面上看
263 起来那样顺利。

1950 年，议会各党几乎势均力敌，艾德礼因而要求举行第二轮选举。也许他变得自满了，也许他希望自证清白。1951 年，保守党在区区六年之后重新执政，承诺结束紧缩政策，开始创造财富。但是，紧缩政策仍旧以
264 各种不同的形式一直持续到 1955 年。

34

旧世界

1952 年 2 月 6 日，国王驾崩，伊丽莎白的时代就在偶然中到来了。另一个预兆是 1951 年保守党政府的成立。家庭责任不再像以前那样被认为是不可避免的，护理和教育的地位也相应地有所提高。妇女不再仅仅是公爵夫人、女主人、家庭主妇或工人，也可以是数学和体操教师。人们付出了尸横遍野的世界大战的代价，才得到了这一点点启发。和所有的社会变革时期一样，人们也会抱怨。在不断威胁要削减公共服务的世界里，把妇女培养成医生肯定是不合适的吗?

这位年轻女王的加冕仪式，如果说有什么不一样的话，那就是比她父亲的加冕仪式更加衣香鬓影、珠光宝气。然而，如果仔细倾听，我们就会听到一个全新的忧郁音符已经敲响了。大不列颠的新君主不再是印度女皇；她仅仅被宣布为“大不列颠及北爱尔兰联合王国及其治领和属土的女王，英联邦的领袖，信仰的捍卫者”。她宣称的对“伟大王室”的奉献精神得到了赞美，但她明白自己的新处境。

前一年的重大事件是“不列颠展览会”。如果说它不能与先前维多利亚版本的富丽堂皇相提并论，这正是它的荣耀所在。时代更平静，囊中更羞涩，人们更没有必胜的心态，但旗帜飘扬依旧，啤酒飘香如故。展览会也 265

使得“南岸”成为伦敦的一大文化中心。当然也有不和谐的时刻。其中一件展品是一批印刷的人造纤维布，国王受邀参观这些布匹，但对其用途一无所知。他得知后，有人听到他喃喃自语：“感谢上帝，我们不必穿这些衣服。”尽管王室表面上对民众的情绪做出了种种姿态，但他们还是无法与民众分享全部的共同经历。他们在战争年代的角色被认为是一种反常现象。

帝国实际上处于危险的边缘，只不过很少有人愿意承认这一事实罢了。英国在 1947 年就失去了印度，究其原因，乃是英国中产阶级统治者的傲慢态度。事实上，甘地、国会和穆斯林联盟的努力在很大程度上让英国人相信他们已经过气了。政府面临着一个选择：国家可以担负得起一个帝国或者一个福利国家，但二者不可得兼。蒙巴顿勋爵警告次大陆的王公，如果他们抵制融入印度和巴基斯坦的继承国，他们就将被剥离出去，既没有自治领的地位，在英联邦里也没有一席之地。独立在 1947 年 8 月 15 日午夜时分到来，印巴从此分治。居然没有一个人预料到，约有 1 400 万人因此而流离失所，无数人因此丧生。印度和巴基斯坦的分界线是由英国人划定的，他们完全没有考虑到当地人的实际情况或感受。

没有了印度，帝国的价值何在？诚然，人们欣赏地图上那片耀眼的粉红色帝国，但在大多数人的心目中，帝国早已变成了一束微弱的煤气灯光。一个帝制和工业的超级大国却允许其境内出现如此严重的贫困，正是这一悖论启迪了马克思和恩格斯的理论。西里尔·拉德克利夫在许多场合都是帝国的捍卫者，也是负责将印度与巴基斯坦分割开来的人，他的余生都在为这个问题而苦恼：“我们带去的礼物……都是古罗马式的：和平、秩序、正义以及这一切带来的成果……这些好处值得赞美。”但他也觉得有必要发出警告：“从长远来看，由一个民族治理另一个民族的政府永远不可能是最
266 好的政府，因为仁慈和公平不能替代民族的灵感。”虽然他说的是印度，但这番话可以适用于整个帝国，它也将逐渐渗透到整个帝国，波及之广，令人屈辱。

移民到来之初，一切风平浪静。1948 年夏天，“帝国疾风号”停靠在码头上，从加勒比海地区带来了不到 1 000 人。有的人买了船票，有的免费搭

乘，还有的是军人。他们都听说过当时仍被称为“母国”的这片国土，但很少有人造访过这里。一开始，他们和其他团体看到的是印有“欢迎来到英国”字样的标语牌。但在标语牌和微笑的背后是怎样的欢迎呢？这些移居者安顿下来之后，各种标语上的铭文就变了，“有色人种免开尊口”成为膳宿公寓窗户上常见的风景。它以其自有的丑恶形式标榜自己的包容。任何比粉红色更深的肤色都遭到了拒绝。谁知道床单会染上什么颜色？

移民们经历的是一种多重意义上的错位。他们到达此地，然后搬家，多半还会再次搬家。他们并没有止步于南安普敦。一个军人回忆说：

> 我们到达蒂尔伯里时，有几个政治人物，主要是共产党员，试图和我们交朋友……但当时要紧的是谁也不知道该去哪儿，我们希望有个地方可以去，这是最关键的……你得四处去找，因为在那个时候，两三个人同住一个房间；在那个时候，黑人很难找到一间房，找不到的。他们总是在告示板上写：“这里不欢迎黑人——黑鬼”，在告示板上，你知道，就是外面的这些告示板，“不接待黑鬼”或“不接待有色人种”，诸如此类的东西。

文斯·里德是船上唯一的少年，他强调了一个许多英格兰人都选择遗忘的事实：“帝国疾风号”一代只是英格兰黑人的漫长故事中最新的一章。“我只是个涉世未深的男孩。我并没有什么期待。但我去学校时受到的接待是：首先，我成了他人好奇心的对象，这实在令人吃惊，要知道英格兰有黑人士兵啊。而且有人会走过来摩擦你的皮肤，看这样是不是会擦掉黑色，还摩擦你的头发，这真的太无礼了。”

当时以及后来的战争电影几乎没有表现出黑人男女为国家做出的任何贡献。但到头来，对移民来说，被看见可能是一种灾祸。特丽费娜·安德 267
森回忆道：“你不会想起自己的肤色，但你觉得其他人都会想到它。你所做的每一件小事都会体现在人们对你的反应上……你上了公交车，有一个空座位，你就坐下了……但当公交车坐满了人，而你发现直到最后才有人愿意坐在你身边时，你就知道事情不对劲了。”

然后便是寒冷，哪怕穿最厚的衣服也无法抵御，更不用说新来的人喜欢穿轻便但正式的衣服了。不过他们遭遇的故事倒也不是只有流离和歧视，也有热情和友好，它们往往发生在最意想不到的地方。一个移民回忆起去肉铺的往事：“我的感受很复杂，既有真挚的喜爱，也有大量的好奇。我一直记得我第一次去杜赫斯特的肉铺，当时我大约七岁，一位大块头的女士看着我。她一直看着我，然后转向屠夫说：‘哦，我真想把他吃掉。’我永远都记得杜赫斯特肉铺的往事。”

他们抵达的英格兰已是噩梦连连，破败不堪。在这个狭窄的小岛上，人们已经很难从谣言或政治宣传中辨认出那个骄傲的帝国，它还没有从一场几乎失败的战争打击中缓过气来。承诺的“钻石街道”事实上只是用铅铺成的伤痕累累的街道，街旁是大小和形状都差不多的灰色房屋，那里的人看起来也老朽不堪。除了焦虑、恐惧和解脱之外，移民有时还会对这个接纳他们的国家感到有些怜悯：

> 但我觉得最惊人的是人们的年纪。当时，有老人在车站工作，公共汽车上多是老头老太太。没有多少年轻人。然后我们开始意识到，战争对大约十八到三十五岁之间的年轻人造成了致命的伤害……大家都住在预制板房里，这太奇怪了。在我们看起来那些就是棚屋，无法理解他们为什么会住在那里。

英格兰的其他习俗也让人困惑。儿童扶助网络庞大而多样，但许多加
268 勒比人认为它既唐突侵扰又遥不可及——似乎这里缺乏家族的深层扶助。对许多“帝国疾风号”一代的人来说，另一件新鲜事是被称呼为“先生”，这听来相当怪诞而不会让人觉得受到尊重。他们遇到的一些习俗在移民中引起了恐惧和厌恶，许多人觉得很难确定到底是气候的寒冷还是人心的冷漠更为残酷。

人们很容易忘记的是，尽管英格兰需要廉价的劳动力，但早期移民还有其他的忧虑，其中最重要的是教育。英格兰散播出去的各种甜言蜜语的诱惑中，有一个将英格兰吹捧为充满教育机会的国度，但就此而言，人们的看法并不一致。拉塞尔·普罗菲特见到了许多富有同情心的教师，但也发现中学系统难以捉摸、莫名其妙。在他出生的文化中，人们认真对待教育，将其视为一种自我完善的途径；学校教育的重点是学习而不是休闲。然而他遇到了福利国家的新教学法，种族主义倒不成其为问题：

> 大多数担任高级职务的人都想提供帮助，但我认为他们并没有真正理解我所经历的情绪：我不得不接受种族问题，不得不接受一个与我在加勒比海地区所经历的完全不同的教育系统，在那里，我们的学习更为正式，更有条理，在一定时间内必须完成作业。许多黑人孩子在新系统中迷失了方向。

20年后，许多来自加勒比海地区的母亲会表达与普罗菲特的母亲类似的担忧：“我的母亲没有在英格兰接受过教育，所以我认为她没有完全理解这个系统的运作方式……加勒比海地区的家庭期望施加给青少年的那种压力，在这里竟然没有。”阿摩司女男爵回忆说，没有人把被分到最差的班级当成一回事：

> 我去上学时有点吃惊，因为分班之前没有给我做过测试，我被分到了最差的班级，那里的每个人都比我差很多。但我的父母对此非常自信，他们去学校确保我接受了测试，然后我就换了班级。我认为很 269
> 难应付的另一件事是环境，还要接受这个社会纪律性极差的事实。

她回忆起那些只是出于人们的无知的反应，这种无知并非刻薄，而是无意中的侵扰。“我是学校合唱团的成员，我们会在圣诞节时去当时被称作老人之家的地方唱歌。他们都会摸摸我的皮肤和头发，我是他们见过的第一个黑人。”帝国对大多数人来说只是一个抽象的概念；现在它变得有血有肉了。英格兰男人和女人有了新的邻居，他们的花园里发了新芽，有新的变动需要适应。各大党派中的佼佼者都承认对移民负有照顾的义务，无论是因为应该向被殖民者支付赔偿金，还是因为不能让帝国的老臣子失望。但没有一个领导人敢于大声疾呼多种族社会的好处。

正当有关种族的争论在议会两院、各类俱乐部和私人住宅中愈演愈烈时，种族优越的观念遭遇了封喉一剑。1953 年 4 月 25 日，沃森和克里克发现了脱氧核糖核酸的存在。随着这一发现的公布，我们的遗传物质被证明既不尊重个体也不尊重意识形态。“种族”的渊源可能存在，但它们并不能允许某个群体认为自己比另一个群体优越。这个教训需要几十年的时间向
270 下渗透，而这样的确认显然是必需的。

35

洗衣机

1955 年 4 月 5 日，丘吉尔从首相的位子上退休了。他受够了这个职位，受够了议会，甚至受够了权力。多年以来，坊间一直在流传关于他日薄西山的轶事。他比他那一代的任何人都更加了解和适应这个日益复杂多样的世界，却又永远不甘心帝国的逝去。他年轻时一直在为帝国而奋战，晚年则为帝国的存续操劳。就连他对欧洲统一的信念也源于如下观念：欧洲大陆应该自行解决问题；英国则有一个帝国需要治理。他的继任者也会同意这个看法。

安东尼·伊登成为顺理成章的继承人已经有一段时间了，他并非总能掩饰自己的挫败感。他对丘吉尔的不妥协感到不满，曾暗示要引退。有人听到丘吉尔咆哮道：“别担心，很快就轮到你了。”伊登的人品性格堪称完美，几乎没有任何迹象表明他不会为其政党增光。他在各个领域都赢得了桂冠：学术、军事和外交。他英俊的外表与温和的魅力也无疑为他增色不少。但也有令人担忧的迹象。伊登时不时大发雷霆，不能如愿就会压不住怒火。还有人不怀好意地说他“烦透了英格兰”。伊登也并不总能用事实证明他给人留下的谦和诚恳的印象。

伊登不信任前任的大西洋主义，但他同样不赞成参与新生的欧洲共同 271

体。他的立场也许就是索尔兹伯里的现代翻版：不是旗帜鲜明的帝国主义，但毫无疑问带有保守党的特点。虽然他经常被人指责缺乏信念，但他认为维护和平才是他的首要任务。总之，他的信念和决心很快就会受到考验。随着这十年的进展，正在沉没的帝国仿佛要把他卷进自己的旋涡。英国在离开属地时既带着一步三回头的眷恋，也有不少野蛮行径，但英国人民自有其他的担忧。到了 1947 年，印度已经难以控制，甚至治理印度也变得很不划算，还有人说甘地和印度国民大会党是在“顺水推舟”，而其他殖民地也变得越来越不安分了。

肯尼亚就是其中之一。如果说印度是帝国皇冠上的宝石，那么东非就是系住这颗宝石的那串珍珠。但是，英国在非洲的统治使得许多族群之间产生了争执。在欧洲人到来之前，基库尤人一直是肯尼亚高地的主导部落。20 世纪 30 年代，他们的土地被侵占了，这是压垮他们的最后一根稻草。20 世纪 50 年代，已基本上被殖民地英国人遗弃的贪图享乐的最高象征“快活谷”，倒在了茅茅起义的火把下。参战各方都熟稔杀戮，殖民当局诉诸的手段或许给自己打上了“帝国主义者”的烙印，而茅茅人的手段也证实他们是“野蛮人”。死亡人数众多。茅茅起义在 1959 年领袖去世后仍然活跃，四年后肯尼亚独立。在肯尼亚的例子中，不满情绪至少是明确的。塞浦路斯的情况就远没有那么明朗了。

1955 年 4 月 1 日，英国最和平的殖民地收到了一个新的游击队组织埃奥卡的暴力名片。且不说白厅，就连在塞浦路斯首府尼科西亚的官员看来，这种行为都是无法解释的——塞浦路斯没有明显的经济问题，那里的人民以缺乏政治热情而闻名。埃奥卡袭击了利马索尔的一个警察局，官方最初的反应是不解，但袭击者的诉求很简单。英国人为什么不能放弃他们对塞浦路斯的权利，让它加入希腊？劳伦斯·达雷尔在回忆录《苦涩的柠檬》
272 中表达了他对当局的同情：“作为保守党人，我同意他们的观点。如果你有一个帝国，是不会干脆地将其拱手让人的。”这是主事人的精神，在当时看来，这仍然是一条显而易见的不变法则。

不过这样的风暴都发生在遥远的海外；国内的一切都还很平静。丘吉尔辞职后仅过了几个星期，伊登就觉得可以举行选举了。他的信心得到了证实。1955 年 5 月 26 日，保守党再次赢得大选，以 345 个席位胜过了工党的 277 个席位。除去其他考虑因素不提，这个结果也代表了选民对新首相的认可。这既是政治授权，也是对他个人的首肯。伊登的大受欢迎源于他谦虚的态度，他没有公开主张侵略主义，看起来也不属于守旧派。激烈言辞和强大个性的时代已经过去，取而代之的是热情的善意和良好的意图。人们现在已经准备好享受随和含蓄的魅力了。

人们忽略了一个事实，那就是伊登在守旧派的体系下接受培训和教育，他在很大程度上还是一个守旧派。但是那些古老的冲突真的已经在战后的解决方案中化解了吗？虽然这十年表面上是保守党的天下，但时代的内里仍然燃烧着工党的灵魂。一个工党的纪元却引向了保守党的时代，很少有政治家、思想家、家庭主妇或劳动者有时间或意愿去思考这样的讽刺。他们再一次有其他的事情要操心。人们长年累月的需求是如何保证食物、供水和房屋。除此之外，如何赋予他们以生活和恩典？洗衣机就是一个开始。 273

36

戏剧与演员

被称为“白色家电”的家用电器，缓慢而犹疑地走入了英国的千家万户。“省力设备”给人们带来的好处也许并不总是显而易见，但洗衣机无疑帮助了苦恼的家庭主妇。它缓慢而一丝不苟地旋转搅动，再把洗净的衣物放进手动或自动的甩干机。这是属于现代便利设施的时代。

一些古老的传统仍未消失，不过它们往往以现代的面貌出现。家庭被鼓励采用一种“自己动手”的时尚。正式的紧缩政策结束很久之后，各家各户也还在使用古老的腌制技术。这完全在意料之中：冰箱既昂贵又笨重。在一个几乎不属于亚热带的气候中，这些新设备的用途也不明显。不过，在繁荣的浪潮中，家用电器还是在稳步前进。

除此以外只有一个问题：这些器具在制造时并不总是考虑耐用性。这是一个令人不安的发展，但或许也是不可避免的，因为英国已经从出口型社会转变为消费型社会了。1953 年的一项调查表明，家庭主妇最关心的问
274 题是这些新产品应该经久耐用，但人们日益发现它们并非如此。市场偏向于供应商，而供应商和消费者的利益在本质上是相左的。

20 世纪 50 年代的一个比较独特的发展是首先出现了奶品柜台，继而又

出现了小咖啡厅。英国自古以来就是一个饮茶的国度：毕竟，茶叶曾把英国从18世纪初的杜松子酒狂热中解救出来，而且也是这个被认为本性冷漠的民族的固定饮品。咖啡是读书人饮品，也是坐不住的人和政治谈客的饮料，在当时还从未在此地广泛流行起来。

和通常的情况一样，移民改变了这一切——就此事而言，是意大利移民。在生气勃勃的镀锌浓缩咖啡机的推动下，小咖啡厅首先出现在苏荷区，然后遍布伦敦，再拓展到全国各地。乍看之下，它与18世纪的咖啡馆并不相干，但即使在变化中也可以看出某种家族联系性：烟斗被香烟取代，尸体的恶臭被烹饪油脂的臭气取代，政治则被音乐取代。

乍富的迹象另有乾坤。1954年，肉类配给结束，战时的紧缩政策也随之消弭。那个多事之秋又生新芽，9月14日，伦敦的第一所综合学校基德布鲁克学校开学了。文法学校系统才启动不到十年，就受到了攻击。孩子们在十一岁的时候就被选入文法学校、中级现代学校或技术学校。这一体系反映出英国人有着特权必须靠你自己去争取的心态。无论悖理与否，我们都可以从中看出，正是这一冲动促使14世纪的怀克姆的威廉为处境不利但热衷学习的男孩建立学院。值得注意的是，艾德礼及其50年代的继任者都没有试图废除公学。也许他们比某些后继者有更多的怀旧情结。从这些角度来看，40年代在工党治下建立的文法学校的择优录取制度是无法改良的。如果要实行普及教育，就必须承认一个基本事实：不同的学生有不同的能力。让好学的成为学者，让手巧的成为工匠。如果你没有通过十一岁的升学考试，那你就只能从事其他工作，而那些工作往往对社会更有用。 275

第一个反对意见是关于这场考试的名目的。在十一岁就决定一个孩子的未来前景难道是明智、公正，甚至合理的吗？第二个反对意见是，不合格的学生会不由自主地感到挫败，并将其表达出来。中级现代学校成了粗心大意之人的陷阱。第三个反对意见是技术学校虽然给许多人带来了好处，但它们的角色界定不清，因而获得的资金也不足。它们很快就消失了，直至如今它们仍是教育史上的一方无名之墓。

这是进步的一年。1954 年 2 月 2 日，政府宣布将 2.12 亿英镑用于发展公路，其中包括第一批高速公路。同月，政府宣布前一年共建造了 347 000 套新房。这些房屋虽然设计奇怪，但都很坚固耐用；它们往往盖成三角形，伦敦郊区的房屋尤其如此。

英格兰的公路越来越宽，里程越来越长，但这个国家的道德把握却似乎越来越脆弱，越来越不堪一击了。7 月 13 日，露丝·埃利斯因谋杀情人而被处决，成为英国最后一位被绞死的妇女。她决定认罪的冷静勇气让很多人印象深刻。当公诉人问她是否真的打算杀死情人时，她回答说："很明显，我向他开枪时，就打算杀死他。"审判那天，她参照 18 世纪的时尚把自己打扮得光彩照人，甚至还染了头发。公众展开了一场为她争取缓刑的运动，但她不想参与其中。她的行刑官艾伯特·皮埃尔波因特后来写道，他对她被处死没有一丝怜悯。她的犯罪记录显然对她不利，但许多男人何尝不是如此。

埃利斯的处决刺醒了一个沉睡的巨人：死刑本身是否正义。内阁在这个问题上存在分歧。下议院将在 1956 年投票废除死刑，但上议院投票予以反对。当皮埃尔波因特谋求官方行刑官的职位时，当局必须向他解释这种职位根本就不存在：死刑不太像是英国人的做法。1957 年的内政大臣拉布·巴特勒起初并不主张废除死刑，但他在生死之间做选择的痛苦可想而知。"每一个决定，"他写道，"都意味着把自己关起来两
276 天或更长的时间……内政部的工作结束后，我开始认为这个制度不能再继续下去了，如今的国务大臣已经彻底摆脱了决定他人生死的可怕权力。"

《1957 年杀人罪法》是一个谁都不满意的妥协方案，而仁慈的巴特勒的不满尤为强烈。它以惩罚应该是示范性而非谴责性的观念作为前提，但是这种观念在法律和道德上的不一致性很快就会显现出来。区区几年后，政府就不得不选择是解开这个纠缠的套索，还是彻底切断它。

在这十年中，许多所谓不可侵犯的传统也受到了质疑。1957 年，一份关于性和性行为的报告被汇总起来。《沃尔芬登报告》呼应了它试图推翻的

《拉布谢尔修正案》所提出的许多问题。和以前一样，这个问题涉及卖淫。1885 年的修正案被称为“勒索者法令”，其部分动机是消灭未成年人卖淫的现象。《沃尔芬登报告》试图保护妓女，使她们不至于受到比当前更严重的剥削。两年前，英国圣公会曾就性行为问题编写了一份备忘录，敦促政府“将罪恶与法规分开”。教会的政治影响力开始减弱，却因温和的妥协而声誉日隆，这很难说是一种巧合。

与此同时，冷战在焦虑的新冰河时代悄悄爬过人们的脑海和内阁的办公桌。它在发展过程中促成了一种奇怪的矛盾思想。一方面，斯大林的大清洗、乌克兰大饥荒，甚至古拉格本身都鲜为人知；斯大林仍然被称作“乔大叔”。另一方面，“红色威胁”像一只乌鸦一样盘旋在平静的草地上空。它很快就会到来，据说到了那个时候，所有的自由都会被压制，也许所有的生命也都会被消灭。因为它也拥有原子弹。

艾德礼领导的工党不承认与共产主义有任何联系，甚至开除了被怀疑是共产主义同路人的成员。人们认为共产党人具有近乎超自然的隐蔽能力。1951 年失踪的盖伊 · 伯吉斯和唐纳德 · 麦克林于 1956 年 2 月 11 日又在莫斯科出现，似乎证实了这种迷信。伯吉斯在这两个人当中更吸引公众的注意力。他迷人、博学、英俊、聪明，这些特质使他的叛变更加令人费解。 277
一般人的推理是“想必只有愤愤不平的人才会成为社会主义者？”但伯吉斯并没有真正的不满，只不过有一点怀才不遇。伯吉斯就像英格兰的许多激进分子一样，很快就发觉自己对俄国或俄国人都没有什么兴趣。他最怀念的是板球。同时，他像许多激进分子一样，是在伊顿公学长大的。这所学校经常被视为英格兰建制派的温床，但只要仔细审视，任何悖论都能得到解决：伊顿公学内部的阶级平等并没有那么稳固，它在这样的氛围中教授学生们自力更生。

在这个所谓的安定时期，愤怒在许多小巷里嚎叫。400 年来，英国戏剧一直被资产阶级或贵族的关注所主宰，如今它要歌颂厨房和卧室以及它们孕育的怒火了。1956 年 5 月 8 日，《愤怒的回顾》首次上演。

英格兰戏剧此前一直因三位专业剧作家和两位诗人而闻名。J. B. 普里斯特利、诺埃尔·科沃德和特伦斯·拉蒂根有着非常不同的风格和政治观点，但他们的主题大致相同：中产或上层中产阶级，这些剧中人巧妙地回避现实，导致了滑稽或悲惨的失败。他们接受的传统是，艺术的任务是娱乐而不是说教。这三个人的写作风格至少有一些类似于日常语言的腔调，而 T. S. 艾略特和克里斯托弗·弗赖伊则用诗句写出了明确或微妙的宗教主题。在战后的岁月里，公开的宗教信仰逐渐被削弱了。如果宗教都不能聚拢教众，它又如何能引来观众呢？

约翰·奥斯本的《愤怒的回顾》体现了另一类截然不同的精神。一个对世界大发雷霆的年轻人吉米·波特因为剧中女性所谓的远离现实而对她们大加挞伐，为后世定下了基调。这部剧只可能属于最近富裕起来、刚刚受过教育的 50 年代。皇家宫廷剧院用“愤怒青年”来形容奥斯本，精明地暗示这是他们的创造。但这是一个在 1951 年就已经流行起来的词汇。而且它最独特的化身出现在小说中，而不是舞台上。

278 把这个运动称为“左派”既有简化之嫌，也不准确，而称之为“工人阶级”也不太合适。这场运动的头炮就是一个适例。约翰·韦恩的《每况愈下》出版于 1953 年，讲述了查尔斯·拉姆利的故事，他是一个身在国外，一心寻找自由和真实的麻烦家伙。这样的追求在观念上属于中产阶级，但明确讽刺他们的时机还不成熟：中产阶级还不够富裕。拉姆利做过擦窗工、司机和毒贩。真爱最终成为他的救赎，故事结尾那场婚礼充其量是令人尴尬的：他和他的爱人只是互相看着对方，表情“困惑而含有试探性”。

在 1985 年版的序言中，韦恩还击了那些指责他是愤怒青年边缘人的批评者。正如他所指出的，他的小说出版比运动中其他人的更早。“恰恰相反，”他写道，“是我开创了这场运动。”这种说法还有其他根据。查尔斯·拉姆利在许多方面都远比奥斯本的吉米·波特或金斯利·埃米斯的吉姆·狄克逊更像是这场运动的典型人物。虽然查尔斯绝非租客之子，但他努力重塑自我，成了一名租客。工人阶级的出身曾经是一种社会束缚，如今却成了一枚勋章。

书中的一个老兵谈到了工人阶级如何“在战后变得自高自大”。C. S. 刘易斯也觉得工人阶级在战后的和解方案中“受到了奉承”。如果是这样，这也是许多人急于接受的奉承。即便中产阶级从郊区向城内扩展，深入到国家生活的中心，以至于他们似乎接近于占了人口的大多数，但围绕着曾经被称为“中产阶级价值观”的东西，仍有一种迷信的恐惧日益加深。

就像战后的共识本身一样，愤怒青年的现象在一定程度上是公众观念的产物。无论如何，将这些作者归入一个群体都会使他们的目标落空；这是一个有分裂倾向的混乱趋势。激起愤怒的是什么？部分原因是人们认为政治阶级失败了，但主要原因首先是阶级仍然持续存在。贵族的文化已随风而逝，温文尔雅的薄雾也烟消云散。“真正的”民主与以往一样遥不可及。左派的承诺早已变质，右派的承诺又是那么虚无缥缈。英格兰似乎是一片单调乏味、被雪纺闷得透不过气、被茶和蛋糕塞得满满当当的精品店，还经常挂着“关门”的牌子。那么，除了不分青红皂白地愤怒，反思的灵魂还能剩下些什 279
么？正如金斯利·埃米斯在晚年指出的那样，“恼怒”可能是一个更恰当的词汇。埃米斯本人以此开创了自己的文学事业，他笔下的主人公也在很大程度上表现出这种品质。在《幸运的吉姆》中，吉姆·狄克逊在结束他关于“可爱的英格兰”的演讲时，对“世界语的人群”进行了滑稽的醉汉式谩骂，但所表达的愤怒却离奇地无关政治。在这一点上，埃米斯既属于他的国家，也属于他的阶级。英格兰人很少在政治问题上保持激烈的态度——他们迟早会出自本能地为煽动家擦拭衣领上的汗水，并提议喝杯茶放松一下。

战后的年代带来了精神或物质崩溃的寓言，从《黑暗之劫》到《美丽新世界》，再到《一九八四》。20 世纪 50 年代的小说似乎又回到了它的纪实根源——题材平凡、风格朴实——但时代潮流是一股不羁的风。小说家们对战后世界的迷惘提供了另一种回应，那就是飞越它。1955 年，J. R. R. 托尔金《魔戒》三部曲的最后一部作品《王者归来》出版了。这是英雄浪漫主义的复活，在作者对战争的回忆中得到了锤炼。

它讲述了中土的一个不受重视的小种族“霍比特人起来摧毁魔戒”的故事。世界的自由取决于一个微小的、美丽的、邪恶的东西的毁灭，那就是由堕落天使铸造的一枚戒指。当精灵、人类和矮人在战斗时，两个霍比特人被赋予了摧毁魔戒的任务。这个由作者的语言实验构筑的完整世界由此出现了，以至于如果有人指出“中土”只是挪威语“Mittlegard”（人类世界）的翻译，听众会以耸肩回应。中土就在那里，谁管它的起源是什么。

在英国记者伯纳德·莱文看来，《魔戒》是一个美丽而有益的提示：“温顺的人将继承地球”；在美国评论家埃德蒙·威尔逊看来，它是“幼稚的垃圾”，是好孩子得到奖励的故事。无论反对者说什么，《魔戒》的流行程度和影响力还是上升到了前所未有的高度。托尔金本人是一名学者和虔诚的天主教徒，他后来发现自己的作品被最不可能的盟友作为旗帜，这个
280 群体后来被称为“嬉皮士”。

1958 年，T. H. 怀特对过去，以及应该如何解读过去提出了一个完全不同的看法。与托尔金一样，他也是一位学者，对狡辩政客和恐怖帝国主义的极端厌恶也让两人有了联系。但两人之间的相似之处就到此为止。《魔戒》从儿童故事发展到成人小说，再到祖先的传奇故事，而《永恒之王》是后现代主义作品，这是人们在现代主义之后不久取得的一个了不起的成就。作为亚瑟王故事的无赖版本，它颠覆了这个受人尊敬的传说中的一切可能性。亚瑟在这部作品中是一个充满理想主义但又不谙世事的男孩，将被送往黑暗时代的牛津大学。梅林是一个有鸟在头发上做窝的古怪导师，他的智慧来自颠倒时间流向的生活。

在格言谚语和插科打诨之下，怀特的书深入到治国方略和权力的腐朽核心。书中时代错乱的地方比比皆是，而最后一处最为可怕。莫桀的军队对伦敦使用了大炮，此时亚瑟认识到骑士精神的时代真的已经过去了。随着时间的推移，“奇幻作品”将成为这一文学类型一概而论的总称。两位作
281 者都会拒绝这种归类——他们着眼的是现实问题。

37

航道的骚乱

在这个以沉闷著称的时代，家具上似乎都长出了叶子。床罩上缝着玫瑰花，沙发上缝着百合花，“大坐垫”上缝着兰花。乡村的意象丰富了日益郊区化的英格兰。正在退缩的乡村给时尚带来了更多的感伤。但是，如果说室内装饰变得更加惬意温馨了，公共空间却日益冷酷无情。在公共空间中，玫瑰花布沙发的虚假奢华受到了反潮流的冲击，这在很大程度上是由于美国和欧洲新流行的朴素时尚。在咖啡馆、俱乐部和办公大楼中，干净利落的线条受到青睐，仿佛科幻小说中的世界已经到来。

另一群愤怒青年开始现身；他们或许是毫无来由的反叛者，但他们拥有大量的旗帜和战争口号。1953 年，关于“新爱德华风格”的模糊说法被明确为一个名号：“太保”少年[①]登场了。他们与 20 世纪 80 年代干净、漂亮的男孩没有什么关系，后者会穿上亮色的服装，露出迷人的笑容——50 年代的太保少年则并不以取悦为目的。它起初是一种上层社会的趋势。战后，裁缝们试图通过复活爱德华时代的时尚来促销。他们针对的市场是富人，但工人阶级的青少年对这种新风格产生了兴趣。他们怎么能买得起

① “太保”少年（Teddy boys），Teddy 是爱德华的昵称。

282 呢？要么通过分期付款，要么坚持购买最便宜但最有特色的造型物品。它的丰富性证明了工人阶级已经变得相当富裕的新现象。太保们不仅复制了20世纪头十年的服装——他们还仿讽了这种风格，加入了美国黑人帮派喜欢的“佐特套服”等元素。受人尊敬的幻象于是成了叛逆的出口。他们很快便心甘情愿地闯出了行为暴力的名声。利物浦加斯顿区的太保少年帮派经常发生冲突，“血战”臭名昭著。

但并非所有的少年都是太保，也不是所有的太保都是帮派成员。这个污名在很大程度上不是他们应得的；首先，它是一种风格。新闻界对创造这种污名发挥了不小的作用。自17世纪学徒的辉煌时代以来，英格兰青年就一直是遭受非难的人物。太保是学徒的承袭者，即使没有继承先辈的勤奋，也继承了他们的精神，因此对所谓的野蛮少年的恐惧再度油然而生。任何在那个时代一意孤行的人都不可信，特别是那些被认为穿得“既古怪又阴险”的人。

爱德华时代的优雅在这里被扭曲了。太保用自行车链代替了怀表，目的明确得令人不安。紧身的“排水管”长裤正好盖住脚踝。满是绉纱纹路的宽脚“大皮靴”代替了粗革皮鞋。然后是让两只鸟青史留名的著名发型：前面像鹦鹉的冠子，后面像“鸭屁股”。随着贵族的最后一丝影响在剪刀之间落下，花花公子复活了，但他如今的身份是工人阶级。

而这也许才是真正的冒犯。虽然只是一丝暗示，但许多人一定认为工人阶级模仿上层人士的穿着是不“得体”的。太保们挥舞着车链，梳着头，开合着小刀漫步街头。他们的制服是自己的装束而不是某个行业的装束，因为他们是无业游民。如此一来，我们可以真正谈论青少年的第一种“风格”，而不必说他们有丝毫的革命精神。甚至倒可以说他们显示出法西斯主义的脉络。这十年后期发生的事情证明了这一点。

许多人认为太保少年是一种巨大的社会污染源，这种看法值得怀疑；
283 更重要的是，污染总的来说已经成为公共卫生的一个紧迫问题。当泰晤士河的雾气与烟囱的阴霾相遇，形成阴森森的绿色浓雾时，身处其中的人就什么都听不见也看不见了。多年来，伦敦人一直告诉游客不要为此烦恼，但这种满不在乎在 1952 年失去了魅力。那一年，“伦敦烟雾”夺去了 4 000 条生命。莫奈在不到一个世纪前描画过这个快乐而艳丽的城市，如今的它不得不清理一下肺部了。1955 年 7 月 5 日，《清洁空气法》获得通过，这是对加冕之年发生的那场大烟雾的延迟反应。

20 世纪 40 年代末，法德两国之间的一个简单的贸易协定，如今随着欧洲共同体的形成而生根发芽。内阁的经济政策委员会对欧洲问题仍旧不以为然。它在 1955 年 11 月断言，“加入共同市场有违英国的利益”。这一点可以理解。人们相信，在英联邦的支持下，在强大的跨大西洋盟友的帮助下，英国可以保持它以前的立场。

1956 年，这个岛国受到了来自东方和西方的双重冲击。赫鲁晓夫和布尔加宁从苏联来到英国，开始了对英国的正式访问。这次访问的实际成果不大，但其象征意义已经足够了。赫鲁晓夫性格强硬、粗鲁而精明，与伊登毫无共同之处。伊登在这次访问中只做出了一个虚张声势的保证，说英国会为了保护其石油储备而参战。然而这次访问因一名英国士兵在一艘俄罗斯潜艇的残骸周围神秘失踪而遭到了破坏。另一个突发事件是《昼夜摇滚》的放映，这是一部没有什么特别内容的美国短片。它的意义远不止是象征性的，因为它是有史以来第一部摇滚音乐的视觉盛宴。

此时战后共识破裂的最初迹象已经现出端倪。1956 年 6 月 1 日，麦克米伦警告伊登说，财政即将崩溃。如果英国继续入不敷出，通货膨胀也将继续下去。充分就业的承诺是艾德礼方案的核心，但再加上国防开支和海外的承诺，该方案如今难以为继。感到失望和被剥夺了权利的左派提出了新的方案。这一年，安东尼·克罗斯兰的《社会主义的未来》出版了。克
罗斯兰在工党运动史上一直是个模棱两可的人物，这也部分反映出他思想 284
的矛盾性。他的书在当时颇受好评，现在却很少有人记得。这种疏忽很容易解释；他的思想在近 40 年后被一位远比他更有野心、更有包容性的政治家采纳吸收了。

克罗斯兰认为，战后共识有可能无法实现自己的目标。国有化已经成为一个空洞的口号。社会主义者面临着本末倒置的危险。他们必须记住，他们的主要任务是消除贫困，而不是消除不平等。他写道：“我们不仅需要更高额的出口和养老金，还需要更多的露天咖啡馆，夜间更明亮、更整洁的街道，关门时间更晚的酒馆，更多地方剧目的剧院，更出色、更好客的旅馆和餐馆老板，更明亮干净的小吃店，更多的河畔咖啡馆，更多的巴特西式游乐场，公共场所有更多的壁画和图画。”社会主义愿景太过于扁平了；现在正是提升人性的时候。在一个方面，克罗斯兰的见解被默认是无可辩驳的。毕竟，国有化需要养料。“存货有限”这句话不仅越来越多地适用于家庭必需品，也适用于那些为家庭提供食物和燃料的物资。煤炭、天然气或电力还能维持多久？

也许又名塞拉菲尔德的卡德城堡核电站是由有历史讽刺感的人命名的。因为要建造这座核电站，根本无须拆除任何破败贵族的城堡。就这样，1956 年 10 月 17 日，它成为英国的第一座核电站。年轻的女王“自豪地”为它揭幕。英国在原则上已经准备好用原子能让壁炉温暖起来，让街道变得安全，而这正是原子弹的发明者奥本海默曾称之为“世界的毁灭者”的原子能。

1956 年，英国屡遭攻击，暴露出自己的捉襟见肘之处。在遥远的地方，在一个已经厌倦了帝国庇护的保护国，有一个人以狡猾、子弹和灿烂的笑容作为武器，夺取了权力。贾迈勒·阿卜杜勒·纳赛尔对于埃及，甚至对于整个阿拉伯世界都自有安排。1956 年 7 月 26 日，他将苏伊士运河收归国有，由此宣示主权。此事在威斯敏斯特引起了很大的反响。

安东尼·伊登在许多方面都是一个天生的外交家，对辞令和妥协都有
285 一种近乎超自然的天赋。他没有明显的理由与纳赛尔发生冲突。两人是风格各异的爱国者，都很清楚军国主义的局限性和危险性。但纳赛尔是一个完美的机会主义者。在悄悄地从埃及民族主义转向泛阿拉伯主义的过程中，他所积累的道义资源远远多于他的英国同行。

纳赛尔夺取了运河，这是许多国家将石油输入欧洲的大动脉，伊登被

迫作出回应。他的反应显然是战争式的，而且包含奇怪的人身攻击意味。究竟是什么让他把这位曾经的盟友与墨索里尼和希特勒相提并论，这至今仍是一个谜。他在下野后声称，他不能眼睁睁地看着 30 年代的教训被人遗忘。不管他的动机是什么，1956 年 11 月 5 日，英法两国入侵了埃及。

即使在当时，这项计划中的阴险狡猾也是显而易见的。以色列将对埃及发动攻击，英法两国随后“干预”，再留下一支武装部队来维持和平、平息怒气与重新开放苏伊士运河。以色列的行动有一定的理由；其他侵略者却只有借口。此外，这项计划中有太多内容是以美国出面支持为前提的。丘吉尔也许能够劝诱他们，但丘吉尔有他人的深深敬意可资利用，伊登却什么都没有，他热切渴望打倒阿卜杜勒·纳赛尔，导致他无视美国极为明显的不满迹象。美国无论如何都明确表示反对任何可能带有欧洲殖民主义色彩的行为，艾森豪威尔称，美国拒绝对苏伊士行动提供支持。这场非正义的行动转眼就成败局。英法两国军队沿着运河前进时接到了停火的命令。

人们对这次失败反应不一。从未关心过帝国的人被迫思考无敌的不列颠为何会落败。伊登企图厚着脸皮撑下去，无奈心脏病发作，这种不幸在一些人看来与其说是上帝的旨意，倒不如说是个权宜之计。也许他们是对的，他的生命事实上并不像医生说的那样岌岌可危。他从未拒绝为苏伊士问题的决策失误负责。也许在表态了这么久之后，他已经无法收回自己说过的话了。伊登并不愚蠢，但他因为害怕被看成是个怯懦的人而不知所措。
丘吉尔预见到了这一切，并为他的继任者担心：“可怜的安东尼”就是他最 286
后的定论。无论如何，1957 年 1 月 9 日，伊登辞职了。

这倒也是一件好事。他所熟悉和热爱的帝国已是江河日下。尽管肯尼亚的茅茅起义领袖被抓获并处决，但他们仍未被击垮。塞浦路斯的埃奥卡战士仍然猖獗。1957 年 3 月 6 日，加纳赢得了独立，促成了英国在西非殖民统治的结束。苏伊士运河事件常常被看作是大英帝国崩溃的时刻。事实并非如此，第二次世界大战早已让这个帝国难以为继了。但苏伊士运河事件仍旧是人们开始感受到自己已经痛失以前从未珍视过的东西的时刻。

失去了帝国之后，英国不得不在其他领域寻找自己的实力，或者说

“可靠性”。英国建造卡德城堡核电站可能并无恶意，至少其目标是中性的，但核军备竞赛仍不得不进行下去。1957 年 5 月 15 日，英国试验了第一颗氢弹。实现这一目标的战斗对持任何政治立场的人来说都是痛苦的。丘吉尔对这一新发展感到震惊，他比任何同龄人都见识过更多的战争。

除了建造房屋、解散帝国、照顾老幼、接待那些曾经只被看作仆人或奴隶的客人之外，英国还必须解决如何引导和动员公民这一长期存在的问题。受德美两国榜样的启发，英国铺设了第一条高速公路。1958 年 12 月 5 日，M6 公路，即普雷斯顿公路开通，“高速公路时代”就这样默默地开始了。1959 年，M1 公路也开通了。高速公路几乎被赋予了神话般的内涵。后来它就像泰晤士河一样，成为众人瞩目的焦点。

在英国，将国民兵役称为“成年仪式”有简化或误导之嫌。对许多人来说，它差不多是一段毫无意义的停滞时期，剥夺了参军者本可以用来工作或玩乐的宝贵年华。而另一些人觉得它是成年和承担责任的令人振奋的初次经历。无论是哪种情况，它几乎都是无法避免的。一个刚刚走出战争的国家需要保持脊柱坚挺、筋骨柔韧。国民兵役制就是一个典型的例子，说明了临时的紧急情况可能会促成重大改变。英国仍然需要维持欧洲的和
287 平，支持盟国，保护帝国。宣传称兵役制是为获得福利国家的全部利益所必须做出的一种牺牲。但事实证明，盟国很不稳定，帝国也不堪一击。

部队训练本身甚至比战时更严厉，如今军队要保护的是一个幻象，还有帝国的残余。危险无处不在，或显或隐，需要仍有威名的英国军队去面对。但无论如何，英国都希望年轻人健康成长，只要不像太保少年那样，终日游手好闲，不服管教。结果太保却在国民兵役制下繁荣发展起来。当然，头发是一个问题，但可以把它藏起来。事实上，这种风格是军训教官唯一真正反对的。有人说：“我们空降兵是一个骄傲的团体，但几个小子喜欢的这些现代时尚真让我们失望。”

同时代的其他人就不大好说了。在对伊登离职表示深切哀悼的少数人当中，有四个年轻人的幽默一举创造了现代的另类传统。伊登突出的门牙

使他说话时辅音发不出来，哈罗德·麦克米伦以慵懒的元音取而代之，这种发音要难以模仿得多。20世纪50年代广播喜剧的领头羊“呆子秀”一定对这位温文尔雅的新首相失望叹息。他们聚在牧羊丛的一家水果店楼上，每个人的背景都和新时代本身一样难以表述。迈克尔·本廷是伊顿校友，彼得·塞勒斯是来自马斯韦尔山的犹太男孩，哈里·塞科姆是威尔士人，斯派克·米利根出生在印度，父亲是一名陆军上尉。

与后来的许多喜剧演员不同，“呆子秀”对旁敲侧击或任何形式的性暗示都不感兴趣。这是本·琼森或复辟时期剧作家传统的喜剧，不同的是，“呆子秀”所表现的类型不仅古怪，而且是明显的疯癫。英国国民不乏刺激和机遇，但如今“呆子秀”展示的这种有益健康的疯狂还是太少了。例如，为了获得人寿保险，人们所要做的是“被死亡”。而他们使用的名词就是一场盛宴。丹尼斯·布拉德诺克总是说他放屁太多是因为吃了“咖喱蛋”，言简意赅，却大有深意。这就是当时的广播喜剧，广播终于可以播放一些比欢快的政治宣传和无休止的风琴音乐更令人振奋的东西了。这些声音，不 288
管是尖叫还是抱怨，是吼叫还是哀求，把各种清新而对立的时代风潮带入了普通人家。

战后共识的概念含有一种已被人遗忘的讽刺意味，因为事实上它是在工党和保守党双方的支持下发展起来的。然而到了20世纪50年代中期，关于意识形态的大对抗的观念就只存在于记者的素材中了。国家如果要向公民提出任何要求，就必须支持他们，这种信念已经变成了每个政党心照不宣的信条。战后共识终于达成了。唯一的问题是它能否立于不败之地。

20世纪50年代中期，各项服务的国有化几乎都已经完成。将生产资料和成果归还给生产者是一项伟大的使命。但真正的变化有多大呢？威尔伯特和克里斯托弗·奥德里的“火车头托马斯”童书系列始于1945年，却足足跨越了30年的时光。拟人化的火车头有一个亲切的矮胖子导师，那就是名叫“胖总管”的从男爵托普汉姆·哈特爵士。在《绿色小火车亨利》的故事中，“胖总管”变成了“胖调度员”。很明显，国有化已经发生了。这是由保守党人和社会主义者共同推进的项目，而且我们并不容易看出中心人物如何发生了变化。20 世纪 50 年代，人们逐渐接受了战后的解决方案。政府继续与工会运动合作，甚至在保守党人的领导下加速合作。在这一点上，所有人似乎都达成了一致。

不过，随着教育范围的扩大，民众之间也出现了某种不满情绪。接受教育是为了接受那 30 枚银币[①]吗？这样的概念在 100 年前会显得很奇怪，当时受教育是许多工人阶级引以为傲的事情。但工人阶级本身也经历了文化和族裔的转型。“少数族裔”这个词的含义在 20 世纪 50 年代也发生了改变。以前，它通常指的是威尔士人或妇女；现在它转向了国外，意味着移民。英格兰“白人”的概念往往是一种幻觉；英格兰在“帝国疾风号”一代之前很久就有了黑人社区，正如战时就有黑人士兵。至于帝国，它此前只是英格兰人在报纸上看到的一个词，如今他们已经能通过自己的邻居来

289 了解它了。

但 1958 年夏天在诺丁山爆发的骚乱却与新来的邻居无关。那是一个充满仇恨的炎热夏日。一位黑人居民这样回忆起暴乱：“我们可以感觉到气氛很压抑……你在街上会不断受到威胁。”“杀死黑鬼！”的呼声在波托贝洛路和科尔维尔路上此起彼伏。这是 20 世纪 30 年代的残酷回响，当时黑衫军的喉咙里喊的是“我们必须除掉犹太佬”。加勒比人也成了目标，他们的财产受到了攻击。但后来，经过多年的严防死守，他们改变了对策。“我们遭到了最严重的袭击，直到一些人决定还手……等他们来了，我们抢在他们之前动手，他们就跑了。”警察尽了最大努力，但局势已经发生了变化。除了青肿的皮肤外，“少数族裔”还有勇气、力量和精神。这可不是太保少年的高光时刻。他们兴高采烈地参与了对加勒比人的挑衅，但被击退了。

种族主义并不是困扰这个国家的唯一恐惧。在休·盖茨克尔看来，反美主义的暗流也在悄悄蔓延。他说：“我们很容易发现，本来关系就已经非

① 30 枚银币，指犹大背叛耶稣时收受的金钱，出自《新约·马太福音》(26：15)，这里意指背叛自己出身的阶级。

常糟糕了，如果再加上许多人发自内心地害怕，觉得美国会让我们所有的人陷入战争，反美情绪会变得多么强大。”这在许多方面都是预言，但他不必为此担心。在威斯敏斯特周边地区之外，民众基本上没有为盖茨克尔归咎于他们的担忧所困扰。到了 20 世纪 50 年代，对美国文化的任何残怨余恨都被对其小恩小惠的渴望抵消了。而通过电波传送的音乐确实是一种恩惠。无论英格兰的年轻人对政府欠美国的财政债务有什么不满，他们都感受到了这种希望的涌动。

柔情脉脉的音乐首先从奶品柜台的点唱机中传出，然后从咖啡馆随电波传出它们传递出一种既古老又新奇的影响。这就是美国的粗鲁、慷慨又傲慢的混合物。“二战”期间，心甘情愿的女孩和不情不愿的男孩开始注意到美国人似乎拥有了一切，而 50 年代则竭力促进了这种印象。1956 年，比尔·黑利和彗星乐队发行了《昼夜摇滚》，这是摇滚乐的新趋势的一个实例。这个流派有许多根源，全都来自黑人的创造，但当时的政治考虑要求其代表是白人。黑利本人是个小胖子，一绺鬈发垂在额前，在一支本质上 290
属于爵士乐风格的乐队里担任主唱。但他的活力和派头淹没了所有的反对意见。

“猫王”埃尔维斯·普雷斯利紧随其后。《蓝色麂皮鞋》和《猎犬》等歌曲在后来重视音乐性和歌词创作的时代都不能过审，但埃尔维斯伴随着让他赢得“电臀”绰号的暗示性扭动，用低沉柔和的声音将它们唱了出来。听众为之沸腾，销量大增。他不仅英俊，还很优雅，令人激动但没有威胁，这也起到了一定的作用。这当然不是纯粹主义者认可的摇滚乐；对他们来说，查克·贝里才是摇滚的王者。他把老派的蓝调音乐从钢琴搬到了吉他上，成就了一个流派的创始人。他将在沉睡的岁月中被人铭记。

骚动的烈焰很快就烧到了英格兰。年轻观众的本能迟早会令他们争先恐后地冲上舞台，加入其中。尽管摇滚乐起源于工人阶级，但它所需要的乐器却远远超出了英格兰年轻人的消费能力。钢琴、低音提琴、鼓，甚至连吉他都遥不可及。仿佛一条古老的法则将再次显示自己的威力：激情无法发挥，就会消失。

"噪音爵士"的名字来自英格兰西南部的一个方言词汇，意思是"一团糟"。在美国，这个词被用于表示一种只使用最基本乐器的音乐。这样一种草台班子式的音乐类型本来就很适合英格兰，但噪音爵士来到英格兰纯属意外。克里斯·巴伯组建了一支爵士乐队，班卓琴手是新来的朗尼·多尼根。他们录制唱片的时候，突然没有可以演奏的歌了。于是多尼根提出了一个建议："来点噪音爵士怎么样？"

噪音爵士在故乡美国早已被人遗忘了。它和爵士乐或蓝调音乐不同，几乎不能算一个流派，充其量只是一种过门音乐，是在没有什么值得演奏的东西、没有真正的音乐家来演奏，也没有什么乐器可用时的一种消遣。尽管如此，另外两个人还是拿出了乐器。然后，在被称为"伪蓝调的哀号"中，多尼根突然奏起了《岩岛铁路》。没有人知道这首歌是什么时候写的，但大家都认为写歌的人是一个囚犯，而这首歌表达了对逃跑的渴望。

这首歌讲述了一个火车司机成功地将藏匿的生铁偷运过铁路收费站的
291 故事。我们几乎无法想象出比这更加美国化的主题了，但这就是问题所在。激发英国年轻人热情的不是比尔·黑利和彗星乐队，也不是埃尔维斯，甚至不是巴迪·霍利。他们的光环与英国的现实有着几乎不可逾越的距离。无论如何，黑利和埃尔维斯的白人摇滚乐或"乡村摇滚"往往会有一种奇怪的沉闷感；那是为欢快甚至优雅的舞者所准备的音乐。也许在太保少年撕烂电影院的座椅时，他们并不是被摇滚乐点燃了激情，而是对这种音乐很不耐烦。噪音爵士可能还很不成熟，但它从来都不沉闷。

此外，矮小、瘦弱、卖弄的英国工人阶级多尼根是"我们中的一员"——所以如果他能做到，那么人人都能做到。然后就有了简单而急促的曲调，以及副歌中狂野呐喊的喜悦。噪音爵士的热潮火花四溅。正如人们多次提到的那样，"我们都要感谢朗尼·多尼根"。原理很简单。如果想要节奏，就去刮洗衣板；如果要低音提琴，就把晾衣绳系在扫帚上，然后把它塞进茶叶箱。如果买不起吉他，肯定可以找到一把班卓琴。一个用梳子和纸做的卡祖笛可以当口琴用，对着壶口吹气可以发出与大号别无二致的声音。简而言之，你可以自行创造音乐。

噪音爵士本身无疑已经死了。它的声音单薄刺耳，易于演奏本身也会让严肃的乐手处处受制。它之所以没有消亡，在某种程度上要归功于一个绰号叫“死亡博士”的人，他的真名是保罗·林肯。1956 年 4 月 22 日，他和雷·亨特把老康普顿街的一家小咖啡厅改造成一个俱乐部，楼下是音乐表演场地。当时几乎没有座位。乐手的小舞台是用牛奶箱和木板搭建的。就连麦克风也是第二次布尔战争时期的遗物。据说表演者的报酬是用咖啡和可口可乐支付的，那里不卖酒。噪音爵士找不到比这里更温暖的摇篮了。它并没有维持到下一个十年，就这一点来说，它是咖啡馆繁荣期的典型产物。意式浓缩咖啡馆仍然生意兴旺，但不再输送音乐人才了。它们永远不会消亡，但不得不适应时代的发展。 292

38

北方与南方

1959 年 10 月 8 日，麦克米伦领导的保守党以 365 个席位对工党的 258 个席位赢得选举。其非正式的竞选口号是“从来没有这么好过”。麦克米伦已经证明了自己的价值——现在他只需要让事态变得更好，不管事态指的是什么。他凭借爱德华时代的魅力迷住并说服了国民，但在某些方面，他仍是一个鲜为人了解的人物。

劳合乔治曾说年轻的麦克米伦是“天生反骨”。20 世纪 60 年代的英格兰年轻人可能很难看到他们这位首相的叛逆气质，但那些生活在帝国远方的人不会对此感到惊讶。1960 年，去殖民化已经开始了，但过程步履蹒跚。麦克米伦一直相信英联邦小国的新生力量。1 月 6 日，他在加纳的一次演讲中重申了这一点。这一地点的选择是经过深思熟虑的：加纳通过和平手段赢得了自由，它的新领导人以甘地为榜样。前法国和葡萄牙属地充满混乱杀戮的先例令人警醒，这让精明而悲悯的麦克米伦得出结论，帝国不可能与非洲民族主义共存。

这次演讲基本上没有引起世人的注意，但当他在种族隔离的南非议会中重复其核心观点时，全世界都注意到了。麦克米伦在向有关政要表示感
293 谢后，说道：“在这样的时刻，按道理你们应该停下来评估一下自己的处

境——回顾你们所取得的成就，并展望未来的发展。”他的语气就像一位慈祥的校长要将孩子们送进更广阔的世界，听众们也是同样的感觉。然而，他的下一句话却收获了善意的笑声。“今天下午，我希望能看看你们的葡萄种植业，到目前为止，我只是作为顾客欣赏过。”

下面这一段本来可以当作一种礼貌的客气话听过就算了，但细心的人却能听出此话另有玄机：“我们英国人对自己为这一非凡成就所做的贡献感到自豪。它大都是由英国资本资助的。”他赞扬了南非对两次世界大战的贡献：“作为军人，我亲身体会到你们的部队为自由事业的胜利做出了多么巨大的贡献。我也知道史末资将军在我们最艰难的时候给我们英国人带来的鼓舞。”他绝不会忘记提及史末资，此人是英国和南非关系的英雄，但并非种族隔离制度的朋友。然后是一段甜言蜜语：“今天，你们准备向非洲欠发达地区提供技术援助，这对接受援助的国家有巨大的帮助。”最后，他转变了形象，让这次演讲为世人所铭记。他说，南非已经准备好“在今天的**新**非洲发挥你们的作用……自从罗马帝国解体以来，欧洲政治生活的一个不变的事实就是独立国家的出现……今天，同样的事情正在非洲发生。自一个月前离开伦敦以来，我最深刻的印象就是这种非洲民族意识的巨大力量。”麦克米伦拍打着讲台，声音也越来越大，越来越慷慨激昂。“变革之风正吹遍这片大陆。无论我们是否愿意，这种民族意识的提高都是一个政治事实。我们都必须接受这一事实，我们的国家政策也必须考虑到这一点。”

听到如此离经叛道的言辞，大厅里一片寂静。但麦克米伦这位炉火纯青的表演者对此有所准备。他的观点又变得虚情假意了，但语气没变。“当然，你们比任何人都更了解这一点；你们来自欧洲，那里是民族主义的故乡。而在非洲，你们自己创造了一个新的国家。事实上，你们将作为第一 294
批非洲民族主义者而被载入我们这个时代的史册。”这是一次技巧高超的表演，对逻辑的运用何止严谨缜密，简直登峰造极。麦克米伦伴随着他最有共鸣的形象，进入了正题。“我们有时可能会忍不住让别人‘管好你自己的事’。但在如今这个时代，我会把这句老话延伸一下，把它变成‘管好你自己的事，但也要注意它对我们的影响’。”

当然，如果南非继续沿着当前的方向发展，结果将是一片混乱。麦克米伦的结论可以说是一场布道会。

> 我们的目标是……不仅要提高生活的物质标准，而且要创造一个尊重个人权利的社会，在这个社会中，人人都有机会充分发展自己的能力。在我们看来，这必须包括有机会获得越来越多的政治权力和责任；在这个社会中，个体的优异，而且只有个体的优异，才是一个人进步的标准，无论是在政治还是经济方面……我们这些受选民恩惠而暂时负责我国和贵国事务的人，我们这些历史上转瞬即逝的幻影，无权因此而对我们两国之间的友谊置之不理。

很少有哪场演讲能产生如此巨大的影响。演讲结束后，南非先是发生了沙佩维尔屠杀，接着又完全退出了英联邦，满足了世人最邪恶的期待。在麦克米伦任期结束时，英国在非洲的14个殖民地获得了独立，余下的殖民地数目减少到4个。麦克米伦在美国、联合国和非洲本地为英国赢得了许多海外的朋友。

麦克米伦需要这些朋友，因为批评他的人越来越多。马尔科姆·马格里奇在回顾这位首相的一场广播节目里刻薄地指出：

> 他本人似乎就体现了他自以为可以逆转的国家衰退。他散发着一股樟脑丸的味道。他面容腐朽，也不知为何衣衫褴褛，给人的印象是
> 295 一个年迈而古怪的牧师，受人引诱而在一个乡村业余戏剧协会上演的
> 斯诺小说改编的戏剧中扮演首相。

尽管如此，麦克米伦仍可以夸耀自己有许多崇拜者。虽然他的内阁成员绝大多数都是公学的学生，虽然他的家庭关系从威斯敏斯特一直延伸到查茨沃斯庄园，但他有一个非常特别的仰慕者，那是个身材高大、面色忧

郁、喜欢穿套衫的年轻学生，名叫彼得·库克。库克与乔纳森·米勒、达德利·穆尔和艾伦·贝内特组成了“边缘之外”小组。与之前的“呆子秀”不同，他们的幽默不是来自漫画而是来自观察。他们的表演除了一架钢琴外几乎没有任何布景。他们讽刺的目标是“建制派”，然而他们的幽默在其讽刺性的恭维中总是有一种地下出版物的特质。在1961年的一出短剧中，彼得·库克在恶搞的党派政治广播里扮演首相。他那转弯抹角、死气沉沉的讲话让人觉得不可思议。当然，这种讽刺是针对某个喜剧人格的，但这个人格本身就是麦克米伦担当的一个角色。它大获成功。顽固的敌人和靠不住的盟友都会被它所动摇。

被艾德礼称为英国“最激进政治家”的麦克米伦，实际上是一个“温和”的社会主义者，他敦促大臣们采取的经济政策就反映了这一点。匮乏时期必须刺激需求。因此英国经济进入了一个“通胀和紧缩交替”的时期；政府增加开支以确保增长，然后又削减开支来抑制通货膨胀。其结果便是“滞胀”，一个由支出产生，又由紧缩养育的怪物。

1962年春天，正直干练但缺乏想象力的财相塞尔温·劳埃德日益成为敌对情绪的发泄目标。在3月的奥平顿地区补选中，保守党大败于自由党，然而这只是更广泛的不满情绪的一个迹象而已。保守党在莱斯特也输给了工党。媒体镜头前的劳埃德毫无悔意。他断言，重要的是首相要做“正确之事”，无须考虑补选或民情。但他说话时，双手像木偶一样摇摆抽搐，暴露了他犀利流畅的讲话只是假象。后来获封黑尔舍姆勋爵的昆汀·霍格并不是唯一一个认为劳埃德这种莫名的不适感源于领袖而非财相本人的人。他写信给麦克米伦，声称“党已经失去了方向感和信念感，这要归咎于来 296
自中央的忽视”。

麦克米伦无动于衷。虽然他尊敬、喜爱甚至怜悯自己这位才华横溢但麻烦重重的财相，但他已经开始感到不满了。全国都开始反对保守党，不久之后他们就会开始反对麦克米伦本人。他在日记中写道，劳埃德“完蛋了”。有人担心政府会垮台。保守党主席伊恩·麦克劳德私下里敦促首相罢免劳埃德。事件进展迅速，有人向《每日邮报》透露消息表明，麦克米伦打算进行一次彻底的改组。消息来源尽管从未泄露，但人人都知道是拉布·巴特勒所为。麦克米伦召唤劳埃德谈话时，财相起初忐忑，然后大为震惊；麦克米伦似乎也很“慌张”，心烦意乱地盯着地板。这位和蔼可亲、泰然自若的大人物喋喋不休地谈论着神秘的“阴谋”。最后，麦克米伦宣布，财政部需要一个“不那么累”的人。劳埃德表面上仍然很开朗，但他唯一剩下的员工乔纳森·艾特肯回忆说：“他被这件事击垮了，心烦意乱……他在我们的槌球草坪上来回走了五个小时。”

正如巴特勒所言：“首相必须是一位屠夫，并且通晓关节。”其他的“关节”现在也将被切断，这就是所谓的“长刀之夜”[1]。7 月 13 日，住房大臣查尔斯·希尔、大法官和早期支持麦克米伦反对巴特勒的基尔穆尔勋爵、珀西·米尔斯、约翰·麦克莱爵士、哈罗德·沃特金森和戴维·埃克尔斯都被告知必须引退。麦克米伦后来声称，他实际上比那些被他免职的人更加痛苦，但他的反应并不奇怪。麦克米伦的孙子说，即使去预科学校颁个奖，麦克米伦也会“恶心颤抖”。当然，其中并没有什么阴谋，只是这种职业性屠杀的唯一结果是人们普遍失去了对麦克米伦的信任。“超级麦克”变成了“刀客麦克”，然后又变成了“超级麦克白”。

不过，还有两场胜利在等着他。两者都发生在他就有争议的核防御与美国进行谈判的领域。麦克米伦长期以来一直大力主张英国拥有独立的核
297 能力。美国人对此表示赞同，但有一个难题：白宫的“欧洲主义者”问道，正当英国寻求加入欧洲的保护范围时，为什么它会觉得有必要拥有自己的威慑力量？而欧洲人对此又会有什么看法呢？麦克米伦认为，如果没有自己的威慑力，英国将丧失自己的优势。此外，英国拟与欧共体联姻的前提肯定在于赔上大量的军事嫁妆吗？首先，有人建议采购天弩导弹，但在无休止的争论和误解之后，该计划被放弃了。在与欧共体谈判开始前的几周，

[1] “长刀之夜”，这里是指 1962 年 7 月 13 日英国内阁空前的换阁行动，被报章冠称为“长刀之夜”（取自纳粹德国在 1934 年发生的同名事件，即 1934 年 6 月 30 日至 7 月 2 日发生于德国的清算行动，纳粹政权进行了一系列对保守势力和党内的政治清洗，大多数被清算的党员为纳粹冲锋队成员）。但英国的这个版本没有发生流血事件。

北极星[1]取而代之。英国现在是一个真正的核大国了。正是由于麦克米伦和肯尼迪总统之间友好的个人关系，这一安排才得以顺利进行。当他们的下属争吵不休时，这两位退伍老兵在拿骚不动神色地解决了此事。“特殊关系”似乎再次成功得到肯定。在一次电话交谈中，一片乌云曾遮住了明亮而充满希望的太阳。麦克米伦回忆起拿骚的光辉岁月，总统却古怪地心不在焉，毫无反应。“那是什么时候的事？”肯尼迪不解地问。“拿骚会议。”麦克米伦回答。“哦对——不错不错。”

但如果说英国与美国的关系现在已经升温，那么它与欧洲国家的关系则陷入了困境。在欧洲共同体最初的六个国家中，戴高乐领导的法国是最强大的。他对自己前恩人的敌意与其说消失了，倒不如说是处在蛰伏中；当他得知英国拥有独立的核能力，又似乎不愿意与大陆邻国分享后，他清醒了过来。但现在，强大的阿尔比恩看来又希望加入欧洲经济共同体。无论是戴高乐还是他的德国同仁阿登纳，都不愿意让这个过程那么轻松愉快。

英国喜剧演员昆廷·克里斯普曾经写道：“我不相信外国人，我认为所有的外国人都背着我们说英语。”他的话在英格兰引起了许多人的共鸣。如今很多人感到，联合王国即将像其前辈一样漫步跨入同样的裂隙，并为此付出高昂的代价。因此，工党政治家乔治·布朗在谈到英国加入共同市场时说：“说到底，真正重要的不是黄油的价格。重要的是欧洲的规模、稳定、力量和政治态度。我们必须在欧洲建立一种新型的组织……如果我们 298
不能成功，我怀疑子孙们的英国是否还有英国味。”

但即使像布朗这样热衷的亲欧派也相信，英国可以而且应该作为牧羊人走进这个羊圈。新任财相雷金纳德·莫德林在这个问题上直言不讳，他承认“法国人根本不希望我们加入欧洲。六国共同体已经成为巴黎／波恩

① 北极星，即英国的北极星核计划，正式名称是英国海军弹道导弹系统，该计划提供了英国第一个基于潜艇的核武器系统。英国原本计划采购美国的天弩导弹，装备在其V系轰炸机上。后计划取消。英国首相麦克米伦和美国总统肯尼迪为解决“天弩”危机，在巴哈马首府拿骚举行了三天的谈判，最终签订了《拿骚协定》。美国取消了天弩空射弹道导弹，并向英国的北极星计划出售北极星潜射弹道导弹。

的联盟”。这种抱怨在其后几十年一直存在，只不过用柏林代替了波恩。在反对意见中，哈罗德·威尔逊提出了一种担心，即加入共同市场将是对英联邦的背叛：“如果必须做选择，那么我们无权为了在杜塞尔多夫销售洗衣机这么一个问题重重、微不足道的优势，而出卖朋友和同族。”盖茨克尔虽然在很多方面都很赞成加入欧共体，但他也很现实。许多工党成员认为英国已经“被卷入了一种巨大的资本主义天主教阴谋……根本无法执行任何独立的外交政策”。

要知道，欧洲计划在一开始可以说是一个“基于信仰”的计划。纯粹基于实用利益的考虑是后来才有的，当时“二战”的后果使得贸易合作成为一个极其紧迫的问题。但如今在首席鞭策者爱德华·希思的领导下，英国加入该计划的谈判已经开始了。他回忆起在纽伦堡审判中的所见所闻时，道出了他那一代许多人的真实所想：“我们被毁灭、流离、饥饿和绝望包围。只有通过共同努力，才有希望创造一个能够维护欧洲文明之真正价值的社会。和解与重建必须是我们的任务。”

希思是一位了不起的谈判家，他在细节上的天赋、顽强的精神和对大陆上一切事物的深切热爱，使他超越了以往任何一位英国大臣。然而，他不得不与恶意的戴高乐和多疑的阿登纳打交道。1963 年 1 月 29 日，法国宣布它将否决英国的申请。反对的理由并不陌生：英国是一个拥有海洋利益的海岛国家，与美国的关系过于密切和相互依赖。但戴高乐更加直言不讳：“最终，在对美国的依赖及其领导下，会出现一个巨大的大西洋共同体，很
299 快就会吞噬掉欧洲共同体。”

英国代表很难确定到底是否决本身，还是否决中掺杂的虚伪更让人沮丧。戴高乐尽管趾高气扬，但一想到英国人会撞进他的池塘，就惊恐万状。他绝非既往不咎之人，并因此而声名狼藉。麦克米伦本人曾在战争期间不顾上级怀疑而支持戴高乐，如今他的感受与其说是愤愤不平，倒不如说是伤心。广大民众不是兴高采烈，就是无动于衷，这更让他们的领导人担心。麦克米伦“通胀和紧缩交替”的经济政策的成功也受到了越来越多的质疑，他是否适合继续主政也屡遭非议。但是，最终打倒这个狡猾的无辜者的既

不是无能，也不是老朽，更不是报应。

战争大臣约翰·普罗富莫在下议院颇受人尊重。他有一定的才能，有一种举重若轻的魅力，也有许多当权者共有的弱点。在阿斯特勋爵当时拥有的克利夫登庄园的一次聚会上，普罗富莫遇到了一个名叫克里斯蒂娜·基勒的模特，她是骨科医生和社交名流斯蒂芬·沃德的女门生。基勒起初很冷静，却仍是个容易动感情的少女，她很快就与普罗富莫开始了一段持续了不到一个月的恋情，这件事可能就这样结束了。但基勒也结识了苏联随员和间谍“尤金”。期刊上出现了越来越多的谣言，而基勒本人也开始喋喋不休。

普罗富莫向议会否认自己有任何不当行为，甚至起诉了相关的报纸。但是当此案提交法庭时，基勒和她的朋友曼迪·赖斯–戴维斯都出庭作证，他就无能为力了。他辞职后消失在东区，通过帮助穷人来赎罪。与此同时，基勒因作伪证而入狱，基本上无辜的沃德则自杀了，而曼迪·赖斯–戴维斯竟然优雅转身，摆脱了恶名，一步便跨入成功之门。反对派领袖休·盖茨克尔知道，最好不要因为色情内容而利用这一丑闻。相反，他坚持讨论国家安全问题，让麦克米伦变得渺小而无力。最后，首相以健康状况不佳为由辞职，辩称自己在整个事件中是无辜的。他主政期间经历了兴衰交替，体验了繁荣和无常，恢复了甚至可能肇始了与美国的“特殊关系”，把保守 300
党从苏伊士的灾难中拯救出来，并指导帝国一步步走向结束。那么，谁来取代这位垮掉的巨人呢？

彼得·库克为继承“边缘之外”的传统而成立了建制派俱乐部，他们尤其对麦克米伦的离职表示难过：毕竟麦克米伦一直是讽刺文学的丰富素材来源。后来，讽刺剧的繁荣被电视所压制，而建制派俱乐部则被它扼杀了。不过，另类喜剧的风格并没有枯竭。《私家侦探》创刊于 1961 年，其制作人与“边缘之外”截然不同。他们更加尖刻，也不那么有趣，但这一事业却开始蓬勃发展了。

1962 年 11 月，《本周回顾》播出，新喜剧运动转移到了电视上。在被剪成可观看的长度后，爱好者们看到了越来越多家喻户晓的名字出现在编剧的名单中。基思·沃特豪斯就是其中之一。但最重要的是戴维·弗罗斯特，他平淡无奇，却是一个“天生的”电视人。但该节目的吸引力很快就减弱了。出于意料的是，它变得华而不实：诙谐变成了谩骂，无害的玩笑变成了自以为是的恶意。

在《另一个英格兰》一书中，记者杰弗里·穆尔豪斯试图将英格兰作为一个整体进行调查和分析。该书于1964年出版，是普里斯特利《英格兰之旅》的一种续篇，但“纠正”可能是更合适的说法。穆尔豪斯一开篇就提到了一篇名为《北方的状况》的文章。这篇文章是由利兹市首席教育官乔治·泰勒撰写的，他指出：

> 可以相当肯定地断言，北方的孩子将在老旧不洁的建筑中接受教育，其规划完全不适合当代教学，教师数量太少，大概也没有经验，可能并不合格，而且不断换人……如果他念的是文法学校，那里的孩子也像他一样，清一色来自当地的工人社区。

文法学校为工人阶级服务的假设受到了穆尔豪斯的质疑。文法学校主要是为勤劳的工人阶级服务的，但他们以某种方式放弃了为智识努力的精神，转而追求物质利益。他继续补充说：“我认为，我们如今有两个英格
301 兰，其一是一个圆圈，其边界大约是距离伦敦各终点站高峰期快车行程一个小时的地方；另一个英格兰是这个圆圈之外的整个国家。”简而言之，伦敦周围各郡代表了一个财富和机会的神圣区域。

20世纪60年代初，一位断然是南方人的作者为一家全国性报纸写了一篇匿名文章，并被穆尔豪斯引用，这篇文章最能总结出大都市人的思想问题：“一天，我在博尔顿吃了一个茄子肉酱千层派，它竟然是用土豆做的（虽然不错），这让我突然意识到，在城外想吃口茄子有多遥不可及。”漫不经心的喜剧性当然是双重的：这种讥讽表面上针对北方，但它也揭示了作

者对大多数伦敦人的饮食有多么不了解。在穆尔豪斯看来，真正的鸿沟是在伦敦周围各郡和其他地方之间。然而，尽管穆尔豪斯对他所熟悉的地区充满了感情，但他还是准备为落锤和推土机欢呼；在这一点上，他是典型的知识分子。“我也不愿意看到这些［习俗］消失，因为它们标志着一个民族仍然与他们的根联系在一起。但是，如果它们是为了让兰开夏郡变得更干净，不那么破败，而且普遍更健康而必须付出的代价，那么我恐怕应该站在那些准备付出代价的人一边。”也许有人会说，这种看法已经违背了历史。

20 世纪 50 年代的口号是“英国的面包挂在兰开夏的棉纱线上”，这已不再是事实。60 年代初，大多数纺纱厂仍然存在，但它们不再是国家繁荣的源泉了。尽管如此，织布机仍在运转；1963 年第三季度，全英织布机的数量共计 123 400 台。然而，作为一种文化或政治力量，曼彻斯特还在休眠之中。1963 年，美国关闭了它在那里的领事馆，而《曼彻斯特卫报》在 50 年代初改名为《卫报》。

不过，曼彻斯特文法学校仍然是大学预科教育的领头羊，令公学自愧不如。这座城市甚至对“伦敦奇闻”也有自己的答案，那是一种被称为“正午的黑暗”笼罩着城市的巨大煤烟天幕现象。 302

39

简版猫王

在英国，宗教上的分歧仍然存在。20 世纪 60 年代初，苏格兰人社区急于维护利物浦作为改革宗教信仰和保守党堡垒的地位，在一本小册子中大声疾呼：“天主教教义是我们的公民自由和宗教自由最大的敌人，如果我们为了社会主义的眼前小利而失去这些不可估量的特权，我们就真的不配拥有伟大的新教祖先为我们赢得的遗产。”然而，当贫民窟被清理，新房落成后，这种冲突就开始缓解了；社区不再孤立隔绝。不同教派的人不得不彼此合作。

然后是足球迷，正如穆尔豪斯观察到的，他们是利物浦最有争议的文化输出。“他们也是一群奇怪的异类，”他写道，“骂起人来比我们更流利、更频繁，他们公然在博尔顿的露台上解手，在这个自我节制的城市里，这可一点儿也不受欢迎。”马修街的洞穴俱乐部夜店也没有什么值得向非专业人士推荐的，但它获得了某种威望，简直堪称虔诚的信仰。

> 门口的保镖拒绝不速之客入内。他温和地指出，“这个地方如今可
> 是个该死的圣地。”事实也确实如此。入口周围有核裁军运动（CND）
> 303 的标志和其他粗糙的涂鸦。沿着陡峭的木质楼梯向下走到一半时，你
> 就跌跌撞撞地进入了一种甜美到几乎高雅的浓烈气氛。在洞穴里，大

> 约有几百个年轻人挤在被矮墩墩的拱形墙隔开的三个低矮的桶状拱顶下……墙上流淌着冷凝水。似乎没有人注意到身处其中的强烈不适感。

正如穆尔豪斯所说，这个充斥着“默西河之声”[①]的“恶臭而不通风的洞穴”的确是个讨人厌的“圣地”。

长期以来，所有的主要政党都在关注违法犯罪与缺乏教育之间证据确凿但难以表述的联系。1963 年 10 月，关于高等教育的《罗宾斯报告》[②]带来了新大学的兴起。这些大学无论颜色还是内涵都不再像“红砖大学”[③]。相反，它们在建造中采用了大量平板玻璃材料。它们赢得了许多奖项，但拥趸寥寥。然而，它们对学生的要求和以前成立的任何一所大学一样严格。1963 年，“平板玻璃大学”的建设达到顶峰，恰逢标志性的问答节目《大学挑战》在电视上播出，第一所赢得挑战的大学就是不起眼的莱斯特大学，这恐怕不是巧合。

1963 年 10 月 19 日，亚历克·道格拉斯-霍姆爵士成为首相。拉布·巴特勒的支持者对此感到失望，他们认为自然的继任者遭到了弃用，选民们选择了一个干瘪的苏格兰贵族。反对派倒是很高兴。这位首相的外表与他们对闪闪发光、充满活力的国家的愿景背道而驰。但是，尽管道格拉斯-霍姆形容枯槁、年事已高、与世隔绝，但他思维缜密，而且在扮演处理民怨的抚慰者角色时，他那种不仅在政界罕见，在贵族阶层更是罕见的礼貌和热情对他也颇有帮助。

不可避免的选举结束了，工党胜选，而唯一意外的是，这是一场险胜。“时刻准备”原本是童子军的口号，而在盖茨克尔去世后担任工党党魁的哈

① “默西河之声”，又称节拍音乐，特指来自默西河畔的利物浦和曼彻斯特的乐队，是一种属于流行乐和摇滚乐的音乐流派。

② 《罗宾斯报告》，英国政府在 20 世纪 60 年代委任高等教育委员会对英国高等教育的前景所进行的发展规划，该委员会在 1961—1964 年间的主席是经济学家莱昂内尔·罗宾斯。报告发表以后，政府在 1963 年 10 月 24 日采纳了报告的结论。

③ “红砖大学”，指创立于大英帝国维多利亚时代，在“一战”前获得皇家特许状的六所英国著名城市大学。

304 罗德·威尔逊在其政治生涯中始终坚持这一点。即使女王在场，他也会无法克制地回想起自己的童子军岁月。他像伊诺克·鲍威尔一样，在牛津大学的时候也曾沉迷于学习（当时仍被认为是相当古怪的追求）。那些见识过他令人生畏的工作能力的人，选择把他看作是一个蹒跚学步的人，而忘记了他超群的智力。但他属于不加思考的神童。宏大的政治信条对他没有什么吸引力，即使在大学时期，他对政治也没有多少兴趣。他也是真正意义上的善良之人，只要这份善良无须动用太多的道德勇气，他希望人人都得到最好的对待。简而言之，此人既友好又善良，还很精明。

威尔逊的妻子对他漠不关心，这大大有助于他在唐宁街十号的工作，他可以在必要时不受打扰地与助手和大臣们密谈数小时。玛丽·威尔逊是一个忠于丈夫的虔诚隐居者，很少参与议会生活。她没有去四处走访，而是潜心创作诗歌。她的一本诗集首次印刷就售出了 75 000 册。无论是抒发明确的宗教信仰，还是表达一种模糊而强烈的渴望，她的诗都会起上一个暗示性的标题："处女之歌"，"如果我能在死前写作"，还有一首的题目很像她丈夫的某个热心左翼批评家所取："你已经背弃了伊登"。

不过，哈罗德·威尔逊还是需要一个合作伙伴。虽然马西娅·威廉斯严格来说只是威尔逊的政治专员，但她很快就成了他的红颜知己，她在远远超出其职权范围的事项上强加自己的意志，并公开挑战王室的大臣们。可想而知，他们有时会出现暧昧的迹象，但尽管威尔逊在政治上不忠，他对妻子玛丽却是全心全意的。他也是一个北方人，思维敏捷，看起来很稳重，让人放心。他在这一点上运气很好，因为北方已经以一种出乎所有人意料的速度崭露头角了。

"你小时候家里有留声机吗？"一位美国记者这么问披头士乐队的首席吉他手乔治·哈里森。哈里森以顽皮、高低起伏的利物浦腔调回答他："留声机？我们连糖都没有。"这是典型的利物浦式挑逗，与哈里森的性格完全相符。

305 利物浦并没有像曼彻斯特那样陷入低谷，但它也绝不能算是文化中心，至少不能与伦敦比肩。就其种族和宗教的多样性以及贸易成就而言，用一位当代人的话来说，它似乎“一点儿也不起眼”。不过在一个重要方面，利物浦是幸运的。它有出海口，这意味着当地人可以获得唱片和美国音乐。

无聊可以唤醒最沉寂的创作冲动。战后英国的乏味和贫穷激发出 20 世纪 60 年代的音乐盛宴。在约翰·列侬、保罗·麦卡特尼、基思·理查兹、皮特·汤曾德和戴维斯兄弟的童年时代，他们几乎无事可做，至少没有什么像样的休闲娱乐。家庭可以提供音乐、乐趣和围炉交谈，但这三者本身就暗示着英格兰不仅衰落，而且还处处受限。家庭之外的世界也缺乏欢乐。歌舞杂耍剧场在萎缩，电影院在前些年是一条鲸鱼，如今则变成了一条小米诺鱼。配给制仍在实行。孩子们依然在炸弹坑里玩耍，常常在那里发现比商店橱窗里的都要结实的玩具。

对于那些十几岁的孩子来说，世界几乎没有变化，还是那么阴郁黯淡。简单的快乐、偷偷摸摸的越轨、零星的非政治暴力，都是唾手可得的娱乐机会。在闪电战废墟中长大的年轻人，除了来自国外的自由承诺之外一无所有。而人总是可以即兴发挥：一无所有的年轻人必须创造。正如我们所看到的，无论摇滚乐在英格兰如何被人崇拜热爱，舞之蹈之，它最迷人的形式都不容易被人所轻易效仿。毕竟连吉他也几乎是一种奢侈品。至于打击乐器或扩音器——这些东西也是可望而不可即的。谁有本事能用几个先令的预算来仿效猫王呢？

利物浦的过去尽管阴暗但值得骄傲，但是它的前途很渺茫，这一切直到它像变魔术一样变出四个救世主才改变。披头士乐队经过漫长而曲折的道路来到了洞穴俱乐部。20 世纪 50 年代末，有着工人阶级血统和中产阶级教养的艺术独行侠约翰·列侬组建了一个名为“采石工人”的噪音爵士乐团。彬彬有礼的保罗·麦卡特尼提出要参演，列侬面临着一个选择。这个年轻人显而易见的天赋当然是一种威胁，但它会让这支乐队变得无限丰富 306
起来。后来，麦卡特尼的朋友乔治·哈里森加入了乐队，除了睿智、略显愚笨和“顽强的学习意志”外，哈里森一无所有。未来的披头士乐队如今只缺一个鼓手了。事实上，为寻找固定的鼓手，而且是一个真正的“披头士”，他们花了将近三年的时间。那几年，披头士乐队曾在汉堡演出。到那时为止，他们的职业生涯一直没有什么亮点。一个竞争对手甚至抱怨经理人阿兰·威廉斯为什么要招募“披头士这样的流浪汉乐团”。但他们正是在汉堡成了披头士乐队。他们被迫要对付每晚酒吧的斗殴，了解到演奏音乐就是为了取悦他人，否则就吃不上这碗饭。1961 年，他们回到利物浦时，已经变得刀枪不入、头脑灵活了。在后来的评论家看来，列侬和麦卡特尼之间形成的创作伙伴关系似乎是上天的恩赐：歌词小天才（列侬）与配乐大天才（麦卡特尼）融为一体。现在他们只需要一个有足够远见的经理人来看到这一点。

此人出现了，他就是布赖恩·爱泼斯坦，这位天赋异禀的迷人推销员在利物浦拥有一家唱片店，还是个同性恋者。他受邀去了洞穴俱乐部，被这支乐队迷住了，由此自告奋勇担任他们的经纪人。“好吧，布赖恩，”列侬带着他典型的殷勤有礼说道，“来经营我们吧。”“布赖恩，吉他乐队马上就要过气了。”一个不以为然的制作人说。事实似乎就是这样。唱片公司对披头士的音乐印象平平，对他们的刻薄幽默更是嗤之以鼻。规模最大的迪卡唱片公司拒绝了他们。但还有帕洛风公司，那里有乔治·马丁这位受过古典音乐训练的音乐家，习惯于管弦乐队和偶尔的新奇表演。他认可他们的才华，而且由于最近与“呆子秀”合作过，他对他们的不敬行为也很感兴趣。在一次演出结束时，他问他们是否有什么不满意的地方，哈里森说：“嗯，首先，我不喜欢你的领带。”

当然，他们不得不唱了好几轮翻唱版本，但随后他们为马丁演唱了他们自己的歌曲《好好爱我》（‘Love Me Do’）。马丁说这是一首“奇怪的小丧歌”。滚石乐队的基思·理查兹第一次听到这首歌时感到“浑身疼痛”，这绝不只是他一个人的感受。按照后来的标准，这不是一首好歌，但它在
307 排行榜上蹿到了第 17 位，这是一个不错的成绩。

用乔治·马丁的话说，《你该怎么做？》（‘How Do You Do It ?’）将“使披头士乐队成为家喻户晓的名字”。但他们不以为然——他们已经对表

演别人的作品很不耐烦了。他们说，他们有一首自己的歌。这就是《请取悦我》（‘Please Please Me’）。他们演唱完毕后，乔治·马丁在高音喇叭里说：“恭喜你们，先生们，你们刚刚创造了自己的第一首冠军歌曲。”事实的确如此。这首歌从一开头就有一串热情洋溢的音符，其独特的和声很快就成为披头士乐队的标志。这首歌主要由列侬创作，用当时所有英国表演者都在用的“英美混合”口音演唱。和弦也受到美国的启发，但显然带有英国特色。这首摇滚歌曲开头的口琴“即兴重复段”几乎精确地复制了最有英国特色的声音——教堂的钟声。

蚌壳终于被撬开了。《从我到你》（‘From Me to You’）、《她爱你》（‘She Loves You’）和《我想握住你的手》（‘I Want to Hold Your Hand’）都获得了冠军。他们音乐会上的声音变成了疯狂歌迷“经久不息的尖叫”。在打动了英国之后，他们又征服了美国，被称为“披头士狂热”的现象诞生了。有人说，20 世纪 60 年代的英国乐队只是在向美国人演唱去掉了所有丑陋的政治关联的美国音乐。但他们也向美国提供了一个独属于英国的版本，其中有英国所特有的节奏、曲调、传统和挫折感。现在，任何来自利物浦的音乐家都受到了追捧，然后被奉为圭臬。继默西河之声之后，又出现了布鲁姆节拍和托特纳姆之声。人人都有希望。披头士之后出现了奇想乐团、滚石乐队、雏鸟乐队、特罗格斯乐队、戴夫·克拉克五人乐队、动物乐队——他们全部都是唱作人。

凡是有一点年纪的人，都对英国音乐的这段历史耳熟能详。曾经令人意外陌生的地方，如今变得亲切熟悉，但音乐和歌词听起来仍然新颖生动。这就是他们对 60 年代及后世的贡献。

滚石乐队和披头士乐队的成员是朋友，但有时也闹得很不愉快，但奇想乐团跟这两个乐队都处不来。他们易怒而紧张，不轻易与人交好。格里和领跑者乐队从一开始就认识披头士。谁人乐队则和其他所有乐队都不熟。308
然而问题不在于他们之间的友谊，而在于硕果累累的竞争。

披头士主要受到摇滚乐的影响，而滚石则是一支蓝调乐队，且从未远离过这些根源。披头士乐队和滚石乐队之间有一个微小但关键的年龄差距。列侬和麦卡特尼都曾是太保少年，而贾格尔和理查兹是60年代特有的新人类，他们是“摩斯族”。

这个词本身来自“现代派”；摩斯族与太保少年不同，他们认为自己是美国“垮掉的一代”的继承人。简而言之，他们是中产阶级。他们倒也没有宣扬这一事实，相反，他们追随了前十年建立的模仿街头行为举止的趋势。他们仿效过去的切尔西艺术家留着长发。不过，口音是他们自己的，其中包括一种拉长的鼻音——米克·贾格尔在这方面是个典范。用一位电台记者的话说，他的腔调被“国内几乎所有中产阶级的公学学生模仿”。

然而，在暴力方面，摩斯族自豪地追随了太保少年的传统。治安法官乔治·辛普森在判决一名摩斯族时，提出了他们的腔调酷似克伦威尔的谴责：“这些长头发、精神不稳定的小流氓……来到马盖特，公开表示要侵犯居民的生活和财产。”

滚石乐队在任何意义上都不是披头士乐队的“对手”。在布赖恩·琼斯的领导下，他们无疑才华横溢、与众不同，但他们缺乏独创性，似乎满足于重新制作被遗忘的密西西比三角洲的经典作品。他们的新经理人安德鲁·洛格·奥尔德姆对他们另有安排。他们必须成为“反披头士”。“披头士想握住你的手；滚石则想烧毁你的城市！”以及“你会让女儿嫁给滚石乐队的人吗？”都是他提出的口号。最重要的是，他对米克·贾格尔有安排。深深吸引他的是乐队主唱，而不是领队。布赖恩·琼斯既不会，也不愿用新的风格写歌，他鄙视这种风格上的低级和商业化。洛格·奥尔德姆明白，如果他的门生不在写歌上追随披头士，他们的风格就会消失。到了60年代中期，大多数主要乐队都在用他们自己的素材写歌——他们根本没有别的
309 选择。披头士乐队不仅为其他人打开了大门，而且还不经意间带他们穿过了大门。贾格尔和理查兹都不是本能的或天生的歌曲作者。但随着《满足》（‘Satisfaction’）的问世，这种情况发生了变化。据说这首歌的起源是一个梦。开头的吉他器乐演奏（或者说“小过门”）阴郁而不祥，甚至充满了威
310 胁。它刺耳的起伏似乎在咆哮：“我会等着你！”

40

如此运动生涯

哈罗德·威尔逊无论怎样赞美青春，都绝不可能支持这种新的音乐美学。但他还是忠于自己的北方同胞。于是他提议授予披头士乐队大英帝国员佐勋章，以表彰他们对出口的贡献。女王同意了，1965 年，约翰、保罗、乔治和林戈收到了小小的金质十字勋章。关于女王陛下本人，他们说："她很伟大，就像我们的妈妈一样。"一位心怀不满的老兵把自己的大英帝国勋章退了回去，抗议说这一荣誉被授予了一帮"粗俗的笨蛋"。就连那些喜欢披头士的人也一定同意杰弗里·穆尔豪斯的观点。"总有一天，这一切都会结束，"他写道。"我们手头的《她爱你》唱片也会磨损得再也发不出声音。"

在音乐界，没有什么东西安如磐石，然而政界也是如此。鉴于威尔逊仅以五席的微弱多数获胜，他无法如他所希望的那样大刀阔斧地重组英国。然而，他的愿望超凡脱俗。1964 至 1965 年期间，政府为最弱势群体提供的救助金，如今看起来慈悲得不可思议。1965 年推行了裁员费。公营住房从 1964 年的 119 000 套增加到 1966 年的 142 000 套。《保障免受迫迁法》保证了租户再也不必担心凌晨时分有人敲门赶人。行业培训委员会为未来几代的工人保证培训供给。《1965 年劳资纠纷法》恢复了工会负责人的法律豁免

311 权。而《种族关系法》将基于种族的一切歧视定为犯罪。最有说服力的是，1966 年，寡妇的养老金增加了两倍。一切仿佛一口圣井外溢，流进了一条黄金之河。政府的多数派需要所有能够得到的支持，但威尔逊及其同僚的善意是毋庸置疑的；他们的深意是要把福利国家的天篷展开到远超贝弗里奇甚至贝文所能想象的程度。1965 年，社会学家 T. H. 马歇尔谈到了一种新的共识，即认为国家的任务就是照拂人民。

教育将威尔逊从哈德斯菲尔德带到了唐宁街，所以他希望所有人都能获得这种优势。在他的支持下，国民生产总值中用于教育的比例超过了国防。全国新建了 30 所理工学院。公立学校为儿童提供免费的校餐。接受培训的教师人数大大增加，学生人数每年增长 10%。威尔逊希望能很快向每个公民保证，他们都能够接受某种形式的高等教育。1969 年，开放大学正式成立；如果你仍然无法继续接受高等教育，它就会来到你身边。普及教育的梦想并不像看起来那么激进，然而事与愿违。威尔逊反而被指责因采取一项措施而引发了教育家、政治家和家长的争吵不休。

1965 年 7 月 12 日，安东尼 · 克罗斯兰制订了一项关于建立全面的中学教育系统的计划，该系统将取消有分歧的 11+ 升学考试。许多人接受的文法学校教育优于最好的公学；但对于那些没有通过 11+ 考试的人来说，现代中学的经历只会加深他们的自卑感。威尔逊本人的态度也很难衡量。他表面上对克罗斯兰给予了一贯的支持，而私下里却感到自己被工党左派所束缚。甚至有人听到他宣称，“除非我死”，否则文法学校就不会消失。随着工党的微弱多数下降到只多一票，这个问题变得越来越紧迫了。此外，国际收支平衡达到战后最糟水平的情况遭到曝光。政府不得不解散了议会。

政府和党内的普遍情绪是昏昏欲睡、不慌不忙，甚至百无聊赖。这是
312 威尔逊富有感染力的自信心的另一个迹象，反对派的新领袖爱德华 · 希思明显不受欢迎，就使他更加光彩照人。威尔逊表现得随和而自信，而希思则显得笨拙紧张，缺乏激情。毕竟，谁能想到上一次选举后不到两年就会又来一次选举？理查德 · 克罗斯曼回忆起他自己连任那天的心情，那是一

个“风和日丽、完美的竞选天气……现在又轮到我们站在了世界之巅”。经过公众同意，工党在下议院多了一百多个席位，重新入主政府。

这是一个美丽的早晨，但也有不祥的征兆。财相吉姆·卡拉汉如今面对风雨飘摇的英镑，第一次听到有人低声谈论一个忌讳的词——贬值。就在这个新的威胁出现的时候，一个旧的威胁，即工会的战斗精神，也从长期的沉睡中醒来。海员工会在周末轮班时发动了罢工。航运业的罢工不仅会损害英国的海运贸易，也许还会造成灾难性的影响，而且它还会使乔治·布朗的自愿收入政策变得一团糟。他把工资的增长率定为 3.5%，而工人们要求的是 17%。威尔逊竭力打破僵局，谈到“有政治动机的人……现在决心在后台施压，迫使工会成员和他们的家庭陷入巨大的困境，并危及行业的安全和国家的经济福利”。

当局指责共产主义煽动者在事件中发挥了作用，罢工被取消了，但胜利的代价高昂，高到了几乎难以承受的地步。它对英镑没有任何帮助，而且削弱了威尔逊在左翼的普通议员中的声望，甚至削弱了他在自己内阁中的声望。这继而又导致了一场针对威尔逊的政变，只是这场所谓的“7 月阴谋”以失败而告终。民众根本不会接受反复无常的乔治·布朗代替威尔逊，但尽管如此，这几周的时间还是让人疲惫不堪，威尔逊已经准备好接受一切干扰了。

自爱德华时期以来，有组织的体育运动在国民生活中的地位越来越突出。但在 20 世纪初的前半个世纪里，占据主导地位的是板球。足球只是地方性的活动，它虽然激发了人们的狂热忠诚，但国家队的成败通常只会唤起人们善意的冷漠。不过，随着电视的发展，民众的支持度开始转变。观 313
看足球不仅让人兴奋，而且对人们注意力持续时间的要求也不高。一场 90 分钟的比赛也比一场酣战五天的板球决赛更有看头。尽管如此，1966 年世界杯将由英格兰主办的消息还是让全国人民措手不及。威尔逊的助手们甚至很难让他明白，足球的影响力所能覆盖的地方或许比他的家乡哈德斯菲尔德更远。不过和以往一样，他很快就适应了。但是在一连串令人沮丧的失利之后，很少有人想到英格兰能赢得比赛。

然而，阿尔夫·拉姆西不仅想到了，而且开始着手确保夺冠。拉姆西是一个受人尊敬的工人阶级子弟；足球对他来说不是一场游戏，球员们也被他鼓励去理解这一点。虽然关于英格兰队的前三场比赛都在梦游的说法很不公平，但他们的比赛确实没有激发忠实球迷的热情。不过，在与阿根廷的比赛中，一切都变了。英格兰队的球员虽然可能没有对手那么娴熟，但他们非常顽强，毫不留情。在比赛快结束时，杰夫·赫斯特的头球为英格兰队赢得了比赛。

尽管阿根廷人已把规则歪曲到了极限，但他们还是对这次失败不服，而拉姆西在赛后的刺激性言论也无济于事。他用“卑鄙下流”来形容落败的南美人，而世界上有许多人公开同情他们。强大的葡萄牙队随后在半决赛中输给了英格兰人，这是另一个出乎意料的结果。英格兰现在打进了决赛，而且是在主场。公众终于被激起了兴趣，“足球热”从此诞生了。

英格兰队决赛的对手是西德队。新闻界尽管对最近的另外两场冲突喋喋不休，但无法掩盖民众缺乏真正的反德情绪——德国战后的经济奇迹甚至可能引来了人们的钦佩。对阵双方在许多方面都很相似，倾向于顽强而不是炫技。德国人首先进球，这一挫折让英格兰队从麻木中清醒过来。英格兰队先是扳平了比分，然后又领先了。在全场陷入疯狂的最后十分钟里，比赛变成了一场真正的竞赛。德国人在比赛结束前一分钟扳平了比分，然后哨声响起。英格兰球员几乎绝望了，但拉姆西在加时赛中让他们想起了自己的职责。“你们已经赢过一次世界杯，”他告诉他们，“现在出发再赢一
314 次吧。”事实证明，接下来的比赛将迎来史上最有争议的进球之一。足球在德国队的门柱之间弹跳，最后被判进球，德国人提出了强烈抗议。不过下一个进球毫无争议；在比赛结束前几秒钟，杰夫·赫斯特将球打进了西德队的球网。4 比 2。英格兰队赢得了世界杯。

球员们彼此拥抱，倒地痛哭。阳光更加耀眼，球迷们欢呼雀跃，博比·穆尔在向女王致意前擦了擦手，高高举起了大力神杯。严厉的拉姆西被球员们的快乐所感染，放弃了他一贯的矜持，亲吻了奖杯。

尽管威尔逊政府的紧缩计划极为不得人心，但重新获得人民授权以后，它终于可以认真地开始其社会计划了。因此，经过漫长的苦战，沃尔芬登、阿克顿勋爵及其同事的努力终于被证明是正确的。1967 年，《性犯罪法》规定 21 岁以上成年人之间私下同意的同性恋关系为合法。在一片欣慰、喜悦和愤怒中，该法案也引发了一些轻松的喜剧。在后世的一幅漫画中，两个中年男子躺在户外的一张床上，一名警察在他们旁边说：“你们超过了 21 岁，你们很可能同意彼此这么做，但我怀疑你们侵犯了伯克利广场的隐私。” 315

41

老妇与毒药[①]

从某种意义上说，1967 年作为“爱情之夏”而被人铭记不啻是一种讽刺；因为前一年产生的这类商品明明更多，伦敦在 1966 年就已经百花盛放了。戏剧、电影、艺术和音乐领域的宫殿熠熠生辉，花园生机盎然。这是一个属于身材娇小、大眼睛的幽灵女孩莱斯莉·霍恩比的年份，她的家人给她起了一个亲切的绰号“小树枝”。在其榜样的引领下，或者说在她的误导下，年轻女孩努力追求着一种被后人视为憔悴的体形。

小树枝本人只是英格兰时尚界空前盛放的最新一片花瓣。事实上，到了 1966 年，就连意大利都准备向英格兰业界施以略带讽刺意味的鞠躬礼。玛丽·匡特被《时代》誉为“迷你裙女王”，而“埃伦夫人”和“金赛勋爵”这样的精品店在米兰本地也开设了分店。像许多有威尔士背景的人一样，玛丽·匡特几乎在到达伦敦的那一刻就把自己重塑为英格兰人。她本来只是想“开一家销售服装和配饰……套衫、围巾、直筒连衣裙、帽子、珠宝和新奇零碎物品的大杂烩店”。这并不足以让她在一众设计师中脱颖而出，她也没有止步于此。正如她所说，她想要的是“更适合生活，更适合

① 老妇与毒药（Old lace and arsenic），源自 1944 年美国黑色喜剧电影《毒药与老妇》（*Arsenic and Old Lace*）。

真正的人，更体现年轻和活力的衣服……可以走动、跑步和跳舞的衣服”。这将产生巨大的影响，而这种影响与其说是影响国家本身，不如说是影响 316
了其他人对它的看法。年轻人是新生市场，而年轻就是一切。从切尔西的国王大道到美国，她的衣服颜色鲜艳、轮廓鲜明、适应性强，遍布两大洲。匡特被称为“时尚女王”，的确恰如其分。

她有丰富的想象力，可以把条纹棉布、格子花呢、法兰绒甚至聚氯乙烯布做出丝绸的质感，这是恋物癖者的乐趣。对她来说，材料和形状之间没有基于利害关系的婚姻，只有恋爱。1966年，她被授予大英帝国官佐勋章，她的公司每年的收入逾600万英镑，每年有500件设计作品从她的缝纫机上翩翩起飞。精品店风格也在其他地方兴起，卡纳比街是其中的佼佼者。新的服装萦绕着一种新的类型，而且创造了这种新式的风格：那就是“摩登女郎”，象征着瘦削、少女感、性自信和富裕。因为不管匡特和其他人如何装腔作势，时尚的新趋势都远远超出了“码头工人之妻”的承受范围。小树枝自己不为所动。她说“国王大道上的集市是给富家女准备的”。

剧院很可能也主要为有钱的顾客服务。20世纪60年代初舞台上的主流剧目仍然是洗碗槽戏剧[①]。黑暗、“不妥协”、存心不雅的东西才是最重要的，那也正是富裕的观众期待和要求。转变竟以揶揄的方式发生。

乔·奥顿出身于平常人家，有着完美的工人阶级背景。在接受演员培训后，他遇到颇有抱负的小说家肯尼思·哈利韦尔。奥顿和哈利韦尔敲开了他们未来的经纪人佩吉·拉姆齐的办公室。讨论他们的合作小说时，他们给她留下了清晰的印象。“肯尼思是作家，约翰总的说来就是他漂亮活泼的男朋友。”然而，最终戴上王冠的却是这位男朋友。与情人不同，奥顿从来没有特别想成为作家，而这种缺乏使命感的情况对他很有利。吸引他的是写作，而不是“成为作家”。

① 洗碗槽戏剧（又名洗碗槽现实主义）是20世纪50年代末至60年代初发生在英格兰的文化运动。这场社会现实主义运动涵盖剧院、美术、小说、电影以及电视剧等诸多领域。在这类作品中，主人公通常是些愤怒的青年人，经常能够看到的场景也是工人阶级的家庭生活场景。

他的第一部剧本《款待斯隆先生》似乎在很大程度上得益于20世纪50年代的洗碗槽戏剧。它的背景是一个阴暗的郊区家庭，不怎么光鲜亮丽，屋外面就是一个大垃圾场。凯丝和埃德是一对中年兄妹，与他们的父亲坎
317 普同住。年轻的工人阶级男子斯隆先生上场了，兄妹俩都不可抗拒地被他所吸引。坎普的怀疑和敌视是有道理的，因为第一幕中那个稚气未脱的天真汉很快就暴露出冷静而善于操纵的反社会者的真实面目。在让凯丝怀孕后，而坎普又指认他是杀害前雇主的凶手时，他又打死了坎普。虽然这起死亡事件严格来说是过失杀人，但凯丝和埃德成功地敲诈了斯隆，他被迫让他们“分享”了他。不过，该剧的语言风格让如此严酷暗黑的剧情显得不那么恶劣。前期场景中平淡的节奏退去，王尔德式的淘气音符闯了进来。当斯隆问他能否在孩子出生时在场时，埃德对他说：“我觉得，一个明智的男人只要在受孕时在场就可以了。”

在慷慨的特伦斯·拉蒂根的赞助下，该剧演出效果良好，收益颇丰。然而，就在首演之夜的几天后，报纸收到了一封来自“埃德娜·韦尔索普（小姐）”的信。她对剧中表现的“污秽”内容大感愤慨，并总结说：“今天的年轻剧作家自顾自地侮辱体面的普通大众……体面的普通大众不久就会反击——现在！”结尾处的语法错误是大师级的，因为韦尔索普小姐不是旁人，正是乔·奥顿本人。这个名字是为了向拉蒂根致敬，因为他一直认为“埃德娜阿姨”是他的理想观众。

奥顿的下一部作品《赃物》是一出黑色闹剧，其中的特拉斯科特探长是一个欣欣然的腐败警察，他调查了一起入室盗窃案，把大部分名义上的赃物收入囊中，却将一个完全无辜的鳏夫送进了监狱。如今的洗碗槽戏剧已经把舞台的中央位置让位给了棺材，而棺材里放着藏匿物。当被质问警察的职责是不是保护诚实和正派的人时，特拉斯科特说：“我不知道你从哪里得来的这些口号，先生。你一定是在广告牌上看到的。”这种王尔德式的风格在奥顿后来的剧作中表现得更加淋漓尽致。《管家所见》是在他去世后演出的。这是奥顿最好的作品，描述了精神病院中理智和正义的逐渐解体。在结尾处，遭人诽谤虐待、心神荡漾而胡言乱语的演员带着温斯顿·丘吉

尔雕像的“缺失部分”登上楼梯，向着光走去。每一种“变态”都被欢快地展示给观众，让他们既厌恶又享受。318

这部剧在首演时就遭到了嘲笑和抨击。拉尔夫·理查森爵士饰演迷人、阴险，但显然精神错乱的兰斯医生，却听到台下的观众劝他“放弃爵士头衔吧！”奥顿对“黑色闹剧”的偏好在所谓的“威胁喜剧”中也有对应的表现。就戏剧而言，黑色调成功地渗入了当时最明亮的这块调色板。哈罗德·品特默许了“威胁喜剧”这一说法，但其喜剧性并不总是容易辨别的。他在20世纪50年代末开始写作，但到了60年代，名气才开始真正上升。《看门人》于1960年演出，六年后，《回乡》上演。《回乡》的故事源自两个陌生人来到小镇的共同动机。在剧情发展过程中，一位丈夫从美国带着一个据说是他妻子的女人，回到全是男性的工人阶级家庭。她的举止非常不像妻子，还当着他的面勾引他的两个兄弟。我们很快就可以看出，兄弟们和父亲都想以姐妹、母亲，或者另一种身份——也就是剧中所说的“生意”一词所暗示的东西——把她留下来。丈夫回到美国，把心甘情愿的妻子留在父亲和兄弟那里，他们组成了一个既相互依附又彼此掠夺的团体。品特向60年代戏剧馈赠的礼物是他愿意在负形空间里着意刻画，让停顿和沉默中充满恶毒的意图。当他被问及他的戏剧关注什么，乃至是关于什么的时候，他回答说：“它们关乎鸡尾酒柜下的黄鼠狼。”

英格兰小说中和谐的反乌托邦风格仿佛又回来了。安东尼·伯吉斯创作了《发条橙》，“这是一个年轻人的冒险故事，他的主要爱好是强奸、极端暴力和贝多芬”。故事发生在并不遥远的未来，描述了一个既专制又无能的社会，其中无拘无束的年轻人采用了一种叫作“纳查话”的隐语。设计这种行话的目的是为了使这本书不受年龄限制，它是一种未来的盗贼切口。它包含了英语、罗曼语和考克尼[①]同韵俚语，但最重要的是俄语。在听到过赫鲁晓夫的浮夸威胁“我们要埋葬你们！”的西方，俄语成为权力的语言真的是太合情合理了。

① 考克尼，意指伦敦的工人阶级，尤指伦敦东区使用考克尼方言的当地民众。

小说中的主人公年轻人亚历克斯没有什么可抱怨的。他显然属于中产
319 阶级，也显然是个反社会的人。他对无休止的自我满足的野蛮追求没有任何理由——事实上，正是他缺乏明显的犯罪动机才使他如此令人不安，这一点对于那些寻找某种“创伤”来解释邪恶存在的人来说尤其如此。他带领着一个由三个“哥们儿”组成的团伙在夜里胡作非为，最后总是以随意和令人作呕的暴力结束。没跟伙伴们在一起时，他会随意强奸未成年少女，他还喜欢贝多芬。帮派与他反目后，他被关进了监狱。在那里，他接受了“卢多维科疗法”的治疗，这是一种极端的厌恶疗法，会让患者不再具有暴力倾向或欲望。他被释放出狱后，以前的受害者发现他陷入孤独无援的境地，便殴打、羞辱、虐待和监禁他。最后，亚历克斯得到了逆转治疗的机会，他很高兴地加以利用。在最后一章（在美国版中被删除了），沉着冷静的亚历克斯意识到，破坏的欲望已经从他身上消失了。他找到了重新加入人类的意愿，而不是继续做一个“发条橙”。

有许多人急于让健康之光照入这个黑暗世界，在这些人当中，沃里克郡的家庭主妇玛丽·怀特豪斯所发出的呼声最为嘹亮。她认为 BBC 在道德上懦弱甚至背信弃义，在此刺激之下，她在 20 世纪 60 年代初成立了全国观众与听众协会。令人敬畏的怀特豪斯及其追随者笔下不断涌现出大量的批评文字。有一次，有人问她是否真的看过一个冒犯她的节目，她带着嘲讽的鄙夷回答说：“我对自己的头脑的尊重不允许！”有人在对约翰尼·斯佩特的采访中暗示她的观点是法西斯主义，怀特豪斯起诉了 BBC 并最终胜诉。而在此之前几乎无人取得过同样的成功，哪怕其中许多人都很有影响力。

那些与她意见相左的人善于诉诸讽刺。斯佩特受访事件之后不久，他写了一部名叫《至死不渝》的电视连续剧，描述了阿尔夫·加内特与进步力量所进行的滑稽而无助的斗争，他在剧中安排加内特阅读怀特豪斯的一部作品，并为其中的每一句话欢呼雀跃。怀特豪斯曾反对这档节目中反复
320 使用“该死的”一词；而在那一集里，“该死的”一词几乎连绵不绝。

在怀特豪斯的支持者看来，她是个勇敢而正派的基督徒，试图扭转一种从娱乐界蔓延到英格兰家庭的道德败坏。而在反对者看来，她则是一个偏执狂，意图阻止甚至逆转言论自由和社会进步。事实也许更为微妙：她似乎确信，成为基督徒就意味着成为神权主义者。然而事实证明，她的影响力比她的支持者希望的还要大。她的“孩子当孩子的权利”运动促使《儿童保护法》在许多年后得以通过。

她坚信野草永远都不过是野草，因此她经常把矛头指向看似最无害的电视节目。性爱和暴力都让她深感不安，当一个她误以为是给小孩子看的节目描述了一个人形植物扼杀某个角色时，她就会觉得有必要提出抗议。这实在很遗憾，因为她和《神秘博士》的主人公有很多共同点。两人都是局外人，都是将自己视为治疗者的反叛者，也都试图尽可能地干预他们认为会产生道德影响的事情。

神秘博士发现自己被困在陌生而原始的环境中。他的飞船曾经迅速流畅地穿越过许多地方，如今却嘎吱嘎吱地颤抖着。到目前为止，传统的主题无须介绍。但此时发生了一个奇怪的反常现象。神秘博士的飞船为适应环境而改变了形状，但有些地方出了问题，飞船被变成了 60 年代警察岗亭的形状。他的故事在麻烦中开始，而除了一连串的麻烦之外，故事还能是什么呢？《神秘博士》的诞生很不容易。它于 1963 年首次在电台播出，一路艰难地从剧本爬到了银幕上，但到了 60 年代末，它就名副其实地风靡全国了。其制作水准只能说是朴实无华，其中心人物则年老而古怪，给人感觉毫不起眼。英格兰的超人形象无论是看起来还是回想来都很像伯特兰·罗素。

这其实是更广泛的趋势的一部分，甚至在《发条橙》中也可以看出：“白热”只会锻造出金属怪物。而这在戴立克机器人[①]的形象中也最为明显。戴立克穿着胡椒瓶装甲，手持单薄的武器，眼睛像马桶搋子，最重要的是，它们的声音就像伦敦东区巡佐的叱喝声。它们本应是滑稽人物，然而它们

① 戴立克机器人，《神秘博士》中出现的反派外星人。

321 却很可怕，因为在金属的外表下，潜藏着优生学实验令人厌恶的结果。剧中暗示，如果科学被赋予统治权，这种对人类的可怕模仿就是我们的共同命运。神秘博士必须一次又一次地面对那些被吓坏了的种族的偏见，其领袖告诉他们，如果他们不服从，就会遭到神罚。奇迹随后被揭示为科学的诡计，神明也不过是计算机而已。因此，神秘博士是改良版的维多利亚时期传教士，敦促人们事实高于信仰。

神秘博士的另一个大敌是帝国主义。征服和吞噬的大众意志一次又一次地被神秘博士的勇气和智慧所击败，但从未被最终打垮。屏幕里的世界就像真实世界一样，邪恶会像条件反射一般恢复元气。但神秘博士并不是超级英雄。除了长寿，他仅有的武器就是智慧、风趣幽默、勇气和堂吉诃德式的同情心。简而言之，神秘博士在礼仪、口音和智慧方面都完全出自英格兰的创造。正如一位记者所言，我们很容易从其语气中听到“战后的仁慈家长制”的回声：英国不再管理世界，但它也许可以治愈世界。这是60 年代精神的一个无可争辩的表现。

60 年代的视觉艺术是 50 年代学校教育的结果。它的根在 1957 年就已经扎下。从那时起，它就像柳树一样快速地成长起来。在消费者的时代里，艺术变得公共化了。正如评论家罗伯特·休斯所说，无论流行文化与艺术之间发生了什么冲突，艺术都不可能获胜。很好，那么艺术将成为流行文化；建筑、专辑封面、广告标志和剧院布景都体现了新的精神。

长期以来被掩盖的色彩世界总算找到了大卫·霍克尼这位最伟大的表现者。他是灰色荒野上真正的孩子，抓住了初升的太阳，如向日葵一样向它弯腰致意。1963 年，他开始崭露头角，以表现游泳池、美男子、阳光和大海的画作主导了 60 年代。在他的画中，色彩和光线、生气勃勃的斑点和干净利落的线条相互组合的方式，能让最愤世嫉俗的心灵也得到升华。在许多方面，现代艺术是以一种退却而非进步的动作开始的。随着摄影的全面流行，人们普遍预言具象主义艺术将会枯萎消亡。然而，60 年代艺术的
322 显著繁荣，最著名的是其不加掩饰的具象特征，主要是对大众意识中的熟

悉形象的颠覆。1960 年的“境况”画展确立了一个悖论：一切美国事物的重要性和一切英国事物的独特性。参展的艺术家们热衷于认同一切美国事物，从“行动绘画”[①] 到涤纶西装皆是如此。

但美国的影响可能被夸大了。和政治领域一样，英国人在艺术方面也并没有追随美国的步伐。事实上，大洋彼岸无休止的明星肖像和汤罐头作品在英国没有得到青睐。即使他们使用了这样的图像，这些艺术家的本能也是颠覆而不仅仅是复制。彼得·布莱克的《戴徽章的自画像》(1961)以一种迷人而精致的方式体现了这种悖论。一个毫无魅力的矮小中年英国人站在郊区的花园里，漠然地看着观众，他的衣服上装饰着来自美国的徽章。他的眼睛似乎在说：“我在竭力让自己看起来像个美国人。但并不成功，是吗？”

正如许多这类艺术作品所揭示的那样，这十年来，精神类药物的影响迅速扩大，人们也用得越来越多。大麻已经面世多年，只需要知道去哪里找。人们普遍认为西印度社区的房舍和公寓充满了树脂的烟雾，但像所有的种族标记一样，这在很大程度上出于杜撰。不可否认的是，到了 20 世纪 60 年代中期，几个小时的“放松”比以前更便宜，也更容易获得。然而，可卡因是只属于富人的玩具，海洛因几乎没人听说过，而“神奇蘑菇”只能在首都不太宜人的市场上找到。可以肯定的是，被称为“兴奋剂”和“镇静剂”的药片被广泛使用，但它们实际上已经流通多年了。

20 世纪 60 年代特有的毒品是麦角酸二乙酰胺，或称 LSD。最早在 50 年代末被开发出来时，它曾在某些方面被誉为治疗心灵创伤的良药。这种反响来自 LSD 独特的致幻剂性质：它引发了所谓的“联觉”。在“酸”的影响下，受试者发现不同的感官交换了功能：可以看到声音，听到气味。随后是一种感官完全消失的状态，此时的受试者处于异想天开的狂喜状态。 323

① “行动绘画”，一种绘画风格，艺术家在创作时并没有认真涂抹颜料，而是将颜料顺其自然地滴落和泼洒在画布上。艺术家这样做的目的是想强调和让人关注绘画行为本身。

连阿道司·赫胥黎这样的权威人物都曾错误地称赞它的疗效。更致命的是，匿名戒酒会的创始人之一比尔·威尔逊曾经尝试过迷幻药，并宣布它对健康有益，这可是一个对改变状态持怀疑态度的人，其支持态度一反寻常。问题一如既往，寻求消遣用途的瘾君子永远无法确定其所购买的迷幻药是否货不对板。不久之后就有了用马钱子碱“调配”的迷幻药，可以产生一种激动愤怒的状态。只提供可怕幻觉的替代致幻剂也往往有售，致幻的效果可以持续多日。在这十年结束时，LSD 已经沉入泥潭，没有留下什么痕迹。

就像 20 世纪 60 年代的许多潮流一样，这种基本属于大都市的习惯几乎没有触及大多数人的意识，但通过艺术的过滤，其广泛的影响不可估量。迈克尔·英格利希与奈杰尔·韦茅斯创作的海报和专辑封面起初只让人想起了新艺术，但它们在气质和主题上只属于 60 年代。狂野的图像、放肆的
324 线条、毫不协调的色彩，在一个被称为“迷幻”的迷人图景中不停地旋转。

42

新粗野主义

除了白兰地，首相本人并不曾沉迷于改变心智的物质，尽管哪怕他真这么做也很少有人会责怪他。三年来，政府一直试图履行自己做出的社会和战略承诺，同时安抚其债权人。政府甚至不惜向国际货币基金组织借款，这对一个所谓的大国来说，是一种耻辱。如今看来，政府除了让英镑贬值以外别无他法。

虽然威尔逊政府大大增加了政府的福利供给，但工党和保守党在经济观点上的差异主要只在程度上，而非在本质上。威尔逊在很大程度上追随了他的保守党前任，而他的前任又在很大程度上追随了艾德礼。战后共识还没有受到任何大规模的挑战。我们很难看出哪一个政党应该受到指责，更不用说个人了。当首相在 1967 年 4 月 27 日面对镜头时，这种想法并不能给他带来多少安慰。他面带微笑，样子几乎是在请求减刑，用一种寻求安慰而不是作出保证的声音告诉国民："从现在开始，海外英镑的价值相比其他货币降低了 14% 左右。当然，这并不意味着你的口袋里、钱包里或银行里的英国本土英镑贬值了。它的意思是我们现在能够在更有竞争力的基础上向国外出售更多的商品。" 325

这是政府送给反对派的一份大礼，爱德华·希思尖锐地指出："他们曾在37个月内20次拒绝让英镑贬值，但还是这么做了，自己说过的话全都不算数了。”威尔逊的政治鳗鱼形象如今在议员的脑海中挥之不去，而他面对公众时和蔼可亲、直言不讳的声誉也随之受到了影响。

不过同样的是，我们很难看到事情如何处理会有更好的结果。线索存在于威尔逊公告的序言中。他说：“贬值的决定从根本上解决了我们的问题。”后来的经济学家或许会注意到，“问题”不在于根本，而在于枝干：英国早已因为负担过重、过度扩张而陷入混乱之中无法自拔。20世纪60年代末的工党政府像以前的麦克米伦政府一样，致力于一项计划，其中有一百个不可调和的目标都在争夺优先权。六日战争[1]对石油价格的影响也是无法预测的。不过，国际收支的经常账户确实有所恢复，而且一直持续到1970年。货币供应的问题，即“根本”的问题，将留待另一代人去解决。

春天确实很沉闷；那么夏天的希望又在哪里呢？披头士乐队已经征服了美国，但现场演出的乐趣开始变得乏味了。“再住一家旅馆，再去一个体育场，再来一次逃亡”是他们对美国之旅的总结。幻灭在约翰·列侬一次不经意的挑衅性言论之后开始，他说：“基督教会灭亡，终将消失萎缩。我们现在比耶稣更受欢迎。”公众抗议后，列侬惊愕道歉，但这并没有安抚美国笃信宗教的南部和中西部各州。群众开始焚烧披头士的设备，乐队成员也开始感到他们的受欢迎程度终究不是不可动摇的。然而，致命的一击发生在他们访问菲律宾期间。独裁者费迪南德·马科斯安排了与他们的会面，但由于政府方面的差错，他们没有出席。冷落一个专制者绝非谨慎之举，披头士乐队被指定保护他们的警卫殴打，他们逃走了。他们认为巡回演出已经失去了魅力。相反，他们把自己关在工作室里，写词、作曲、编曲，
326 最重要的是进行音乐试验。当被问及他们正在创作什么杰作时，他们却一反常态地腼腆起来。

在时尚界，怀旧和神秘主义的双重趋势显露无遗。1964年，芭芭拉·胡

① 六日战争，即第三次中东战争，发生在1967年6月初。战争从6月5日开始，共进行了六天，结果埃及、约旦和叙利亚联军被以色列军彻底打败，是20世纪军事史上最具有压倒性结局的战争之一。

拉尼茨基开了一家与玛丽·匡特或卡纳比街完全不同的时尚精品店“彼芭”，为这种全新的时尚趋势埋下了种子。1965年，她说：“我喜欢老旧的事物。现代的事物是如此冷酷。我需要有生命力的事物。”很快，她的品位得到了广泛的认同。市场上销售的衣服开始变得肥大宽松、色彩丰富，而且足够颓废，既让人兴奋，又不会惹人反感。一切都令人想起20世纪初的“美好年代”，但价格平易近人。彼芭在这一点上与前辈们分道扬镳。1967年，它在肯辛顿高街有着埃及圆柱和彩色玻璃窗的商店每周能吸引多达10万名顾客。

彼芭为这个时代树立了榜样，其影响一直持续到70年代。与其说它是一种反文化，不如说是预言，只不过那些在后来代表其俗丽奢华的风格的人坚决反对主流文化。从1967年开始，混乱的青年潮流找到了一条流向树木繁茂的中土世界的支流。他们宣称的价值观是和平、兄弟情谊（和姐妹情谊）、博爱（和自由性爱），以及对软性毒品的消遣性使用。嬉皮士潮流没有明显的先例。摩斯族和太保少年可以吹嘘自己的血脉传承，但嬉皮士却对此感到厌恶。这一波时尚有许多局限性和荒谬之处，但它的信徒放弃了拳头或者破瓶子；他们的目标是和平。

起初，人们一眼就能认出他们来。他们的身体被包裹在围巾、珠子、长袍、宽松的裤子里。“嬉皮士”这个词的出处不明，但似乎起源于20世纪初美国黑人的“摇摆乐”。它象征着“时髦”或者“酷”。这种把起源于美国的枝干嫁接到英国根上的做法，恰好逆转了流行音乐入侵的情况。1967年，聚在怀特岛音乐节上的40万人模仿的正是美国模式，但他们与美国的兄弟姐妹一起召唤的是英国大师：英国空位期的无政府主义者杰拉德·温斯坦利、20世纪初的巫师和预言家阿莱斯特·克劳利、威廉·布莱 327
克和J. R. R. 托尔金都被认为是这场运动的预言家。后来，嬉皮士开始吸收东方的影响，从伊斯坦布尔到印度的“嬉皮士之路”成为他们生活方式的一个固定组成部分。在这种实用的东方主义中，他们从披头士乐队那里得到了启发。

1967年6月1日，披头士乐队发行了世人期待已久的专辑《佩珀军士的孤独之心俱乐部乐队》。光是专辑封面就已是一场盛宴了：披头士乐队的成员装扮成爱德华时代的军乐手，站在一大片或著名或神秘的人物拼贴画旁，而他们的右边则是杜莎夫人蜡像馆为他们制作的肖像。这张专辑的安排给予人们的印象是村庄凉亭里举行的一场盛大老式音乐会。这种印象在《为了凯特先生的利益！》（‘Being for the Benefit of Mr Kite！’）或《当我64岁》（‘When I’m Sixty-Four’）等一些歌曲中得到了强化。在《露西在缀满钻石的天空》（‘Lucy in the Sky with Diamonds’）等其他的歌曲中，繁星点点的丝质迷幻斗篷徐徐展开。保罗·麦卡特尼在《她要离家出走》（‘She’s Leaving Home’）中唱出了工人阶级的离别，在《可爱的丽塔》（‘Lovely Rita’）中唱出了追求女交警而失败经历。没有哪两首歌是相似的。《佩珀军士的孤独之心俱乐部乐队》也许不是披头士最好的专辑，但它就像披头士本身一样，整体效果大于各部分的总和。这个例子启发了20世纪60年代后期的音乐家们，他们的创造力更上了一层楼，矫情做作也更深了一层。

在60年代中期，“英国建筑”这一说法几乎成了一种矛盾修辞法。勒·柯布西耶的热切追随者主导了英国皇家建筑师协会，他们对任何带有本土感伤色彩的东西都持严厉的批判态度。勒·柯布西耶本人曾宣称，城市“太重要了，不能留给市民”；对英国人来说，这与其说是异端，不如说是亵渎。草坪、花坛、车库和摇摇欲坠的房子所代表的朴实无华的自力更生精神，在英国人的想象中一直具有与生俱来的重要性。

这种粗野主义风格对英国人的个人生活和英国的天际线都带来了不可否认的影响。60年代标志着“高层”建筑的顶点。它的好处似乎很明显。新城镇以令乡村和郊区居民惊愕的速度侵蚀着乡村，与之不同的是，
328 高层建筑则只侵入了鸟类的领地。对安全乃至实用性的考虑并不重要。伊恩·奈恩是当时最有远见的建筑作家之一，他直截了当地指出：“现代英国建筑的一个突出而惊人的事实是它还不够好。无论是单个建筑还是整个环境，都经不起使用和气候的考验。”英国的粗野主义者只试图模仿欧陆的模式，而忽略了欧陆的标准。

诗人约翰·贝奇曼对没有灵魂的现代性展开了抨击，显示出自己乃是切斯特顿真正的继承人。他拯救了圣潘克拉斯火车站和其他无数的维多利亚时代建筑范例，使其免遭拆除。但最让他生气的是，竟有人提议要消灭大自然。我们永远不会知道贝奇曼等人在多大程度上拯救了英国的景观，使其免于被“改良”得面目全非，但将普通家庭从他们的家园中大规模撵走的做法不可能长期持续下去。60 年代末，高层建筑和新城区都将走上所有时尚的必经之路，尽管新城区在 80 年代曾有过毫无特色的短暂复兴。粗野主义实验的整体失败导致了温和的古老传统在 60 年代末的复苏。在经历了漫长的迷梦之后，就像时尚领域一样，住房领域的新艺术也开始蠢蠢欲动。威廉·莫里斯风格的墙纸被贴在墙上；都铎式房屋的横梁也裸露了出来。

1967 年 10 月，自由党议员戴维·斯蒂尔提出的一项普通议员法案被收入法典。它涉及的是有争议的堕胎问题，但由于它本着与《性犯罪法》相同的精神，故而是一种结束痛苦的体恤手段。该法案获得了广泛的跨党派支持，允许训练有素的医生进行迄今为止一直被不择手段且往往由不合格的私下从业者独占的手术。在 60 年代的电影《阿尔菲》中，由迈克尔·凯恩饰演的工人阶级登徒子给相好的女孩提供了一些所谓的“帮助”，也就是给她介绍了一位医生。阿尔菲后来走进堕胎的房间时，他的脸因惊恐而扭曲了。许多电影都涉及堕胎问题，但很少有电影能如此有力；这个画面一定让许多人相信，没有任何一个女人应该承受这样的条件或羞辱。 329

1968 年 4 月 20 日，尊敬的伍尔弗汉普顿议员伊诺克·鲍威尔在伯明翰的米德兰宾馆发表演讲。他的听众是西米德兰的保守党政治中心的成员，他的主题是移民。听众们原本期待着教化启迪，甚至娱乐；他们见证的却是郊区草地上的平地惊雷。伊诺克·鲍威尔咬紧牙关，声音介于吠叫和咆哮之间，用金斯利·埃米斯的话说，他的眼神仿佛暗示着有人“要直刺你的咽喉”。伊诺克·鲍威尔从来都不善言辞，很少会耍外交手段。他总是乐于威吓和争论，却不会下决心努力说服或安抚。这种品质让他得到了高位，但也使他保住位子的机会变得微乎其微。

鲍威尔在大学时是一位出色的古典学者，战争期间是一位出色的组织者，也是一位严谨细致的大臣，还是一位兢兢业业的议员，无论选民来自何方，他都始终听取他们关心的事情。他精通 14 种语言，并能用其中的 6 种语言拉票。他在 60 年代初对英联邦移民拥入的速度表达了关注，但他绝不是唯一一个这样做的人。应该指出，反移民游说团体中更极端的人早在 50 年代末就曾请求他的支持，他们得到的是冷酷的责备或冰冷的沉默。因此，说他是个煽动家貌似有理，但说他是个种族主义者却绝无可能。他的演讲节奏流畅、言辞夸张，这个留着小胡子、有条不紊的公务员变成了一个长髯飘飘的约翰·诺克斯。“诸神想要毁灭的人必先疯狂。作为一个国家，我们一定是疯了，真的疯了才会允许每年约 5 万名家属的流入，他们多半会促进未来移民后裔人口的增长。这就像是眼看着一个国家忙着建造自己的葬身之地……如同罗马人一般，我似乎看到‘台伯河冒起了大量血沫’。”

“血河”演说给鲍威尔带来的结果是立即被希思开除，下议院中的长期羞辱，以及 74% 选民的热烈支持。在人们的记忆中，他是那个特意唤醒沉睡巨龙的人，但鲍威尔落入这步田地只能怪他自己。他的演讲不仅有煽动性，而且无中生有。他说有一些不知其名的选民在自己家里恐惧终日。他
330 说有“排泄物”被塞进一位白人老太太的信箱。他还引用一个人的话，说“黑人将会执鞭操纵白人”。这些神秘的选民很可能并不存在。其头脑被激情扭曲的一切标志都已到位。他的朋友迈克尔·富特虽然在政治观点上与鲍威尔相去甚远，但在爱国主义和智力方面却与他很接近，他回忆说：“这对伊诺克来说是一场悲剧……对我们所有的人来说都是一场悲剧。”

鲍威尔本人蔑视关于某个种族“优于其他种族”的观念，但他的执政逻辑迫使他遵循这种推理，无论它指向何处。不过，他的行动前提并没有得到普遍的认同。在他看来，政治的目标是国家和社会的统一，许多人可能会赞同这一点。许多人也会同意他关于王国应统一在女王的领导下，以

及议会应当掌握全部权力的观念。但他认为，这种一致性或统一性在城镇乡村与在威斯敏斯特同样必要，并认为如果它受到了威胁，就会发生流血事件。正如他不厌其烦地宣称的那样，他不认为这是肤色的问题。不管怎么说，他的演讲毁掉了他再次身居高位的机会。但这并没有削弱他对政治的影响。虽然他发出的恐怖末日预言最后都无果而终，但事实证明，他在经济学领域预言到了后来的货币主义运动。331

43

抚慰人心的黑暗

“新闻媒体界”笔下的60年代初期充满了悲观主义，甚至是宿命论。《经济学人》指出：“每个政党都在带着计划召开年度会议……计划让英国恢复前进的步伐，跟上时代的脚步；每个政党都承诺像洗涤剂一样把英国洗得更白。英国人突然变成了世上最善于反省的人。”无独有偶。非虚构文学出版社对“国家状况”的哀叹几近词穷。其中最有影响力的是阿瑟·库斯勒编辑的《一个国家的自杀》(1963)。在这本书中，马尔科姆·马格里奇道出了一个令人感到不祥的见解。“每次我从国外回到英国，这个国家似乎都比我离开时更破败；街道更旧；火车车厢和餐馆更肮脏……而政治家自吹自擂的言辞也更愚蠢。”这种情绪在这十年的后半部分有所缓解，但很快又重新抬头。1967年，戴高乐第二次否决了英国加入欧共体，自是雪上加霜。威尔逊政府面对欧洲大陆的顽固态度茫然而不知所措。

但一如整个60年代的情形，人们有了自己的消遣方式。看电视本身已经成为一项全民活动，到这十年的末期，除了最贫穷的家庭之外，每个家
332 庭都拥有了一台电视。小小的屏幕可以满足所有的品位：人们因《复仇者》而激动，被《福赛特世家》所安慰，或者被《至死不渝》、《斯特普托父子》以及一部关于国民警卫队的温和而出色的喜剧《爸爸的军队》逗得开怀大

笑。院线大银幕显然没有过去的吸引力了。英国电影几乎只剩下了邦德、流行艺术的矫饰和坎普风的喜剧，除此之外乏善可陈；60 年代末，英国电影的资金几乎全部来自美国，而当英国电影的质量开始下降后，资金流就随之停止了。

然而，60 年代有一项优秀的创新，即所谓的“犯罪电影”。1969 年上映的《奇谋妙计劫金砖》是这一类型中最伟大也最荒谬的例子。电影中一个名叫查理·克罗克（由迈克尔·凯恩饰演）的能说会道的骗子在一队英国罪犯的帮助下，从黑手党的眼皮底下偷走了价值 400 万英镑的金砖。他们设法把赃物运到阿尔卑斯山上，这时灾难发生了。影片结尾是他们的大巴车翻倒在一片大海湾上，多少有点信心不足的克罗克向这帮人保证，他有一个“好主意”。

不管这部电影有多少优点，如果不是如此成功地抓住了英国人别具一格的特质——外行、乐观，但又安静隐忍，它早就销声匿迹了。它也代表了一种对于 60 年代早期精神的回归。这并不是邦德电影所捕捉到的那个华而不实、自信满满的世界。时代已经没有那么确定，反映时代的文化也开始犹疑；也许，尽管有政治家的空洞承诺、“权力归花儿”[①] 的黯淡光芒和对技术的失望，但人们仍有一种信念，相信普通的、传统的勇气可以让国家渡过难关。美国资金的断供无论如何都不至于造成灾难。首先，它带来了哈默电影公司的繁荣。在 60 年代末和大半个 70 年代，观众对德古拉和弗兰肯斯坦、女巫和狼人的电影如痴如醉，评论家也迫不及待地对其大加挞伐。

然后是 60 年代转向低级下流的“疯狂”系列电影。在锡德·詹姆斯、肯尼思·威廉斯、芭芭拉·温莎，有时还有弗朗基·霍尔德等人主演的电
影中，没有什么东西是神圣不可侵犯的。从医院到露营区，从古罗马到大 333
英帝国的印度，“疯狂”团队逗得观众哄堂大笑。电影中胸罩爆开，拉链卡住，他们以一种非常英国的方式避开情色，带回了一种假日欢乐的精神。

对于那些有钱或有品位的人来说，剧院仍然可供消遣，甚至还能带

① “权力归花儿”，20 世纪 60 年代嬉皮士的口号，他们主张通过爱情和非暴力实现社会变革。

来智力上的挑战。出生在捷克、从未上过大学的“大学才子”汤姆·斯托帕德开始用吃力的博学、毫不掩饰的揶揄和通俗喜剧迷住观众。年轻的彼得·谢弗不太炫耀自己的博学，但在抒情方面毫不逊色，他的《战士擒王》从妥协的阿兹特克国王蒙特祖玛的角度重新想象了西班牙对美洲的征服。这样的解读将成为他独霸一方的领域。

60 年代初那些伟大的流行乐队如今也几乎没有退缩，但围绕着他们的歇斯底里已经消失，人们终于可以感受到一种迟到已久的怀疑态度了。弗利特街曾经是披头士乐队最热心的祝福者，如今却开始对他们越发堕落的行为不以为然。他们为什么就不能坚持创作可以播放的曲子？为什么要搞这些小聪明？讽刺作家们也再次磨刀霍霍。

60 年代的音乐入侵是一种乐团式的入侵。美国是个人努力的舞台，所以它也是独唱艺术家的摇篮。相对而言，英国的做法则更重团队性，是乐队的乐土。因此，谁人乐队、动物乐队、雏鸟乐队、戴夫·克拉克五人乐队，以及在这十年后半段火起来的忧郁蓝调合唱团、齐柏林飞艇乐队和平克·弗洛伊德乐队纷纷登场。某些模式脱颖而出：经理人往往出身上层或中上层阶级，充满热情但缺乏经验，乐队成员则主要是工人阶级出身，深受美国影响，而后又抛弃了这种影响。

在所有这些乐队当中，奇想乐团是最具英国特色的。在 60 年代末，他们开始为这个国家，为它的风景和它的习俗谱写怀旧的挽歌与刺耳的悼词。奇想乐团像他们同时代的许多人一样，起初是一支节奏蓝调乐队，但到了
334 这十年末，他们却用歌舞杂耍与民歌的腔调赞美和讽刺当代的生活。

这些“美丽的人儿”通过让“权力归花儿”，尽力让这个冲突的世界平静下来，然而英国的嬉皮士和音乐家的反军国主义立场没有美国人的那么强烈。在印度支那作战的毕竟不是英国子弟。威尔逊尽管遭受了种种嘲讽，但他绝不是华盛顿的走狗。例如，他拒绝派英国军队赴越南送死。当时的流行歌曲虽然经常庆祝或倡导某种自由，但歌手本人很少有革命者的信念。这些不同群体之间有着一条有时会被遗忘的纽带：艺术学校。如今，艺术

学校被认为是中产阶级的机构，但对于那些在60年代成年的人来说，它是一个魔衣橱，有抱负的工人阶级可以通过它进入艺术的纳尼亚王国。

英国乐队曾经向美国的大师学习，然后向他们致以翻唱版本的终极敬意。但是写自己的歌？这能做到吗？试图在大师的基础上加以改进，难道不是傲慢地背叛了他们吗？在所有的形式中，古典音乐最依赖个人天分，而流行音乐则无须突出作者。在这一点上，它偏偏类似于圣乐。随着披头士及其追随者的出现，这种情况已经改变了。在以前的时代，工人阶级的音乐和舞蹈要适应上流社会，否则就会被弃之不用；如今，它独立存在，不加修饰，毫不辩解。这产生了更广泛的影响。在60年代，驱使许多人说“漂亮话”的那种渴望成功的冲动逐渐退去。一位艺名为卡特·史蒂文斯的年轻音乐家在接受采访时，用反俗世陈规的慵懒切尔西语调说话。中产阶级的腔调从此将受到羞辱或被一扫而空，更不用说上层阶级了。

这种新的勇气漫天飞扬，改变了人们的口音和习惯。劳伦斯·奥利弗和约翰·吉尔古德曾以穿着晚礼服排练而闻名，但这可不是20世纪60年代的方式。工人阶级一直给电影和戏剧带来深刻的影响，但在这十年里，这种影响得到了积极的颂扬。迈克尔·凯恩、理查德·伯顿、特伦斯·斯坦普等人所赋予工人阶级是体面，还有魅力。

到了20世纪60年代末，以前即使在富人中也只有少数人能体验的消遣性毒品正在冲击着大众的意识。到1970年，可卡因和海洛因的上瘾率增加了两倍。从某种程度上说，时人更容易养成吸毒的习惯，其原因似乎很 335
清楚：政府没有事先告知就禁止了毒品，而且没有人知道到底为什么要禁止这些“令人愉快”的消遣方式。正如米克·贾格尔所说：“我们当时可不知道成瘾这回事儿，还以为可卡因对人有好处呢！” 336

44

扑灭和平

在20世纪60年代的大部分时间里，英国的劳资关系一直都很融洽，至少与许多邻国相比是这样。但到了这十年的末期，“纷争”再次显现，威尔逊和新任就业大臣芭芭拉·卡斯尔可以感觉到全国人民越来越不安了。卡斯尔带着近乎绝望的心情接受了驯服工会的任务；作为党内的左派成员，她比大多数人更清楚这样做的结果会是什么。尽管如此，她身上那种北方人的执着和天生的热情仍然驱使着她继续前进。经过长时间的协商，白皮书《扑灭纷争》于1969年1月16日发表。该文件的主旨很简单。工会必须约束他们的“子女”，否则政府将宣布工会不适合做父母，并采取相应的行动。具体来说，这包括就业大臣有权在她认为国家利益受到威胁时要求进行罢工投票，在谈判陷入僵局的情况下有28天的强制工作期，以及至关重要的是，建立一个行业委员会，它有权在各工会的对抗中加以约束或放任。委员会的决定具有法律强制力。这一点特别重要，因为最棘手的工会“麻烦”往往并不发生在雇主和雇员之间，而是在争夺最高工资的各个工会之间。要是没有发生其所设想的那种紧急事件，白皮书中的大部分内容看
337 似无可指摘。威胁笼罩着所有的人；如果工会拒绝遵守，就会有经济处罚，如果这些处罚也被藐视，那有人就得进监狱。

即使在那时，大多数工党选民和议员也普遍支持这些激进的建议，这或许令人感到意外。但除了资助工党的工会之外，议员和选民本算不上什么。此外，新式的工会领导人上台了；他是一个激进分子，多半也是一个马克思主义者，他唯一关心的是用带刺的铁丝网保卫其成员的权利。他在内阁中有一个盟友：内政大臣詹姆斯·卡拉汉。卡拉汉在内阁中一直是个无名小卒，却很顽强。他既有本能的忠诚，私下里又充满野心。他属于左派，但首先是一个工会成员，而绝不是马克思主义者。卡拉汉不喜欢芭芭拉·卡斯尔，但其不喜欢一部分是基于可疑的理由，即她的工人阶级属性在某种程度上不如他本人，另外一部分理由是她受过大学教育。他的时代很快就会到来了。

《扑灭纷争》所宣布的法案旋即受到了考验。1969 年 2 月，福特汽车公司爆发了一次罢工。这在某种程度上是一个教科书式的利益不可调和的案例。管理层制订了一个计划，作为放弃任何非官方行动的交换条件，工会成员将获得慷慨的加薪和更多的假期福利。工会领导人最初批准了这一计划，但当他们的会员不甘示弱地罢工时，他们立即转向了。法院发出的支持该提议的禁制令被置若罔闻，进一步地突出了裁决者的无能。

议会的后座议员不接受白皮书的规定，新闻界意见不一，工会不屑一顾，许多以前顺从的议员越来越感到失望。更糟糕的事情还在后面。3 月 26 日，工党全国执行委员会聚集一堂，讨论卡斯尔的提议。卡拉汉加入他们的行列时，已经有 15 位同事举手宣布反对这份文件了。《扑灭纷争》跌跌撞撞地实行了几周，但卡拉汉一击直中要害，很快就令它崩溃了。工会转而接受了一项“庄严而有约束力”的承诺，将其会员控制在政府规定的范围内。那一鼓舞人心、完全空洞的表达方式将在接下来的十年里不间断地发出低沉的回声。 338

1969 年，英法两国设计师光荣的合作成果，“协和”超音速飞机传来了令人振奋的消息，稍微抵消了日益严重的萎靡不振。然而，如果说有什么明显的兴奋点的话，那主要是托尼·本恩在图卢兹机场对着他身边那座庞大光鲜的钢铁秃鹫近乎敬神一般的崇拜。他解释说，技术就是他的宗教。

1970年，政府宣布举行那个十年的最后一次选举时，工党的情绪再轻松不过了。国际收支似乎很健康，政府也决定不再纠结于过去几年的不如意。毕竟它已经做了不少好事。工党可以指出它对弱势群体、年轻人，甚至老年人的关怀——尽管对20世纪60年代的许多人来说，英国不是一个适合老人生活的国家。它可以夸耀自己的国际地位，可以宣称年轻人从未受到过如此充分或丰富的教育，最贫穷的人从未得到过这么好的扶助。毕竟当未来也肯定属于工党的时候，它似乎没有必要再纠缠于过去。

一些闹剧的发生使得本来有望轻松预测的结果变得扑朔迷离。乔治·布朗对一个诘问他的学生大打出手。不出大家所料，他失去了自己的席位。然而，克罗斯曼却心神不安。“我们已经让［选民］过了三年地狱般的日子，税赋也高企不下。他们看到了货币贬值的失败，也感受到了生活成本的飙升。”但所有的预言都表明，工党不仅会赢，而且还会轻松大胜。迷信的威尔逊相信，世界杯将成为他最大的资产。然而，把工党的成功和国家队的成功联系在一起也许并不明智；6月14日星期日，英格兰被西德淘汰出局。一些人认为，潮流已经转向了。

尽管特德·希思或许性格沉闷，不近人情，但他在保守党的事业中发挥了极大的作用。他在电视上讲话时，许多人都被他的紧迫感和清晰表达所打动。相比之下，威尔逊则显得自满和优越。随后又有人担心工党选民参加投票的人数可能满足不了胜选的需要。天平的倾斜只需不超过5%的票
339 数。保守党赢得了46%的选票和330个席位；工党得到43%的选票和288个席位；而自由党则不得不凑合着使用它仅有的6个席位。

威尔逊努力保持冷静；也许他知道他的时代还没有完全结束。他留给继任者的国际收支差额比预计的要少，国家也不如六年前那么乐观。的确，在许多唱给20世纪60年代的挽歌中，滚石乐队的一首温柔的民谣也许最
340 能体现这种情绪：《没有期望》（‘No Expectations’）。

45

让他们都滚蛋吧

爱德华·希思在接受掌声时喜形于色。仿佛在那副自负无礼的外表之下，他还不能完全相信自己的好运。但这种微笑应该出现在他指挥完音乐会后，而不是赢得选举之后。他走进唐宁街时表情要严峻一些，毕竟还有工作要做。有人说，复仇女神最偏爱的捕获物就是才华横溢的男人，希思显然就是这样一个男人。他是一个技巧高超的帆船运动员、指挥家和音乐家，他也是一个能干的政治家和首相，远比当时得到认可或后来得到承认的许多人都更加出色。他的失败（如果他真的失败了的话）也是事先已经为他摆放好的一桌霉运。不过他自己的天性也是要应对的问题。他比以前的任何一位首相都更相信自己可以独当一面。

道格拉斯·赫德回忆起他意识到选举已经倒向保守党的那一刻：“汽车收音机一直在播报非同寻常的好消息……对我来说非同寻常，但对希思先生来说并非如此。对他来说，这只是多年来准备工作的必然结果，也是因为英国人民和他作为议员代表的贝克斯利人民一样，本质上是一个明智的群体。”希思已经为当权做好了计划，他的任命也反映了这一点。许多守旧派人士将继续留任，而其他人将得到晋升。这是一个“年轻”的内阁，平 341
均年龄 47 岁。他的“权力基础”将由那些对希思本人有求必应的人组成。

从他的一个不寻常的粗俗举动中，我们就可以推断出他的情绪："让他们都滚蛋吧，我赢了。""他们"是那些老爱唱反调的人，是保守党右派和媒体中的嘲讽者。然而希思的希望没有实现：他们没有被击溃。

很不幸，希思的首相任期恰逢1972年1月的矿工罢工，随后又在同年7月迎来码头工人罢工，两者都是不祥之兆。在大肆宣扬其同情心和致力于"公平"之后，政府宣布它将继续向南非出售武器，也自然不会使局势有所改善。此事加上罗得西亚问题[①]，将在未来几年损害它与英联邦的关系。但是，正如希思不厌其烦地向全国人民解释的那样，政府还有一些工作要做。码头工人的罢工导致政府宣布第一次紧急状态。接下来还会有四次。

在上届政府的妥协和失败之后，当前政府与工会的关系显得最为重要。希思在电视上被问及这样一个问题："你会勇敢地面对大罢工吗？""当然。我一直都说得很清楚。我已经说过，我们将对劳资关系进行彻底的改革。"他还承诺进行一场"安静的革命"。这样的革命很少能让公众沸腾，这次也不例外。

然而，真正的革命无论如何都不存在。希思的主要目标是遏制有组织的劳工力量，而不是真正瓦解它们。事实上，他总是宣称自己对各个工会（特别是工会联盟）有着从未动摇的钦佩，不管这种钦佩在公众看来有多么难以理解。工会领导人通常认为他既积极响应又和蔼可亲。杰克·琼斯后来回忆说，希思愿意为反对者召开一场机密而体面的听证会，这种意见会让那些只见过不苟言笑的面孔，只听过不屈不挠的言辞的人感到惊讶。不过，他不是最后一位丝毫不掩饰对劳工组织的喜爱的首相。

希思长期以来一直相信，政治是专业人士的事务，因此他开始邀请商
342 人参与政府事务。就像他的许多行动一样，此举初衷很好，但他需要顾及白厅的顾虑。他的"方案分析和审查"试图为政策问题带来一定程度的专业知识，减少对官僚机构的需求。白厅的反应则礼貌而无情。白厅观察员彼得·亨尼西指出："他们的第一步是把权力从希思的商人手中夺走……并

① 罗得西亚问题，这个位于南部非洲的国家于1965年11月11日单方面宣布独立，但未被国际普遍承认。

把它引到他们自己位于大乔治街的堡垒中，权力从来没有从那里活着走出来过。”这变成了一个我们熟悉的故事：希思尝试减少官僚作风的努力适得其反。这一次的结果是，公务员的数量增加了40万。

创造“智库”一词的正是希思，它指的是被选中向内阁提供政策建议的机构。第一个智库机构的领导人是罗斯柴尔德家族的一个后裔，但他关于石油危机的警告却没有得到重视。也许最重要的是，罗斯柴尔德勋爵已经指认了敌人：“那个新希特勒，那个大敌——通货膨胀”。通货膨胀长期以来都被认为是障碍，现在它成了首要的敌人。

1974年2月，矿工的又一次罢工导致了第二次紧急状态。希思在没有资格被称作“紧急状态”的条件下采取这种措施，在很大程度上表明了他对反对派的态度。我们在他坚毅冷酷的自信外表之下，经常可以听到一只孩子气的脚猛踩地板的声音。然而，这是一个可以创造出“180度大转弯”一词的时代。劳斯莱斯公司向美国“洛克希德”公司提供的发动机出现了故障，必须由国家出面挽救，这显然是对希思的选举承诺的蔑视。但他能做什么呢？有人说希思轻视或低估了美国对世界繁荣或和平的贡献，那并不是事实。但毋庸置疑，他认为“英美的特殊关系”是实现他的欧洲理想的绊脚石。美国始终支持英国加入欧洲集团，而希思竭力忽视这一点。亨利·基辛格因此认为：“他与我们的关系始终是正确的，但那种关系充其量不过是基本储备，它以欧洲的名义阻止了与我们的密切合作，而这一合作完全取决于他。”与以往一样，希思并不是听不进建议或民意，只是对风向的变化嗅觉不佳。 343

关于印度和巴基斯坦之间逐步扩大的战争问题，希思对基辛格的反驳再清楚不过了：

> 他们想利用这种特殊关系使英国也卷入其中［印度和巴基斯坦之间的战争］……而我坚决不被卷进去……我们因此失去了什么吗？当然没有。我们获益良多。我很清楚，对于包括亨利在内的一些美国人来说，要调整自己适应这一点是相当困难的，但他们必须这样做。现

> 在，有一些人总是想依偎在美国总统的肩膀上。这对英国来说是没有前途的。

在这一点上，希思希望置身于威尔逊的对立面，他在许多方面都是如此。正如基辛格所说：“希思的表述有一种几乎无法穿透的暧昧意味，考虑到他的智慧，这必然是故意的……［他］在调查分析上有多肯帮忙，在解决方案上就有多推托……他希望欧洲能对我们的疑问提出现成的答案：他决心避免任何英美密谋的迹象。”

希思的方案甚至更进一步：欧共体的九个国家今后在与美国打交道时，应作为一个整体行事。当然，具有讽刺意味的是，他对美国的无情怠慢损害了英国本应带给欧共体的优势。威尔逊在与美国打交道时被指责为马屁精，而希思在顺风顺水的时候积极支持美国，在越南问题上支持尼克松，却被指责为顽固不化，这是这个时代古怪的讽刺之一。无论如何，现在大家都很清楚，希思的首要任务是让英国加入共同市场。他对欧共体的热爱无关大多数英国亲欧派所特有的实用主义传统，更无关 20 世纪 30 和 40 年代知识分子所特有的“超国家主义”。他的恋欧情结源于爱国主义——他认为英国必须退缩，才能再次伟大。

希思曾是英国 1963 年申请入欧失败时的首席谈判代表。虽然他精力和才智过人，关注细节，还有欧洲情结，但是法国人仍然否决了英国。但希思从未放弃，这次经历给予他解决问题的线索；他看到，必须争取的是法
344 国而不是小国。他转而动用自己的全部魅力，去诱惑新总统乔治·蓬皮杜。谈判还未开始，就出现了一个困难。那就是显然是欧共体为促进法国农业发展而制定的共同农业政策。如果希思认识到法国是欧洲慷慨赠予的主要受益者，而德国才是耐心的提供者，那么他决定忽略这一事实。英国面临的更大困难是取消英镑作为世界上最重要货币的地位，这是它加入欧洲货币联盟的前提条件。

公众对此的反应是矛盾的，反对派也一样。民意调查显示，对加入的抵制率高达 70%。反对派则存在严重的分歧。一方面，威尔逊领导的工党

也曾试图加入共同市场。另一方面，普通党员和议员出于社会主义与爱国主义的理由，大都对此保持高度怀疑。欧共体是资本主义的化身，是对英国主权的威胁。即使法国由彬彬有礼、与人为善的蓬皮杜掌舵，谈判仍然停滞不前，于事无益。希思再次决定凭一己之力扭转乾坤。在与维利·勃兰特的谈话中，希思以近乎救世主般的紧迫感强调英国的问题："世界不会停滞不前。如果欧洲不能抓住这个机会，就会令亲者痛，仇者快。苏联会更无情地追求其统治野心。因为我们的不团结而感到失望的朋友会越来越倾向于让欧洲自生自灭。"

为了准备与蓬皮杜的重要会议，希思在公园里喝茶，听取专家的意见。这都是再得体不过的英国风格。蓬皮杜本人在接受 BBC 的采访时，礼貌而明确地为欧洲辩护。"问题的关键，"他说，"是拥有一个欧洲的构想或理念，而我们要确定的问题是联合王国的构想是否也正是欧洲的构想。那将是我与希思先生会面的目的。"然而，欧洲的理念实际上是法国的理念。也许是认识到了这一点，蓬皮杜继续否定了联邦制，因此，"欧洲构想"的问题被搁置起来了。它后来的苏醒是一个逆转，可惜希思无法亲眼看到了。 345

这次会面取得了近乎不可思议的成功。两人互相欣赏，而且更重要的是还能互相理解。双方仅仅用了两天时间就达成了协议。一切都还没有得到正式的批准，但也无关紧要。希思在下议院发言时，一个平静而细小的声音就主权这个小问题提出了异议。首相能否澄清国家作为欧共体成员的具体地位？希思的回答粗暴而不屑一顾。"加入欧共体并不意味着国家身份的丧失，也不意味着基本国家主权的削弱。"第一阶段已经过去，下议院只得到建议要"注意"这些条款。

无论喜欢与否，希思在此期间都不得不把注意力放在对整个国家而言更紧迫的未决问题上。首先是持续的劳资关系问题。对于许多在 20 世纪 70 年代长大的人来说，"工会"是一种被赋予超自然能力，存在隐约危险的怪物。到了晚上，它就在商店的门上挂上"停止营业"的标志。它吞食超市货架上的食物。它只要举起三叉戟，交通就会停止。人们认为它甚至有能力操控天气；只要工会领导人摇头，就会飘起无止无休的漫天大雪，让人精神崩溃。当“工会”至高无上时，这世界简直无可期待。这条巨龙既不是红色也不是白色，而是灰色的，它的涤纶西服刀枪不入。

1970 年是劳资关系的艰难年份，这一年中被这条巨龙吞噬的工作日比 1926 年以来的任何时候都多。希思的回应是《劳资关系法案》。他说：“我一刻也不相信工会有可能让自己违反法律。他们不会选择以这样的方式行事……因判断失误而产生的非法行动会危及他们的资金来源。”但他会大失所望的。这部法案实现了甚至在条款公布之前就被工会联盟拒绝的非凡败绩。曾因改革工会而伤痕累累的芭芭拉·卡斯尔对此不以为然，断言“我们将摧毁这部法案！”事实上，它所承诺的内容并不比卡斯尔本人的《扑灭纷争》文件多多少，但工会对待保守党政府可不会比他们对待工党政府更加宽容大度。运输业和普通工人联合会的负责人杰克·琼斯预见到了各方
346 面对的困难。工会别无选择，只能用他们的尖桩来对抗拒绝妥协的政府。

该法案于 1971 年 8 月 5 日获得通过，但其弱点很快就显现出来。工会随即意识到，摆脱这些规定的办法是只遵守其中的一条：赋予他们的不登记的权利。大多数工会正是这样做的，而那些登记在册的工会（特别是电力工会）则被暂停了运转。该法案并没有遭到扼杀，而只是被废弃不用了，直到下一届工党政府给了它彻底解脱的机会。

那么，如果工会本身像以前一样勇猛，那么政府赖以生存的收入政策呢？原则上，通货膨胀仍然可以通过非法定的工资限制而得到遏制。在很长一段时间内，这都是政府一个秘而不宣的胜利。但它毕竟无法持久。在伊斯特本的一次演讲中，希思大肆宣扬政府在 1971 年取得的成就。“我们的力量不仅仅是资产负债表上的数字，尽管我们也有这些数字，我们的力量不仅仅是逆境中的勇气，尽管我们一次又一次地展示了这一点……我们从不知道我们什么时候会被打败，这样我们就永远不会被打败。我们只知道赢……长久以来，我们一直在阴影中行走。现在是我们走向光明的时候了，在这个新世界里找到一个新的位置，一个新的英国。”陈词滥调滔滔不绝，因为空洞而更令人沮丧。事实是，政府无法履行让工业界顺其自然地发展的选举承诺。

它试图将公营住房卖给租户的做法也一样。希思当政期间，只有 7% 的公营住房被出售。这也不能怪工党的议会——保守党运转的议会也不愿意出售有价值的股本。此外还发生了其他的灾难。英吉利海峡隧道的概念最早是希思在任时提出的，大概并不令人意外，但此事难以实现。应该记住，希思的项目中很少有完全支撑不下去的；相反，它们需要不同的园丁和更好的天气。

基思·约瑟夫被任命为卫生和社会保障部部长，这也许同时彰显了希
思的优势和弱点。乍看之下，约瑟夫是个理想的人选。他富有同情心，能 347
力强，意图无可厚非，但他努力减少官僚作风的结果却使得官僚人数大量增加。这在很多方面都是一个悲剧，但希思却决心遵循他的设想。他认为现在是确定优先次序的时候了，许多保守党人都所见略同。老年人和低收入的大家庭一直被人忽视，他觉得有义务纠正这种情况。在一次演讲中，他还明确表示他相信福利国家正在充当健康肢体的拐杖。“除非我们准备为自己能做的事情承担更多的责任，否则国家本身将永远无法尽职完成那些真正需要社会采取行动的工作。”安奈林·贝文不可能接受这一点，他的继任者也不可能。

同时，希思前途无量的众多门生之一、新任教育大臣玛格丽特·撒切尔做出了许多努力，综合学校迅速发展的势头已不可阻挡。她主持创建的综合学校数量前无古人后无来者，而且她在认为有必要时愿意采用甚至扩展社会主义的方案。她拯救开放大学就是一个恰当的例子，但她取消小学生免费牛奶的决定让很多人心寒，并为她赢得了“抢牛奶的玛格丽特·撒切尔”的恶名。也许她的性别对她不利，在未来的无数事件中也是如此。其他举措也遭到了类似的指责。希思决定博物馆应向参观者收取门票，遭到了大规模的抗议。人们会更欣赏他们必须付钱购买的东西这种辩解理由显得太肤浅了，与之相比，不让穷人获得营养的机会被剥夺可是当务之急。

从希思拜相初始，罢工就是他任上的一个特色，但它们很少危及国家的基本需求。1972 年，它们做到了。采矿业正处于衰落的最后阶段，每周都有 600 名矿工离职。在 19、20 世纪之交曾主宰村庄和生活的矿坑，如今

被逐渐遗弃。但是，无论这个行业是否奄奄一息，它仍然提供了人们可以安心依赖的唯一燃料。因此，当面对将工资提高 47%，并将其分摊到矿场
348 的不同工种的要求时，政府陷入了困境。他们所要求的数额肯定是令人望而却步的。但矿工手握两个因素可与政府抗衡。其一是民众坚定地支持矿工，其二是煤炭库存并没有预期那么充足。资源的决定权在矿工手上。

他们看到整个 60 年代其他劳工群体的工资在不断提高，而他们自己的却没有变化；哪怕那十年间矿坑的数量减少了一半，他们也几乎没有发出过任何牢骚。他们的工作条件很糟糕。炎热的环境使得肯特郡的矿工经常裸体工作。矿井灌水夺去了许多人的生命，而粉尘不仅是日常的折磨，还是导致早逝的恒因。矿井中的能见度极低，轮班时间很长。矿工们被誉为后方的英雄，因其始终固守着自力更生和团结互助这两种维多利亚时代的美德。仅仅因为这些原因，他们便可指望在公众中获得大量的支持和深切的同情。但直到 1972 年，还很少有人理解他们到底有多大的不满情绪。

约克郡人是矿工中最政治化的群体，公然表示不满的也正是他们。1971 年 7 月，他们提出的总体加薪 47% 的要求得到了全国矿工联盟的批准。考虑到他们在过去十年中的耐心，这一要求并不夸张，但它直接违背了政府的政策。希思政府已经承诺所有体力劳动者的工资上涨“标准”为 8%。人们认为只有这样才能抑制通货膨胀。

全国矿工联盟的负责人乔·戈姆利不赞成由工会指导政府的企图，更不用说颠覆政府了，他也没有时间去理会越来越不加掩饰地宣誓效忠的共产党人。但是，工会领导人可以指望得到他最亲近的下属无条件支持的日子已经接近尾声了。戈姆利后面的一代人已经厌倦了默许，而且无论如何，他仍然要保护会员的利益。在与煤炭委员会谈判无果后，工会宣布禁止加班，随后大罢工就在 1972 年 1 月 8 日发生了。

349 新闻界、公众和政治家至少在一个信念上是一致的：罢工注定会失败。如今这个行业不再像它以前一样是不可或缺的命脉。此外，有人认为，国家肯定有足够的石油。但是，乐观主义者太想当然了。起初，矿工们对罢

工倒是半心半意，不过一旦投票表决，决定就无法撤销了。新闻界虽然认为罢工是死路一条，但也相信其公正性。煤炭库存也不像许多人愿意相信的那样充裕，发电站也并非无懈可击。至于石油，许多人似乎忘记了它的价格已经翻了两番。

此外，矿工们还有一样新武器。长期以来，法律和传统都接受罢工者有权包围有争议的工作场所，并劝阻任何同伴进场复工，但来自巴恩斯利的青年马克思主义者阿瑟·斯卡吉尔发展出一种“飞行纠察队”的改进做法。如果当地的人数不足以劝阻潜在的“工贼”，解决方案就是把罢工的矿工从其他地方运过来。此外他明白，为了使罢工富有成效，不仅要关闭矿井，还要使整个能源网络无法运作。他丝毫不掩饰自己的目标。“我们要打败希思及其政策……我们必须向他们宣战，而宣战的唯一方法就是攻击对方的薄弱环节……我们就是要让国家的经济陷入瘫痪。”

希思在任期内不得不打击这个他非常欣赏的团体，这是他面临的众多悲剧之一。有人听到他宣称，工会的问题不是“太强，而是太弱”，但这种踌躇不决在这场斗争中没有给他赢来多少同情。于是，煤坑闲置了，国家开始受苦。非正式的三天工作周就此开始。蜡烛从商店的货架上消失了，公众的情绪也变得更加阴郁。但矿工暂时还可以指望得到支持。政府方面则感到困惑和绝望。就业大臣罗伯特·卡尔承认：“毫无疑问，我们对矿工工会内部的意见强度的情报普遍有失准确。我们根本不了解矿工。”

在伯明翰郊区的索尔特利，一家庞大的焦炭厂仍在正常运作。这里的
运料车无视罢工，每天都畅通无阻地出入大门，阿瑟·斯卡吉尔自然看到 350
了他的机会。那里当然部署了警察，但没过多久他们就令人绝望地寡不敌
众了。不过 1972 年 2 月 10 日的这场“索尔特利之战”在大多数方面都是
和平的，所发生的暴力事件主要是矿工和运料车司机之间的混战。

然而，斯卡吉尔需要的人数仍然不足。他向伯明翰本地的工人发出呼吁：“我们不要你们的英镑纸币……作为伯明翰的工人阶级，你们想要在矿工被殴打时袖手旁观，还是被载入历史永垂不朽？”呼声无远弗届。接下来，一面旗帜出现在山顶上，它后面是一大群人。然后从山的另一边传来

了“怒吼”声。成千上万的人应声赶来了。人群中有最后一刻的增援，也有被战士们的热情所感染的弱者。于是，索尔特利之战似乎成了一场带有骑士精神色彩的农民起义；的确如此，斯卡吉尔如今是被当作“亚瑟王”来纪念的。

如果我们在很大程度上把这场胜利视作一种象征性的胜利，这种说法徒劳无益；事情往往如此，这种象征已经成为一种神圣的仪式，给予无视它的人以重重一击。威利·怀特洛说：“我们正全神贯注地望向深渊。”就这样，一场大多数人认为会在几天内平息的罢工使国家陷入了瘫痪。国务委员会宣布进入第三次紧急状态。维多利亚·格雷厄姆准确地记录下她那一代人的情绪，她对一位朋友说：“我们在战争期间为国家的生存而受苦时，任务反而很简单，但现在我们眼看着国家濒临崩溃，似乎只能默默地忍受折磨。”在她看来，矿工的斗争唤起了人们对暴政的恐惧，其他许多人持同样的观点。道格拉斯·赫德从落败者的角度表达了政府中的普遍情绪：“政府如今正在战场上徒劳地徘徊，寻找它可以举旗投降的对象——并且一直在遭到屠杀。”

新的灯火管制似乎就在不远处。严峻的事实是，国家需要燃料，但再也负担不起石油了。储备煤无法使用，发电站以25%的容量运行。护士被
351 迫在烛光下照顾病人。据说，这个国家再过几个星期就没有电可用了。现在到了放下武器求和的时候。休战（事实就是如此）是不光彩的。主持罢工调查的威尔伯福斯勋爵满足了矿工提出的几乎每一项要求；而就他不同意的事项，希思本人也闷闷不乐地批准了。2月19日，他答应了全国矿工联盟的所有要求，甚至比《威尔伯福斯报告》建议的还要多。

希思按照惯常的做法向全国人民发出了呼吁。他在电视上不承认对手的任何主张。他说，没有人获胜。所有人都输了。他没有直接点出工会的名字，但明确表示他认为世界已经发生了变化，而且变得更糟了，如果放弃团结的精神，就会有更多的麻烦。另一方面，阿瑟·斯卡吉尔得到的经验则是，“团结起来的工会绝不会被打败”。也许他没有听说过斯多葛主义
352 的错误：只需成功一次就能永远成功乃是一种谬误推理。

46

打响第一枪

希思政府没有任何喘息的机会，这就是他们的命运。哪怕最坚固的城池在四面来敌时也会失守，何况“希思商号”[①]面对的是永无停息的炮火齐射。北爱尔兰的动荡局势是希思政府主要的变数。多年来，北爱尔兰一直是新教多数派的领地。在住房、就业甚至选举登记等问题上，天主教少数派大多都处于不利地位，自由公民或许对此感到不满。马丁·麦吉尼斯称北爱尔兰到目前为止都是“一个为统一党民众服务的统一党国家”，此言不虚——它的边界已经确定，足以确保原本只占微弱多数的新教徒成为决定性的多数。

统一党人也有自己的不满。他们把目光投向边境以南时，看到的不是英国人认为的良善国家，而是决心把他们绑在罗马桅杆上的掠夺成性的神权政体。在 70 年代，统一党人的主要代言人是议员伊恩·佩斯利牧师。北方的许多人担心他是一个既偏执又狂热的人，但实际上他两者都不是。虽然他厌恶教宗，惧怕共和国，但他作为一个为人公正、考虑周到的议员，

① 1964 年，尽管许多保守党议员、杂货商和店主提出了大量的反对意见，希思还是废除了转售价格控制。讽刺时事的杂志《私家侦探》因此一直嘲笑他是“杂货商希思”，还仿讽他是一家陷入困境的小买卖“希思商号”的常务董事。

赢得了天主教选民的热情赞扬。同样，他从未参与或支持新教的准军事组织，而且还反对拘禁政策。那些最了解他的人，习惯于把他的公开立场归
353 咎于盲信而非不负责任。他喜欢卖弄而不是煽动，在这一点上，他很像另一个坚定捍卫北爱尔兰领土完整的伊诺克·鲍威尔。

“动乱”始于60年代末。一系列事件激起了统一党人的愤怒，致使当地的天主教徒面临着生命危险。数以百计的家庭被赶出他们燃烧的家园，最后发生了不亚于大屠杀的事件。1969年，北爱尔兰和本岛向政府发出的疯狂呼吁终于有了结果，卡拉汉同意必须派遣军队。军队在如释重负的感恩嘉年华上受到了茶水、蛋糕和薯片的款待，但蜜月期很快就结束了。忠英分子先下了毒手，但这很快就被人遗忘了。阿尔斯特志愿军杀死了一名酒吧老板，原因无非是他们喝醉了，而他是个天主教徒。虽然爱尔兰共和军的暴行更加频繁，规模也更大，但忠英分子从一开始就表现出计划周密的施虐狂倾向。爱尔兰共和军辩解自己的行为是战争行为，而忠英分子则说自己的行为是“忠诚”的表现。双方都宣称在保护自己的社区，而不区分其性别、年龄或公民身份。无辜的人因被指为敌人的同谋而被杀害，而死去的平民则被当作战斗人员处理掉。的确，北爱尔兰的冲突首先是一场把平民送上前线的混战。

爱尔兰共和军始终认为英国人有过错；从某种意义上说确实如此，因为在希思当政时期，困扰北爱尔兰的许多灾难和痛苦肯定要归咎于一个英国人。肖恩·麦克斯蒂奥芬的一生是一场自我重塑的悲喜剧。他在受洗时名叫约翰·斯蒂芬森；父亲是一名英国律师，母亲出生在贝夫诺格林，这让他们的儿子比他的大多数敌人更不像爱尔兰人。尽管如此，他的母亲很早就给他灌输了一种强烈的爱尔兰人身份感，这种确定性孵化出了激烈的民族主义。那些拥护某项事业的人往往比生而为之的人还要狂热得多，这也在此人身上得到了证明。

1969年之前，爱尔兰只有共和军正统派。然而，它的领导层越来越远离爱尔兰民族主义，转向了理论上的马克思主义。子弹和选票都被认为是
354 资产阶级的杂念。它现在宣称的目标是“教育”北爱尔兰的工人，包括天

主教和新教的工人，让他们能够按照自己的意志摆脱在经济上压迫他们的人。但麦克斯蒂奥芬和其他的空想民族主义者都渴望动武，其结果是发生了分裂，由此产生了临时爱尔兰共和军，这个军事组织的目的是保护天主教社区并为他们复仇，与军队作战并颠覆英国的统治。它的时代很快就到来了。英国军队与天主教群体的蜜月早已变质成为仇敌，于是 1970 年夏天，一支分遣队进入福尔斯路搜查一批武器。当他们再次出现时，街道上挤满了愤怒的抗议男女。民众已经忍受了诸多动荡带来的痛苦，此事让他们忍无可忍。部队遭到袭击，很快就不得不请求增援。他们所能实现的最佳结果就是僵局。1970 年 7 月 3 日，福尔斯路实行了宵禁。北爱尔兰的暴乱开始了。

英国人在大多数情况下都对此无动于衷。鉴于北爱尔兰是一个不会消失的问题，把它送走难道不是明智之举吗？为什么不完全撤出北爱尔兰？毕竟，恐怖分子只袭击了爱尔兰海对岸的人，而许多人认为痛苦和暴力是爱尔兰人与生俱来的权利。让他继续做他最熟悉的事情，只要他别带着辎重到这里来就行了。但在随后的 1971 年，爱尔兰共和军在奥尔德肖特的军营里引爆了一枚炸弹。被杀的五个人都是平民。死者中包括两名年长的清洁女工和一名天主教牧师。

贝尔法斯特很快也遭到了轰炸，几乎每天都有关于谋杀和儿童被炮弹碎片肢解的报道，时任北爱尔兰首席部长的布赖恩·福克纳是统一党体制的中坚力量，他恳求希思授予他拘禁权。8 月 5 日，希思授予他这些权力，但有一个条件：这种拘禁不能只针对天主教社区。8 月 9 日，军队突然闯入近四百个天主教家庭，摧毁了神像，撕碎了全家福照片，这一切都基于差劲的情报水平。许多受害者与激进的共和主义没有什么联系，而在与之有联系的人里，有一个人上一次参加活动还是在 1916 年复活节起义期间。爱尔兰共和军的领导层没有受到任何影响，如今反而涌现出一大批新的志愿者。

仿佛所有这些还不足以破坏最后的信任基础一样，拘留本身的性质又 355
令事态雪上加霜。他们使用了臭名昭著的审讯五术，包括对被拘留者播放

“白噪音”和剥夺睡眠等。殴打和逼供都是常事。这些技术似乎只是为了证明爱尔兰共和军的核心前提：这确实是一场反帝国主义的战争。拘禁是一场灾难，尤其是因为它违反了政府的既定政策，绝大多数嫌疑人都是天主教徒。而这场灾难由雷金纳德·莫德林领导更是令事态火上浇油，因为这位大臣在气质和道德上都不适合眼下这项任务。

随着拘禁被作为道德沦丧和政治失败而被曝光，北爱尔兰的社会凝聚力大损，两个社区彼此都开始害怕对方，另一种选择开始渐渐进入政治话语。它只需要一场危机就能成形。德里（英国人称之为伦敦德里）是北爱尔兰的第二大城市，几个月来，军队一直试图以最少的干预来维持这里的秩序。然而，狙击手袭击士兵的事件每周都在发生，新教徒开始要求实行宵禁。1972 年 8 月，公民权利游行遭到禁止。一个主张和平的团体决定不顾一切地召集游行。伞兵被派来命令他们停止或至少改变游行的方向。这些伞兵神经紧张、脾气火爆，又想捍卫自己强硬的传统，他们也许并不是理想的选择。

即使到了今天，也没有人知道是谁开的第一枪，又是出于什么原因。伞兵后来声称，他们是在遭到枪击后才开火的。不管怎么说，人们都尖叫着逃避士兵的子弹，和平示威变成了暴力骚乱。到那天结束时，有 13 名天主教徒倒地而亡。没有任何证据表明爱尔兰共和军直接参与了此事，后来的调查证明，在那些士兵声称看到有人开火的房屋里，既没有狙击手也没有任何武器。训练有素的士兵在没有任何挑衅的情况下开火几乎是无法想象的。真相可能永远石沉大海了。至少在当时，“血腥星期天”让英国政府丧失了一切道德权威：对于天主教社区、共和军和整个世界上的许多人来说，它给英国打下了帝国主义的烙印。仅仅在两年前，军队还因其通常表
356 现出的宽容和好脾气而受人钦佩。现在，这种声誉所剩无几。

这个事件标志着北爱尔兰议会大厦的终结，而“直接统治”终于成形了。政府宣称自己“在与所有相关人员协商制定出北爱尔兰问题的政治解决方案之前，除了对北爱尔兰的行政管理承担全部和直接的责任之外，别无选择”。无论对北爱尔兰的未来做出什么样的决定，它显然都会以某种方

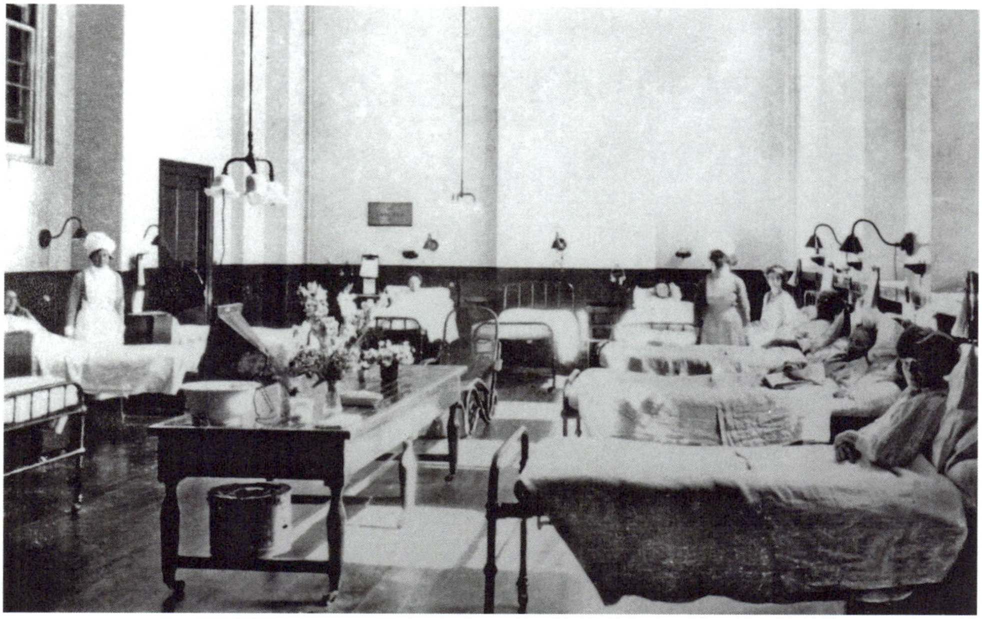

18. 国民医疗服务的诞生。在安奈林·贝文的领导下，国民医疗服务在 1948 年 7 月 5 日投入运营

19. 1953 年，伊丽莎白二世的加冕典礼。她将成为英国历史上统治时间最长的君主

EXTRA

WEST'S LARGEST HOME DELIVERED AFTERNOON CIRCULATION

Mirror News

YOUR INDEPENDENT NEWSPAPER

TURF RED STREAK

COMPLETE STOCKS

WEDNESDAY, OCTOBER 31, 1956 — TEN CENTS

BRITISH BOMB 5 EGYPT CITIES

Incendiaries Dropped in Combined Sea-Air Action

LONDON, Oct. 31 (AP)—British and French air and sea forces today assaulted Egypt. Cairo radio said British jet bombers dropped incendiaries and high-explosive bombs on five key Egyptian centers including Cairo where seven persons were reported killed.

Britain's Foreign Secretary Selwyn Lloyd told the House of Commons tonight that "it is quite untrue that Cairo has been bombed." He said the attacks were restricted to airfields.

British officials in London insisted that Cairo, a city of 3,000,000, was not considered a military target. They said the bombers were operating against military targets only.

However, Cairo radio said:

"At 5:30 p.m. local time British bombers carried out attacks on Cairo, Alexandria, Port Said, Ismailia and Suez.

"Seven persons were killed in Cairo and minor material losses occurred."

Ike to Meet With Leading Military Men

LATE BULLETINS

Russ in Full Retreat Out of Budapest

A MISSING LINK

Where Does It All Leave U.S.?

TODAY'S POLITICS

Stocks Take Sharp Drop in Reaction to Hostilities

Jet Crashes; Pilot Bails Out

Poulson Gets Hospital Exam

MIRROR-NEWS INDEX

20. 1956年10月的苏伊士运河事件。报纸头条强调这一事件的重大意义，它最终成为英国的一场灾难

21. 哈罗德·威尔逊（左）与美国总统林登·约翰逊。在威尔逊胜选时，落败的保守党已经执政13年了

22. 约翰·奥斯本的《愤怒的回顾》公演

23. 1964 年 4 月的玛丽·匡特。她在一个注重时尚的年代被称为“时尚女王”

24. 1966 年世界杯决赛。英格兰队在决赛中的胜利或许是这个国家体育成就的巅峰

25. 1966 年 8 月的披头士乐队。乐队的四位成员正处于成功的巅峰，但 1966 年的巡演是他们的最后一次巡演

26. 1969年，正在看电视的女王。轻松的家庭场景表明王室变得对公众更加“开放”了

27. 20世纪70年代，正在看电视的一个英国家庭。电视如今必不可少，无处不在

28. 爱德华·希思在 1973 年年底实施了三天工作周，旨在尽量减少用电

29. 1984 年的矿工罢工。全国矿工联盟的主席阿瑟·斯卡吉尔与警察对峙

30. 首相玛格丽特·撒切尔，1986 年。她已经被公认为“铁娘子”

31. 1987 年，戴安娜访问西米德兰兹警察局的缉毒队

32. 1997 年 5 月 1 日选举翌日的托尼·布莱尔，他击败了约翰·梅杰和保守党

33. 千禧穹顶，如今被称为 O2 体育馆，用于音乐和娱乐表演

式涉及共和军。鉴于这样的提案对统一党人来说是不可接受的，只有一个人有可能提出这个建议：威廉·“威利”·怀特洛。他和蔼可亲、忠心耿耿、无量仁慈，能让老虎立地成佛。

怀特洛等一批人在桑宁代尔建立了包含所有党派成员（包括来自爱尔兰南方的代表）的全国执行委员会。在后来的日子里，它被看作是《英国-爱尔兰协议》和《耶稣受难日协议》的先声。如果善意是主流，它也许会成功，但它胎死腹中。怀特洛随后被召回英格兰处理第二次矿工罢工，必要的对立情绪几乎没有得到任何宣泄。如果他能留下来主持执委会，如果统一党能更温顺一些，如果民族主义者能看到对方的观点就好了，但事与愿违。无论如何，新教社区中的狂热分子都认为，这份协议企图颠覆大多数人的明确意愿。北爱尔兰成为大罢工的受害者，而更糟糕的事情还在后面。贝尔法斯特被忠英的准军事人员占领，军队袖手旁观，皇家埃尔斯特警察则与之勾结。法治已经被派系统治所取代。留给政府的选择是要么实施戒严令，要么有条件地投降，他们选择了后者。统一党人还要付出更多的政治代价；他们从未原谅希思的《桑宁代尔协议》，他们认为这份协议试图颠覆他们所认可的古老权利，而他们的敌人认为，被颠覆的不过是统一党人不公平的特权而已。 357

47

希思垮台

虽然场面上一片白旗，但我们也可以从中分辨出希思政府所取得的一些毋庸置疑的胜利。家庭收入补助金就是其中之一。作为一项早早出台的立法，它帮助了无数只有很少养家糊口的钱的贫困夫妇。其他帮助弱势群体的法律也不胜枚举。希思将他的政治精力转到这个方向，让他的许多敌人感到不解。

但这种人道主义的冲动最为明显的表现，或许是希思决定允许乌干达的亚洲人作为难民进入英国。被独裁者伊迪·阿明所驱逐的这些人仍然持有麦克米伦政府颁发的英国护照，现在他们希望得到母国的帮助。如今回望，对这种请求提出哪怕一点点抵制都不同寻常，但当时对移民的担忧仍然普遍存在。史密斯菲尔德的500名肉类搬运工结队来到议会，宣布他们支持伊诺克·鲍威尔。鲍威尔曾宣称护照问题是一场“恶作剧”，并认为拥有护照并不意味着拥有居住权。在当时的形势下，这是一个丑陋而伪善的论调，政府出面压制了它。希思本人从未动摇过；难民来了，国家也展示出它最好的一面。除了政府的帮助之外，亚裔社区很快为它们提供了食物
358 和住房，其他各群体也积极行动。这也许是希思最崇高的时刻；不过他最伟大的时刻还在后面。

在争取并赢得法国人的支持后，希思现在必须说服议会；虽然议会已经批准英国加入欧洲共同体的决定，但它还没有审查具体的条款。当时我们已经可以听到未来异议的不祥之声了。第一个困难在于所涉文件太多。将条款缩减到可消化长度的任务落在了未来的财相杰弗里·豪身上。豪有一个近似强迫症的学究式头脑，安排或澄清细枝末节也许是他最大的天赋。他因此出色地完成了任务，把几乎无法理解的成卷指令缩减为一组简单的条款。在某种程度上，这不能不说是适得其反，因为在所有的模糊词句都被消除之后，欧共体的新权力有多大就变得完全肉眼可见了。其中的一个条款特别显眼。第 11 款明确指出，欧共体的法律将优先于英国法律，须得到“相应的执行、认可和遵守”。

这是任谁也无法忽视的，迈克尔·富特就没打算听之任之。他一直对整个简化过程不满，称其不过是“律师变戏法”。但第 11 款令他深感不安。他和伊诺克·鲍威尔竭尽全力地阻挠议事，但议长不肯让步。议长对下议院没有机会更充分地审议议定书表示歉意，但时间太紧张了。他向下议院保证，“英国长达 1 000 年的议会历史不会被拿破仑法典所取代”。尽管如此，人们对结果从未有任何怀疑。尽管没有人“全心全意地赞同”入欧条款，但绝大多数议员投票通过了最后的立法。就这样，1972 年 10 月 17 日，加入获得王室御准。1973 年 1 月 1 日，英国加入了欧共体。

然而，成为会员国的阵痛才刚刚开始——两年以后，整个问题就将迎来两次公民投票中的第一次——但现在，希思、豪、怀特洛和蓬皮杜可以为自己出色地履行职责而深感自豪了。此外，一旦成员国的好处显现出来，
愤怒和无知的人肯定会明白过来的。还好希思总算实现了梦想，因为在这 359
刚刚开始的一年里，他还不得不再次面对一个反复出现的噩梦。

自上次矿工罢工以来，逾 10 亿英镑被投入采矿业，这显然是对以前政策的逆转。大多数人认为，矿工并不想再举行新一轮罢工。但是，即便他们的工资比以前合理了一些，它也不足以吸引更多的年轻人进入矿井；据估计，每周仍有 600 人离开这个行业。然后是重新出现的石油问题。两年

前石油的价格已经够高了，如今在阿以战争之后，其价格又翻了两番。在矿工逐渐走向第二次罢工的过程中，没有任何恶意或贪婪的成分。他们的诉求很简单，甚至很天真。他们要求再增加 35% 的工资，因为他们知道此事有望成功。于是，谈判的齿轮再次嘎吱嘎吱地运转起来。希思决心把矿工的待遇限制在著名的“第三阶段”（包括约 400 万名体力劳动者的工资等级）的范围内，然而矿工及其领导人则决心跳出这个限制。

事实证明，石油是决定性因素。国家现在 50% 的能源都依赖石油。这反过来又导致一个曾在某次谈判中被晾在一边的“小人物”提出了一个意见。“首相，”他问道，“你为什么不能把你愿意付给阿拉伯人的石油钱付给我们呢？”这把希思置入了被误解的境地。他的朋友和同事们注意到，他的身上出现了一种新的倦怠感，这种精神不振让他一改平时敏捷的动作。他们中很少有人意识到，希思不仅身体有碍，也有政治上的障碍需要解决。甲状腺功能低下使得他的思想和行动都变得迟钝起来。这种病症发生在了他人生中最糟的时刻。

就在大多数人，乃至所有的人看似茫然无措的时候，工会联盟的总理事会发表了一份非同寻常的会议记录。“总理事会认为，采矿业存在着一种独特的异常情况。如果政府愿意保证，它将尽力促成矿工与国家煤炭委员会之间的和解，那么其他工会就不会在谈判它们自己的和解方案中以此为
360 由。”这样的声明相当于一个迄今为止无法想象的让步。工会联盟似乎要用它的圣牛献祭屠刀了。许多人想知道，世上哪儿会有这么好的事？

结果还真有。双方都在一个熟悉得令人沮丧的模式中，把协议的失败归咎于对方。就工会而言，错在希思拒绝了他们的开价；而在希思这边，错在他的下属托尼·巴伯。但无论在何种情况下，协议都不可能达成：政府太过多疑，而工会联合会也绝不可能履行其决议。后来，一些工会领导人仍然坚称“我们本来可以坚持下去的”，但戈姆利总是心存疑虑。当时已是工会运动中的佼佼者的莱恩·默里甚至声称政府“操纵”了工会：“如果［希思］接受了开价，结果它没有奏效，而其他工会却取得了突破，他就得带着他所有的反工会政策（《劳资关系法》和收入政策）卷铺盖回家了。如

果它奏效了，这将是他伟大的政治胜利，表明他可以令工会乖乖就范。”

但希思不是搞这种政治手腕的人。他很疲惫，而且他的乐观能力正处于低谷。几个月来，谈判举步维艰，但经过两年的经济急转直下，加上失败的记忆犹新，希思现在几乎不可能屈服。1973 年 12 月 13 日，他宣布实行三天工作周制。政府在不到两年前就实施过类似的决定，当时民众的生活靠使用蜡烛维持运转，但这一次的制度是正式的。它于 1974 年 1 月 1 日开始生效。不出所料，这项措施引起了反感，但这种反感不仅仅源于它带来的不便；公众认为这个决定非常草率，因此在政治上也会徒劳无功。希思不顾怀特洛的建议，决定只有解散议会才能打破与矿工的僵局。《泰晤士报》的威廉·里斯–莫格表示同意，但他的表态是出于希思不可能同意的理由。“政府的政策自 1970 年以来发生了很大变化，”里斯–莫格说，“有充分的宪法理由立即举行选举。”但希思召集选举并不是为了打败矿工；对他来说，问题更广泛，也更深刻。在一次政治广播中，他总结了自己的立场。“摆在你们面前的问题很简单……你们是否想要一个强大的政府，这个政府在未来有明确的权力来做出必要的决定？你们希望议会和民选政府继续与 361
通货膨胀作艰苦卓绝的斗争吗？还是希望他们在某一特定工人群体的压力下放弃抑制价格上涨的努力？”

正如我们所看到的，希思对工会抱有广泛的同情，他自己也是在一个几乎没有特权的背景中成长起来的。他一直很勤奋，把了解工人阶级现实的斗争和复杂性作为自己的事业。但他始终无法赞同集体谈判的原则，而没有集体谈判，他就无法在工会问题上取得进展。他以一贯的坦率态度表明了自己的反对意见：“我们都看到了在这种情况下会发生什么。最强大的人一如既往会获胜，而最弱小的人就会陷入绝境。”

于是，身心俱疲的希思举行了选举，我们从一开始就可以看出，他轻微但明确地向着工党一方摇摆。他仍在坚持——还有工作要做，只要能再给他一点时间。与此同时，压抑不住的威尔逊再次出击了，这位工会之友和保民官兴高采烈，信心十足。2 月的选举结果出来后，希思在满足工会的同时还要平衡预算的卓绝努力显然并没有感动英国。

但威尔逊还没有大获全胜。他的政府是一个少数派政府，需要在 10 月再举行一次选举才能确保大权在握。希思争取到了时间，并与杰里米·索普的自由党结成联盟。《旁观者》在评论希思可悲而不体面的失败时，同时扮演了“老鹰捉小鸡”中的两派。“唐宁街十号鸠占鹊巢的人终于离开了……大选后那几天，爱德华·希思先生这位滑稽可笑的颓丧人物用肮脏的手指紧紧抓住摇摇欲坠的权力悬崖，他的偏执狂从未像那一刻那样清晰可辨。”在希思的任期内，对他最尖锐的攻击竟然来自一份保守派的期刊，这着实让人难过。还有一个羞辱来自他从未怀疑过的地方；这是他的门徒所为，更令人震惊的是，这位门徒还是个女人。

希思在 1970 年 6 月接管政府时，对即将困扰他的磨难一无所知。步履蹒跚的经济、北爱尔兰的解体、两次煤炭罢工以及阿以战争期间石油价格
362 的暴涨，都让他像一尊蜡像那样动弹不得。他在国家事务中进行公司化运作的尝试以失败告终，主要是因为工会拒绝参与，但这只是困扰他首相任期的众多挫败之一。最糟糕的那一次将留存在历史学家的记忆中挥之不去。在第二次矿工大罢工的可怕高潮之前，他已经推翻了自己不干预工业的政策，并且在此过程中丧失了不少威信。他在许多方面都是个倒霉鬼，由于第一次矿工罢工而变得更加软弱。矿工通过精心谋划产生了最大的影响，而“飞行纠察队”也提高了罢工的效率。矿工赢了，沿着行业薪酬的阶梯，同时也踩着其他工人的身体攀缘而上。电力工人和码头工人等较富裕工会的领导人对政府摇摇摆摆的收入政策采取了行动，轻松将其斩于马下。英国工业联合会、工会联盟和政府难以为继。北爱尔兰的悲惨状况更是令事态雪上加霜。

即便希思最大的成就是令英国被欧共体接受，他也没有受到热烈的庆祝。许多人对与毗邻的欧陆建立更密切的关系既没有任何兴趣，也不抱有敌意或厌烦；它带来了比萨饼店和葡萄酒酒吧，但这并不足以改变任何人的生活方式。这当然也不足以说服工党接受欧洲共同体。不过工党本身处于非常混乱的状态，几乎不可能真正理解当时的事态。

然而，以这样一份笼统的失败清单来给希思盖棺论定，既不公正，也

不仁慈。希思起初获得了绝大多数人的支持，并得到了新闻界和公众的热心祝福。他非常能干，也勤奋得可怕；他的爱国主义精神不容否认。与开朗的威尔逊不同，他在镜头和话筒前局促不安。英国人喜欢弱者，而他的一腔热诚和使命感恰是他的强项。不过，领导者必须能激发他人的勇气，而希思在这方面乏善可陈。

哈罗德·威尔逊没有料到，自己在最近被逐出唐宁街十号后，这么快就重新占领了那里，而且他似乎也不太愿意这样做。1974 年 10 月 10 日，他在唐宁街的台阶上宣布："好吧，还有工作要做，我现在就进去开工了。" 363
这样的辞令完全不像曾经同样二进唐宁街的丘吉尔的风格。仅从这句话来看，他白热的激情显然已经冷却为灰烬了。

矿工罢工得到了迅速解决，结果对矿工有利；政府似乎没有什么选择余地。事实证明，其他悬而未决的问题也可以按照当时通行的做法得到解决。工党承诺就英国的欧共体成员资格举行全民复决，理由是保守党在谈判中存在处理不当的问题，过早地做出了太多让步。在这一显而易见的表面功夫背后有着更尖锐的担忧。其中一个担忧是工党运动整体上仍然不相信加入欧共体会有什么好处。而最紧迫的是，新政府需要转移民众注意力，让他们不再汲汲于威尔逊自己承认的"用老办法解决老问题"。

虽然英国国王的"神权"早已被议会的"至高无上"所取代，但支持英国加入欧洲的人都清楚，这种至高无上的权力如今也受到了限制；此外还要考虑欧共体的压倒性权威。这就带来了一种民主的反常现象：议会的法律怎么可能同时既至高无上又要依条件而定？政府对此没有答案，所以问题被移交给民众。在两个主要政党中，保守党对继续参与更为热衷。作为反对党，他们暂时还不必面对任何不利的后果；此外，他们中的大多数人真诚地相信，共同市场不过就是一个资本主义国家姐妹会，还无须对女教师作出交代。

20 世纪 70 年代之前，电视上几乎没有为儿童提供的本土娱乐节目，也没有彩色频道。随着彩电日益普及，父母们也期待着五颜六色的健康家庭娱乐节目，但事实并非如此。相反，这十年的孩子们打开这个娃娃屋，却发现里面在闹鬼。70 年代是“肤浅惊吓”节目的全盛时期，当时可以通过泛光灯和硬纸板来表达恐怖。然而，虽然新的节目并不总是一派黑暗——
364 有许多喜剧和离奇想法——但它们有一种后来几十年都无法模仿的阴森。对新群体产生过最大影响的《神秘博士》已经进入了所谓的“哥特阶段”。

因此，这一时期的英国少年儿童正畏缩在自家沙发的后面。《石阵之子》幽灵般的音乐让成年人也不愿意在电视旁逗留。《羽蛇神》里有活人献祭和邪神的复活。在《逃入黑夜》中，一个年轻女孩试图重塑现实，却招致了噩梦。耐着性子看完《十字路口》里各种麻烦事的成年人一定经常性地感到一种求而不得的嫉妒。

然而，未来的世界可能同样令人望而却步。在《时空交错》和《明日之人》中，想象中的未来既专制又充满末日恐怖。英格兰对科幻类别所做的贡献不算多，但《布莱克七号》是个中翘楚，其中的“联邦”是一个邪恶而独裁的寡头集团，就像《一九八四》中的“党”一样，试图取代记忆和扭曲身份。因此，在这些蟹钳的夹击下，《格兰奇山》给幼稚的想象提供了一个朴实无华，甚至有些粗糙的真实世界，这部连续剧的基本情节围绕着发生在一所郊区综合学校的重重麻烦。在这里，我们认识了善良的无政府主义者“塔克”、凶恶的“铁钳手”斯蒂布森，以及坚忍的麦克拉斯基夫人，她品格高尚，心地善良，但注定要与青春期难缠的刚愎任性作斗争。

在收音机这一陈旧的媒介上，英国人收听着喜剧系列剧，而成年人在《银河系搭车客指南》中悄然崩塌的时间崖壁下得到庇护。在这部剧中，亚瑟·邓特原本过着普通的日子，突然间他的房子要被拆除了。他的朋友福特大老爷实际上是来自参宿七的外星人，通知他有比他的房子更重要的东西即将被毁；人类听到来自遥远太空的声音：“地球人，请注意了……诸位无疑已经知道，银河系边远地区的开发规划要求建造一条穿过贵恒星系的超空间快速通道，令人遗憾的是，贵行星属于一颗计划中预定要毁灭的星
365 球。”天哪。

48

角子机

那些前来毁灭地球的外星人，那些在心怀不满的时候最为开心、如虐待狂一般尽职尽责的沃贡人，只有 70 年代的英国人才能想象得出来。后来在《银河系搭车客指南》中，我们结识了两位哲学家，他们为了抗议而罢工，他反对的是一台旨在解决“生命、宇宙以及一切”的终极问题而设计出来的计算机。在他们看来，这台电脑正在侵犯他们的领地。“我们要让你们见识一下全国性的哲学家大罢工！”“可那会给谁惹麻烦呢？”这台名为“深思”的电脑问道。“你别管会给谁惹麻烦，你这台只会破坏罢工的二进制机器！总有人会吃瘪的，笨蛋！总有人会吃瘪的！”

当然，最后一个断言有点不太可能，所以其讽刺才尤显尖刻。因为一方面，罢工给人们带来了很大的伤害；另一方面，停工的效用并不总是很清楚。无论如何，工党政府正是在 1974 年的两次选举之间与工会达成了和解，但条件完全由工会说了算——政府似乎也没有其他的选择。因为这是一个社会契约的时代，根据这个契约，议会保证了劳动者的权利并在理论上赢得了工会的善意。这从来都不是一个正式或合法的安排，也从没有颁布过以此为名的法规。正是迈克尔·富特这位费边社理想主义的后代，制 366
定了与这一高尚但朦胧的概念永远联系在一起的法案。“议会工党和工会的联系是前所未有的！”他如此断言。

迈克尔·富特出生于普利茅斯一个自由党政治氛围浓厚的家庭，而自由党人在英格兰西南部有天然的优势。由于父亲艾萨克·富特曾两次当选为普利茅斯的议员，后来还当上了该市的市长，因此我们可以认为年轻的富特继承了其父的衣钵。他是个聪明孩子；他的校长曾宣称，“他在各方面都是学校里的佼佼者”，他自然而然地走上牛津大学之路，接着又担任了牛津大学辩论社的主席。这是一个政治过渡时期，自由党慢慢让位于新兴的工党。富特很快就认定自己是一个社会主义者，部分原因是受到一位密友的父亲斯塔福德·克里普斯的影响，还有一部分原因是目睹默西赛德郡和利物浦的贫困而深受震动，而他以前并不知道这些，普利茅斯可没有这样的景象。离开牛津后，他立即在伯肯黑德当了一名船务员，深入了解现实。他还贪婪地阅读，以此支持他新发现的信仰：贝内特、威尔斯、萧伯纳、罗素等人都在他新的必修课程中。

富特在新闻界开始了他的政治生涯，从《新政治家》到《论坛报》，再到《旗帜晚报》，并在二十八岁时被任命为《旗帜晚报》的主编。他接着去了由工党负责全部开支的机关报《每日先驱报》，然后在1937年1月又回到了《论坛报》。他对英格兰的左翼报刊有着透彻的了解，也同样清楚当时主导政治辩论的诺斯克利夫等右翼老板有着哪些怨恨和偏见。

他在成为最著名的反战记者之前，曾与两位同事合写了一本题为《罪人》的小册子，攻击张伯伦政府的绥靖政策。后来他成为英国异议左派不可或缺的一员，也成为工人阶级政治家中最伟大、最雄辩的安奈林·贝文的亲密盟友。1945年，富特当选为德文波特的工党议员，他的政治生涯达到了第一个顶点。

在1955年的选举中，他仅以100票之差败北。苏伊士运河事件发生时，他重新担任《论坛报》的主编。在笼罩着那个年代的核恐惧问题上，
367 富特和贝文意见相左，贝文倾向于核选项，以避免“赤手空拳进入会议厅”。然而，富特得到了弗兰克·卡曾斯等坚定的单边主义者的大力支持。1960年，他代表贝文的老选区重返议会后，开始了人生的另一个阶段，加

入了核裁军运动。这一运动最初是一个全国性的现象，但它逐渐失去了人们的支持。盖茨克尔反对单边主义，发誓要“战斗，战斗，再战斗，拯救我们所爱的党”，而这支由活动家组成的下层社会队伍在不断变化的世界中开始显得不那么重要了。核裁军运动中有许多人憎恨工党，而工党中也有许多人对核裁军问题漠不关心。因此，他重返工党的过程充满了纷争和麻烦，但他持久的快乐来自他所代表的是埃布韦尔。对他来说，这相当于回家了。

1974 年，六十一岁的富特成为哈罗德·威尔逊政府的内阁成员。作为就业国务大臣，他的主要目标是通过不少于六项法案来管理社会契约，让工会与工党团结起来。他的两大主要提案倡议成立咨询、调解和仲裁局和制定维护工人权利的《就业保护法案》。他是内阁中最著名的社会主义者，并认为在哈罗德·威尔逊辞职后，他完全有权作为主要的左翼候选人参选。他虽然没有成功，但表现得很好，由此担任了詹姆斯·卡拉汉手下的副首相。这是一个充满协约和联盟的时代，富特在 1977 年春末主导了一个“自由党-工党”的盟约，但它次年就瓦解了。

1979 年，卡拉汉失败后，富特回到了反对党。然后，随着卡拉汉政治生涯的终结，党内出现了一个空缺。三位候选人站了出来——丹尼斯·希利、彼得·肖尔和乔恩·西尔金，但每个人都表现出致命的弱点，于是富特在 1980 年底成为党魁。我们不能说他是一个天生的领导人，但 1981 年初工党和社会民主党之间的分裂也确实对他不利。

但是，富特仍然是社会主义信条的坚守者和自信的表达者。他是 20 世 368
纪左翼价值观的生动体现，可以与罗素和奥威尔相媲美。根据他的传记作者肯尼思·O. 摩根的说法，他是“一个绝对坚定的永久反对派的象征，一个反叛者，一个特立独行的人，一个永远抵触权威的人”。他是演说家而非政治家。也许最重要的是，他在公共文化和公民话语日渐消逝之际，维持了它们的作用。他在许多方面都是最后一位伟大的工党知识分子，理应在 20 世纪的历史上占据荣耀的一席之地。

1974 至 1977 年，工会联盟与工党政府达成了社会契约。它所依据的前提在如今看来实属异想天开；如果政府与他们合作，换句话说，如果政府准备接受工会为保护其会员而提出的每一项要求，工会就会保持克制。“请友好相处。”这是政府充满希望的劝告。因此，这是一场社团主义实验，比有时会被与之混淆的战后共识政治要激进得多。

在社会契约之下，雇员和雇主之间，以及后来雇员和政府之间的权力关系存在着一种基本的含糊性。它还建立在各个工会作为一个整体行动的假设上，但工会之间实际上是相互竞争的关系。唯一可以肯定的是，到了1976年，按照邮政工人领袖汤姆·杰克逊的说法，工会仿佛发现“一台巨大的拉斯维加斯角子机以对顾客有利的方式突然卡住了”。

工会的领导人不仅有老派的工人阶级社会主义者，往往还有曾经对抗过法西斯的人。在他们开始运动时，最基本的工人权利尚未实现，但新一代人已经取得了一定的成果。然而，工会领导人经常将他们的“街头斗争”心态应用于现状；资本仍然是敌人，工会成员也仍然是弱者。但到了70年代末，即使是最热心的工会领导人也开始担心其会员的要求难以为继了。杰克·琼斯谈及“对所有人都公平，而不是对所有人免费”，休·斯坎伦则
369 公开对国家的应对能力表示怀疑。不过，到了这个阶段，缓慢到几乎无法察觉的转变已经开始了；守旧派正在失去对越来越“个人主义”的会员的控制。因此，70年代末英国社会的特点是小资本家的不满情绪多于社会主义者。

但这还要一段时间才会显现出来。1976年的劳工运动很少。工会毕竟已经得到了他们想要的几乎所有东西。但随着物价上涨和英镑下跌，威尔逊觉得是时候兑现他的承诺，让民众就欧洲问题进行公投了。此前的民意调查显示，只有少数人支持英国加入欧共体。在定于1975年举行的公投中，主张投“赞成”票的人本没有理由沾沾自喜，但他们在公投过程中的情绪却很振奋。出乎意料的结盟发生了：保守党人向工党传授了拉票技巧；而工党成员也向保守党人借出了他们的大客车。到处弥漫着节日的气氛。

“反对”阵营的情绪则完全不同。尽管当时的政府给双方提供了同等的资金，但“赞成”运动可以依靠大企业的支持，而“反对”运动在对手的

大炮旁边则只是一堆不起眼的玩具枪。和对手一样，他们的立场似乎也是彼此不容的；而与对手不同的是，这些立场似乎都在激进的边缘徘徊。例如，国民阵线和英国共产党都是疑欧派。因此，当伊诺克·鲍威尔和托尼·本恩在同一平台上对着民众虚张声势时，许多摇摆不定的选民只看到了分裂和蛊惑。一个明显对欧洲持怀疑态度的国家怎么会如此热情地听从亲欧者的意见？英吉利海峡对岸就是欧洲大陆，普通家庭如今可以去那里度假；有了共同市场，这些度假就可以成行了；然后是欧共体，它当然与度假或共同市场无关，但民众并不认为它对英国的自由有所企图。

首相对欧共体的态度则是快乐的无知。威尔逊对欧洲知之甚少，关心就更谈不上了。锡利群岛是他首选的度假地，他还认为香槟是啤酒的拙劣替代品。对威尔逊来说，公投不过是借机将国家的注意力从更紧迫的问题上转移开来。而卡拉汉则持怀疑态度。在一次电视采访中，他拒绝评价民 370
众应该投票支持还是反对留在共同市场，即使其政府在理论上支持共同市场，他显然也对这个问题不感兴趣。然而，即使是政府的漠不关心也有利于投“赞成”票的一方。在计票时，公投显示有超过 60% 的人赞成留在欧共体。此事暂时告一段落。目前英国仍然存在出口衰退的问题，还有超出任何一个政府承受能力（更别提解决了）的种种承诺。

哈罗德·威尔逊曾计划在六十岁辞职，但后来没有什么迹象表明他将放弃自己拥有的权力。然而，他残留的时代已经没有任何政策有可能取得成果，也没有什么胜利的花环可赢得了。一位公务员回忆说，威尔逊似乎“过一天算一天”，还有更多令人不安的衰退迹象。随着 70 年代的进展，他的偏执狂越来越严重，觉得到处都是间谍。他对南非臭名昭著的国家安全局是如此恐惧，以至于当有传言说他的朋友和竞争对手杰里米·索普遭人暗杀时，他甚至想方设法向议会保证南非国安局就是幕后黑手。他确信唐宁街十号已经被窃听了。

他在一次引人注目的采访中表现得更加过分，简直快要丧失理智了。“我觉得自己就是房间角落里的大胖蜘蛛，”他告诉两名记者，“有时我在睡觉时也会说话。你们俩都该听听。我们偶尔见面的时候，我可能会告诉你去查令十字街，朝着一个站在角落里的瞎子踢上一脚。那个瞎子可能会告诉你一些事情，带你去某个地方。”他开始下放权力，酒量越来越大。他曾经无懈可击的记忆力也开始退化了。内阁对他的辞职计划并不知情，当他宣布辞职时，每个人都大吃了一惊，就连卡拉汉也一样，震惊之感压过了解脱或遗憾。1976 年 3 月，告别宴会在契克斯举行，即将离任的首相留下
371 了一张眼神游离、笑容空洞的小老头的照片。

49

我们将带来和谐

意外离职之后，威尔逊基本上就被人遗忘了。但他理应得到更高的评价。就其选举记录而言，他是史上最成功的首相。他团结了一个组成要素之间从来都水火不容的政党；主政了福利国家的黄金时代；并证明自己是一个无与伦比的政治策略家。但他恋栈的时间太久了。

前几年，罗伊·詹金斯一直是接替他的热门人选，至少新闻界人士认为如此。但是，作为一个热情洋溢、品位相衬的亲欧者，他绝对无法获得左派的效忠，而迈克尔·富特也根本不能赢得右派的青睐。丹尼斯·希利虽然才华横溢，却过于强硬。不管怎么说，威尔逊已经选好了继任者。最终，“大吉姆”卡拉汉以 176 票对迈克尔·富特的 137 票赢得了领导权。这个结果体现出威尔逊的明确认可，但对那些右派来说，却是一个令人不安的预兆；富特的时代即将到来。卡拉汉长期以来一直梦想着亲吻君主之手的那一刻。他听到有人喃喃说：“首相甚至从来没上过大学。”女王本人对威尔逊的决定困惑不安，但她以惯有的风度默许了。

在 20 世纪 60 年代，工党政府曾竭力确保充分就业，同时压低通货膨
胀。威尔逊曾尝试过为期六个月的价格和工资冻结，但没能解决问题。政 372
府从 1964 到 1979 年出台过不少于八项收入政策，但都搁浅了。外围受袭

时中央也会守不住。丹尼斯·希利试图拯救经济，并由此证明自己具有非凡的敏捷和持久力。他努力地抑制公共开支，尽管他的做法极不受欢迎，但在不到九个月的时间里，通货膨胀率从 29% 下降到 13%。但是，英镑的疲软是任何人都无法忽视的问题。政府动用了一切资源来防止其崩溃，但世界对此心有疑虑。形势仍然对英镑不利。英格兰银行几乎花光了所有储备金来支撑英镑，但它似乎注定要与美元持平。政府还能做些什么呢？托尼·本恩提出了一个古怪的建议，即实行“紧缩经济”，对进口商品征收关税，但在某种程度上仍保持出口自由。内阁的其他成员知道，除了向世界上最高的金融权威机构（国际货币基金组织）呼救外，英国已经没有别的办法了。在希利抵达希思罗机场准备飞往美国时，他得知了英镑崩溃的消息，危机随之而来。他认为自己应该留在国内，于是驱车返回威斯敏斯特。就这样，曾经身为世界银行家的联合王国，不得不放下自尊，向盟友们乞讨钱财。

它的确就是这么做的。国际货币基金组织的资金主要由美德两国提供，这使得安东尼·克罗斯兰通过威胁英国撤回对外军事承诺来敲诈该组织的提议显得荒唐可笑。英国没有资格提出要求。国际货币基金组织的团队在 11 月 1 日抵达，这个团队由几个国家的人组成，但无法掩盖的事实是，其使命所秉持的是美国精神。国际货币基金组织明白，英国不仅需要进行一次彻底的春季大扫除；还必须扔掉许多徒有情感价值的东西。国际货币基金组织的贷款通常会被无限期延长，但不负责任的英国人没有这样的自由度。还款日期被定在 12 月，它还要求英国制订一个严格的开支削减计划。就近 40 亿英镑的贷款来说，国际货币基金组织也觉得这样的要求近乎不讲道理。但英国人证明自己仍然满怀雄心。在一个看似僵局的时刻，卡拉汉
373 当着首席谈判代表的面拿起了电话，并威胁说如果不给他留点余地，就给总统打电话。这纯属虚张声势吗？也许吧，但它达到了预期的效果，贷款获批了。

尽管事情的结果非常好，但在 1976 年的工党大会上，发言的首相神情阴郁。他的心态开始发生了变化，这种变化过于微妙渐进，也许不能称之

为彻底改变。但对布莱克浦的代表来说，这一定预示着某种结构性的转变。卡拉汉先是向哈罗德·威尔逊致意（威尔逊听到自己的名字后，从昏昏欲睡中清醒过来），然后开始拆解战后共识。“主席先生，同志们，”他说，“没有谁应该对英国的生计负有责任，而且……我们现在所享有的生活水平仍然不是我们挣来的。我们只是通过借贷来维持这一标准，而这不可能无限期地持续下去。”

在为通胀、通缩和反通胀辗转反侧之后，卡拉汉找到了问题所在。年轻的丹尼斯·斯金纳等党内左派人士对于“生产力”的问题居然会被提出来讨论感到震惊，但卡拉汉毫不动摇：英国一直怠惰因循、饔飧不济，而没有努力工作维持生计。这是一个老社会主义者在说话，他对玩世不恭已然不耐烦了。英国人民所理解的世界不再顺理成章：“那个安逸的世界一去不返。”他的语气沉闷沙哑；他并不比听众更喜欢自己的这些话。

今人很难充分意识到，通货膨胀曾如何让最优秀的头脑殚精竭虑。在20世纪70年代的英国，对供需的“推”和“拉”同时发挥了作用；随着工资的增加，消费能力增长，价格也随之上涨。一个主要由工会组成的国家以要求更高的工资作为回应，而雇主不得不提高价格以支付其成本，这反过来又导致了更高的工资要求。如果加入了工会，这种螺旋式上升的需求就不会给你带来不便，但如果没有这样的附属关系，或者根本不属于工薪阶层，你就会发现自己除了绝对的必需品之外，什么也买不起。此外，也有其他的因素在起作用。例如，工会喜欢就工资问题进行“自由集体谈判”，导致问题更加严重，但这只会在有类似的传统、利益没有交集、国家没有其他承诺，以及集体资金充足的情况下才能发挥作用。这些条件不可能永远得到满足。难怪罗伊·詹金斯将这一时期的政府角色比作荒凉诡秘 374
的高地上的登山者。“大号的［野兽］被称为工会领袖，小号的被称为支持方……野兽下山，可不能惹恼了它们。”

美籍观察家比尔·布赖森认为事实的确如此。他在为一家英国报纸工作时，发现自己不得不与印刷品检查员打交道。检查员以闲庭信步的速度翻阅校样，而且不论外人有多位高权重，他都不允许外人干涉他的工作，甚至不惜为此动粗；因为这当然逾越了“界限”。布赖森本人试图提交校样时，那人反驳说：“你没看到我正在吃比萨饼吗？”印刷工会的运作方式让人想起中世纪的行会或共济会：每个工会都有自己的“礼拜堂”，而每个礼拜堂都有自己的“神父”。如果说矿工有他们的“矿坑村”，那么印刷商的组织也可姑且可以被称为“印刷家族”的组织：这与其说是一个垄断联盟，不如说是一个家族企业。其他工会也有类似的传统。

这与芭芭拉·卡斯尔设想的世界相去甚远，她在 1975 年 2 月的日记中写道：“对我来说，社会主义不仅仅是激进的工会主义。它还是一个温和的社会，其中每个生产者都须铭记自己同时也是一个消费者。”而卡拉汉本人在 1978 年也觉得有必要指出：“今天的社会组织如此严密，每一个单独的团体几乎都有力量来破坏它。如何将他们的力量引向建设性的渠道呢？”这个问题在他的政治生涯中从未得到解决。

1976 年是有历史记载以来最热的一年，也是英国政治界最炙手可热的一年。因此，迎接 1977 年女王登基 25 周年的庆祝活动时，政府和国民都松了一口气。似乎每家每户都挂上了彩旗，每条街道都有聚会。卡拉汉是君主制的坚定信仰者，他对每一种传统制度的态度都是如此，他也很高兴应女王的传唤来分享这些荣誉。然而一旦摘下了彩旗，整个国家就再次显现出了贫穷寒酸，以及不满情绪。朋克乐队性手枪发表了《上帝保佑女
375 王》，这是一首对女王的角色不太恭敬的歌曲，它将女王描述为一个“白痴”。这首歌极其受欢迎，也被大量广播电台禁播，但它仍在排行榜上雄踞第一。

卡拉汉制定了 5% 的工资增长上限，其目的是压制通货膨胀。这在当时是个大胆的举措，但只坚持到了 1978 年 9 月 25 日，正是在那一天，福特公司的工人决定发动罢工。他们认为，通货膨胀率已经达到 8%，5% 的工资增幅是不够的。他们的行动立竿见影。从那时起，罢工就像雨后的毒蘑菇一样此起彼伏。其中最具破坏性的是，公营部门的工会也觉得必须加入进来，其中许多工会的会员都来自最不富裕的阶层。卡拉汉的薪酬政策

几乎每天都在瓦解，而迈克尔·富特在工党大会上发表了空前愤怒的讲话，他曾为支持工会做了很多工作，也最有权利感觉自己遭到了背叛。他用尖锐的讽刺提醒代表们想一想，在保守党统治下他们可以期待什么样的薪酬政策——那当然就是“失业”。

但工会不为所动。的确，当这样的奖项摆在他们的会员面前时，他们没有多大的选择余地。到了 1978 年深秋，“不满的寒冬”的说法成了每个人的口头禅。躺在棺材里的死者无法下葬，失去亲人的家庭被拒之门外。运送紧急物资的卡车遭到袭击，医院被罢工纠察队围住，莱斯特广场的垃圾堆积成山、臭气熏天，而纠察队则宣称，这不是“国家能否支付得起我们的问题，而是他们能否不支付的问题”。所有这一切都让人们感到，工会正在迅速变成人民的敌人。当然，这根本不是一次大罢工——大多数工会都没有参加，但其影响在物质和情感上都伤害了公众，因为罢工在国外已被称为“英国病”。

在危机即将结束的时候，卡拉汉同意接受政治记者卢·加德纳的采访。卡拉汉的声音和往常一样通情达理、暖人心脾，他柔和的汉普郡口音也因偶尔闪现的傲慢神气而变得生动起来。但他眼镜后面的冰冷双眸遮遮掩掩，手指戳着一个假想的胸膛。他有话要对工会说：“你们能从银行拿出来的钱不会比那里本来就有的更多！”当被问及是什么让关系变得如此糟糕时，他回答说：“太多的责任被从中心转移到了地方工厂的工人代表身上，他们并 376
不完全理解工会主义的基本原则。”“难道 5% 不是一个不现实的数字吗？”加德纳问道。“现实的数字，”首相叫喊道，“是国家能够负担得起的数字！而不是人们头脑中想象出来的数字。”在与工会进行会谈的问题上，卡拉汉轻描淡写地说：“还需要保持一段时间的沉默。”

沉默也是其他方面的基调。玛格丽特·撒切尔已经提出了不记名投票的概念。她坚持认为，必须允许工会成员在不担心遭人报复的情况下进行投票。卡拉汉表示自己对这一想法持开放态度，但他强调，不允许将其作为一项法律规定。这也许就是问题的关键所在。对于仍是工会会员的卡拉汉来说，法律应该远离有组织的劳工。此外他还暗示，工会凌驾于法律之上，并且有办法保持这一超然地位。运输业和普通工人联合会的新负责人莫斯·埃文斯和众人一样，只求卡拉汉垮台，但他理解这种困境。他给政府的信息本身就混杂着蔑视和无助：“我不会也不能约束地方工会代表。”另一方面，在普通民众中，“社会契约”的说法已经成了一句脏话。“见社会契约的鬼去吧！”是经常听到的回嘴。

保守党的政策与工会政策截然不同是显而易见的，但即使是工党和工会，尽管它们有共生关系，但彼此也有不同的议程。虽然人们把工党说成是工会在议会的分支机构，但他们必须执政，而工会则必须保护其会员——这两种议程迟早会发生冲突。尽管最有争议的辩论发生在工党和保守党之间，但最激烈的竞争却发生在不同的工会之间。英国的工会是欧洲最古老、最多样的行业组织。在 1960 年，英国仍有 180 个工会。这里的工会传统具有地方独特色彩，也许继承了中世纪的行会和后来的友好协会的衣钵。不管多小的行当都有自己的工会，而其困难在于，工会总是无法避免与另一个工会陷入竞争。因此，在艾德礼共识下确立、并在威尔逊政府
377 中得以扩展的条件，使得各种工会能够在没有法律制约的情况下进行竞争。

道格拉斯·赫德在矿工罢工期间曾是希思的顾问，他这样总结了工会的问题：“在公营部门的争端中，雇员几乎没有受到影响。任何暂时的收入损失通常都会由工会承担，并且早晚都会从最终的解决方案中得到补偿。雇主，即公共事务的实际管理者，根本不会受到影响，因为他的工资是有保障的。遭受损失的是公众，而且只有公众，先是作为消费者，然后在收账单的时候作为纳税人去承受损失。公众为双方都买了单。”历史学家和记者保罗·约翰逊更为生动地指出：“[工会] 并没有计划取得胜利……[而且] 他们现在不知道该如何处理，因为他们已经取得了胜利。他们像烧毁了领主庄园的中世纪农民一样，茫然不知所措。”

但是，它其实无须走到这一步。难道在 60 年代末发现的北海石油不值得期待吗？它的前景将成为工党左翼的一个谈判关键点。在国际货币基金组织救助行动的准备阶段中，他们问道，既然北海石油几乎就要“涨上海岸”（语出托尼·本恩）了，政府为什么还要压低工资。正是在这种语境

下，极左派认为国际货币基金组织应该对70年代末的经济崩溃负责。尽管如此，卡拉汉还是要在议会接受不信任投票，并以微弱的差距败北。

于是各党派就解散了议会。卡拉汉确实有个人魅力，但除此之外就乏善可陈了。撒切尔可能不太讨人喜欢，但她有翔实的计划。也许任何人处在她的位置上都不会输。她在晚年会向卡拉汉致敬，说假若遇上比较稳定的时代，“他将是一个非常成功的首相”。她甚至承认他在下议院通常比她更厉害。但国家已经受够了，保守党上台组成了多数派政府，尽管这个多数微弱得惊人。在前往白金汉宫的路上，玛格丽特·撒切尔用圣方济各的话向全国人民致辞：“在混乱之处，我们将带来和谐。”在接下来的几年里，点燃撒切尔革命之火的显然是工人阶级而不是资产阶级。加入工会可以赚钱；而成为企业家则可以赚更多的钱。 378

50

“铁娘子”来了

就结果而言，杂货商的女儿战胜了木匠的儿子；更重要的是，店主战胜了工会的管事。再也不会有工会授权的政府统治了。尽管撒切尔援引圣方济各的话听起来很有诚意，但很少有人听了会不知其意。全国人民都很清楚，他们选出的是一条牙关紧咬着熊熊火炬的小猎犬。威廉·阿姆斯特朗爵士曾提出“对衰退的有序管理”是20世纪治理的真正任务，撒切尔可不这么看。

她起初是卫理公会教徒，后来成为圣公会教徒，改宗所带来的侧重点转变，影响了她的政治个性。她在愤怒或紧张的时候会暴露出故乡林肯郡的腔调，口音先是强硬，然后软化成郊区保姆的优雅颤音。虽然她的出身在理论上是中下层阶级，但她嫁给一个非常成功的商人丹尼斯·撒切尔，又成功地掩盖了这一事实。她部分通过附和他人，部分通过角色扮演，确立了自己的个人风格。

撒切尔在1959年，也就是苏伊士危机的三年后进入议会，但即便事过三年，她还是不得不跟着忍受这场失败。根据一位历史学家的说法，英国的政治阶层“经历了从相信英国无所不能，到几乎神经质地认定英国一
379 事无成的过程”。即便她曾经有过这种想法，如今她也很快就把它抛到了一

边。从格兰瑟姆到牛津是她政治走向成熟的第一个阶段。她为了当上芬奇利的议员进行了无情的斗争，获得了这个职位后，她立刻用努力工作来加以巩固并逐步升职。她先是成为政务次长，1967 年又加入爱德华·希思的影子内阁担任燃料和电力大臣。1969 年 10 月，她又实现了一次飞跃，成为影子教育大臣。1970 年保守党获胜后，她凭自己的努力担任了教育和科学大臣。然而，她的自由主义或自由市场支持者并不热衷于她在这一任期的表现，在这一任期中，她批准了 3 286 所综合学校，驳回了 328 所。我们当然可以说她只是在履行自己的法定职责，但她在履职时显然有些用力过猛。

1971 年，政府和公营部门工会之间又开始了一系列的斗争，希思开始向劳斯莱斯公司和上克莱德造船协会让步。接下来就是全国矿工联盟。这些都为撒切尔夫人势不可挡的崛起创造了条件。在竞选保守党党魁的过程中，她保持镇定，但她在不屈不挠的推进中显示出极大的野心。同事们还不知道她有着怎样的宏才大略，但她的某些特质正变得清晰起来。失败主义是她与之无情斗争的瘟疫。悲观主义是第二个诅咒。在她眼里，特德·希思是这两者的化身。

两次失败后，希思显然不能再领导保守党了，撒切尔期望其朋友兼同事基思·约瑟夫能够毛遂自荐。但是一贯谨慎的约瑟夫拒绝了，留下撒切尔一个人去坚持和捍卫“货币主义”的新信条。剩下的就是把她的决定通知希思了；据说他直截了当地驳斥她说：“你会输的！”事实是他听完她的话后，只说了一句“谢谢。”撒切尔在竞选党魁时淘汰了希思、怀特洛、普赖尔和佩顿，对此她表示：“他们告诉我时，我几乎要哭了。我**确实**哭了。”接下来的岁月里，她还会有很多眼泪。

1979 年 5 月 4 日，撒切尔驱车前往白金汉宫，就此开始了英国历史上一个极不寻常的时期。国内经济动荡不安，但她本能地相信她的金融政策是正确的。而她对新生的欧洲共同体的不满和怀疑更是证实并助长了她的 380
信念。“他们比我们聪明得多，”她说，“我们会被他们牵着鼻子走。”但她也受到了老派的国家主义的引导。“共同市场”还名副其实的时候，她很乐意支持它，但欧洲内部不断蔓延的联邦制让她感到不安甚至愤怒，她把付给欧洲的增值税称为“我们的钱”或“我的钱”。

最重要的是，撒切尔认为保守主义是一种理想，而不仅仅是一种政治立场。让党内贵族如此不满的恰恰是保守主义竟然可以变成像十字军东征那样庸俗的观念，但这也将成为她对这个在战后岁月里与工党保持广泛一致的政党所做的独特贡献。她的另一项特殊技能是感知国民的情绪，至少在她当政早期是这样的。她在1978年的一次电视采访中说：“我认为，民众真的很怕这个国家会被不同文化的人所吞没。”这句话在“媒体”中引发了强烈的愤怒，但在民众层面也许触动了人们的心弦。

她的国家被股票市场波动和物质至上的无情压力所驱使，也被流行音乐的活力和电视的多彩全景所引导。由于电视媒体的存在，新闻和评论的性质有了瞬间的视觉冲击力，因此取代了分析和思考。整个国家在电视屏幕中闪闪发光，注意力的持续时间不会超过几秒钟。撒切尔就是这样一个世界的理想化身——如果有哪位即将上台的首相愿意充当变色龙，那就是她了。在公关顾问戈登·里斯的支持下，她丢弃了让很多人想起母亲联盟[①]的略显荒谬的帽子。她接受了声音训练。剧作家罗纳德·米勒教给她一些口诀：第一句就是“让我们冷静一些，平静下来——然后当选”。劳伦斯·奥利弗亲自参与了她的声音辅导课程。歌手露露、喜剧演员肯尼·埃弗里特和肯·多德都很乐意与撒切尔产生联系。这种情况将在此后发生改变——在未来的岁月里，没有哪个有自尊心的“艺术家”会渴望给这位来
381 自格兰瑟姆的女士提供帮助。

20世纪80年代初，就业变得极为重要，电视新闻中宣读着裁员名单，就好像他们是战争中的伤亡人员。但对撒切尔来说，为了抑制通货膨胀，这些伤亡是必须付出的代价。她所继承的税收制度，可以根据不同的视角称为“没收”或“再分配”制度。税率的上限被设定为83%，但它从20 000英镑就起征了；它并不只对百万富翁征收。因此，工党所谓的向富

① 母亲联盟，一个旨在支持世界各地家庭的基督教国际慈善机构。它的主要目的是支持一夫一妻制的婚姻和家庭生活，特别是处在逆境中的家庭。

人征税来养活穷人，似乎只是为了让每个人都变得贫穷。人们正是在这种背景下理解撒切尔的“圣方济各”布道词。

事实证明，工党政府无法控制国家内部的分裂；保守党政府上台后，它就不会再有优先事项互相排斥的杂耍了。这才是真正的“撒切尔革命”，至少在原则上是如此。通货膨胀是巨大的危险，当局必须在思考任何改革方案之前将其击垮。在撒切尔及其财相杰弗里·豪看来，解决方案是控制货币供应量，让市场来决定价格问题。货币主义理论的核心是一个非常简单的原则：政府不应该花费它没有的钱，它的开销必须物有所值。撒切尔和杰弗里·豪只需节俭，但被称为“令人沮丧的科学”的经济学在当时还很年轻，也不够精确。他们很快就惊愕地发现自己接近了前辈们的窘境，囿于局势，举步维艰。豪的第一份预算中的货币学驱动力与他们无法轻易弃之不顾的选举承诺背道而驰。为了兑现承诺，也为了支持因新政策而失业的数十万人，政府对社会福利的投入比在货币主义下可持续的投入多了数百万。结果就造成了经济衰退。

难道这一切都是一个代价高昂的可怕错误？人的代价已经很明显了：1980 年，失业人数已达 200 万人，而且还在不断攀升。364 名经济学家写信给媒体，证明这场革命没有健全的经济学基础。许多人预言会发生逆转，撒切尔在一次保守党会议上对这一挑战发表了著名的反驳：“如果你掉
头，那你就掉头；本女士不喜欢掉头。”会议遭到抗议裁员的积极分子的入 382
侵，她虽然措手不及，但随机应变地说：“外面在下雨，我估计他们想进来……有保守党人在的地方总是更好一些。”虽然她缺乏幽默感，却相当机智。

逆转当然没有发生。其他领域的情况就比较乐观了。“公屋购买权”是保守党向公营住房租户承诺的有机会买下自住房屋的政策，它是保守党宣言中的瑰宝，现在已经落实了。限制二级纠察封锁和设立无记名投票的承诺也同样出现在宣言中，但还需要一段时间才能得到验证。最高税率从 83% 降至 60%，相当于欧洲的平均水平。在许多人看来，以前的税率是国家经济表现相对不佳的主要原因。富人总是可以择土而居。

对通货膨胀开战的成本越来越高，受害者开始抗议。20 世纪 80 年代初的英国爆发了骚乱，一部分原因是麻木不仁的“嫌疑”法，即后来的“拦截和搜查”，还有一部分原因是黑人社区的大规模失业。骚乱始于 1980 年 4 月，起初在布里斯托尔的圣保罗区爆发，并在第二年蔓延到伦敦的布里克斯顿。暴徒焚烧建筑物、冲击警方，而警方则使用催泪瓦斯予以驱散。这种狂热具有传染性，至少有 58 个英国城镇发生了暴乱。《泰晤士报》报道说，外国机构普遍表达了对法律和秩序崩溃的担忧，其中无疑带有幸灾乐祸的成分。有些评论家可能在危言耸听。比如 E. P. 汤普森写道：“这座岛上的文明生活很可能会灭绝。”这的确是个令人绝望的时刻：1982 年 3 月底，
383 有强烈的迹象显示阿根廷海军即将入侵福克兰群岛的主权领土。

51

福克兰群岛冲突

后来的工党领袖尼尔·金诺克在评价撒切尔时，说她“最大的天赋是总会遇到正确的敌人”。阿根廷的莱奥波尔多·加尔铁里将军显然就是理想的敌人。他通过政变上台，并造成大约 20 000 名同胞的“失踪”。现在，福克兰群岛的居民也被列入了他的不受欢迎者名单。

这次行动本来有望成为一次伟大的海军冒险，但它在幸灾乐祸的全世界面前破产了。许多人希望看到撒切尔转身离去，并为阿根廷人高呼加油。另一些人则希望保留英国的影响力，为英国的特遣队加油鼓气。这尽管是一场小规模的地盘之争，却对英国产生了重大的影响。它是否即将衰落为一个三流国家？军队中弥漫着一种发自内心的对失败的恐惧，外交人员、威斯敏斯特和广大公众全都惶惶不安。

早在 1976 年，英阿两国已经就群岛的主权问题进行了谈判。1982 年初，阿根廷政府制订了军事解决的计划，对抗的可能性就越来越近了，有人提议撤回在附近进行水文测量工作的英国皇家海军“坚忍号”，而在阿根廷人看来，这似乎是全面撤出的前奏。

阿根廷的一支入侵舰队于 3 月 28 日起航，其指令是保护岛上居民的生 384
命安全。4 月 2 日，英国当局获悉了它的存在，五天后，“特遣部队”的第一阶段就开始了。主要由美国人领导的外交举措现在变得至关重要。英国外交部表示，这在军事上或财政上都是不可行的，英方最好是让步或达成妥协。但撒切尔拒不接受：“他们希望我们谈判。但你无法通过谈判来解决入侵问题！你无法通过谈判来解决人民的自由……被残酷的独裁者夺走的问题。你必须挺身而出，你必须有骨气这样做！”

就英国人民而言，他们的抗议仅限于向阿根廷大使馆的窗户投掷咸牛肉罐头，而BBC的一名广播员则传达出当时的精神，他以“希望我们能赢”作为结束语，语气既平和爱国又坚定怀旧。BBC并不总是撒切尔的朋友，但此时却成为她的盟友，这也许是最后一次。

联合王国并不完全是新闻界想象中的孤狼。例如，事实证明美国的“响尾蛇”导弹在争夺空中优势的竞赛中至关重要，法国在分享情报方面的合作也是如此。然而英国也的确运气不佳。几次任务失败之后，英国的军事行动于5月1日开始，当时阿根廷已经在群岛周围设置“禁航区”。英方的主要攻击对象之一是阿根廷海军的“贝尔格拉诺将军”号，这是一艘对英国人构成严重威胁的阿根廷轻型巡洋舰。一艘潜艇被调遣去执行任务，“贝尔格拉诺将军号”应声沉没，逾300人丧生。当人们发现“贝尔格拉诺将军号”是在远离“禁航区”的地方航行时，其轰动效应更是无法估量。报复倏忽而至：英军“谢菲尔德号”遭到一枚飞鱼导弹的攻击，阿根廷的防空炮台还打伤了三架鹞式战斗机。在秘鲁人的引导下，双方进行了进一步的调解，但毫无结果。在英国，托尼·本恩声称，当“贝尔格拉诺将军号”被鱼雷炸毁时，解决争端的机会也随之而去了。他不可能知道，加尔铁里和撒切尔一样，承受不起屈服的代价。他的政权也危如累卵。

除了对这些岛屿发动武装入侵外，英方似乎没有什么选择，哪怕这种
385 干预意味着极大的风险。登陆本身被认为很成功。阿根廷最高指挥部在这方面出现了一些混乱，因而他们仍然只是断断续续地对英国人发动进攻。但阿根廷海军的情报工作却很有效，集装箱船“大西洋运输者号”被击沉，六架威塞克斯、一架山猫和三架支努干直升机也被击落。英国的反应是既震惊又难以置信。噩梦会不会成为现实，英国的实力真的遭到了威胁？许

多人认为英国已经焦躁不安、优柔寡断，暴露了本质上的软弱。这是一个可能会摧毁国家声誉的末日启示吗？对首相来说，这场战火的考验只能有一种结果。国民的情绪即便不算是战鼓喧天，也在发出一个更激烈的音符。

古斯格林战役是英军一次成功的军事行动，英军随后带着厚望继续向斯坦利挺进。最后一次进攻发生在 6 月 13 日，阿根廷军队在 6 月 15 日发出了投降的信号。这是一场克服了重重困难的胜利，它在很大程度上取决于运气。如果发生在一年中不同的季节，不同的政治环境下，或者阿根廷的炸弹更可靠一点的话，一切都有可能改变。尽管如此，我们仍然可以说英国人的英勇精神还在延续。“H”·琼斯上校被追授维多利亚十字勋章，他被一长排阿根廷机枪手困在据点里，却对部下吼道：“来吧，A 连，把你们的裙子脱下来！”然后冲出去，在敌人的炮火中独自攻占了敌方阵地。他的死激励了士兵，也让阿根廷人惊慌失措，很快就投降了。但这场战争也向国家和撒切尔本人展示了其他的侧面。她给每个阵亡英国士兵的家属都写了慰问信，但当她听到坎特伯雷大主教提到失去亲人的阿根廷人也是可敬的祈祷对象时，却勃然大怒。她的同情心常常会因为缺乏想象力而严重不足。

对撒切尔来说，那是一段神经紧张、争吵和流泪不断的日子。她直面国家的耻辱，没有退缩。她始终意志坚定，战胜了那些预言失败的人。这对国家和她个人来说都是一场伟大的胜利。如果她因此变得不屈不挠，那只会对她的政治前途产生光明的影响。 386

52

大爆炸

首相心里明白，以福克兰群岛战争的胜利为由要求举行选举，是一种机会主义行为，但她还有其他的方式来利用当前的局面。用她的新财相奈杰尔·劳森的话来说：“她开始相信媒体发布会的力量，行事也带上了一种准总统的风格。”诺曼·特比特虽然极为忠诚，但也不得不承认“她可以冷酷无情”。她的霸道行为浮出水面，温和的豪成为最主要的受害者。他们曾是盟友，同样有着有条不紊的严谨和永不满足的工作欲望。也许她觉得他们两人一样勤奋，是真正的对手。人们开始认为她具有近乎超自然的品质。有传言说，她只靠咖啡和维生素活着，还在电处理池里洗澡。作家伊恩·辛克莱半开玩笑地表示，她就是一个当代的女巫。

撒切尔正是从这一时期开始信奉内涵不清的“维多利亚时代价值观”。已经有迹象表明有人在谋划针对她的阴谋。中央政策审查委员会的一份报告走漏了大幅削减预算的风声，但她在1983年的压倒性胜利并没有降低她的热情。私有化继续稳步进行，没有受到太多的非议。英国电信的出售仍在继续，地方政府的开支也受到审核。福克兰群岛的胜利增加了她的信心。
387 她的对手迈克尔·富特一直致力于社会主义紧缩的宣言，然而这一宣言极为激进，被称为“史上最长的自杀遗言”。1984年初，她剥夺了政府通信总部工会的职权，还为它们做出了无记名投票和限制二级纠察封锁的规定。

同年，她开始了新一轮的对抗。三年前，她曾在面对矿工的罢工时被迫让步。如今新一轮罢工迫在眉睫，全国矿工联盟自认为没有任何迹象表明他们不会再次获胜。此外，他们现在的领导人是曾经大胜爱德华·希思的阿瑟·斯卡吉尔。撒切尔认为，这是一场民主和激进工会主义之间的斗争，她要反对"用暴民的统治代替法治"的企图。而斯卡吉尔的目标不仅是要获胜，还要"让撒切尔主义的岁月倒流"。对于也许是唯一一个完全支持矿工的工党政治家托尼·本恩而言，撒切尔的战争面对的是史上最强大的工会。如果赢得了这场战争，那么其他工会就会知难而退。

这场战斗采用了人们耳熟能详的方式。全国矿工联盟拒绝就举行全国性罢工而投票，诺丁汉郡的矿工继续工作。他们属于另一个工会，事实证明他们在不经意间，甚至有违本心地成了撒切尔的盟友——她可以声称这是矿工与矿工的对抗。此外，由于从前任的错误中吸取了教训，她储备了足够的煤炭来抵御罢工。在"奥格里夫斗争"①中，骑警驱散了斯卡吉尔寄予厚望的飞行纠察队。全国人民都看在眼里，并得出结论认为这场运动让每个人都表现出最坏的一面，运动注定会无果而终。罢工于 1985 年 3 月 13 日结束，但大多数矿工早已返回工作岗位。工会的旗帜在微风中飘扬，铜管乐队声音嘹亮，人们却重新加入了他们曾称之为"工贼"的队伍。虽然这一结果没有被视为工会的失败，但它已是失败的前兆。撒切尔曾以书面形式向诺丁汉郡的矿工表示感谢，但他们将在她的继任者手中失去为之奋斗的一切。保守党政府最终还是会关闭他们的矿场。

此后，她回到了私有化的基本原则。财相奈杰尔·劳森在 1983 年写信给她，警告说私营公司的新生会影响到"巨大的公共事业和不盈利的公司"，但现在没有什么能阻止她了。包括英国天然气公司、英国电信和国家 388
煤炭局在内的 23 类国有企业都处于待售状态。1984 年 11 月，英国电信的

① "奥格里夫斗争"，1984 年 6 月 18 日，南约克郡警察和其他警察部队（包括伦敦警察厅）与工人纠察队在英国南约克郡罗瑟姆的英国钢铁公司焦化厂进行的暴力对抗。这是 1984—1985 年英国矿工罢工中的关键事件，也是英国工业史上最激烈的冲突之一。

一半股份以低价出售，第一天就上涨了43便士，此后从未下跌过。证券交易所史上头一回成了慈善机构，在资本主义晚期迸发出了蓬勃活力，那是社会主义者所无法战胜的。实际上，它改变了整个国家的态度：私人财富和公共财富如今携手并进了。第一批移动电话面市，房屋业主自住的比例从55%上升到67%。这是一个非同寻常的蜕变，尽管在当时基本上没有人注意到。但在1986年10月27日，金融火山的裂缝合并，带来了著名的
389 “大爆炸”。

53

布莱顿爆炸案

1984年10月12日，保守党在布莱顿的大饭店举行会议。凌晨时分，诺曼·特比特注意到他头上的吊灯在摇晃。几秒钟后，天花板开始坍塌。特比特一下子就觉察到了原因：这座大楼发生了爆炸。虽然他活了下来，但他的妻子玛格丽特自脖子以下都瘫痪了。后来他还记得消防员弗雷德友好地握着他的手，把他从废墟中拉到安全地带。

爱尔兰共和军的首要攻击目标也幸存了下来，只不过她房间的浴室被炸毁了。五人在爆炸中丧生，其中包括首席党鞭约翰·韦克厄姆的妻子。在看望幸存者并安慰了工作人员之后，撒切尔夫人和丈夫在床上休息了几个小时。她回忆说："我们做了祈祷，试图入睡。"拂晓带来了两个紧迫的问题。第一个问题是代表们是否应该立即返回威斯敏斯特。尽管震惊而毫无睡意，撒切尔却很冷静。"会议将照常进行。"脸色苍白、眼神警惕的她对媒体如此说。于是就出现了第二个问题：鉴于酒店的大部分卧室现在都是犯罪现场，仍然穿着睡衣睡袍的代表们该穿什么去参加会议？马莎百货公司同意在上午8点开门。因此，议会遵照撒切尔旋即作出的指示，在9点30分"准时"开幕，所有与会者都穿戴整齐。她再次证明，她既不会被 390
吓倒，也不会被打倒，举国上下都注意到了这一点。

“我们不会向子弹或炸弹屈服。”撒切尔曾在1983年宣称。其实如果她让步也不足为奇。爱尔兰共和军的运动一直在变本加厉，越来越用力地压迫着英国人恐惧的神经。两名爱尔兰安全部队成员被杀；一名统一党政治家遭人暗杀；象征着英国本土一切富足的哈洛德百货公司成为袭击目标。前后共有六人死亡。爱尔兰共和军的运动自70年代末以来愈演愈烈。1976年，在吉尔福德和伯明翰的爆炸案发生后，工党政府剥夺了被判犯下恐怖主义罪行之人的政治权利，撒切尔继续执行这一政策。她说：“不可能给予他们政治权利。罪行就是罪行。”爱尔兰共和军只是北爱尔兰最有名的恐怖组织，而且也并不总是最残暴的，但如果每次暴行都被假定为爱尔兰共和军所为，那它只能怪自己。抛开道德上的考虑，将“战争”带到英国本土的政治愚行对其高层来说应该是显而易见的。但爱尔兰共和军仍因1981年绝食者的死亡而高歌猛进，这一事业为它赢得了来自美国的更多资金。但随着布莱顿爆炸案的发生，直接企图干掉首相的行动也就结束了。爱尔兰共和军表示：“今天我们很不走运，但请记住，我们只需要走运一次。而你们得祈祷永远走运。”但这只是虚张声势而已。

爆炸发生在联合王国与爱尔兰共和国进行谈判的过程中。虽然人们普遍认为不应改变这一进程，但撒切尔对所谓的“绥靖”毫无兴致。她的爱尔兰同行加勒特·菲茨杰拉德是一个和蔼可亲、充满善意的人，但他也要考虑人民的感受。撒切尔一而再再而三地拒绝给予共和国在北爱尔兰事务中发挥任何行政甚至咨询作用。事实是她对爱尔兰或其历史了解甚少。有一次，她大声问道，天主教徒是否最好搬到共和国去。以前不也是这样吗？是的，不过那是在克伦威尔的时代，有人指出了这一点。此外，统一
391 党人在很大程度上被排除在这一进程之外，伊恩·佩斯利牧师也不失时机地提到了这一事实。

但进程仍在继续，最终双方在1985年11月15日签署了《英国–爱尔兰协议》。在现在的人看来，这些让步徒有其表，但在当时它们是很激进的。爱尔兰人被赋予了他们所珍视的在北爱尔兰事务中的“咨询角色”，并同意除非大多数人有此愿望，否则不能对其宪法进行修改。这种可能性在

英国人看来似乎微乎其微，而对爱尔兰人来说就不一样了，他们知道北爱尔兰的人口统计已经开始向这样的最终结果倾斜。

虽然撒切尔没有表现出多少对北爱尔兰的关注，但她远在华盛顿的同侪却非常关心。罗纳德·里根是《英国–爱尔兰协议》的主要推动者。这两位政治家大不相同。里根凭借其随和而率真的魅力以及同样潇洒自在的爱国主义赢得了总统之位，但思维敏锐并不是他的鲜明特征。撒切尔晚年被问及为什么如此推崇一个她绝不会任命为内阁成员的人时，她回答说："因为罗恩对美国的伟大和命运有一种直觉的理解。"同为冷战斗士，人们普遍认为他俩是好友，但他们对冷战的态度极为不同。撒切尔认为，西方的核威慑力量是自由与和平不可或缺的保障。同归于尽的原则不是已经把大熊关在笼子里了吗？而里根则认为核导弹充其量是一种必要之恶。有人曾听到他在会议上感叹："我们为什么不直接废除核武器呢？"

许多人提出了同样的问题。"格里纳姆公地妇女"团体是最有成效的反核抗议活动团体之一，她们将最近重新发现的性别权威与强烈反对核武器相结合。她们的抗议缘于美国巡航导弹抵达英国；这些导弹部署在伯克郡的格里纳姆公地皇家空军基地。1982 年，妇女们在这里建立了一个长期的营地，打算只要火箭留在当地，她们就一直待在那里，使之成为大规模示威的焦点。1983 年 4 月 1 日，妇女们在营地周围组成一条人链，引起了全
世界的关注。营地变成了一座微型城市，不同的群体各得其所。这是一段 392
接近 19 年的漫长等待，营地直到 2000 年才最终解散。尽管美国和苏联签订了核条约，使得导弹被从格里纳姆公地移走，但妇女们拒绝离开，并最终为她们取得的成就竖立了一座纪念碑。她们成功了吗？在任何直接意义上，答案肯定都是没有。但她们为和平拒绝的权力树立了一个在骨子里具有英国风采的新奇范例。

第一个在冷战冰面上敲下一记闷棍的人正是撒切尔。1984 年 2 月，苏联年迈的总理尤里·安德罗波夫去世。撒切尔出席了他的葬礼，她的尊严和礼节给政治局和俄罗斯人民留下了深刻印象。她还结识了一个新朋友，

一个叫米哈伊尔·谢尔盖耶维奇·戈尔巴乔夫的男人。正如她所说，她“可以与他合作”。戈尔巴乔夫无视先例地携夫人出席，更是为他增色不少。康斯坦丁·契尔年科继任了安德罗波夫的职务，却很快便跟随他进入了坟墓，戈尔巴乔夫随后受命担任了这一职务。他所继承的帝国幅员辽阔，却饱受衰老之苦。它的经济更加脆弱：首先，石油和天然气占其出口的一半；其次，为了跟上美国的步伐，它不得不把国内生产总值的很大一部分用于国防。如果不是苏联曾经辉煌的技术创新自 60 年代以来发生了退化，这些劣势可能就不那么重要了。总而言之，无计可施的苏联既缺乏资金，又意志薄弱。

里根为了打破冷战僵局，提出了特别防御倡议的建议，它更为人所知的绰号是“星球大战”。其目的是在卫星系统上花费逾 10 000 亿美元，从而有效地消灭常规核战争的可能性。当美国在关于中程核武器未来的会谈中提出这个话题时，人们非常清楚，苏联永远无法做到这样的创新。冷战就这样开始走向结束了。最终，曾被里根称为“邪恶帝国”的那个国家也解体了。特别防御倡议在 1993 年画上了句号，胎死腹中。这也许是历史上最伟大的虚张声势，而这一虚张声势也因其无心插柳的结果而更加引人注目。

393 我们很容易夸大英国对冷战结束的贡献。无论是格里纳姆公地的妇女还是撒切尔本人都没有将那把摇摆不定的达摩克利斯之剑从钩子上解下来，但率先向东方集团示好的确实是撒切尔。尽管里根为人热情、善意明显，他却被看作是撒切尔的迷人向导，一个并无先天权威感的大师。他经久不衰的形象被一部全新的英国电视喜剧捕捉到了；剧中他几乎没有离开过床，脸要么因为惊愕而扭曲，要么因为无脑的微笑而容光焕发。剧中总统以及每一个政治家、演员、歌手、名人、教会人士、议员和王室成员都犹如乳胶木偶。《酷肖》一剧不仅讽刺了当时的粗鲁、玩世不恭和庸俗——在许多人心目中，它就是这些的化身。

负责操纵木偶的主创人员是彼得·弗卢克（Peter Fluck）和罗杰·劳（Roger Law）。他们在片尾字幕中调皮地将自己的名字改成了“运气”

（Luck）和“缺陷”（Flaw），不过他们无疑也想到了其他更为恶俗的拼法。这种幽默与其说是步枪，不如说是大口径鸟铳，枪声四起，人人挂彩。如果说保守党的内阁是一个由独裁者领导着神经兮兮的马屁精所组成的法庭，那么工党则是一帮不可能当选的小丑。配音演员完美地捕捉到了首相矫揉造作的甜言蜜语，但也让她在遭到反驳时发出带有林肯郡口音的咆哮。无论木偶或笑话多么有创意，这部剧都称不上精致。木偶师们用一个人们无法回答的观点来驳斥批评者。“人们说我们太野蛮了，但你从来没听过有人指责保守党中央办公室会有无缘无故的好意。”

这些年，另类喜剧终于进入千家万户，但它从未被驯服。《青春俱乐部》描写了同住在一幢破旧豪宅里的四名学生。我们在其中认识了一个嬉皮士、一个朋克、一个“骗子”、一个社会学学生和他们古怪的波兰房东。在这四个人里，只有骗子迈克是 80 年代的产物，但他也是最不容易引人发笑的角色。因为直到这十年的中段，最受欢迎的仍然是那些老牌明星。《龙尼对对碰》和《墨康与阿歪双簧秀》仍然让全国人笑个不停，汤米·库珀也一样，直到他于 1984 年去世。他们的接力棒由《坎农和鲍尔秀》以及《利特尔和拉奇秀》接过。前些年那种直接的、无关政治的，貌似毫无艺术 394
性的喜剧从来没有失去它的地位，许多作品或许被认为是与综艺节目背道而驰的喜剧演员后来都向这种传统致敬。

20 世纪 80 年代还发生了第二次音乐入侵。在经历了 70 年代的沉寂之后，英国的流行音乐开始再次给人带来惊吓和惊喜，美国的排行榜上也很快出现了大量的英国乐队。三分之一的“榜单冠军”是英国人；这样的入侵自 60 年代以来就从未见过了。几十年来，驱动流行音乐发展的一直是对“真实”的追求，“严肃”的音乐家习惯性地将目光投向过去纯洁的英雄时代。在 80 年代，灵感的来源发生了变化：未来发出了更为紧急的召唤。这一变化的颂歌是号角乐队富有暗示性的歌曲《录像带杀死广播明星》（‘Video Killed the Radio Star’）。风格就是一切，这种风格混合了最狂野的倒退与近乎艰涩的未来性。这些乐队的名字本身也让人想起了这一点：面容乐队、赶时髦乐队、文化俱乐部乐队、风格议会合唱团、新秩序乐团、人类联盟乐队、施潘道芭蕾乐队、超声波乐队、夜半行军乐团、加里·努曼和舞韵合唱团。名字惊人的卡加咕咕乐队以“新艺术”的名义开启了为公众表演的短暂生涯。在亚当与蚂蚁乐队中，花花公子回来了，但不再有50年代太保少年的威胁和侵略性。亚当·安特身穿摄政时期时髦男人化装舞会上具有代表性的闪亮有光呢毛料，或披上公路响马的宽大斗篷。优雅还有其他的表现形式：施潘道芭蕾乐队和杜兰杜兰乐队的表演服装似乎来自萨维尔街裁缝店最上乘的制作。“新浪漫主义”是适用于许多这类团体的术语。

吉他这个极度工人阶级的乐器如今让位给了合成器，这是明确无误的现代性的象征。这种便携式的电子键盘为80年代初期提供了一种独特的疯狂但无趣的嗡嗡声。人声普遍音色沉闷，穿插着跳跃性的假声。意味着兄弟情谊的“乐队”这个老词被“乐团”所取代；但它既没有人情味，也不能表达任何情感。这是对时代恰如其分的反映。的确，“乐团”往往会在短短几个月内兴起和消亡，因而许多艺术家选择单飞也就不足为奇了，女性
395 尤其如此。这一时期的流行音乐家很少是公开的同性恋，但这并不重要；同性恋的精神无处不在。仿佛是逆反一样，威猛乐队这样的组合以他们阳刚之气（即便是伪装的也罢）让人想起了50年代摇滚乐手的风格。人们认为主唱乔治·迈克尔是轮廓清朗的异性恋的化身，结果他本人是个同性恋，这不啻是这个时期的一个绝佳讽刺。

在这个时期，同性恋成为越来越多人敌视的对象，于是同性恋团体当仁不让地在抗议歌曲中复兴了一个被人们遗忘的音乐流派。“弗兰基去好莱坞”是一个主要由同性恋组成的团体，他们的音乐在录音室里遭到大量修饰，以至于其成员的贡献只留下了极少可辨的痕迹。然而，公众并不在意。他们的《放松》（‘Relax’）有明显的性暗示，以至于被停播。在《两个部落》（‘Two Tribes’）的音乐短片中，世界领导人出现在一个拳击场上。在70年代，英国音乐人在很大程度上回避了当代的重大问题；即使是性手枪乐队也只是拐弯抹角地暗讽时事。无论如何，当政治共识仍然存在时，社会就不可能存在愤怒的焦点。在80年代，敌人在玛格丽特·撒切尔身上具

象化了。异议的春天终于百花绽放。

到 80 年代末，近期音乐作品中的个人主义大都在一场运动面前退去，而如果这场运动有一个目标的话，那就是自我的解体。“酸浩室”从美国途经狂欢之岛伊维萨来到这里。这几乎完全是一种电子音乐，看不到音乐家的身影。沉闷的节拍被更阴暗的低音所覆盖，“歌曲作者”在宽松的条件下可以自由添加他们从其他艺术家那里获得的任何词曲。效果令人着迷，振奋人心。麦角酸二乙酰胺是早期“酸浩室”音乐的开胃小菜。然而，这种毒品很快就被亚甲二氧甲基苯丙胺取代了，药片形式的亚甲二氧甲基苯丙胺被称为“摇头丸”。这种毒品和相应的音乐的标志是一张笑脸。有一段时间，狂欢者确实都在微笑，但毒品仍然是非法的。政府开始对狂欢者进行镇压，音乐会被赶到乡下，“狂欢”在那里可以不受干扰地继续下去。“家庭聚会”不再让人联想到乡下豪华大宅里的周末，而变成了夜深人静时举行的大型露天音乐会。1988 年有一个被称为“第二次爱之夏”的聚会，总共有 5 万人参加，第三次则在 1989 年举办。 396

事实证明，这些秘密聚会起初几乎不可能被警察发现。不管它们存在的迹象有多明显——卡车、灯光、露天体育场、甜菜田上涌动的音乐——狂欢可以在任何地方出现，而且组织者很擅长把警察引向乡间的死胡同。但这种策略最终还是败给了一个古老的原则：一旦犯罪，时间有利于司法。警察开始采用其猎物的方法，非法的户外“狂欢”很快就变成了一个令人怀念的记忆。

音乐本身也是英国人善于重塑外国时尚的一个例子。在孤独的 DJ 面前，舞者们混合着旋律和节拍摇摆不定，仿佛面临着准备献祭的牧师。事实上，这场运动与宗教复兴携手成熟，既引人注目又昙花一现，这似乎不仅仅是巧合。主要起源于非洲-加勒比地区的五旬节运动①已经蔓延到白人郊区，甚至进入了城市。它在城市变成了“灵媒”。仿佛它的含义发生的变

① 五旬节运动，20 世纪初兴起的基督教新教运动，特别强调说“舌音”是领受圣灵的首个外显的凭据。所谓的“舌音”是指流畅地发出类似话语般的声音，但发出的声音一般无法被人理解。

化还不够大，“家庭聚会”现在也可以指周末的福音派静修。新的宗教运动或邪教激增，摩门教徒、文派教众和奎师那信徒越来越多。人们开始听说了第一批关于外星人绑架的故事，而穷凶极恶的性虐待花哨谣言也出现在小报上。万幸它们都不属实，但它们也是一个迹象，表明所谓的消费时代热衷于神奇、诡异和不真实。

1984 年春天，有消息说埃塞俄比亚发生了饥荒。即使对一个厌倦了贝尔法斯特爆炸案照片的国家来说，饥荒带来的苦难的画面也有着让人动容和惊恐的力量。有一个人相信人们可以做些什么，而且是由音乐家出面。新城之鼠乐队的主唱鲍勃·格尔多夫有着近乎无穷的意志力。1984 年 11 月，他和超声波乐队的米奇·尤尔为救济饥荒创作了《他们知道现在是圣诞节吗？》（‘Do They Know It’s Christmas？’），这张单曲唱片很快卖出了逾 300 万张。但格尔多夫的任务才刚刚开始。他出现在电视上，疲惫不堪，头发蓬乱，明显很不耐烦，他用手指戳着镜头讲话：“如果你已经捐了钱，那
397 就去找你的邻居，敲开他们的门，让他们也捐一些。”1985 年，他运用强大的鼓吹和施压技巧，劝说音乐界的大人物在一场音乐会上义演。这场音乐会被称为“拯救生命”（Live Aid）。虽然乔治·哈里森已经在 1972 年为孟加拉国举办的音乐会中开创了先河，但这种大规模的音乐会还没有人尝试过。更难得的是，这一切都是在一个月内完成的。世界上超过五分之一的人观看了这场音乐会，并募集了大量善款；就像许多这类壮举一样，初始愿景的纯粹性掩盖了许多有关后果的麻烦问题。正如格尔多夫所宣称的那样，重要的是人们要做一些事情。我们至今仍秉持着这一观念：好的意图本身就是神圣的。这不完全是撒切尔的立场，但它很适合当时的氛围，并开创了先例。音乐家的角色不再是提供娱乐；他或她现在也是道德教员和精神向导。

在艺术界对撒切尔和撒切尔主义的反应中，我们可以看到艺术家再次成为值得钦佩的受益者，而不仅仅是领取报酬的中世纪吟游诗人。事实上，许多艺术家的反应似乎不是情感或智力上的，而是嗅觉上的；撒切尔在他们的鼻孔里发臭，弄得他们颤抖起来。乔纳森·米勒谈到了她“郊区绅士

般的彬彬有礼……她故作多情的爱国情怀”。这样的人怎么能理解真正的艺术家的抱负和渴望呢？如果说世人对她的仇恨源于她的个性，那么她的政策至少同样难辞其咎。虽然她的政府在艺术方面的支出比其前任要多，但在国内生产总值中的比例却更低了，这很难不对一个天生脆弱的领域带来冲击。特别是对于那些劳动密集且基本无利可图的演艺界人士来说，补贴的微小下降都可能导致毁灭；1982 年，多伊利·卡特歌剧公司的倒闭就是一例。撒切尔认为，解决问题的答案是引入商人，但这只会使知识分子面临的问题变得更加严重：难道至圣所要响起叫卖小贩的粗俗吆喝吗？更何况戏剧有着值得他们骄傲的同情左派的传统；因此人们更是认为戏剧的价值观和撒切尔主义是不可调和的。 398

54

“铁娘子”永远正确吗?

在艺术殿堂的某些角落，撒切尔被公开斥为法西斯分子。她的政治被理解为“一种用蜡笔粉饰的……专制教条”。史蒂文·伯科夫在《希腊》中重新诠释了《俄狄浦斯王》，角色乔卡斯塔称撒切尔是“亲爱的老蛆”，并提到她的画像就在希特勒画像的旁边。新制作的《理查三世》则因为没有将这位驼背的暴君与现任首相进行比较而受到了批评。日益政治化的哈罗德·品特似乎想当然地认为，撒切尔代表了法西斯瘟疫的一个邪恶新变异。在流行文化中，这种观念更加盛行。流行乐队公社乐团的一部音乐短片将英国描绘成极权主义国家，影片中灰色的大衣和气势汹汹的卫兵随处可见。而《酷肖》则经常把撒切尔描绘成一个通过可疑手段获得权力的军事领袖。随着世代的交替，“法西斯”一词可能已经失去了一些力量。伊诺克·鲍威尔被“法西斯”和“纳粹”的呼声所扰时曾说：“我同法西斯和纳粹战斗时，许多如今指责我是法西斯和纳粹的人还没出生呢。”

撒切尔本人的气质当然是独断专行的，讲话时也往往盛气凌人。就算
399 在许多投票给她的人那里，她也很不得人心。她毫不顾忌地认为，警察是法律和秩序的守护者，应该得到相应的尊重。不可否认的是，她主导的警察与异议人士之间的争斗有些过分了。在教育方面，她将全国统一课程强

加给教师，虽然她在这一领域产生的实际影响远没有大众认为的那样无所不在。在福克兰群岛战争期间，她愿意接受智利独裁者皮诺切特的帮助，这使她在许多人眼中留下了污点。而且，她的姿态本身可能对她不利：她的为人处世仿佛她永远正确。

但是，她的政权与此前此后的任何政权一样开明；她一生都反对暴政；只要有暴政存在，她就亲自冲上火线；她赢得了三次民选；只要她认为自由的念头还有一线生机，她就会向其提供援助。关于她是“小英格兰人”的指控反而更难反驳，但事实上她更像是一个“大英格兰人”；她不理解威尔士或苏格兰的雄心抱负，并倾向于将大不列颠解读成大英格兰。

但是，无论她是“小英格兰人”还是“大英格兰人”，撒切尔都很难被看作是一个欧洲人。这并不是因为她没有付出努力。她一直是共同市场的热情支持者，也是促成《单一欧洲法案》谈判的主要参与者。也许是 1987 年的选举大胜给了撒切尔一种新的自信，使她坚定地相信英国可以树立起资本主义革命的榜样，来领导整个欧洲。她的不幸在于，她的对手对欧洲共同体以及英国在其中的作用有着完全不同的理解。

雅克·德洛尔被任命为欧洲委员会主席，部分得益于撒切尔的斡旋。在她眼里，他比另一个社会主义候选人要好得多；德洛尔尊重撒切尔，认为她是一个“丰富而复杂的人物”，为加速单一市场的进展做了很多工作。在 1985 年的《单一欧洲法案》（这主要是英国的成就）之后，他们合作愉快；然而很少有政治蜜月如此动荡或短暂。德洛尔与他之前的戴高乐一样，认为法国利益和欧洲共同体的利益是密不可分的。此外，里根和撒切尔打 400
造的盛气凌人的英语新世界也不合他的口味。尽管德洛尔精力充沛，表面上也很现代，但他似乎是一个旧世界的居民，在那个世界里，法国统治着会议桌，而英国则是海洋的霸主。有一次，当被问及他为什么拒绝用英语发言时，德洛尔用法语反击道：“因为法语是外交的语言……”接着又用咆哮的语气补充说：“也是文明的语言！”

这是两条各自坚信自己目标公正的猛犬，他们之间的冲突是不可避免的。1988 年 7 月 6 日，德洛尔发表演讲，预言共同体 80% 的经济和大部分社会和政治政策将在整个欧洲而不是国家层面得到决定。两周后，他又说欧洲政府的“萌芽”已经形成。单是这些声明就足以让英国首相恼火甚至沮丧了，但德洛尔随后又引发了更严重的冒犯。9月8日，他向英国工会联盟提出了他的联邦主义主张。

在迈克尔·富特的领导下，工党对英国加入欧共体持有近乎无法和解的敌意。欧洲项目是一个资本主义垄断联盟，它损害了英国的主权，使英国几乎不可能实施真正的社会主义计划。1987年，更加务实的尼尔·金诺克担任党魁后，工党的立场有所软化。德洛尔语气平静地向工会承诺，会恢复他们在70年代获得的权利。“亲爱的朋友们，”他在告别辞中说，“我们需要你们。”几乎每一个大会成员都起身致意，掌声雷动。就连眼看着自己心爱的工会被人招揽的迈克尔·富特如今也开始支持欧共体了，可见德洛尔的说服力有多强。

在撒切尔永远无法接受的愿景中，德洛尔不仅身先士卒，如今还求助于她最古老也最强大的敌人来捍卫这一愿景。供撒切尔表达感受的机会很快就出现了，1988年9月，她受邀在布鲁日的欧洲学院发表演讲。演讲的开篇相当平淡，她急于将英国牢牢地扎根于欧洲的传统和价值观中。然后
401 她语气一转：“但我们英国人以一种特殊的方式对欧洲做出了贡献。几个世纪以来，我们一直在努力防止欧洲落入某个单一大国的统治。我们为她的自由而战，也为她的自由而死……如果不是因为这种战斗和牺牲的意愿，欧洲早就统一了——但它将既没有自由，也缺乏正义。”

到此为止，演讲都很切题，既提到了英国对欧洲的帮助，也对比利时人的勇气加以赞美，使得演讲的立意达到了平衡。这时她把会议听众的注意力引向了东方。“欧洲共同体是……欧洲身份的一种表现形式，但它绝非唯一的形式。我们绝不能忘记，在铁幕以东，那些曾经充分享受欧洲文化、自由和身份的人们已经被切断了他们的根。我们应该永远把华沙、布拉格和布达佩斯视为伟大的欧洲城市。”她的主旨很明确：欧洲必须超出西欧的范畴。但这一愿景虽然广阔却并不完整。罗马尼亚、保加利亚、南斯拉夫、阿尔巴尼亚和俄罗斯都完全没有资本主义的传统，所以根本不能作数。她

继续说：“欧洲将更加强大，正是因为它拥有作为法国的法国、作为西班牙的西班牙、作为英国的英国，每个国家都有自己的习俗、传统和身份。”作为欧洲之心的应该是民族国家，而不是委员会。这至少与《单一欧洲法案》所确立的一些改革背道而驰，但这样的讽刺她根本不予理睬。尽管如此，撒切尔对由欧洲国家管理的欧洲的理解也与她在 1973 年支持英国加入欧洲是完全一致的。当时“疑欧派”一词尚未流行，但即便流行了，布鲁日演讲也并不表明撒切尔是他们中的一员。

在演讲的后半部分，她做出了让这场演讲载入史册的断言。“我们成功地缩小了英国的国家边界，不是为了让它们在整个欧洲重新确立起来，让一个欧洲超国家在布鲁塞尔行使新的统治权。”也许她觉得在比利时的布鲁日（布鲁塞尔的对手城市），这样说能让人们欣然接受，但这似乎不太可能。而且讽刺的是，“超国家”表述是其所在政党和外交部都没有提出异议的少数表述之一。

她说，人民能自由流动固然很好，但如果要保护公民不受犯罪、毒品
或非法移民的影响，就需要进行边境管制。她在演讲中大肆鼓吹北约，但 402
警告说联盟的成员国都应贡献自己的力量。她还提到了自己惹人讨厌的保护主义。她说：“我们有责任在这方面起带头作用，特别应该对欠发达国家负起这个责任。它们不仅需要援助，更需要改善贸易机会，只有这样，经济实力的增长和独立才能让他们获得尊严。”

这也是许多左派人士的观点，在他们看来，欧洲共同体是一个压制小经济体的饱食巨人，已然压得他们喘不过气。总之这是一件了不起的事情，但没有人预料到它将如何深刻地改变撒切尔的声望和她与欧洲人打交道的方式。豪在阅读第一份草案时直言不讳地说：“草案中有一些明显的基本错误……它看待世界的方式就仿佛我们从未遵守过任何条约一样。”这一点提得客观公正，但随后豪更加直抒己见。虽然他同意“更强大的欧洲并不意味着建立一个超国家”，但他再次强调了一个令人不快的事实，即“它确实需要牺牲政治独立和各国议会的权利。这是条约中固有的条款”。

撒切尔永远无法接受这一点，但豪所言不虚。《入盟条约》第 11 款明

确规定，欧洲共同体的法律将取代英国议会的法律。撒切尔在这个问题上的矛盾想法最终导致了豪后来所说的她的“脱党”。无论其意图如何，这场演讲所达到的效果恰恰与许多人的期望相反。撒切尔不得不在一个旨在庆祝英欧一体化的演讲中强行加入自己的看法。现在，虽然并非出自本心，
403 她还是在自己和内阁、政党以及欧洲的同仁之间撕开了一道裂缝。

55

钱，钱，钱

早年，保守党因承诺拯救经济而当选；而在经济由衰转盛时它再次当选；而随着足够多的民众变得富有，它又迎来了第三次当选。新的财富创造了新的人群类型——与“雅皮士”一起出现的是“骗子”，因喜剧演员哈里·恩菲尔德和他的经典台词“我可有的是钱！”而名垂青史。这个人物标志着一场革命。在英国历史上只有少数几个时代，“炫耀性消费”不是丢脸的事；这十年就是这样一个时代，但与以往略有不同。都铎或维多利亚时期的暴发户曾试图用彰显名门的白鼬毛皮来装饰自己，但20世纪80年代的新富豪却没有这种焦虑。他们并不寻求隐藏自己的出身，也不模仿上层社会的口音。他们已经“成功”，这就足够了。

与骗子们并肩而行的是“时髦女游侠”，这类人因《时髦女游侠手册》而闻名。“时髦女游侠”富有而保守，与乡间意气相投但并不一定会生活在那里；她们穿着斜纹软呢布料的衣服，“用叉子吃果冻”。人们认为她们在许多方面都代表了世家旧富的最后辉煌，但这是错误的。到这十年末，那些继承财富的人在富人中的比例仍然高达57%。“大众资本主义”是撒切尔采纳的词汇，用来概括她对拥有财产的民主的想象，许多最贫穷的人对这 404
种说法既没有共鸣，也不为之陶醉。

在20世纪80年代末逐渐被人们所熟知的“社区护理”源自产生了很大影响的《格里菲斯报告》(1983)。该报告的主要建议是，如果管理人员能够监督和纠正一个有时缺乏效率和责任感的组织，他就可以消除多余的开支。本着同样的精神，报告也鼓励老年人或精神病人应该在家里接受治疗的观点。罗伊·格里菲斯虽然力挺国民医疗服务，但他认为该服务如果采用某种类似商业的模式会运行得更好。此外，病人在自己家里可以得到更好的服务，这一概念似乎比在医疗机构中度过一生更有人道主义的意义。但是，许多人在家里无法复健甚至存活，而且在家庭周围几乎找不到可以称之为社区的机构。如此日积月累，便增加了无家可归者。国家审计署表示，1989年该数字已经达到了126 000人。

当下议院有一位鲜为人知的议员杰里米·科尔宾站出来声称，无家可归者人数的飙升是一种“耻辱”时，撒切尔几乎连头都没回过。这种情况倒是不能轻易怪她。1990年还有多达十万套公营住房空着，政府将花费3亿英镑来翻新这些房子。另有60万套私人房产也同样闲置。1988年的《住房法》为住房协会提供了补助金和其他激励措施，但无家可归的危机只得到了缓解，却无法消除。

工会已经被驯服了，但另一个传统的左派宿敌软硬不吃。对于被“中央最英明”的原则所激励的保守党人来说，地方议会是一条煽动愤怒情绪的九头蛇。可以预见的是，首要问题与金钱有关。撒切尔秉持自己的信念，认为可以相信人们会在感到有经济利益可图时承担责任，并且对许多地方议会不负责任的情况感到焦虑。她认为，如果对财产征收的税率被个人税所取代，公众就会成为真正的地方纳税人，成为有权要求议会达到适当标准的股东。这样一来，地方议会就必须证明他们的支出和政策是合理的。
405 这一观念在1983年首次被认真讨论，并花了几年的时间酝酿。新税种最终获准时被赋予了一个人畜无害的名称：社区费。

第二个困局藏在一个悖论之中。保守党或许管理着土地，但他们的对手却管理着城市。这种情况的后果在教育中体现出来，这是地方政府的责任，而保守党一直忽略了这部分。绝大多数孩子（也就是那些没有上私立学校的孩子）都是在右翼政府下长大的，但接受的却是左翼教育。单是这一点就确保了战后共识的阴影仍然笼罩着撒切尔政府，而且在 70 年代的记忆消失多年后，人们仍然会用越来越模糊却不乏恶毒的语言来诋毁撒切尔。

一些左翼市镇鼓励移民的孩子用其母语而不是英语来阅读和写作。《青春、同性恋与骄傲》是一本面向中学生的书籍。这些举措背后真诚的推动力并不能保护它们免受攻击。事实上，一些人认为，正是这些议事机构的这种折中做法导致了 1987 年保守党的胜利。保守党在竞选活动中对一些较为挑衅的教科书标题提出了这样的问题：“这就是工党所谓的全面教育观吗？”

在肯·利文斯通（绰号“赤肯”）的领导下，大伦敦委员会毫不掩饰其社会主义倾向，有时甚至不加批判地支持边缘人群事业，全心全意地欢迎任何与少数民族有关的项目，并且表现出令首相尤其厌恶的作风。委员会的领导是一个真正的伦敦人，他哀叹在大都市下午茶和烤饼已经让位于咖喱和米饭，但他并没有使局面有所缓和。对撒切尔来说幸运的是，大伦敦委员会的枪口正对着自己的脚。当人们得知委员会为维持自身生存而使用的广告宣传花销比为埃塞俄比亚饥荒筹集的资金还要多时，其社会主义信誉就更难维持了。

从此不再有工会搞垮政府的说法，但除了奈杰尔·劳森以外，还有很多人觉得首相在 1987 年压倒性胜利之后重获的自信有失健全。而在她如今 406
展现这种自信的拳击台上，对手已经变得相当灵活。撒切尔在欧洲的最后一项伟大成就是《单一欧洲法案》。虽然它包含了让共同体摆脱一切内部贸易限制的立法，但这部法案也为单一的货币铺平了道路。也许正是因为尴尬地意识到这一点，撒切尔才在布鲁日作出了那番演讲。但现在一个令人不安的转变已然发生。以前撒切尔一直处于事件的核心，力争让贸易限制越来越少，而现在她似乎变成了孤家寡人。或许她的实力本身已经不合时宜；雅克·德洛尔领导下的新欧洲乐于利用那些可供差遣的小人物（无论小人物的想法有多少缺陷），而不是有主见的人。

东方集团多年来一直在稳步崩溃，这是撒切尔和里根都没有预料到的。中欧和东欧国家依赖俄罗斯的石油和天然气，而在其他方面则依赖西方的贷款。俄罗斯本身也需要东欧的原材料。东方集团已难以为继。东欧面临破产，匈牙利在 1988 年悄然离东方集团而去，成了最先离开的国家，由于没有大肆宣传，人们甚至不记得它先驱性的变节。1989 年，疲惫焦虑的东德领导人宣布允许东柏林的公民越过柏林墙。柏林墙先是被人翻越，然后便遭到了破坏，最终被拆毁。捷克斯洛伐克和波兰随后崩溃。在文化和政治上最接近俄罗斯的几个国家坚持了一段时间，但到那时，它们对西方已经几乎没有什么影响力了：巨大的阴影已经消失。撒切尔本人的贡献在里根和戈尔巴乔夫的竞争中居辅助性地位，但助产士仍然不可或缺。然而，在这个已经开启的前路未卜的苏联解体后世界中，英国又该扮演什么角色呢？

欧洲共同体也发生了变化，但英国在其中的作用似乎同样被削弱了。雅克·德洛尔为日益疲惫和僵化的欧共体注入了鲜明的联邦主义愿景，货币联盟将淘汰国家货币。更为激进的是，假以时日，政治联盟也将步其后尘而来。自麦克米伦以来，英国政治家始终自信可以“引导欧洲摆脱联邦
407 主义”，为了在共同体的核心发挥影响而敦促他们的同事努力尽快成为欧洲成员国。在某种程度上，这个承诺已经实现了。在英国的坚持下，欧共体终于开始将铁幕之后的那些国家视为欧洲。而《单一欧洲法案》主要是一个英国项目。但正如撒切尔注意到的那样，英国没有希望让欧洲退出联邦主义路线，而且随着德国的统一迫在眉睫，英国如果还在假装自己获得了欧洲最高霸主的地位，就是自欺欺人了。

不过，英国必须首先解决货币问题。财相奈杰尔·劳森和现任外交大臣杰弗里·豪都认为，加入欧洲汇率机制已经不能再拖延了。撒切尔不以为然，但这两头巨兽并没有被吓倒。1989 年 7 月 25 日，他们警告说，他们两人都将为这个问题辞职。挑衅开始升级。他们在当天晚些时候飞去参加马德里峰会，撒切尔和豪两人面沉似水，冷若冰霜。在峰会上，撒切尔居然同意英国加入欧洲汇率机制，令叛逆的下属大吃一惊。一个月后，她把

豪从外交部调走，但即使她意识到自己对豪的愤怒现在得到了回应，也没有表现出来。

10 月 26 日，劳森辞职了，这是一个酝酿已久的决定。最后，他遭到撒切尔的经济顾问艾伦·沃尔特斯爵士的暗中贬损，后者在《金融时报》上撰文质疑他的判断力。让英镑与德国马克的挂钩已经成为劳森的执念，就连不断发酵的通货膨胀也无法转移他的注意力。这是一个罕见的失误：他可是把近 100 万最贫穷的人从税收系统中解救出来的功臣，他还培育和灌溉出方方面面的增长和投资。他是一个杰出的人才，首相承受不起这样的损失。

当约翰·梅杰被传唤到唐宁街十号接替劳森的财相职位时，他发现这个国家曾经坚定不移的领导人“几乎要哭了”。她从来没有如此失态过，此刻变成了一个卸下盔甲的受惊的小女孩。这个女人开始以更迷信的心态来研究这些迹象；1990 年充满了令人不安的预兆。补选结果似乎预示着保守党的失败。7 月 30 日，撒切尔的前议会私人秘书伊恩·高被爱尔兰共和军杀害。辞职、变节和阴谋似乎都在阴影中隐现。1989 年 10 月，也即劳森辞 408
职后一个月，不可想象的事情化作挑战出现。安东尼·迈耶爵士参与竞选党魁。撒切尔获得了将近十倍于他的选票，但异议的震荡也显而易见。接下来提交上来的很多辞呈主要是因为运气不佳和欠考虑的轻率。1990 年 7 月，尼古拉斯·里德利因为将欧洲货币联盟与第三帝国相提并论的失当言论而辞职。与许多这类失误一样，这在很大程度上要取决于当时的语境。

1990 年 10 月 5 日，梅杰和撒切尔宣布英国加入欧洲汇率机制。梅杰喜笑颜开，撒切尔也露出了隐忍的笑容。她希望首先降低通货膨胀率，而梅杰则认为加入欧洲汇率机制本身就可以实现这一目标。当时的通货膨胀率为 10.9%。尽管如此，新闻界和金融城还是情绪高涨。然而短短几年后，这种情绪就低沉了下去。罗马峰会于 10 月底举行。与会者精疲力竭，结果令人不满，撒切尔对意大利主席很不以为然。最后，撒切尔公开反对《德洛尔报告》的第二阶段。她曾设想“欧洲货币单位”（仍被称为“ecu”）是一种能与国家货币同步运行的货币，但现在看来它似乎必会被强加于人。撒切尔对山那边的情况一无所知，但看到了烟雾升腾，这对她来说已经足够了。

撒切尔回到议会，发现议会里充斥着野蛮的、挑衅的叛乱。面对金诺克和帕迪·阿什当抛出的诱饵，她情急之下落入了圈套。“德洛尔先生在前几天的新闻发布会上说，他希望欧洲议会成为共同体的民主机构，希望委员会成为行政机构，还希望部长会议成为参议院。不，不，不。”这番话带着一股盖棺论定的语气。豪不是唯一为此感到震惊的人。如果许多人平时很难看出两人的立场有什么实质性的不同，此刻差异已经足够清楚了。在布鲁日的演讲中，撒切尔曾对欧洲货币单位的使用颇表赞许。现在其中却出现了一条深不可测的裂缝。

11 月 1 日，豪在实际上被降职和非难之后，辞去了副首相和议会主席
409 的职务。他要求在下议院发言解释自己的决定，并以柔和的语气揭发首相这一旧日同僚。他的开场白充满含蓄的嘲讽。“如果我的一些前同事值得信赖的话，那么我一定是历史上第一个因为完全同意政府政策而辞职的大臣。”撒切尔坐在那里一动不动，扬着头，嘴角挂着纵容的微笑。他继续说道：“如果没有我尊敬的阁下的勇气和领导力，我们所有的经济成就没有一项有可能实现。”撒切尔的笑容依旧。他也提到了他们以前在欧洲“从枫丹白露到《单一欧洲法案》”的合作。然后，在这一套客气的寒暄之后，他开始锋芒毕露。“加入欧洲汇率机制没有什么新意，本也不该如此。”他告诉下议院，他和劳森一直敦促撒切尔夫人加入欧洲汇率机制，接着向下议院重申，他并不“认为《德洛尔报告》是什么神圣的文本”。他提到了麦克米伦，麦克米伦在 1962 年就曾敦促国家占领欧共体的核心地位。豪抗议说，我们不应该“退回到对过去的感伤中，从而削弱我们对自己未来命运的把握……”他接着说：“用一句过于简单的话说，假如我们准备好了在更早阶段交出一些主权……我们就会对今天的欧洲有更多而不是更少的影响力。我们绝不能忘记这种孤立的教训。”在完全独立的国家组成的欧洲和联邦制欧洲之间做选择，是“一种虚假的对立，一个伪造的两难境地……就好像没有中间道路似的”。他敦促说：“如果我们总是从放弃主权的角度考虑问

题，就犯了一个严重的错误。”他将丘吉尔的立场与“我尊敬的阁下时而呈现于脑际的可怕愿景”进行对比，“那位朋友……她有时似乎在提防着大陆……用她自己的话说，提防它会‘消灭民主’……‘消除我们的国家身份’，并‘偷偷摸摸地［把我们］引入联邦制的欧洲’。议长先生，对我们的年轻人来说……这是一种什么样的愿景？”

“我们都不希望强行实施单一货币，”他向下议院保证，“风险不在于强行实施，而是孤立……英国又一次在规则确定之后，争着比别人迟一步加入俱乐部……在被问及我们会不会否决任何危及英镑的安排时，我尊敬的阁下直截了当地回答：‘是的。’欧洲货币的问题‘只能由未来的几代人来解决。那些未来的世代今天就在我们这里’。”豪显然越讲越起劲，决定用 410
板球的比喻来说明问题。他说，财政大臣和英格兰银行行长被置于“开场击球手的位置……但就在第一轮球投出的那一刻，他们发现自己手头的球板在比赛前就被队长折断了”。

下议院哄堂大笑。坐在豪身后一排的奈杰尔·劳森脸上勉强闪过了最短暂的笑容。然后他引用了一位在欧洲大陆生活和工作的英国商人的信，这位在布鲁塞尔等地做贸易的商人写道：“人们看不懂什么措辞严谨的正式文件，但整个欧洲的人都清楚地看到我们的首相摇晃着手指，听到她激动万分的‘不，不，不’。”又过了一刻，豪打破了矜持：“内阁政府就是要从内部努力说服彼此……这项工作已经变得徒劳无益了。”如果此前人们对豪的真实意图还有任何怀疑的话，那么这种态度在他发表最后的结语之后也烟消云散了：“现在是时候让其他人考虑自己对于忠诚的悲剧性冲突应当作出何种反应了，我自己或许已经在这种冲突中挣扎了太久。”下议院竟听到一个人在直白地表达自己发自内心的愤愤不平。此举直击要害。

第二天，迈克尔·赫塞尔廷正式向首相挑战其党魁的位置。在撒切尔治下，他的职业生涯有喜有忧。虽然他为振兴利物浦和码头区的发展做了很多工作，并在政府与环保组织的往来中出色担任了“大使”，但他也许过于张扬和野心勃勃，在下议院中没有获得多少人的好感。他也是一个热情的亲欧派，而当时这样的忠诚显得十分可疑。不到五年前，他因所谓的

“韦斯特兰事件”而辞去内阁的职务，这场争议性事件错综复杂，以至于撒切尔后来回忆道：“我现在都不记得韦斯特兰事件到底是怎么回事了。”很少有人还能记得。

从根本上说，这是一个关于一家濒临破产的直升机公司的故事，有些人认为需要拯救这家企业。竞标韦斯特兰公司的有两个买主，一个是美国公司，另一个是欧洲公司。作为国防大臣的迈克尔·赫塞尔廷强烈支持欧洲的竞标。鉴于它是备选方案中不那么“资本主义”的一方，而且比竞争
411 对手的官僚风气要重得多，它绝不可能得到撒切尔的支持。为了遏制赫塞尔廷，撒切尔对他下了类似于禁言令的命令，但事实证明效果很差。1月9日，他在内阁中要求讨论所有的选择，撒切尔拒绝后，他夺门而出，向守在外面的媒体宣布了他辞职的消息。他收拾自己的文件时，她坦率地说：“我很抱歉。”无论她是否真诚，这种情绪都得到了广泛的认同。的确，赫塞尔廷被称为“人猿泰山”，他的知名度远远超过了首相本人。此外，他坐在后座议席上的五年里也没有闲着。他巡视了全国各地的选区协会，间接但明确地表达了支持。

赫塞尔廷的姿态占据了头条，但更重要的是内阁同意批准社区费，1989年4月1日在苏格兰实行，一年后在英格兰实行。选择愚人节很不合适；这个狡猾而乏味的错误名称从未引发公众的遐想，它很快被“人头税”所取代。人头税曾经引发过暴乱，也曾取过国王的性命，还曾使理查二世本人倒台，而实施人头税的尝试从一开始就被证明惨不忍睹。它征收起来极为困难，明显的不公平甚至激怒了天然的保守派。或许公民应该为自己从地方议会获得的服务付费，但这样做会立即把不太富裕的人推向不利地位。贫穷的寡妇支付的费用和百万富翁一样多，这怎么可能公正呢？一场拒绝守规的运动开始了，口号是“付不起就不付”。社区费的设计者肯尼思·贝克在电视上向全国人民保证，“社区费不会停征”。在许多人看来，他笑容中的平淡自得似乎概括了政府对民众的不满态度，然后骚乱就发生了。

1990年3月31日星期六，特拉法尔加广场的一次抗议活动遭到警察的

封锁。几分钟后，暴力就爆发了。全国人民看着骑警向平民冲去，却毫不赞同法律的力量。撒切尔将暴力事件归咎于“马克思主义者”，而马克思主义者指责无政府主义者，但整个抗议运动的背后有着激进主义的倾向。撒切尔支持谁是显而易见的：看到被砸碎的窗户和被掀翻在地的汽车，她只 412
能感叹：“哦，那些可怜的店主！”

她在下议院大喊“不，不，不”之后，大众对撒切尔的看法发生了转变。大家越发认为她精神错乱、专横跋扈。她手持小提琴翻着白眼在《酷肖》中出场，架势有如尼禄或卡利古拉。但她并没有精神错乱，甚至也没有产生妄想，只是目光短浅。她已是孤家寡人，解雇的大臣比英国历史上其他任何首相都多。人头税让她与国民对立起来，而她在欧洲问题上的立场也与她自己的政党产生了矛盾。怀特洛因中风而丧失了工作能力，特比特离开内阁去照顾妻子，她同时失去了看门狗和守护天使。像此前和此后的许多大臣一样，豪辞职时已经相对无事可做。在他看来，船长似乎一心想把整艘船都毁掉。这是哗变的正当理由。 413

56

落　幕

撒切尔在党魁竞选的第一轮投票中赢得了多数票，并对着镜头表达了近乎油腻的喜悦。但人人都知道这只是一场戏；她的多数票并没有多到足以抵御第二轮投票。本来只要赫塞尔廷的支持者中有两位另投他人，她就能大获全胜。第二轮投票的结果还远未确定。赫塞尔廷没有足够的人气来赢得竞选，但第一轮他仅以毫厘之差输掉竞选，这绝不是个好兆头。大臣们一个接一个地来拜访她。没有人能够保证他的同事是否还忠诚他。

11 月 22 日星期四，撒切尔宣布辞职。特比特称赫塞尔廷是“保守党的连环刺客”。这个形象并不完全贴切；因为刺客通常为他人工作。在下议院，撒切尔受到了挥舞着的选票的欢迎。当反对派就背叛问题逼问她时，她仍旧支持她的政党。私下里，她却心烦意乱。她真正的信徒艾伦·克拉克试图让她想想自己过去的辉煌，却无法使她分心。国民毫不惋惜，但唐宁街的工作人员在向她赠送一把银质茶壶时落泪了。“太有用了！”这是她特有的反应。一台摄像机对准她的豪华轿车，拍到了她身体前倾，眼中含着泪水，牙齿咬着嘴唇。

她向公众表达的看法往往经过比她本人更柔和的棱镜的折射，但当她
414 在不经过滤或没有脚本的情况下直抒胸臆时，结果往往会引发不和，造成

分歧。到最后，她甚至不顾政府的政策，道出自己的内心所想。索尔兹伯里、迪斯雷利、鲍德温甚至罗伯特·沃波尔爵士都没有如此公开地试图用他们脑中的形象重塑这个国家。单是因为这一企图，大众的记忆就很难原谅她。此外，我们还必须考虑到在她与通货膨胀的斗争中失去工作的300万人，对老矿区的敲打，工会力量的瓦解，她在大众眼中的实利主义，她大吹大擂的弱点，还有就是同事们和国家都怀疑她这个人听不进去任何意见。

在撒切尔自己看来，她并没有解决战后的遗留问题，而只是将其收回到可行的边界之内。当然，她并没有像某些人所说的那样，把英国变成美国的翻版。1979年，撒切尔上台时所领导的是一个混合经济体，而她留下的也仍然是一个混合经济体，尽管天平已经向私营部门倾斜了。但她确实提供了某种安全感——那种对未来的安全感，在实体公司中，在股票和投资中，在财富可以传承的承诺中。也许她会希望金融城不那么贪婪，英国文化不那么热衷于享乐，或者人们不那么固执，而这些都是她一手栽培的。当金斯利·埃米斯告诉他的女偶像，他的新书讲的是共产党接管英国时，撒切尔建议他"换一个水晶球"。而她的确证明了自己是更好的预言家。然而，尽管她为冷战的结束做出了贡献，但在一些人看来，她似乎并不真正希望冷战得到和平解决。她无法完全适应一个没有"红色威胁"的世界。她与它为敌的时间太长了，以至于她很难找到新的敌人，除非这个新敌人与过去的夙敌有关。

铁娘子翩然离开唐宁街，被政坛所遗忘。但她对一件事很笃定，可以用它来安慰自己：她任命的太子约翰·梅杰肯定会继续她的工作。他已经打败了赫塞尔廷和道格拉斯·赫德。这个"来自布里克斯顿的男孩"迷人而谦逊，但很顽强。她告诉其他人，梅杰是"黄金，纯粹的黄金"。就算他缺乏坚定的信念，就算他在欧洲问题上显得有点过于务实，他仍然是"我们中的一员"。 415

除了约翰·梅杰本人外，所有人都理所当然地认为，他将在接替撒切尔的职位的同时延续她的愿景。尽管梅杰表面上很温和，但他实则决心成为一个领袖。两人在风格和讲话上的差异极大，还有些差异则更加微妙一些。撒切尔可谓是20世纪最后一位真正的“英格兰”首相。她不仅想要找一个保姆，而且是“一个英格兰保姆”来抚养她的孩子。这种英格兰意识也影响了她对凯尔特民族的态度。作为一个伦敦人，约翰·梅杰只不过碰巧是个英格兰人，而他的观点属于大都市而不属于国家。“保守党对一个来自布里克斯顿的工人阶级孩子有什么好处？请让他当首相。”这就是1992年梅杰参选的政党口号。这种说法很巧妙，但不完全准确。他的父亲经营着一家企业，制造最有英格兰特色的工艺品——花园装饰品，他的母亲则是一名歌舞杂耍艺人。生意陷入困境时，梅杰家族的财富也随之下滑，一家人不得不搬去了公寓。不管他自己后来怎么说，这个家庭属于中下层，而不是工人阶级，但在年轻的约翰身上，这个群体常见的勤奋却并不明显。他离开学校时只通过了三门功课的O级考试，并因为自己让父母失望而深感羞愧。

然而，自从梅杰当选为议员以来，他的进步速度就变得很惊人。他在内阁中只待了两年就成为首相，在此期间他曾担任过外交大臣和财政大臣。事实证明，这种平步青云喜忧参半；他没有什么经验，也几乎没有明确的政治信念。但他的巨大优势已经很明显了。其他政治家主要关注那些他们认为可能有用的人，而梅杰对每个人都率真自然地热情相待。他甚至更关注平民百姓，在与年迈的母亲或随行的妻子聊天时看起来最开心。此外，他还以对人名和面孔有着近乎照相机般的记忆而闻名，他对细节的关注也让所有与他相处过的人印象深刻。好消息是梅杰以性情温和著称，要知道他即将领导的那个群体充满血腥和争斗。他敏锐地意识到这一点，将内阁
416 的位置几乎平均分配给党内的左右两翼。他遵循协商一致的原则，正如一位前大臣所说，内阁“就应该是这样的”。

撒切尔主义的“旗舰”（人头税）让人联想到撒切尔最教条主义的一面，人们普遍认为这毁了她的前程。抛开它给人带来的劣迹斑斑的联想不提，这个税种也被证明是不可行的，因为它太不受欢迎了。如今恰好轮到迈克尔·赫塞尔廷让这个已经奄奄一息的社区费解脱了。他用“市政税”

取而代之，这个相对无害的税种至今仍然实行。人头税只存在了不到一年的时间，发起和取消的成本超过15亿英镑。在其他方面，它也被证明代价昂贵。保守党耗费了超过一代人的时间才重新现身苏格兰。

但在任何国内事务得以解决之前，天性爱好和平的约翰·梅杰领导的国家都要面临一场战争。前一年，波斯湾出现了一场危机。好战的伊拉克统治者萨达姆·侯赛因入侵了海湾国家科威特，赶走了埃米尔，并将其石油供应转到伊拉克。这场危机发生在冷战的最后阶段，老布什总统有其他原因要迅速结束危机。国际社会支持美国，而美国的主要盟友英国的反应很难被视为迟钝。

老布什邀请梅杰去了戴维营。这一姿态既是家庭聚会，也是战争领导人的会议，但很少有人怀疑其真实目的。美国总统认为最好立即解决真正的问题：伊拉克被要求在1990年11月2日星期四之前撤军，但总统对伊拉克会遵守规定并不抱幻想。双方还是要先采取外交手段，不过总统说："约翰，如果这一切都失败了，我们就不得不派军队投入战斗了。"梅杰同意了。美国可以依靠它的盟友，并且梅杰显然不需要咨询内阁和议会。与撒切尔一样，梅杰预计战争会发生；与她不同的是，他对战争毫无兴趣。他很好地掩饰了自己的保留意见，总统只看到了全心全意的支持。会晤在其他方面都是亲切友善、不拘礼节的。梅杰的作风比撒切尔更友好、更随意，总统也相应地对他热情起来。

事实证明萨达姆顽固不化。眼看着撤军的最后期限迫在眉睫，战争已
经不可避免。1月16日，旨在摧毁萨达姆至少50%空中力量的空袭开始 417
了，这主要是一场美国人的军事行动。这次反侵略行动被称为"沙漠风暴行动"。在把部队送去面对可能的死亡之前，梅杰想和他们谈谈。他没有任何可以炫耀的军事经验，甚至都没有服过兵役。因此，这让他更有理由去发言，也更有理由去倾听。他见到部队后很快发现，他们最关心的是不确定的因素。梅杰说他们十有八九会被征召参加战斗时，他感觉到大家都松了一口气。尽管他没有军事经验，却在军中如鱼得水。部队认为他平易近人，幽默风趣。梅杰尤其被士兵们的年轻所打动，他觉得他们并不比自己

的孩子大多少。

他曾向部队承诺，国家会支持他们。这在一定程度上是真实的，但这群二十岁上下的年轻人从小就习惯了进步主义甚至绥靖主义的教育，对他们而言，这场战争不是为了遏制侵略，而是为了保持石油的流通。但是，如果很少有人表达不安，甚至会因为表达不安而受人欺侮（学生被推搡甚至被殴打的情况并不罕见），那是因为他们早已确立了一种后来在大得多的规模上得到遵循的先例。战争本身在春天就取得了胜利。作为战争的领导者，梅杰证明了自己的正确。现在，一场大不相同的斗争正在召唤他，他决定下一场斗争不应以冲突为特征。

1991 年，西欧各国在马斯特里赫特开会，决定欧洲项目的未来方向。梅杰称自己既不是亲欧派也不是疑欧派，但作为首相，他明确表示支持英国加入欧洲汇率机制。正是在马斯特里赫特，理论、经济便利和政治需要交织在了一起。在那里，欧洲经济共同体变成了欧洲联盟。梅杰的声音是最年轻、最有力的声音之一，再加上他的坚韧不拔，他确保了两项珍贵的“退出权”被纳入最终的文件中。联合王国不必被迫采纳《社会宪章》（其中规定了最低工资和每周最高工时的权利），短期内也不必承认货币联盟。
418 但批评者很快指出，这些权力主张将英国置于影响力的边缘，而且对阻止联邦主义的发展毫无帮助。我们不能说该条约在英国人民中引发了很大的热情，但它的后果在通常的党派争吵中都被忽略了。1987 年的《单一欧洲法案》将共同市场变成了单一市场；马斯特里赫特则消除了残存的怀疑：
419 未来的欧盟将成为一个无所不包的组织。

57
英镑疲软

记者西蒙·赫弗放话说："马斯特里赫特发生的任何事情都不会让英国脱离联邦制的传送带；事情的进展恰恰相反。"这也许是一种夸张，但毫无疑问，梅杰政府在获得认可的同时，也暗中做出了自己的让步。英国仅仅是联邦主义浪潮中一块无力回天的礁石。梅杰在向下议院提交条约时似乎也承认了这一点，只是选择回避了这个问题："这是一份保障和促进我们国家利益的条约。它促进了整个欧洲的利益。它开辟了在欧洲开展合作的新途径……这对欧洲来说是一个好协议，对英国来说也是如此。我把这份协议交给下议院。"

在下议院温和派的眼中，拒不妥协未能实现的目标，靠沉默的坚持却获得了成功。就连一些疑欧派也很高兴，或者至少是松了一口气。撒切尔本人在很大程度上保持了沉默，不过在致著名疑欧论者比尔·卡什爵士的一封私人信件中，她认为欧盟的新方向"违背了英国的利益，损害了我们的议会民主"。英国的狂喜或欣慰在欧洲大陆并没有完全得到响应。许多人对英国获得的退出权感到恼火。联邦制的欧洲是必然的结局，英国为什么 420
一定要给自己留一条后路呢？应该指出的是，在整个过程中，委员会的官员都非常清楚他们的意图。正如一位谈判代表所言："拖着英国走已经很累了……如果他们愿意，我们可以去掉‘联邦制’这个词，但是……”这种欲言又止很有说服力。最后，他们所偏向的含糊说法是“辅助性原则”。

正是在议会的委员会阶段，条约分娩的阵痛开始了。除了工党希望取消退出权外，政府还必须考虑到自身队伍中的异议。在条约的二读期间，22 名“马斯特里赫特叛徒”要么投票反对政府，要么弃权。他们曾经由于正直或大胆而失去了党员资格，而当身份恢复时，他们当中很少有人感到惊讶。梅杰本打算以此来表现自己的宽宏大量，却被解读为软弱。谈判步履艰难地继续着，叛徒们提出了一个又一个修正案。眼看着又要失败了，似乎只有再次进行选举才能解决这个问题，但他没有带着问题解散议会，而是提交给了下议院。有人提出信任动议，梅杰获得了授权。就这样，经过近两年的推诿和阻挠，《马斯特里赫特条约》于 1993 年 7 月 20 日以 40 票的优势获得通过。

如今人们很容易忘记所谓的疑欧主义运动相对而言有多初级。与伊诺克·鲍威尔或托尼·本恩不同，他们对欧洲项目的共同敌意是激进和不可动摇的，疑欧派就是撒切尔派：他们希望英国留在欧洲共同体中，但只将它作为一个自由贸易协会，而不是让英国成为单一政体的一部分。任何将英国从欧洲“解放”出来的愿望都曾只限于左右两翼的边缘地带。但现在，这个边缘群体更加广泛，其声音也越发响亮了。这份条约是在沉闷、愤怒的气氛中通过的。马斯特里赫特会议仅几个月后，金融大亨詹姆斯·戈德史密斯就成立了公投党。其既定目标是就英国是否应该继续作为欧盟成员国的问题进行公投，但许多人认为这只是民族主义的复兴。同样，英国独立党于 1994 年成立，其宗旨就是完全退出欧盟。这两个党一度被认为是闹
421 剧而非政党，但它们摒弃极右翼的信仰和全部做法的行为，至少是“值得尊敬的”。

但是在 20 世纪 90 年代初，新的团体又出现了。街角和电话亭里开始出现传单，上面画着一个戴着纳粹头盔的骷髅，并敦促对“敌人”采取暴力行动。以前从未听说过的名字开始出现在人们的语汇中。“战斗 18”的宗旨是公开的恐怖主义。他们的第一个赞助方英国国家党在他们看来太软弱

了。他们宣称“要种族——而不是国家”。此外还有神秘的“白狼”，他们急于声称每一起少数族裔谋杀案都是他们亲力亲为的。不过，极端民族主义中貌似温和实则狡诈的派别圣乔治联盟曾表示，因为詹姆斯·戈德史密斯是犹太人，所以情有可原，他们承认“这一切都不是他的错”。英国的仇外情绪很少激化，这些团体中的大多数很快就自毁前程了。

在 1992 年的选举之前，保守党的竞选活动拖沓漫长，只是偶现乐观景象。当时国家仍处于经济衰退之中，很多人或许在惋惜梅杰缺乏撒切尔凶狠坚定的一面。尼尔·金诺克是人们喜爱的对象，由于他生性张扬，在议会中往往能压制梅杰，占得上风。此外，保守党已经执政 13 年了。在投票日，人们的情绪普遍低落。只有梅杰在回到其亨廷顿席位时显得很振奋。直到凌晨时分，奇迹才显露出来：保守党赢了，而且投票人数达到有史以来最高。然而，1 400 万张选票只换来了 21 个额外的席位。保守党已经确认执政，但他们获胜的票数过于微弱，以至于无法如其所愿地行使权力。

经常被斥为“威尔士废话篓子”的尼尔·金诺克体面地辞职了——尽管他成就斐然，却带领工党遭遇了第二次失败。和撒切尔一样，他也是个一针见血的金句之王。他对那些生活在保守党世界中人提出的建议相当直率。“不要衰老，不要生病，不要普通，不要穷，不要失业。”对工党来说，1992 年的失败是一道分水岭。金诺克既是煽动者，又是调解人，既是左派斗士，又是狡猾的政治家，但他自己的历程却无法与其政党分享。 422

他的继任者约翰·史密斯从信念上讲是一个现代化主义者，尽管在这个以表面功夫为上的时代，他看起来没什么现代性可言。他圆头圆脑，戴着眼镜，头发稀疏，让人想起沉闷的老派工会领袖。但平淡无奇的外表掩盖了他的聪明才智、敏锐的幽默感和深刻的社会正义感。然而，他的判断力并不总是靠得住。他在“黑色星期三”[①]之后国家和金融城仍处于紧张状态时发起了一轮攻击，如果当年不是他本人支持加入欧洲汇率机制的话，这轮攻击倒会显得更可信一点。

① “黑色星期三”，指 1992 年 9 月 16 日英国保守党政府因无力维持英镑的汇率下限而被迫退出欧洲汇率机制。

英国在玛格丽特·撒切尔担任首相的最后一段日子里加入了欧洲汇率机制。那以后的事态发展，没有任何迹象表明此举并非出于善意。奈杰尔·劳森曾坚持英国的利率应与德国的挂钩。撒切尔不以为然，但当梅杰宣称他同意劳森的观点时，铁娘子觉得她除了接受之外别无他法。她规定，英镑将以 2.95 的比率与德国马克“挂钩”。时任财相的梅杰将这一决定告诉德方负责人时，被告知这样的事情不应该由首相来决定。欧共体的规则是此类事项必须经过讨论和商定。那当然不是撒切尔的风格，利率因此保持了下来。这既非一个有利的开始，且正如后来的事态所表明的那样，也不是一个明智的决定。

梅杰等人吹嘘说加入欧洲汇率机制是治疗通货膨胀的良药，但到了 1992 年，它仍未对缓解 80 年代末的经济衰退起到任何作用，甚至似乎还加速了衰退。在那个时期有 100 万人失业。一种新的恶性贫困现象打击了以前的富人，随之而来的是一个新的术语——“负资产”：房子的价值突然甚至低于购买时申请的抵押贷款了。此外，英国被迫采用的高利率让国家回到了痛苦的 70 年代；英国的出口再次失去了竞争力。不过，正如梅杰所预言的，通货膨胀似乎也被束缚住了。但即使就此事而言，也会有人提出反对意见。在《星期日泰晤士报》主编安德鲁·尼尔举办的一次晚宴上，梅杰自鸣得意地说自己是结束了通货膨胀威胁的首相。在场的一位记者听到
423 这话后问道：“如果经济不仅仅是跪在地上，甚至都趴在地上了，那么低通货膨胀率又有什么意义呢？”在接下来的几个月里，这个问题会以各种形式反复出现。

在欧洲大陆，在德意志联邦银行安静的势力范围内，烦心事也开始接二连三地发生。东德如今回到西方资本主义范围内，但其融入的代价变得越来越高。德意志联邦银行是独立于国家的，可以自行做出它认为合适的决定。1992 年夏天，它提高了利率。德意志联邦银行行长赫尔穆特·施莱辛格认为，它必须根据“国内的需要”来采取行动。在英国，其影响立竿见影。高利率冲击了住房市场，“待售”的牌子像荨麻一样冒了出来。到了

夏末，外汇交易商开始卖出英镑，买入德国马克，结果是英镑下挫到了欧洲汇率机制允许的最低水平。英国财相再次落入不可调和的优先事项之网中，但尽管诺曼·拉蒙特私下抱有顾虑，他在公开场合还是否认了贬值或退出的可能性。

德国总理科尔致信梅杰，在信中表示他也希望看到德国降低利率。梅杰对此寄予厚望。拉蒙特则完全不抱乐观情绪。在巴斯举行的国家和欧共体财政部长会议上，拉蒙特遭遇了要求英国退出欧洲汇率机制的抗议者。他和欧陆的同事都没有打消抗议者的疑虑。此外还有很多事情需要讨论，尤其是欧共体内部许多货币的脆弱状态。不过在欧洲大陆人看来，这次会议将是一次友好的会谈，可能会提出微妙的问题，但不会发生争执。然而拉蒙特已经走投无路了，他并不打算采取外交手段。法国财政部部长回忆说，他的质询“既没有开场白，也没有结论：快速、粗暴、尖锐”。拉蒙特四次质问施莱辛格是不是不愿意降低利率。施莱辛格是个不习惯像厨房杂工一样受人斥责的金融大佬，他回忆说：“我可不能被人当作雇员来对待……我不能接受。我想：‘他又不是我的上司……我必须制止这种做法。’”他明显表现的怠慢是，他在对德国财政部部长魏格尔私语时改用了巴伐利亚方言，说：“我觉得我现在应该走了。”魏格尔能做的只有尽力阻拦他离去的脚步。拉蒙特空手而归。 424

更糟糕的事情还在后面。9 月 11 日，岌岌可危的意大利里拉价值暴跌。一向热情奔放的意大利总理朱利亚诺·阿马托在与约翰·梅杰通电话时，向英国同行传达了一个令人不寒而栗的消息：一旦交易员解决掉我们，就会找上你们了。但梅杰拒绝贬值，正如他也拒绝任何关于离开欧洲汇率机制的建议。他相信他的政策会挺过难关。德国传来了微弱的解冻迹象，如果正在挣扎的各国货币同意“重新调整”，施莱辛格就会降低利率。梅杰认为这绝对不行。然而，意大利无路可逃，里拉贬值了 7%。这肯定会让德国人满意吗？他们的反应是象征性地削减了 0.3% 的利率。欧洲的团结似乎在这一周内土崩瓦解。尽管梅杰和拉蒙特做出了公开保证，但银行、养老基金和国际公司都毫不怀疑英镑会贬值。其结果是一个自行成为现实的悲惨预言，它如噩梦般萦绕在国际金融界的脑际，而在金融的世界里，业界看法往往才是最重要的现实。

也许施莱辛格还在为拉蒙特的攻击耿耿于怀；也许他只是把自己国家的需要放在第一位。但在9月15日星期二晚上，他于一次采访中建议英镑应该和里拉一起贬值，掀起了轩然大波。施莱辛格后来抗议说，他的话并非官方言论，但这番澄清没有带来什么区别。9月16日星期三，英镑的盛宴开始时，黎明刚刚让位给日出。贪婪的掠夺者之一乔治·索罗斯回忆说，他确信“德意志联邦银行在怂恿投机者”。英格兰银行在绝望之下加入了这场战争，大规模地买入英镑，但几分钟内就损失了10亿英镑。铁锹越挖越深，伸进了公共资金的池子。银行不得不提高利率；梅杰同意将利率提高到12%。也许他别无选择，也许是赫德、克拉克和赫塞尔廷坐镇海军部大楼[①]影响了他。这些人都是坚定的亲欧派。但是，加息并没有骗过投机者，他们看到的只是政府的绝望之举，卖盘也随之上升。肯尼斯·克拉克的司
425 机道出了许多人的心声，他小声说：“这没有用，先生。”政客们被孤立于事件之外，陷入了“比联合王国里的任何人”都更不了解实情的悲喜境地。

英格兰银行行长埃迪·乔治意识到“游戏已经结束了”。英国必须退出。赫德、赫塞尔廷和克拉克等“大人物”再次被召见。拉蒙特拼命地敦促暂停，但其他人否决了他的意见。利率再一次被拉高，达到15%。第一次没有奏效，所以他们显然必须更加努力地再试一次。首相押上了他的声誉；他现在不能退缩。在一次无足轻重的上涨之后，英镑再次下滑。到下午，英格兰银行已经花费150亿英镑来保卫币值了。首相暗中做出了让步。下午4点传来了英格兰银行将不再支撑英镑的消息，交易大厅里突然间一片寂静。一位交易员证实，沉默持续了大概三秒钟，然后爆发出一阵胜利的欢呼声。英镑仿佛决心给观众做最后一次华丽的表演，跌穿了欧洲汇率机制的底线。正如一位交易员所说：“它带来了一种敬畏感……市场可以对付任何一个中央银行并大获全胜。”公开的竞争已经开始向其保育者开炮了。

① 海军部大楼，位于英国政府中枢所在地白厅的对面，英国政府职能部门的办公地点。

1992年9月16日，永载史册的“黑色星期三”晚上7点30分，诺曼·拉蒙特宣布英国暂停加入欧洲汇率机制。他向媒体镜头保证，这是一项临时的措施，事情“平静下来”后将被撤销。在整个溃败过程中，首相一直保持着惊人的冷静，但现在连他都崩溃了。他决定与弗利特街谈谈；他想让主编们放心，一切都很好，并问他们将如何报道这一天。但媒体就像投机者一样并没有上当。《太阳报》的凯尔文·麦肯齐和蔼地告诉他：“我的桌子上有一大桶屎……我打算把它全部倒在你身上。”梅杰强打精神，开玩笑地回答说：“哦，你可真逗！”

集体责任感让拉蒙特留了下来，但他还是在九个月后辞职了。他对外宣称，他从不认为英国是欧洲汇率机制的成员国，并略带苦涩地回忆起赫塞尔廷、赫德和克拉克对整个事件的参与。他想知道，在他所谓的“我们正在大出血”的时期，首相为什么要花这么多时间与那些亲欧派的大人物密谈。梅杰则坚持认为，这不仅仅是一个经济问题，更是一个政治问题， 426
所以其他大臣对这场危机也有权发言。这些大人物的自我感觉就像“医生被带去围观患者的死亡”。事实上，“黑色星期三”并没有现成的替罪羊；没有人能够预料到市场会如此敏捷熟练地扑向遭殃的英镑。

劳森和梅杰都接受英镑必须与德国马克“挂钩”的说法；直到后来，他们的愚蠢才显现出来。在嘲讽和愤怒的爱国主义言辞背后，疑欧派欢欣鼓舞，将黑色星期三称为“白色星期三”。他们的立场得到了证明，而且由他们自己在欧洲的对手证明。因为在所有激烈的抨击和反击中，有人注意到了施莱辛格对魏格尔说过的那句悄悄话。“1948年的时候，”他说，“还记得吗？我们一无所有，看看我们现在拥有什么。我们通过奉行自己的政策路线而得到了这一切。我们现在绝不能软弱。”撒切尔本人也打破长期的沉默，表达了她的赞同。“我不怪德国人，”她在10月8日说，“他们管理新货币的方式正是我们应该采用的方式。他们把自己的国家放在第一位。”因此，尽管德国公开表达了友爱，呼吁了团结，但这个欧洲大陆上最热衷于亲欧的国家已经表明，如果有必要，它将促进自己的而不是欧盟的利益。疑欧派暗想，那就这样吧。也许这是个可以效仿的榜样。 427

58

不如意的一年

撒切尔在一次采访中轻蔑地说道："根本不存在什么梅杰主义。"但这种嘲讽并不公正。梅杰不是革命者，而时代也已经不需要这样一个人物。在退出欧洲汇率机制的"灾难"发生后，英国经济本身却轻而易举地恢复了，人们认为保守党的血液中需要一些富含营养的蛋白胨，而梅杰提供了这种物质。1993 年 10 月 8 日，他在布莱克浦举行的保守党会议上发表的演讲，最能概括他的世界观。

> 古老的价值观——睦邻、正派、礼貌——它们仍然活着，仍然是英国的精华。它们没有改变，但不知何故，人们因为它们而感到难堪——现在是回归这些古老核心价值观的时候了，是时候回归本质，回归自律和尊纪守法，回归为他人着想，回归对自己和家人负责，而不是推卸对他人和国家的责任。

就此而言，这番话本应无可厚非，但梅杰没有预见到媒体的反应。

任何政府冒充道德卫士之举都是不谨慎的，但这番演讲的危险更大。尽管梅杰自己否认，但"回归本质"的演讲很快就被解释为呼吁维多利亚时代的某种有力但朦胧的性道德观念。不幸的是，1993 年的国家正深受历史学家麦考利所说的“德行的一次周期性发作”之害。这次的目标是单亲妈妈的脆弱无助。政府中更偏右翼的成员公开煽动对她们的怨恨，让人想起了维多利亚时代对“值得救济”和“不值得救济”的穷人的区别。这个宣称自己是正直之塔的政党做出改变的时机已经成熟了。 428

公众的狂怒始于《世界新闻报》。首相的亲密盟友戴维·梅勒被发现与一位名叫安东尼娅·德桑查的女演员有染。《世界新闻报》当时的编辑皮尔斯·摩根说：“每一个保守党议员大概都有某种性丑闻。”事实也证明了这一点。1994 年 1 月，几乎每天都有一位保守党议员遭人揭发。“回归本质”运动的积极支持者蒂姆·约被发现在婚外育有一个孩子；用当时最流行的委婉说法，这是一个特别令人震惊的“判断失误”。但并不是所有的过失都是与性有关。事实上，许多丑闻都涉及平淡无奇的财务不当行为，这让梅杰警觉到一个令人不安的事实：媒体已经开始反对他了。保守党曾经最坚定盟友的《每日电讯报》也不再像当年对待拉蒙特那样同情梅勒了。“保护梅勒先生的家人不是新闻界的事，”一篇社论尖锐地指出，“那是梅勒先生自己的事。”

1993 年在各方面都不是一个令人愉快的年份。矿工反对当局关闭一组深坑，但关闭计划还是照常实施了。政府的诚信再次受到质疑。被关闭的矿坑正是撒切尔在 1984 年罢工期间称赞过的不曾罢工的矿坑，这无疑让人更加气愤。撒切尔本人声称，她绝不会允许这种背叛行为。

但是，如果说 1993 年对政府来说很艰难的话，那么对于一个曾经被认为无懈可击的王室机构来说，1992 年也是麻烦重重。1992 年，安妮公主与马克·菲利普斯上尉离婚，约克公爵和公爵夫人分居了，梅杰在下议院宣布查尔斯和戴安娜分居，温莎城堡被大火烧毁。除了这些戏剧性的事件以外，还有一系列的照片、录音和电视被曝光，所有这一切都对君主制造成了损害。女王本人在年底的一次餐后致辞中总结了她的感受。她说，这是“恐怖的一年”。 429

如果说梅杰领导下的保守党吝啬面包，那么他们在提供娱乐方面则更加小气。这种情况将在1994年得到改变。英国人历来反对彩票。如今在经济衰退的余波中，彩票对国家和保守党的好处似乎变得显而易见；一切都很灰暗，“小赌”一把可能会给人民带来一些急需的欢乐。正如其批评者认为有必要道出的那样，它也可能给政府带来新的财源。11月7日，约翰·梅杰主持了国家彩票公司的开幕仪式，随之而来的是过去人们认为只有欧洲大陆人才有的令人难以理解的习俗。如果它在某种程度上是一种“隐形税”，那么它也是一种有利于艺术、科学和少数幸运中奖者的税。

同样在1994年，最后一次大型私有化开始实施了。铁路被当作英国之光的日子早已逝去。这个系统的复杂程度远超其实用性，不仅机器陈旧，而且服务冷漠。英国铁路公司被看作是最后一个有待国有化的巨无霸，它的私有化被吹捧为撒切尔主义对低效行业和国家规划的打击。然而政府较少宣传的事实是，此举部分是欧盟指令的结果。其结果是成立了一系列乱七八糟的私人公司，每个公司都只负自己相应的责任。私有化是否会改善铁路服务在当时受到了怀疑，这种怀疑至今仍然存在。在许多人看来，这件事梅杰做得不对。

可悲又讽刺的是，这位极富和解精神的人所主持的内阁比现代人记忆中的任何内阁都更加分裂。迈克尔·波蒂略回忆说，他曾告诉梅杰，如果能实现团结，他和其他疑欧派甚至可以接受自己被解雇。他也许可以在梅杰这里扮演撒切尔时代的赫塞尔廷，但他没有接到这个角色。无论如何，梅杰向他保证，他绝不会解雇波蒂略。

保守党在经济方面无所不知的声誉因“黑色星期三”而受损，但他们
430 没有理由感到绝望。经济衰退已经结束，即使是“保守党舞弊”这个当时的口头禅，对保守党也没有带来多大的伤害。毕竟，还有其他的选择吗？铭记不如意的70年代的那一代人在政治上仍然很警惕。工党似乎代表了一个快速消失的选区。有志于此的工人阶级早已在撒切尔主义的旗帜下安顿下来，他们对政治变革的热情被富裕的生活浇灭了。如果要成功地发动反
431 革命，就必须在其他地方另寻新兵了。

59

要么参选，要么闭嘴

在 1983 年的选举中，一位名叫安东尼·布莱尔的年轻出庭律师赢得了塞奇菲尔德的席位。这个人永远与工党的现代化派系为伍，他进入议会之日，正值国家摒弃其社会主义派系之时。作为一名相对而言的新人，布莱尔看到这种信仰没有前途，至少对英国工党来说如此。他认为，仅仅抨击撒切尔主义是没有结果的。英国人即便相当不喜欢撒切尔，也曾三次选择了她；显然，她做对了一些事情。我们必须理解和学习撒切尔主义，必要时甚至应该效仿它。他知道，党内的任何变革都必须激进；修修剪剪毫无效果。在约翰·史密斯的领导下，他确保工会以前享有的整体投票应该被“一人一票”所取代。在工会民主化的过程中，撒切尔曾令他们士气低落；而在牺牲工会利益的工党民主化过程中，布莱尔试图使其恢复活力。这是第一个与工党的历史彻底割裂的动作，后面还将屡次发生。

1994 年 5 月 12 日，约翰·史密斯因心脏病发作突然去世。他既直率又含蓄，既进步又“右翼”，被普遍赞誉是个“正派人”。在议会圈子里，这个绰号往往是在暗示某人既无能力又缺乏魅力，不过人们还是对他表示了真诚的哀悼。现在轮到谁来接替他？在三个竞争者中，约翰·普雷斯科特 432
以不同寻常的严谨将这个选择摆在人们面前。“工党之中一直都有社会主义和社会民主派系。我是一个社会主义者。托尼·布莱尔则乐于自称社会民主派。”另一位候选人是工党副领袖玛格丽特·贝克特，她和普雷斯科特一样属于左派。党魁选举的结果让较为理智的保守党人感到了不安；托尼·布莱尔获胜了，而且获得了超过 50% 的选票。

90 年代的初年已经为迎接他做好了准备。东欧的葡萄藤在新世界的藤蔓前枯萎了，小酒馆被葡萄酒酒吧所取代，公务员被职业政治家接替，名人变成了“艺术家”，广告商变成了“创意人士”。在最极端的情况下，是与非变成了“得体”或“不得体”。这种古怪的言语伎俩影响了那个时代特有的另一场运动。“政治正确”是美国的舶来品。人们要么对它冷嘲热讽，要么抨击它是邪恶而徒劳的“自由法西斯主义”。《卫报》在为它辩护时说，看起来它“被攻击的频率是使用频率的九倍”。在本质上，它表达了马丁·埃米斯所说的“非常美国式的荣誉观念，即没有人应该为自己的身份而感到羞耻”。因此，“残疾人”变成了“能力有别者”（the differently abled）。虽然这个习惯用法很容易遭到讽刺，但其背后的原则却一直存在，甚至还被发扬光大了。保守党很难跟得上这种新的时代精神。在地方选举中，他们只获得了 27% 的选票，失去了他们在 1990 年赢得的近三分之一的席位。

虽然还没有人正式对梅杰的领导地位提出挑战，但他知道他的权威正受到右翼疑欧派的破坏。他对批评者抛出的信号是：“要么参选，要么闭嘴。”然而，这些战斗檄文之下还隐藏着古老的和解冲动。梅杰必须安抚右翼。他在一次采访中抨击了乞讨行为，并鼓励公众向警方举报。一场轩然大波随之而来。影子住房大臣约翰·巴特尔声称，因为政府削减了十六岁和十七岁青少年的福利，所以应该对流落街头的青少年人数增加负责。而梅杰的“无阶级社会”还出现了其他社会问题。负责社会保障和残疾人事
433 务的国务大臣尼古拉斯·斯科特承认，他曾授权公务员协助起草《公民权利法案》的大量修正案。更有甚者，斯科特曾故意拖延了一个多小时，致使该法案被迫搁置。5 月 29 日，残疾人在威斯敏斯特外抗议，有几个人遭到警方逮捕。虽然斯科特被要求辞职，但他还是留任了。

在欧洲，虽然人们常说英国将成为“核心”，但这种说法实则难以为继。6月，在科孚岛举行的欧洲理事会会议上，约翰·梅杰否决了让-吕克·德阿纳作为欧洲联盟委员会主席的候选人资格，宣称他反对德阿纳的“干预主义”倾向，以及法德两国企图将其候选人强加给他人的做法。由于其他候选人已经退出，这一姿态被广泛解释为武力叫嚣。密特朗宣称：“大不列颠关于欧洲的概念与六个初始成员国的概念完全相悖。”这是一个很少有人能真诚地提出异议的意见。在英国，否决权的使用被视为对保守党疑欧派的又一次屈服。事实证明，政府对欧洲事务的痴迷并没有得到选民的认同。欧洲议会的选举结果惊人地虎头蛇尾，投票率仅为36.4%。7月，梅杰决定改组内阁。他任命了一位亲欧派人士杰里米·汉利担任党主席，并任命疑欧派的迈克尔·波蒂略担任就业大臣，此外还有其他一系列的变动。

虽然保守党的各种“性丑闻”颇具破坏性，因为它们是在“回归本质”运动之后发生的，但是“付费提问”的丑闻则是另一回事。这一腐败丑闻令英国人引以为豪的一切蒙上了耻辱。两名议员因接受一名冒充商人的《星期日泰晤士报》记者的钱财贿赂而被停职。这一年晚些时候，蒂姆·史密斯和尼尔·汉密尔顿也面对了类似的指控。特别是汉密尔顿，他为洗清自己的罪名而进行的漫长斗争使他伤痕累累，最后变成了一场灾难。

其他的问题仍然存在。梅杰在任期间，北爱尔兰的问题一直困扰着他，
但现在问题的解决似乎终于有了可能。他愉快地接受了爱尔兰共和军领导
层的声明，即在1994年8月31日午夜“将完全停止军事行动”，但要求保 434
证“这确实是打算永久放弃暴力，也就是说，永久放弃”。英国政府一再声明，要确认爱尔兰共和军的任何承诺，必须有三个月的无暴力期。事实证明，爱尔兰共和军没有能力做到这一点。爱尔兰共和军离奇地在真诚的公开声明和持续的暴力运动之间来回交替，的确让许多人怀疑政府的做法有多大的希望能够成功。9月19日，梅杰认为爱尔兰共和军已“非常接近于”做出保证，即其目前无期限的停火将是永久性的。然而，在一次访美期间，爱尔兰共和派政客格里·亚当斯削弱了这种乐观情绪，他说：“我们谁也说不准，如果冲突的根源没有解决的话，两三年后会不会出现另一批爱尔兰

共和军领导人。”双方在“根源”问题上存在实质性分歧，这在当时仍是一个无法解决的难题。

9月，首相发表讲话，呼吁“在全国范围内做出真正的努力，建设一种‘反小流氓’的文化”。这被媒体批评为试图反驳托尼·布莱尔的声明，后者称他将“严厉打击犯罪，深掘犯罪根源”，但这种批评没有击中要害。“反小流氓”的文化与梅杰的世界观完全是一致的。他理解贫穷带来的诱惑，但拒绝接受无法抵制这些诱惑的说法。

针对《刑事司法和公共秩序法案》的抗议活动愈演愈烈。这是对限制公众抗议权利的法案的恰当回应，但抗议没有任何效果。托尼·布莱尔显然是这部法案的签署者之一。而由无家可归者为解决无家可归问题而创办的杂志《大问题》要求布莱尔解释他的决定。在一片指责和僵局的迷雾中，王室以一个小小的象征性姿态登场。女王访问了俄罗斯，这是她的家族自1917年以来的第一次，而爱丁堡公爵罕见地拒绝履行陪同职责。在他看来，布尔什维克的继承人正是那些“谋杀了我的家族”之人的后代。

对“环境”问题的关注在这十年中也达到了顶峰。“温室效应”和人类活动引起的全球变暖在80年代末就已被发现，但直到90年代才开始影响
435 政策。皇家环境污染委员会应运而生，目的是减少机动车造成的污染。

11月，约翰·梅杰宣布，鉴于忠英分子已经停火，可以开始他们和新芬党进行“初步会谈”了。但讨论期间仍发生了很多的事件。中央兰开夏大学的讲师费利姆·奥哈梅尔因策划爱尔兰共和军在英国本土的爆炸活动而被判处25年监禁。这是一个问题重重的冬天。12月，政府在议会投票失败后被迫放弃了拟议的提高增值税的计划；财相提议增加酒精、烟草、汽油和柴油的关税。

与此同时，保守党失去了杜德利西区选区——补选的大损失开始了。长期以来，共同渔业政策一直是英国加入欧盟后较有争议的条款，1995年1月，它在下议院引发了一场辩论。有人问，在历史上对北海没有主权要求的国家为什么会有捕鱼的权利？这是个令人头痛的问题，但下议院还是进行了表决。在迈克尔·霍华德的任期内，囚犯的人数从40 000上升到

50 000。怀特穆尔监狱发生了一起越狱事件，其中包括五名爱尔兰共和军成员。在这一事件及相关问题上，欧洲人权委员会做出了一项裁决，如果欧洲人权法院支持这一裁决，那么内政大臣将不再有权决定被判谋杀罪的青少年应在监狱中待多久。

与此同时，欧洲的不满情绪也在不断升温。梅杰宣称："英国应拒绝在 1996 年或 1997 年参与单一欧洲货币，但可能会按照比《马斯特里赫特条约》更严格的新条件，在 1999 年采纳新货币。"2 月 16 日，他断言："我们应该保留我们的边境管制。"北爱尔兰的联合框架文件终于达成了一致意见，但很快就被泄露了。该联合框架协议包括取消共和国对六郡的权利主张，但酝酿出一个"南北机构"。这将是政府的又一次接近成功但又失败的尝试，这届政府与其说是管理不善，倒不如说是时运不济。 436

60

道德深渊

“一场令人厌恶的污秽盛宴。”“纯粹的、不折不扣的粗野主义。”这些都是剧作家萨拉·凯恩的新剧《摧毁》于1995年在皇家宫廷剧院上演时收获的批评意见。据报道，剧作者和艺术总监都对媒体的反应感到震惊。从各方面来看，这部剧的观众观感不佳，但它并不比皇家宫廷的其他剧目更粗陋。由此观之，“令人厌恶的污秽盛宴”似乎是一种老生常谈，有点过度紧张，令人不可思议。事实也证明了这一点。媒体之夜爆发的骚动只不过是弗利特街的一个小阴谋而已。各报社的剧评家在中场休息时见了面，一致要让这部戏成为臭名远扬的作品。争议达到了预期的效果，剧院场场爆满，票房外大排长龙。

《摧毁》的开头写了一个带有自我毁灭倾向的下流中年小报记者和一个二十多岁受惊的口吃女孩之间的风流韵事。这是一部黑色喜剧，但对剧情的任何总结都是凭猜测得来的；我们永远不知道有多少内容只是象征手法。在第一幕中，我们看到的是对强奸，也许是恋童癖的肮脏和折磨人的描述；第二幕是一个关于男性暴力的同性恋故事。凯恩自己说，从强奸到战争的
437 主题进展只是纯粹的逻辑推进。

因此，与洗碗槽戏剧初现或贝克特、斯托帕德和品特兴起的时代相比，

戏剧新作品出现了明显的繁荣。它表明剧作家在尝试直接呈现而不是以形象再现。维多利亚时代戏剧中“第四堵墙”的拆除在这里又向前推进了一步，剧作家公开表示希望让我们以一种连布莱希特都无法预料的方式来感受情节。对话往往简洁；人物往往关注自我；而演出的形式往往是不加掩饰的暴力。

许多人仿效凯恩，其中最有名的是马克·雷文希尔，他的《购物与性爱》透过 90 年代商业主义的棱镜探讨了类似的问题。这场在某种程度上边缘化的运动反映了当时英国的状况，形式上并不准确，却具有惊人的影射性。这是日益信誉扫地的保守党政府垂死挣扎的时代，它受到了丑闻指控的影响，并且在经济事务中丧失了权威地位。

撒切尔主义正在“衰落”，但它已经留下了自己的印记，马克·雷文希尔和萨拉·凯恩的戏剧在道德深渊上描画出破碎的拱门，以此来对撒切尔主义和它的印记作出回应。他们援引的暴力往往极端到行不通的地步。此外，如果这些剧作家了解公营住房中真正的困境，或者战争，或是导致极端堕落的极端贫困的话，那么他们的戏剧并没有将它们表现出来。但这根本不是重点。

在这一时期，激进派戏剧的预期目的发生了微妙而深刻的变化。50 和 60 年代认为戏剧“改变社会”的概念在撒切尔时期让位于戏剧乃是产品的观念。现在，戏剧作为变革的引擎被赋予了新的生命，但它要提供的新方向却从未明确。这种理想的乌托邦式信念中有一种切中要害的魅力，即艺人作为先知的力量。

对于 90 年代的剧作家来说，纯政治戏剧的艰难道路是不可行的。因此，90 年代的新戏剧没有 60 或 70 年代的剧作家所认可的任何意义上的政治性。 438

61

命运多舛

1997年3月，约翰·梅杰对欧洲汇率机制的未来做出了令人惊讶的撒切尔式判断。“我预计英国在议会的存续期间都不会加入［汇率机制］……欧洲可能会被迫回到……不同货币各自为营的时期。”与此同时，政府完成了对其在国家电力公司和电力生产公司剩余的40%股份的出售。它曾想将邮局也私有化，但这是国民心中的珍宝，不能随意挥霍。

这个在很多方面都取得成功的政府被残忍地下了咒，或者换种说法，被仁慈地挫败了。英美两国之间的“特殊关系”是特别值得关注的现状。也许不可避免的是，爱尔兰是英美之间产生摩擦的主要原因。梅杰和克林顿在格里·亚当斯访问美国的问题上发生了冲突。梅杰致信克林顿，但无果而终。特殊关系的梦想在里根时期得以维持，甚至在老布什任上也得以推进，但感情奔放的克林顿和为人谦逊的梅杰实在没有什么共同之处。最主要的问题还是出在爱尔兰共和军不愿意明言全面停火的问题上。梅杰访问了美国，他发现美国总统只是摆出友好的态度，却不愿给予帮助。

1995年4月29日，出于彻底国有化的需要，工党的一次特别会议投票决定修订第四项条款①，但工党的新生力量无法阻挡。在接下来的一个月里，保守党遭受了战后选举史上最严重的地方议会失利。1995年6月22日，梅杰带着他留待危机时使用的旺盛活力，出人意料地辞职，以便开始竞争党魁，获得新的授权。如今党魁席位空缺，他受到了著名的疑欧派和右翼分子约翰·雷德伍德的挑战。但尽管雷德伍德是个民粹主义者，但他的官僚气息似乎太重了。最终，梅杰在7月4日的党魁竞选中获胜。他在国内的授权可能正在减少，但政党再次归属于他。随后政府又进行了一次内阁改组，但这并没有鼓舞人们的信心。补选失败的记录进一步增加，利特尔伯勒和萨德尔沃思都被自由民主党夺走了。 439

由于谣言流传说警察殴打一名十三岁的男孩，故而卢顿和利兹发生了骚乱。二等兵李·克莱格被提前释放也导致了三天的骚乱，这位英国陆军伞兵曾因枪杀一名乘坐被盗汽车的天主教少年而被判终身监禁。值得注意的是，梅杰政府以团结为使命，它却比其目空一切地违反共识的前任政府经受了更多的骚乱。伦敦在8月启动了“鹰眼行动”，打击抢劫行为。保罗·康登爵士曾声称70%的抢劫犯是黑人，他预计这次行动将导致大批黑人青年被捕。哪怕在最幸运的情况下，这样的行动也会引起争议，何况当时的情况绝对称不上幸运。牙买加出生的乔伊·加德纳在抗拒被驱逐出境的过程中死亡，人们对他的死记忆犹新。三名涉事警官以一种人们熟悉的方式被无罪释放了。其结果便是引发了布拉德福德骚乱。

与此同时，北爱尔兰的军队继续撤离；爱尔兰共和军还是没有做出更多让步。尽管梅杰的意图是好的，但在许多人看来，似乎是共和军在发号施令。9月，政府开始“审议”是否应该支持《欧洲人权公约》。《公约》谴责了英方在直布罗陀枪杀三名爱尔兰共和军成员的行为。事实证明，党内
的疑欧派，甚至整个国家都会日益把《公约》当成令人恼火的根源。尽管 440
人们普遍认为其判决是人道和明智的，但它试图推翻议会的做法是否恰当

① 第四项条款，指工党党章内一项解释工党价值观和目标的条款。因为原文在近代带来社会争议，所以工党在1995年修订了该条款。

却受到越来越多的质疑。

在此期间，保守党议员艾伦·豪沃思投奔工党，他的理由是托尼·布莱尔很有魄力，而且保守党内普遍存在“权力的傲慢”。埃玛·尼科尔森随后在 1995 年如法炮制，不过她投奔的是自由民主党。这些背叛足以造成不安，而这种不安很快就会加剧为恐惧。

在英格兰，“福利旅游”的现象频繁地成为头条新闻，人们对外国闲散人士的焦虑很容易与对欧盟权力蔓延的担忧相融合。高等法院判决两名“福利旅游者”败诉，称地方当局没有义务为来自欧盟其他国家的无家可归者提供住所。然而，上诉法院在一年后裁定，地方议会有法律义务为寻求庇护者提供食物和住所，因为他们申请社会保障福利的权利已被取消。11 月的女王演说显示出对犯罪和非法移民的强硬态度，显然是在模仿和颠覆工党所宣称的“严厉打击犯罪，深掘犯罪根源”。内政大臣迈克尔·霍华德宣布了打击假性寻求庇护的新措施。政府仿佛是在维护保守党优势地区的选民，在该年的预算中降低了所得税。但某些吵闹鬼似乎不愿意离开议会；在公共生活标准的问题上，政府遭遇了 51 票的失利。议员现在必须申报他们从顾问合约中获得了哪些经济利益。

1995 年 12 月，马德里峰会宣布欧洲将采用“欧元”。在多数票和欧洲议会的列强面前，英国再次被孤立了。政府的总体优势现在减少到了三票，而且在共同渔业政策上也落败了，但投票对其政策没有直接影响——政府在下议院经常落败似乎也显得不再重要了。

1996 年似乎带来了一些暂时的缓解，或者至少分散了一些注意力。在
441 一次教育辩论中，有人尖锐地指出综合教育的支持者哈丽雅特·哈曼和托尼·布莱尔都把自己的孩子送到了有补助的精英学校。虽然这样的做法并非没有先例，但它提醒下议院和国家，工人政党采取的也是明确的资产阶级方针。

2 月，《斯科特报告》发表。这份为了调查“武器流入伊拉克”事件而产生的报告在同类报告中规模最为庞大。议会既不应该，当然也没有理由

对向伊拉克出售高质量武器之事一无所知。伊拉克曾被认为是对抗伊朗极端主义的堡垒，可是自那以后它自己都变成了世界更大的敌人。向一个最近与英国发生过战争的无赖国家出售武器自然会令人吃惊，但也不会有其他的麻烦。事实是，政府似乎打算处处阻挠司法部门的工作。最后，虽然报告激烈批评了政府的行为，但证实了英国的武器“在相关的冲突期间”并未落入伊拉克或伊朗之手。然而，政府的形象沦为欺软怕硬，它无法承受这样的名声。

爱尔兰共和军取消了停火，在伦敦的码头区实施了一次爆炸，致使两人被炸死。随后又发生了好几起爆炸事件，其中的一些胎死腹中。在 1996 年 2 月 15 日和 18 日，人们又发现了两枚炸弹。第一枚炸弹被拆除，第二枚炸弹意外引爆。随后当局发现了一份袭击对象名单，其中包括王室成员。米切尔·麦克劳林在一次虚张声势的完美表演中，指责英国在谈判中“拖拖拉拉”。当然，格里·亚当斯说他对这次袭击一无所知。4 月 5 日，哈默史密斯桥上发现了本土有史以来最大的爆炸装置。爱尔兰共和军也声称对此负责，并随之启动针对高速公路和铁路服务以及伦敦交通系统的破坏活动。爱尔兰共和军对宿敌的攻击还远远没有结束。

梅杰时代的黄昏夜空闪过了一颗流星，起初几乎无人留意。那是一本书，却是那种人们通常在阅读时会肩部蜷缩、偷偷环视左右的书，因为它不是“正规”或“真正”的文学。然而不知何故，这部本来写给少年儿童的作品同样吸引了养老金领取人、秘书、茶水女郎、经理、巨头和女店员 442
的想象力。作者的道路并没有因为幸运而变得平坦。J. K. 罗琳回忆道：“我在出版界谁也不认识。我甚至连有出版界门路的人都不认识。”

接下来的事情史无前例。这本《哈利·波特与魔法石》成了一个引人注目的奇迹，在某些人看来，它甚至改变了人们阅读书籍，甚至是理解书籍的方式。这部奇幻故事的情节可以快速总结一下。巫师的混血儿哈利·波特必须战胜伏地魔，而伏地魔不仅是杀害他父母的凶手，他还想要征服巫师王国。这个国度与我们的世界相邻，但可以通过国王十字车站的“九又四分之三站台”进入。每本书的情节都犹如一条拱廊，而任何薄弱环节或模棱两可之处都交给了下一本来处理。于是读者总是紧张地期待着后文的内容。我们看到了灰姑娘、丑小鸭、詹宁斯男生故事系列、《指环王》，甚至基督教神话的元素。博格特、独角兽、幽灵和巨魔等怪兽或人物都来自人们熟悉的民间传说；其他的则源自20世纪末的焦虑。于是，我们遇到了“摄魂怪”，它们令受害者陷入一种令人毛骨悚然的躁狂抑郁状态。

批评家、评论家和学者对系列作品无可匹敌的成功都困惑不已。在某种程度上，原因似乎很清楚：无论儿童还是成人都会被神话故事所吸引。但这本身并不能说明问题。相反，在这些书中，古老的主题遇到了更古老的动机。书里有一个秘密的继承人，他的王室身份必须向整个世界甚至向自己隐瞒。独特的英式感悟实现了这种转变。也许最为相关的是，“哈利·波特系列”将儿童小说中两个以前互不相干的部分（自然主义和奇幻主义）结合了起来。前者倾向于展示儿童为“自我实现”而进行的斗争，而奇幻小说则描绘了儿童参与伟大的，甚至是宇宙级别的斗争。哈利·波特摇摆不定，充满理想主义，还是个孤儿，他是一个戴着眼镜的普通人，支撑着他的只有做正确事情的冲动。时代也已经做好了准备。这些书既令人兴奋又没有冒犯他人，有着无可挑剔的布莱尔风格。它们很有趣，有无
443 穷的创造力，它们滋养了整整一代人。

波斯尼亚内战占据了梅杰大量的精力，但他的努力收效甚微。相比其他国家的领导人，他显得更为冷静，目标更为明确。他制订了一个调和交战各方的计划，但他想当然地以为，所有各方都会根据最有利于他们的方式行事。戴维·欧文制订了一个按种族划分波斯尼亚的计划，但塞尔维亚人根本不会接受。在他们的世界里，奥斯曼帝国仍然存在。他们把波斯尼亚的穆斯林称为“土耳其人”。一位著名的塞尔维亚神职人员说，万斯和欧文计划将“把塞尔维亚人赶回山里去”。这一定会令人不安地联想到北爱尔兰的动乱。

尽管“艾尔玛行动”[①]有种种局限，但正如一位联合国官员所说，它是“黑暗之后的光明”。梅杰对艾尔玛的苦难感到震惊，这个身在萨拉热窝的穆斯林女孩因为塞尔维亚人的炸弹袭击而截瘫。他下令进行空运，并蓄势开展更广泛的行动。有人攻击他的政府所做的都是表面文章，外交大臣道格拉斯·赫德说：“为某个人做一些事情总好过不为任何人做任何事。”梅杰政府决定对各方实施武器禁运，但这只会限制波斯尼亚人，因为他们与塞尔维亚人或克罗地亚人不同，没有任何邻居会来帮助他们。

虐待和暴力在国内也大行其道，并且由于发生在国内而更令人感到震惊。在格洛斯特，弗雷德·韦斯特被曝光将无数女孩的尸体埋在他家周围的地方，其中还包括他自己的女儿。他在狱中上吊自杀了。他的妻子罗斯玛丽·韦斯特被判处十倍的终身监禁。他们的房子被夷为平地，这是唯一可以想象的纪念活动。

1996 年 3 月的牛海绵状脑病危机潜伏着更广泛的危机苗头，它事关英国与欧盟的关系，并且提出了令人不安的国家认同问题。牛海绵状脑病是一种影响饲料中掺杂了动物成分的牛的疾病。这一疾病的症状包括行为古怪和失去运动控制能力，因此也被称为“疯牛病”。欧盟随即采取行动，投票通过了对英国牛肉的禁令，这一决定受到了英国全国农民联盟的质疑。就这样，整个欧洲降下了所谓的“牛肉铁幕”，但它对农民的影响却不能一
笑置之。约翰·梅杰坚持认为“我们不能再听凭它继续下去了”，他敦促人 444
们做出妥协，尽管这需要大规模屠杀英国的牛。这一行动遭遇了激烈而深刻的反感。有人问，威斯敏斯特的政府为什么对农村的需求如此冷漠？难道英国是只属于中产市民的国家？在这种不满情绪的驱使下，乡村联盟应运而生，它是一根插入政府两肋的几乎无法拔除的长刺。

在其他方面，人群的分歧也很明显。武装部队大臣尼古拉斯·索姆斯告诉议会，英国军队将继续禁止同性恋者在武装部队服役，也反对任何取

① “艾尔玛行动”，萨拉热窝被围期间从波斯尼亚和黑塞哥维那空运受伤平民的一系列行动的代号。据报道，该计划在 1993 年下半年疏散了数百名萨拉热窝人。

消该禁令的举措。四名退役人员计划在上议院反对这一禁令，但 1996 年 5 月 9 日，议会维持了原有的禁令，全然不顾“欧洲人权法院将迫使英方在三年内改变这一政策”的警告。威斯敏斯特似乎再次被夹在现代性和传统性的力量之间，除了布鲁塞尔的模棱两可的影响之外，没有任何方针可供指导。公投党等众多示威运动普遍希望解开这个死结。该党和其他团体一样，为保守党带来了更多的地方选举灾难。约翰·梅杰和他的前任之间的关系变得更加冷淡了。乔纳森·艾特肯被免除了向伊朗出售武器的共犯责任，总算让保守党感到了些许安慰。

1996 年 6 月 15 日星期六，爱尔兰共和军在曼彻斯特引爆了一枚炸弹，又一次停火宣告终结了。在他们看来，梅杰在要求立即停用武器方面失信了。这枚炸弹是和平时期引爆的一枚最大的炸弹，但没有造成人员死亡。这样的结果完全是故意的；仅有知名的建筑物和政府的士气是共和军旨在打击的受害者。爱尔兰共和军在爆炸前一个多小时就通知警方有炸弹存在：当局有足够的时间将附近的居民和购物者转移。这种策略说明了一种变化：
445 他们毫不吝啬地使用武力，但似乎又新生出一种拯救生命的意愿。

62

不祥之年

时代之风反复无常。1996 年 7 月 15 日，尽管上议院提出了修正案，但保守党还是收紧了庇护立法。同月，部长工资上涨，抗议也随之而来。邮政纠纷和地铁司机罢工之后，劳工骚乱卷土重来。英国能源公司最终被完全私有化，其中还涉及仍存有争议的核电。

下议院内政事务特别委员会决定不再建议禁止私人拥有枪支；由于仅仅在几周前，苏格兰的邓布兰发生了一场大屠杀，随之而来的抗议活动也因此不可避免，此起彼伏。同月，一名爱尔兰共和军嫌疑人被枪杀，更是加剧了人们的不安。当局最终收紧了对手枪的限制，但随后并无禁令推行。约翰·梅杰重申，在新芬党受邀参加进一步会谈之前，所有的准军事活动必须停止。由于大选迫在眉睫，政府宣布将所得税的基本税率降低 1%。这只是一个象征性的姿态，但在当时的情况下，政府几乎无法做出其他的承诺。12 月，关于“付费提问”的动荡情绪继续发酵，保守党失去了他们的多数票。1997 年 1 月，政府用救护车将两名保守党议员送去参加投票，政府的脆弱性从未像当时这样明显。当然，在 1979 年工党政府努力挫败不信 446
任动议的过程中，它也曾采用过同样的策略，但那毕竟是一个神经不那么脆弱的时代。

南威勒尔的席位在2月被工党夺走，政府在议会中处于少数地位。武装部队大臣尼古拉斯·索姆斯承认国防部在处理海湾战争综合征方面存在“非常严重的失误”后，受到了辞职的压力。对英国司法来说，这也不是一个好年景。布里奇沃特三人组①终获释放，他们是近20年前司法不公的受害者。

不过与斯蒂芬·劳伦斯案引起的骚动相比，这些就显得微不足道了。劳伦斯是一名黑人少年，于1993年被一个由五名白人青年组成的团伙杀害。这些年轻人在穿过马路袭击受害者时发出的“什么，什么，黑鬼？”的叫声，暗示这次袭击是出于种族动机，但警方似乎很古怪地没有理会这一点。他们迟迟不逮捕嫌疑人，无视可以推断出种族主义犯罪的唯一证人（也是黑人）的证词。我们可以这样解读：他们之所以显得如此健忘，另一种可能性就是种族主义本身。在惊人的自相矛盾中，有大量的证据表明这是一起背后有种族主义动机的谋杀，但警方几乎没有提出针对主要嫌疑人的直接证据。警察在程序上的错误表明他们的态度出于偏见。斯蒂芬的父亲内维尔·劳伦斯在沉痛的意见书中这样说道：“警察穿上了制服，就应该忘记所有的偏见。如果做不到这一点，就不应该从事这项工作——因为这意味着有一部分人没有得到保护，他们随时会受到谋杀斯蒂芬之人的侵害。”在对五人的指控被驳回后，斯蒂芬的父母于1994年开始自诉，但由于缺乏证据而失败了。2月的调查得出结论，劳伦斯的死亡是“五个白人青年以完全无缘无故的种族主义袭击而非法杀人”所导致的，但它没有催生出任何司法判决。向来不以支持被压迫者著称的《每日邮报》出人意表地报道了这一不公正现象。第二天，其头版上出现了五名被告的脸，上面写着“杀人犯”的字样。《每日邮报》随后挑衅嫌疑人起诉它，但他们没有这样做。某种形式的正义将在未来的岁月里得到伸张。

447 1997年3月，政府的治理已是踉踉跄跄。不过它的困境在某些方面令

① 布里奇沃特三人组，原本指1978年因杀害报童卡尔·布里奇沃特而被判有罪的四个人。1997年，经过近20年的监禁后，他们的定罪因技术原因而被推翻。一个被告在服刑两年后死于狱内，剩下的三名幸存者被释放。调查是由西米德兰兹重案组执行的，后来官方在调查该小组的腐败和管理不善问题后解散了这个重案组。

人费解。政府不乏人才、勤奋或善意。不过，它同样没有形成有效的多数，却有着太多自欺欺人的言辞和丑闻。1997 年 5 月 1 日，英国举行了大选。政府的决定虽然受到其他党派的欢迎，却还是因为关于“付费提问”的持续不断的争论而蒙上了阴影。在因有关私生活的指控而辞职一长串保守党政治家中，艾伦·斯图尔特是最后一人。不过，皮尔斯·麦钱特拒绝辞职。有罪还是无辜的问题似乎早已被人遗忘——所能指望的无非是用麻木冷漠的双手缝补公信力的那件破旧长袍。当被召回来缓解监狱的过度拥挤状况的运囚舰“韦尔号”抵达波特兰港时，它似乎有着可怕的象征意义。

选举中占主导地位的问题仍然是经济、英国与欧洲的未来关系、教育、国民医疗服务和拟议的宪法改革。在经济方面，保守党有理由感到欣慰。在梅杰的领导下，英国出现了战后持续时间最长的经济增长。他和同事们只希望国民能记住这一成功。在其他所有的问题上，工党都占据了主动。布莱尔和他的政党现在自称“新工党”，他们面临着一场引人注目的挑衅性广告活动的攻击。在那张海报中，保守党人用路西法的眼睛和“新工党，新危险”的口号来描绘他。相比之下，自由民主党领袖帕迪·阿什当倒没那么张扬，他在一次会议上向支持者保证：“新工党，没区别！”

在竞选的最后几天，保守党的士气得到了意外的提振。1997 年 4 月 21 日，欧盟委员会主席雅克·桑特发表了一封《致疑欧派的信》。“我们已经决定了我们的方向，”他写道，“所以没有必要用脚踩着刹车——这样做甚至很危险。要建设，不要破坏。这就是我给怀疑论者的警示——无论他们在欧洲的什么地方。”不管它是否针对的是英国保守党的大声反对者，它肯定就是被这样理解的。梅杰公开宣称，保守党对欧洲的保留态度已被证明是正确的，而新工党则被激怒了。阿拉斯泰尔·坎贝尔建议安排人给桑特打电话，问问他“到底在搞什么鬼”。影子外交大臣罗宾·库克公开回绝。448
而保守党人这一次欣喜若狂，发布了一幅托尼·布莱尔坐在科尔总理腿上的漫画。导致这样一场风暴的到底是偏执狂还是太把自己当回事了？桑特先生没有点名提到英国疑欧派，他有自己更迫在眉睫的担忧。总之，所有的政党公开团结起来，反对这种“企图干涉”英国政治的行为。

1997年5月的选举在许多方面都让人回想起1979年。但是，如果说卡拉汉政府设法在黑暗洞穴里找到金子，那么梅杰政府面对的只有失败而已。一个又一个选区送来了选举结果，托尼·布莱尔对信徒们发表了演说。“你们知道我不喜欢沾沾自喜，”他宣称，不过脸上的笑容还是出卖了他，“但情况看起来很好。”确实如此；国民已经从保守党倒向了工党，票差为10%。就这一次而言，“滑坡”是个恰当的词汇；政府被埋在了自己的残骸之下。约翰·梅杰说政治是“一个糟糕的老把戏”，并随后辞去了保守党领袖的位置。一向乐观的他已经在椭圆体育场预订了当天下午板球比赛的座位。新芬党拒绝在下议院中占有一席之地。这个政党注定不会与可恨的英国政体相勾结。议长贝蒂·布思罗伊德因此发布了一项禁令；由于新芬党拒绝了议会席位，他们也将放弃在“下议院设施”中的席位。这是一个无可挑剔的英式回应。

梅杰的首相生涯困难重重，但绝非完全失败。埃德温娜·柯里评判道，尽管梅杰是“有史以来走在威斯敏斯特大厅里最优秀的人之一”，但他“根本不应该当首相”，这代表了正统的观点，但并非完全属实。其他人则认为政府很成功，领导人很狡猾，但不能说这个时期很有远见。在政府这些不确定或短暂的成就中，有一项成就值得纪念：1991年，《公民宪章》对战后共识发起了最后一次攻击。福利国家的创建者以为，那些由国家拨款提供服务的人将会面带微笑地提供服务；事实却不一定如此，这是很少有人预料到的意外情况。公务员将制定章程，其中规定了他们对消费者的义务。
449 这显然是对第二次世界大战以来的传统态度的颠覆，正如梅杰的支持者所说，这是一个撒切尔式的倡议，但也是一个“有人情味的倡议”。

但人民已经厌倦了这张脸上的人情味。无论是在“回归本质”运动中，还是在他引用奥威尔“热啤酒和板球”的英格兰时，梅杰都让人想起过去，他也的确在召唤过去。就连他作为一个工人阶级的好孩子身份，也随着十年的进展而开始对他不利了。如果说梅杰表明阶级可以被抛弃，那么布莱尔则提供了一个超越阶级的承诺。此外，布莱尔还很年轻，他有力而热切的声音似乎带着年轻人的所有自信。他用完全属于自己的语言代替了议会的修辞，融合了公司董事会和流行广播电台的风格。他是彻头彻尾的大都市人。

“酷不列颠尼亚”是这个时代的关键词。托尼·布莱尔与哈罗德·威尔逊一样，试图认同年轻人的文化，但他们有着各自不同的原因。威尔逊奉承过披头士乐队，这并不是一个噱头；他认同平易近人的品质，但他也知道，他的烟斗和年纪都对他不利。然而对布莱尔来说，邀请流行歌星到唐宁街是一种存在主义声明；他以全国中产阶级公学学生的方式认定，他可以通过代理成为无产阶级，拥有一把吉他以及与工人阶级流行歌星的友好关系可以让他进入劳动者的世界。他的微笑中似乎渗入了一种和解精神，如果对象没有回应，他会随时沉入深思熟虑的苦笑中。人们谈到了“布莱尔效应”。他充满魅力，显然属于中产阶级，还很“时髦”，尽管宣布“我们现在都是中产阶级”的是海员之子和著名的“拳师”约翰·普雷斯科特。布莱尔上台后，欧洲大陆有很多人认为他的就任是一阵暖风。布莱尔能说一口流利的法语，比近年来的任何一位前任都更喜欢欧洲，并且理解欧盟有时直言不讳，有时又很烦琐的方式。和梅杰一样，他也把自己看作是撒切尔的继承人，或许他的这种看法更有理由。不止一位前同事用“救世主”来形容布莱尔。 450

63

王妃离开了童话世界

梅杰留给公众的印象远不如大多数前任首相，而他就这样消失在公众的视野。不过这一年真正与众不同而令大家铭记的，却是威尔士亲王婚姻中一个举世皆惊的悲剧性事件。查尔斯和戴安娜这对夫妇并不般配。查尔斯是一个信念坚定、性格倔强的人；而当年的戴安娜刚刚成年，对成为王室成员意味着什么，还只有一个模糊的概念。而这种无知还带着一种势利眼。她的家族把德国血统的温莎家族视为暴发户；有人甚至听到戴安娜说，她觉得自己下嫁了。然而在过去更为拘谨的时代，这完全可以是包办婚姻中双方各取所需的典范。他们各自度假；朋友圈似乎也没有什么共同点。但竖起耳朵、瞪大眼睛的公众总是在现场。

宫廷人士很快就发现，王妃的心神颇为不宁。她故意坠下楼梯，用袖珍折刀、柠檬切片刀和剃须刀自残，而她的丈夫则继续履行其主要职责——打猎和钓鱼。事实上他们除了孩子以外毫无共同语言，但她有制造亲密关系的天赋。有那么一种人，能在短时间内既代表国家的理想，也成
451 为那些理想的化身。她在认识到“你可以让人们快乐，哪怕只是一小会儿”之后，自己也认可了自己的这一属性。“人民心中的王妃”先是反抗，继而无视她成长于其中的传统，成为代表 80 和 90 年代的一个形象。

戴安娜·斯宾塞出生于1961年，如果她不是典型的“第三个女儿”，如果她的父母在1967年分居之前没有不断争吵的话，那个时代的成长环境本来是最好的，而这段创伤性经历从此一直影响着她。从一切迹象看来，她都是一个普通的女孩，但平凡也是最有效的伪装。她很健谈，很容易笑，但非常害怕黑暗。她的父亲建议把她送去寄宿学校时，她应该会说：“如果你爱我，就不会离开我。”

她没有通过O级考试，并在同一时期患上了神经性贪食症，但她也开始一系列见面和接触，暗示可能会有一桩王室婚姻。公众越来越耳聪目明了。女王本人没有参与指导这对年轻人，也没有给他们任何建议，尽管根据戴安娜自己的说法，从不对公众作出回应的菲利普亲王却这样做了。看来天意难违，或者在这个例子中，我们不妨称之为在劫难逃。

接下来几年的故事已经被复述了无数次。“狗仔队”穷追不舍。她在深深的绝望中告诉姐妹，两人的姻缘已经无以为继了。“只是运气不好，”她们说，“茶巾上都印着你的头像呢。”杯子上也有他们的画像，她口中的“我的王子”用一只手扶着戴安娜，而她的头倾斜着。她在王宫内受到的接待引发了焦虑和背叛感，而失望则加剧了她的孤独。有人说，男人害怕女人的未来，女人则害怕男人的过去；这一对夫妇正是如此。另一个爱人仍然支配着王子。他有和“朋友”的秘密会晤，还有授权或未经授权的书籍面世。“我从未想过事情会变成这样，”她对一位朋友说，“我怎么会把一切都弄得这么糟？”他们在1996年的头几个月里宣布分居，不久之后就离婚了。

戴安娜是个容易冲动又我行我素的人，她很少揣摩自己的行为会对他人产生怎样的影响，但无论怎样她都不能避免最后的灾难。她和伴侣多迪·法耶兹在巴黎驾车进入阿尔马桥公路隧道后，飞速行驶的汽车撞毁了。452
1997年8月31日凌晨4点，医生宣布了她的死讯。新闻界每隔一小时就会报道一次，就像围观股票市场的崩溃一样。它们一会儿说戴安娜还在挣扎，一会儿又说她正在康复。全国都被她的死讯惊醒了。

她的死亡让人们泪如泉涌，这是为她的微笑、为她给艾滋病和地雷受害者带去的安慰、为她作为自由精神和受委屈的妻子的身份而洒下的热泪。她难免以神话的方式受人哀悼，人们把她看作无畏的殉道者和献祭的羔羊。民众对她惨死巴黎震惊之余，更对她还在英国的两个年幼的儿子感到担心；而她的前夫似乎并不像举国上下那般悲戚。她还年轻，这是令人沮丧的原因之一，但她的猝然离去才激起了更强烈的哀痛。似乎有什么东西撕裂了英国的心脏，哪怕在她死后那几天铺天盖地的悲痛浪潮中，这也是清晰可辨的。

英国似乎很快便在思想和灵魂上都变得伤感起来；一些大学开始将“戴安娜研究”列入课程。歌手埃尔顿·约翰改编了他的歌曲《风中之烛》（‘Candle in the Wind’）来悼念戴安娜，全国有上百万人买了这张唱片。如此不加分辨地倾注悲痛必然会引来讽刺。《私家侦探》上的一幅漫画显示，一个受惊的户主被两个戴墨镜的男人威胁，他们责备他说：“我们有理由相信你没有买《风中之烛》。”

布莱尔创造了“人民的王妃”这一说法；也许他认为自己扮演的乃是“人民的王子”。但是，尽管后来他受到很多诽谤，但新工党并不是一出独角戏。新政府的巅峰站着平等的三巨头。布莱尔凭借的是魅力，戈登·布朗带来了头脑和工业，而彼得·曼德尔森贡献了战略家技能。布莱尔开始被称为“黑暗王子”，但这种调侃既轻率又不公正。他像新政府中的许多人一样，怀揣着强烈的担忧，放弃了年轻时严格的社会主义。布莱尔的新闻官阿拉斯泰尔·坎贝尔负责传达各类“消息”。他曾是
453 《每日镜报》的编辑，在那里积累的知识对他和政府都很有帮助。在他的主持下，大臣们的声明受到了严格的审查；无论如何内阁必须“口径一致”。

工党在笼子里挣扎了18年之后，如今张牙舞爪地冲了出来。如果说经济看起来还可以接受的话，其他方面就乏善可陈了。工党必须抓紧时间。在戈登·布朗的领导下，英格兰银行获准自行制定汇率，这一特许实际上赋予了它独立性。此举广受赞誉，连保守党的媒体也不吝溢美之词。政府

还试图摒弃工党头戴布帽、开倒车和咄咄逼人的阳刚形象，让 101 名女议员进入了议会。“布莱尔的女人”的调侃说法很快就流行了起来，但旋即就消失了。仿效它的后继者——“托尼的裙带”，则用了更长的时间才从人们的记忆中被抹去。

对布莱尔来说，欧洲是一个伤口，如果不抓紧解决就会恶化成败血症。梅杰选择退出《社会宪章》，因而布莱尔选择加入，全盘接受了《马斯特里赫特条约》。然而，在一系列特别困难的讨论之后，未来冲突的迹象显而易见，就连这位通常热情奔放的首相也提出了一种暗淡的看法：“我们不能这样行事。”有了如此强大的多数席位，布莱尔也许可以在议会程序方面获得一些回旋余地。他减少了首相答问环节的时间，这一举措被广泛认为有着总统风格。他向大家保证，还有太多的事情要做。

长期以来，苏格兰和威尔士的权力下放一直都在工党新运动的议程上。在过去的十年里，人们以为保守党始终抱定“中央最英明”的口号，并且因此而身败名裂；工党必须不惜一切代价避免这种傲慢的印象。因此，工党在又一次与其根基决裂的过程中，把多样性也囊括在团结的内涵之中。1997 年，政府宣布就权力下放问题进行全民公投。苏格兰人多年来一直在为追求这种让步而苦恼，而在过去两千年的大部分时间里都在同英格兰人作斗争的威尔士人则更加淡定。苏格兰的议会失而复得，威尔士则得到了一个立法机构。

对政府来说，这是一段风平浪静的好日子。即使是关于政治上“第三条道路”的空谈也会找到热心的听众。所谓“第三条道路”，就是新工党将开创一个非政治化的政治时代，并利用资本主义为公共利益服务。工会霸 454
权和不受约束的货币主义这两个极端都将被抛弃。布莱尔提出了“关于社会的主义”（Social-ism）的新口号。但是这个倡议本身没有什么原创性，只是很好地概括了他的政策。

1998 年春天，权力下放的精神发生了新的转向。人们决定成立新的伦敦议会，这既是向前大伦敦委员会致意，也是对其内涵的抵制。肯·利文斯通并没有因为自己与委员会的内涵深刻关联而退缩。经过内部的大量争论，他因与工党正式的伦敦市长候选人弗兰克·多布森竞选而被开除出工党。布莱尔曾经警告要提防利文斯通：“一提到肯·利文斯通，我就会想起工党的蹉跎岁月……我认为他将是伦敦的一场灾难。”利文斯通随即证明新工党的共识并没有得到普遍的认同。作为新当选的伦敦市长，他开始宣称：“正如我在16年前被非常粗暴地打断之前所说的那样……”

布莱尔的政府对“人道主义干预”很有兴趣，然而这种委婉说法的内涵却昭然若揭。外交大臣罗宾·库克曾说过工党在实行“有道德的外交政策”，但这样的政策如何才能维持下去？毋庸置疑的是，工党选定的某些事业确实是值得去做的。在斯洛博丹·米洛舍维奇的领导下，塞尔维亚已在波斯尼亚内战期间把自己变成了一个贱民国家。后来，它镇压了居民主要是阿尔巴尼亚人的科索沃省，导致英国在1999年出面执行了轰炸行动。效果立显，塞尔维亚被迫撤军了，但英方也给塞尔维亚人灌输了闪电战的精神。在贝尔格莱德，公布于众的海报暗含着这种讽刺。它们传达的信息是“我们正在效仿你的榜样”。

英国在1998年支持克林顿轰炸伊拉克，其“道德”感就不那么明显了。在塞拉利昂，英国政府也进行了干预；那里的暴力叛乱分子威胁到合法政府，更不用说英国的重要利益了。也许是由于这种强权政治的介入，
455 英国的冒险获得了成功，但这种“人道主义”的军事行动方式在保守派和社会主义者中间都产生了分歧。只是因为不赞成另一个国家的统治者，而入侵这个国家是否合适，这样的问题并没有吓住新政府。对工党政府来说，如果少数人受到了压迫，他们就是绝对正义的一方，无论实际上发生了什么。

立法在这些丰饶的岁月中茁壮成长。《人权法》在1998年获得通过，于是《欧洲人权公约》成了“本国法”。同年通过的《全国最低工资法》遭到了保守党的反对，理由是它会导致失业。事实并非如此，不过这个失败的预言对保守党的声誉也没有造成什么影响。威尔士和苏格兰的权力下放造成了一个意想不到的变化。布莱尔喜欢援引“英国人民”，但随着凯尔特

人身份的重新确立，英国身份认同出现了危机。西洛锡安问题[①]仍然存在；人们认为这是一个不公正的异常现象。苏格兰、威尔士和北爱尔兰的议员在英国议会中只能就纯粹的英格兰事务进行投票。

欧元的问题一直困扰着约翰·梅杰的政府。布莱尔在公开场合表示支持这种货币，但他的财相没有那么热心，并宣称英国加入欧元区需要先做五项“测试”。其中最关键的是英国能否与其他欧洲国家实现经济融合，以及它们是否足够灵活？答案仍然不够明确，因此欧元被拒绝了。值得注意的是，戈登·布朗的“五项测试”的灵感来源是撒切尔主义。尽管如此，保守党还是以假装蔑视作为回应。

毋庸置疑的是，有一个方面工党稍显逊色。保守党能够挖出丰富多彩的丑闻，包含性行为不检点、贿赂和变态，而新工党只有一堆尘封已久的财务不端行为。当然，也有一些例外情况。1998 年 1 月，内政大臣杰克·斯特劳的儿子在承认持有大麻后受到了警方的训诫。斯特劳本人最近曾宣布，他不会支持毒品的合法化。然而，大多数丑闻是“杰弗里·罗宾逊”式的。主计长罗宾逊在被揭露未登记一项离岸信托后，被保守党指责为虚伪，因为不久前他才取消了针对超过 5 万英镑储蓄的减税。这是一个 456
索然无味的成就。罗宾·库克被揭发有外遇，不过其中的悲剧要素多过喜剧。与此同时，威廉·黑格领导的保守党制定了选举党魁的新程序；虽然决定权只取决于议会党，但新规则将投票权赋予了所有党员，这不可避免地导致了党派的右倾。

人们机会受限的问题也必须得到解决，因此当局启动了以工代赈的计划，旨在使失业者摆脱对福利的依赖。本着类似的精神，1998 年 3 月的预算承诺“为有能力的人提供工作，为没有能力的人提供保障”。这个口号的背后弥漫着浓厚的撒切尔政策意味。然而，不满情绪仍在蔓延。那年春天，

① 西洛锡安问题，英国当前在议会管辖范围方面的一大吊诡困局，属于广义的政治前途问题。该问题是由时任苏格兰西洛锡安选区的工党议员塔姆·戴利埃尔于 1977 年 11 月 4 日在全英议会下议院辩论《1978 年苏格兰法案》和《1978 年威尔士法案》时首次提出的，大意是来自苏格兰、威尔士和北爱尔兰的议员可以就全英的政治发挥影响力，却对苏格兰、威尔士和北爱尔兰的相同议题没有发言权。

20万人参加了乡村联盟在伦敦举行的游行。而这个联盟的出现，部分是为了回应一项禁止用猎犬打猎的普通议员法案，同时也是为了回应政府对乡村关注问题的漠视。在布莱尔任期内，这样的公众抗议活动还将有许多。联盟很少赢得战斗，但它的存在本身就是一个预兆。大都市和乡土之间的旧有鸿沟在以后的岁月里不会缩小，反而是变得更宽了。

1998年9月，外交事务仍是重中之重。政府确认它将给予剩下的英国属地的10万名公民以正式的英国公民身份。庇护申请增加了6 000份。玛丽勒本板球俱乐部投票决定是否接纳女性为会员，这是对新近女性拥入议会的一个微小但响亮的回应。任何政府在这样的早期阶段都不得不做出一连串承诺；不过，这些通告至少证明了政府的良好意愿。

1999年和前一年一样狂热。1月，帕迪·阿什当卸下了自由民主党领袖的职务。罗宾·库克的前妻写了一本书，在《泰晤士报》上连载，她在书中写道，库克觉得自己放弃社会主义原则而支持布莱尔政权，是“把灵魂出卖给了魔鬼”。白金汉宫宣布爱德华王子与索菲·里斯-琼斯订婚，她照片上的姿态和风格经常让人想起已故的威尔士王妃。

457 制造业的衰落速度加快了，据《经济学人》报道，1996年7月制造业就业人数比2月减少了57 000人，最大的一次减员来自英国钢铁公司，它一次性决定取消了多达10 000个工作岗位。康沃尔郡最后一座锡矿在南克罗夫蒂关闭，从而结束了这个郡长达3 000年的锡矿开采史。2001年，该矿被一名威尔士采矿工程师买下后重新开工，并再次成为欧洲仅存的运营中的锡矿。撇开南克罗夫蒂不谈，英格兰的采矿业也没有任何改善。英国最古老的安斯利-本廷克煤矿已经关闭了。其他地方也前景黯淡。富士通公司宣布将关闭其位于牛顿艾克利夫的半导体工厂。工会联盟敦促政府采取“补救行动”。布莱尔对此表示同情，但明确表示他无法阻止世界市场的“波折”，他只能承诺“帮助受害者”。

明眼人都能看得出来，还是有一些行业获得了适度的收益。英国航空航天公司接管了英国通用电气公司的马可尼国防电子部门，成为欧洲最大的国防和航空航天公司。其他方面也出现了进步的迹象。政府再次投票决定降低同性恋者的性同意年龄。其他开明自由的措施也得到保证，未来会有类似的进展。根据《欧洲人权公约》第六号议定书，所有罪行的死刑都被正式废除了。

1999 年 2 月，关于斯蒂芬·劳伦斯案件的《麦克弗森报告》发表。这篇报告因使用“制度性种族歧视”一词来描述大都会警察局的运行机制而闻名，不过如果你仔细地阅读这份报告，你就会发现一些更为谨慎圆滑的东西：

> 必须强调，无论是学术辩论还是提交给我们的证据，都没有让我们得出结论，认为针对大都会警察局存在制度性种族歧视的指控就意味着大都会警察局的政策带有种族主义色彩。我们面前没有这样的证据……或许是政策的执行和警官言词和行为的共同作用下，才让种族歧视显现出来。

这种说法指向了一种既有文化，在这种文化中，即使是黑人警官也承认自己往往是同谋。显然，有些东西在政策的缝隙之间浮现了出来。 458

政府因计划废除上议院的世袭制度而在上议院遭受了三次失败。布莱尔本人对白貂皮和猩红色长袍的圣所表示了某种喜爱，但他说：“我只是不明白它与今天的英国有什么关系。”《1999 年上议院法》将世袭贵族的数量减少到 91 人；如此一来，上议院的大变革终于实现了。但是，如果布莱尔或其继任者错以为经选举产生的议院会比世袭议院更灵活的话，那么他们也将很快就幡然醒悟。

尽管如此，许多出身特权阶层的人也陷入了步履蹒跚的境地。乔纳森·艾特肯起诉《卫报》失败，并于 1999 年被迫承认了两项伪证罪的指控。他被《卫报》和《世界在行动》节目指责为腐败分子，并以“真理之剑”这样轻率的陈词滥调为武器起诉他们，然后这把剑就恰如其分地指向了他自己。他像奥斯卡·王尔德一样进了监狱，写了一首民谣，又像普罗富莫一样开始了一生的忏悔。

社会改善工作进展迅速。政府宣布了一项耗资 6 000 万英镑的运动，旨在到 2010 年将 18 岁以下的怀孕率减半；单身母亲必须得到保护，但同时要避免未成年人怀孕。不知何故，克伦威尔式的政治可以与豪侠骑士的自由共存。布莱尔像玛格丽特·撒切尔一样，想要一个适合他自己个性的英国。

许多奇怪或反复无常的东西都在这段时间里消失了，不过随之又诞生了许多血脉相同的事物。创办怪物狂欢发疯党的尖叫萨奇勋爵放弃了他的无政府主义执念。然而在资本主义的中心地带，即伦敦金融城，却爆发了一场反对资本主义的狂欢。按照后来的标准，这是一桩喜事，《旗帜晚报》的恶搞版《回避旗帜》得到了印刷和发行。正如乡村联盟所预测的那样，托尼·布莱尔在 1999 年 7 月以同样不切实际的方式宣布了禁止用猎犬打猎的法案，尽管乡村联盟不可能预见到宣布这个法案的平台是电视节目《质询时间》。这也是一个与欧洲大陆往来频繁的月份。欧盟委员会正式解除了对进口英国牛肉的禁令。欧洲的大问题影响到了其他的方面。40 所拥有宗
459 教性质的私立学校证实他们将向欧洲人权法院上诉，反对在所有英国学校禁止体罚的立法。他们没有意识到这种上诉所包含的讽刺意味。

1999 年 12 月，1998 年签署的《耶稣受难日协议》开始生效。30 年来，“麻烦”一直困扰着北爱尔兰；超过 4 000 人丧生。怎样才能为杀戮绑上止血带呢？不可调和的要求无论如何都必须得到尊重和满足。约翰·梅杰当政期间已经酝酿了一个解决北爱尔兰问题的“三线并进”方案。在布莱尔的领导下，这个方案如今得到了实施。其核心建议确实很激进。北爱尔兰将继续作为联合王国的一部分，但条件是那里的大多数公民希望如此。如果没有权力部门的谨慎行动，被称作《耶稣受难日协议》的这份协议是不可能达成的。两位爱尔兰总理、三位英国首相、一位美国总统以及北爱尔兰的民族主义和统一党社区的领导人都曾为权力下放的议会和行政机构，为北部和共和国之间的“南北”合作，为跨越爱尔兰海的“东西”合作创造了条件。

但是这份协议差一点就搁浅了。协议的最后期限变幻无定。伊恩·佩

斯利的民主统一党不希望与整个事件有关联。有人向首相明确表示，如果要达成任何形式的协议，他必须在场。“现在不是发表言论的时候，”他在出发前宣布道，“让我们把那些言论留在家里。我感到历史之手搭在了我们的肩膀上。”他当时受到了很多嘲讽，然而仅仅三天之后，交战各方就放下了他们的恐惧、偏见和仇恨。共和国放弃了对六郡的宪法主张，而英格兰则废除了 1920 年正式划分爱尔兰岛的法案。因此，虽然这两个国家在北爱尔兰的事务中都保留了各自的利益，但在某种意义上，它们都已经退出了那里。

布莱尔也许比他的前任更幸运。他的盟友和代表都更加温和；他接手的形势更加友好；最重要的是，正如关于协议的全民投票所表明的那样，北爱尔兰渴望自由的空气。而且，布莱尔显然真诚地希望达成一项对各方都有利的解决方案。最后，只有民主统一党拒绝接受这份条约，和平的压倒性力量则将分散的各阶层人士吸引到一起。在新千年里，这份协议还将 460
经历许多变故。在第一个十年的大部分时间里，由于在治安和解除武装方面存在分歧，协议被暂停了。北爱尔兰不可避免地出现了伤亡。阿尔斯特统一党的强硬领导人戴维·特林布尔向其追随者承诺，他们将在爱尔兰共和军交出武器，并取得他们谅解的基础上加入这份协议，而如果共和军没有交出武器，他和其他像他一样的人就不得不把位置和权力让给更激进的人了。在英格兰，人们怀揣希望和疲惫交加的心情听到各种消息，大多数人对头条新闻中承诺的“新开始”变得警惕起来。对于关心此事的人来说，北爱尔兰仍旧保留在联邦中，却是基于全新的依据。北爱尔兰的未来如今掌握在北爱尔兰人民手中，而不是联合王国的议会手中。在宪法方面，除了基本原则外，没有任何实质性的改变。

随着新千年的到来，这片充满预言和梦想的土地上一片寂静。唯一引起公众关注的预言平淡得令人沮丧；据传“千年虫”将导致计算机软件崩溃，除非它能令计算机日期与即将到来的日期保持一致，但这个问题基本上提前就解决掉了。就这样，英国一如既往地等待着新时代的到来。也许布莱尔主义悄然进行的革命已经缓解了人们对变革的渴望。英国这头雄狮仍然咆哮着要吃肉，但一根骨头往往就能满足它。

然而，千禧年必须以某种方式留下印记，其中心形象就是千禧穹顶。它的设计意图让人联想到一艘巨大而威严的宇宙飞船，但在许多人看来，它更像一只肥大而臃肿的甲虫。事实上，它源自前任政府的创意；迈克尔·赫塞尔廷通过它收回了格林威治一片有毒的土地。

英国政治似乎走到了尽头。战后的教条已被撒切尔夫人的教条所取代。尽管布莱尔对新的正统观念进行了调整，但任何改变都流于表面。曾经强大的自由党选民已经退却，该党本身也改名为自由民主党，不过它的每一位新领袖都向全国人民保证他们仍然是一股不可忽视的力量。2000 年初的
461 民意调查显示，布莱尔的民众信任度达到了 46%，这对于现任首相来说是一项不小的成就。如果他的承诺不是那么难以实现的话，这个比例可能会更高。

经过多年的撒切尔主义洗礼后，英国出现了一种更为“进步”的情绪。1997 年，关于英国社会态度的研究表明，75% 的公众表示他们赞成增加税收以改善公共服务。民意调查显示，民众对种族问题的担忧远远低于现在。1997 年，对移民的关注度仅为 3%，而对外交事务的关注度仅为 2%。寻求庇护者和经济移民不再是一个棘手的问题。尽管所有人的收入都在增加，但财富的差距却在扩大。一个良性自我中心的国家出现了。

20 世纪 90 年代被称为“眩晕”的十年，但这十年的新进展在于舆论导向专家取代了工会领袖，成为政府之外最重要的社会名流。选民投票率的下降反映了政府善于安抚民众；因此，议会演讲也带上了俗语的特点：“解决”、“大批量”、“一揽子”、“交付”和暗示性的“有意义”。约翰·梅杰离开唐宁街时把英语也带走了，但这种说法是否有失公允？也许他还带走了实用主义。他确实无法与抱有狂热千禧年主义的前任相提并论，而布莱尔也必然是千禧年主义的信徒。“世界的目光”“历史之手”“正确之事”；这类响亮的平庸之语是他的归宿，而且这些话在其任期的前五年里很管用。

就这样，在烟花的巨响和绽放中，20世纪结束了。没有千年虫作祟，也没有狂欢发生，霜冻为白色的千禧穹顶增添了光彩。按照当时的精神，穹顶供奉的是未来。然而，随着现代性渐渐令人厌烦，过去的诱惑力似乎变得越来越大了。也许随着新千年的到来，英国人将凭借自身珍贵而易逝的天性，恢复他们曾经的荣耀：保持敬畏的能力。 462

英格兰君主世系

威塞克斯王朝

名 称	在 位	继承权	大事记
阿尔弗雷德大帝	871 年 4 月 23 日—899 年 10 月 26 日	埃塞尔伍尔夫与奥斯博嘉之子	英格兰历史上第一个以“盎格鲁–撒克逊人的国王”自称且名副其实之人，奠定英格兰王国的基础
“长者”爱德华(爱德华一世)	899 年 10 月 26 日—924 年 7 月 17 日	阿尔弗雷德大帝与艾尔赫斯威斯之子	征服丹麦法地区，摧毁英格兰南部维京人的力量
埃塞尔斯坦	924 年 8 月 4 日—939 年 10 月 27 日	“长者”爱德华与艾克温之子	征服诺森伯兰王国，正式成立英格兰王国，人称“英格兰之王”
埃德蒙一世	939 年 10 月 27 日—946 年 5 月 26 日	“长者”爱德华与艾德吉夫之子	面临军事威胁后重新稳固英格兰王国，并与苏格兰保持和平共处关系
埃德雷德	946 年 5 月 26 日—955 年 11 月 23 日	“长者”爱德华与艾德吉夫之子	平息诺森伯兰叛乱，令该地区彻底归属英格兰王国
埃德威格	955 年 11 月 23 日—959 年 10 月 1 日	埃德蒙一世与沙夫茨波里的艾尔弗吉夫之子	在位期间王国持续不断地发生冲突，最终以泰晤士河为界，同埃德加分治英格兰
“和平者”埃德加(埃德加一世)	959 年 10 月 1 日—975 年 7 月 8 日	埃德蒙一世与沙夫茨波里的艾尔弗吉夫之子	在统治晚期的 973 年加冕，象征着其统治的顶点，也为此后的英王加冕仪式奠定了基础
“殉教者”爱德华(爱德华二世)	约 975 年 7 月 8 日—978 年 3 月 18 日	“和平者”埃德加与爱塞弗里德之子	在位三年即遇害，许多圣徒传记认为他是殉教者，其遗骸在英格兰宗教改革时期被藏起，20 世纪初重新被发现
“决策无方者”埃塞尔雷德(埃塞尔雷德二世)	978 年 3 月 19 日—1013 年 12 月 15 日 1014 年 2 月 3 日—1016 年 4 月 23 日	“和平者”埃德加与爱弗里芙之子	在位期间，国家不断遭受丹麦人入侵，曾被丹麦国王“八字胡”斯韦恩击败夺走王位，并于其死后重获王位

“刚勇者”埃德蒙（埃德蒙二世）	1016年4月23日—1016年11月30日	“决策无方者”埃塞尔雷德与约克的艾尔弗吉夫之子	反抗丹麦王朝克努特大帝的统治
“忏悔者”爱德华（爱德华三世）	1042年6月8日—1066年1月5日	“决策无方者”埃塞尔雷德与诺曼底的艾玛之子	结束丹麦王朝的统治，没有留下子嗣，王位由戈德温之子哈罗德继承

丹麦王朝

“八字胡”斯韦恩	1013年12月15日—1014年2月3日	蓝牙哈拉尔与加若德·奥拉弗斯多特之子	击败埃塞尔雷德，开创丹麦王朝
克努特大帝（克努特一世）	1016年10月18日—1035年11月12日	“八字胡”斯韦恩与傲慢者西格丽德之子	统辖英格兰、丹麦、挪威及部分瑞典，其辖境享有北海帝国之称
“飞毛腿”哈罗德（哈罗德一世）	1035年11月13日—1040年3月17日	克努特大帝与北安普敦的艾尔弗吉夫之子	趁哈德克努特在丹麦解决挪威叛乱无法抽身，谋得英格兰王位
哈德克努特（克努特二世）	1040年3月17日—1042年6月8日	克努特大帝与诺曼底的爱玛之子	丹麦王朝末代国王，也是英格兰最后一位斯堪的纳维亚人君主

戈德温王朝

戈德温之子哈罗德（哈罗德二世）	1066年1月6日—1066年10月14日	威塞克斯伯爵戈德温与吉莎·索尔科尔斯多特提尔之子	在黑斯廷斯之战中被诺曼底的威廉击败并阵亡

诺曼底王朝

威廉一世（“征服者”威廉）	1066年12月25日—1087年9月9日	诺曼底公爵罗贝尔一世与法莱斯的莱乌之子	自称“忏悔者”爱德华的指定继承人，征服英格兰，造成“北方之劫”
威廉二世（“红毛”威廉）	1087年9月9日—1100年8月2日	威廉一世与佛兰德的玛蒂尔达之子	击败马尔科姆三世，在很大程度上影响了苏格兰的王位继承
亨利一世（“儒雅者”亨利）	1100年8月2日—1135年12月1日	威廉一世与佛兰德的玛蒂尔达之子	其治理得到普遍认可，并在坦什布莱战役中俘获兄长诺曼底公爵罗伯特，由此征服诺曼底

玛蒂尔达 (玛蒂尔达王后)	1141 年 4 月 7 日— 1141 年 11 月 1 日	亨利一世与苏格兰的玛蒂尔达之女	与斯蒂芬的征战令英格兰陷入“无政府时期”

布卢瓦王朝

斯蒂芬 (布卢瓦的艾蒂安)	1135 年 12 月 22 日— 1154 年 10 月 25 日	布卢瓦伯爵艾蒂安二世与诺曼底的阿德拉之子	与玛蒂尔达的征战令英格兰陷入“无政府时期”

金雀花王朝

安茹王朝

亨利二世 (“短斗篷”亨利)	1154 年 10 月 25 日— 1189 年 7 月 6 日	安茹的若弗鲁瓦五世与玛蒂尔达王后之子	得到苏格兰国王的效忠，命人杀害大主教贝克特，遭到教宗绝罚
幼王亨利	1170 年 6 月 14 日— 1183 年 6 月 11 日 (与父共治)	亨利二世与阿基坦的埃莉诺之子	从 1170 年起成为名义上的英格兰国王，但并未实际行使统治权
理查一世 (“狮心王”理查)	1189 年 7 月 6 日— 1199 年 4 月 6 日	亨利二世与阿基坦的埃莉诺之子	唯一参加过十字军东征的英格兰国王，并在阿尔苏夫战役中击败萨拉丁的穆斯林军队
约翰 (无地王)	1199 年 4 月 6 日— 1216 年 10 月 19 日	亨利二世与阿基坦的埃莉诺之子	失去安茹帝国，专注英格兰本土；在叛乱贵族的逼迫下签订《大宪章》

金雀花王朝

亨利三世 (温切斯特的亨利)	1216 年 10 月 19 日— 1272 年 11 月 16 日	约翰与昂古莱姆的伊莎贝拉之子	自“决策无方者”埃塞尔雷德以来的第一个幼王，被迫组建摄政委员会，其治下议会初见雏形
爱德华一世 (“长腿”爱德华)	1272 年 11 月 16 日— 1307 年 7 月 7 日	亨利三世与普罗旺斯的埃莉诺之子	创立羊毛出口税，几近征服苏格兰，并处死威廉·华莱士，人称“苏格兰之锤”
爱德华二世 (卡那封的爱德华)	1307 年 7 月 7 日— 1327 年 1 月 25 日	爱德华一世与卡斯蒂利亚的莱昂诺尔之子	因崇信臣子而致使贵族叛乱；讨伐苏格兰失败；首位被废黜的合法国王
爱德华三世	1327 年 1 月 25 日— 1377 年 6 月 21 日	爱德华二世与法兰西的伊莎贝拉之子	开启英法百年战争，对法国造成重大打击；其治下的英格兰遭遇大疫

理查二世	1377年6月21日—1399年9月30日	黑太子爱德华与肯特的琼安之子	其治下发生英格兰历史上最大规模的农民起义，由其成功平息

兰开斯特王朝

亨利四世(博林布鲁克的亨利)	1399年9月30日—1413年3月20日	冈特的约翰与兰开斯特的布兰奇之子	杀害理查二世与大主教，并数次平息以理查二世名义扯旗的叛党
亨利五世(英格兰之星)	1413年3月20日—1422年8月31日	亨利四世与博恩的玛丽之子	重启英法百年战争，以少胜多取得阿金库尔战役胜利，迫使法王签订《特鲁瓦条约》，成为法国王位的继承人
亨利六世	1422年8月31日—1461年3月4日 1470年10月3日—1471年4月11日	亨利五世与瓦卢瓦的凯瑟琳之子	继承英法百年战争，但在圣女贞德解除奥尔良之围后陷入不利境地，国内爆发玫瑰战争

约克王朝

爱德华四世	1461年3月4日—1470年10月3日 1471年4月11日—1483年4月9日	约克公爵理查·金雀花与塞西莉·内维尔之子	在陶顿战役中击败安茹的玛格丽特和亨利，第一次执政 杀害亨利六世，第二次执政
爱德华五世	1483年4月9日—1483年6月25日	爱德华四世与伊丽莎白·伍德维之子	加冕不到一年，与弟弟约克公爵理查一同失踪，最终死因成谜
理查三世	1483年6月26日—1485年8月22日	约克公爵理查·金雀花与塞西莉·内维尔之子	在博斯沃思原野战役中战败，为玫瑰战争和金雀花王朝画上了句号

都铎王朝

亨利七世(亨利·都铎)	1485年8月22日—1509年4月21日	埃德蒙·都铎与玛格丽特·博福特女勋爵之子	杀死理查三世，继承英格兰王位。擅长联姻政策，与约克的伊丽莎白结婚，合并约克和兰开斯特家族，正式结束玫瑰战争

亨利八世	1509年4月22日—1547年1月28日	亨利七世与约克的伊丽莎白之子	有过六次婚姻。推行宗教改革，使英格兰脱离罗马教廷的控制，并为创立国教会打下了关键基础
爱德华六世	1547年1月28日—1553年7月6日	亨利八世与简·西摩之子	加强国教会改革，首度将新教确立为英格兰国教会
简·格雷	1553年7月10日—1553年7月19日	萨福克公爵亨利·格雷与弗朗西丝·布兰登之女	著名的“九日女王”，但因在位仅九天，一般不被正式算作英格兰女王
玛丽一世 (血腥玛丽)	1553年7月19日—1558年11月17日	亨利八世与阿拉贡的凯瑟琳之女	为了巩固自身权力以及复辟罗马天主教，常以铁腕手段镇压人民，并靠宫廷斗争铲除异己
腓力二世 (共治国王)	1554年7月25日—1558年11月17日	查理五世与葡萄牙的伊莎贝拉之子	西班牙国王。与玛丽一世结婚后成为英格兰的共治国王。于1588年建立了赫赫有名的西班牙无敌舰队
伊丽莎白一世 (童贞女王)	1558年11月17日—1603年3月24日	亨利八世与安妮·博林之女	于宗教分裂时期继位，不仅成功维护了国家统一，还将英格兰打造成了欧洲最强大的国家之一。终身未婚嫁

斯图亚特王朝

詹姆士一世	1603年3月24日—1625年3月27日	达恩利勋爵与玛丽一世之子	首位英格兰、苏格兰及爱尔兰国王。在位期间鼓吹君权神授，自认上帝的使者，与议会时有矛盾，国民对此不满
查理一世	1625年3月27日—1649年1月30日	詹姆士一世与丹麦的安妮之子	英格兰历史上唯一被公开处死的国王，欧洲史上第一个被公开处死的君主。在位时国内宗教冲突严重，与议会之间爆发两次内战

查理二世	1660年5月29日—1685年2月6日	查理一世与亨利埃塔·玛丽亚之子	个性风趣、活力四射，人称“快活王”。签署议会制定的“人权保护法”
詹姆士二世	1685年2月6日—1688年12月23日	查理一世与亨利埃塔·玛丽亚之子	查理二世的同母弟。臣民反对其专权，在光荣革命中被剥夺王位
玛丽二世	1689年2月13日—1694年12月28日	詹姆士二世与安妮·海德之女	作为国教表率一直以身作则，成功改善了17世纪60年代以来的不良风俗。与妹妹安妮冲突不断
安妮女王	1702年3月8日—1714年8月1日 1707年5月1日—1714年8月1日为大不列颠及爱尔兰女王	詹姆士二世与安妮·海德之女	在位期间英格兰王国与苏格兰王国合并成为大不列颠。签署《乌得勒支和约》，使英格兰大获其利并成为超越法国、荷兰的海上强国

英格兰共和国

奥利弗·克伦威尔 (老铁骑军)	1653年12月16日—1658年9月3日	罗伯特·克伦威尔与伊丽莎白·斯图尔德之子	英格兰共和国首位护国公。资产阶级新贵族集团的代表人物。逼迫英格兰君主退位，解散议会，并转英格兰为资产阶级共和国，建立英格兰共和国
理查·克伦威尔 (摇摇欲坠的迪克)	1658年9月3日—1659年5月7日	奥利弗·克伦威尔与伊莉莎白·鲍彻之子	英格兰共和国最后一位护国公。1659年，议会恢复君主制，英格兰共和国覆亡，理查·克伦威尔流亡法国

奥兰治–拿骚王朝

威廉三世 (奥兰治的威廉)	1689年2月13日—1702年3月8日	奥兰治亲王威廉二世与长公主玛丽·亨利埃塔·斯图亚特之子	击退法国后与妻子玛丽二世一同成为英格兰国王。领导了反抗法国的大同盟战争

汉诺威王朝

乔治一世 (乔治·路易)	1714年8月1日—1727年6月11日	汉诺威选帝侯恩斯特·奥古斯特与普法尔茨的索菲娅之子	第一位以德语为母语的英格兰君主，因为无法流利使用英语，他任命沃尔波尔为内阁首相，这也成为英国首相制度的开端
乔治二世 (乔治·奥古斯都)	1727年6月11日—1760年10月25日	乔治一世与索菲娅·多罗西娅之子	在奥地利王位继承战争中指挥联军同法国作战，并取得德廷根大捷。在位期间，英格兰商业高速发展，但也因此引发了金融泡沫
乔治三世 (乔治·威廉·弗雷德里克)	1760年10月25日—1820年1月29日	威尔士亲王弗雷德里克与萨克森-哥达的奥古丝塔之子	鼓励农业发展，令城乡人口大幅上升，为工业革命提供了充足劳动力。在位期间，英国先后参与了美国独立战争和拿破仑战争。晚年因精神失常而饱受折磨
乔治四世 (乔治·奥古斯都·弗雷德里克)	1820年1月29日—1830年6月26日	乔治三世与梅克伦堡-斯特雷利茨的夏洛特之子	在位期间大部分时间由利物浦勋爵担任首相，掌控政府。晚年被迫接受与他不和的乔治·坎宁先后出任外相和首相
威廉四世 (威廉·亨利)	1830年6月26日—1837年6月20日	乔治三世与梅克伦堡-斯特雷利茨的夏洛特之子	能力平庸但生性善良，被亲切地称为“水手国王”。1832年的议会改革标志着英国资产阶级掌权
维多利亚女王 (亚历山德丽娜·维多利亚)	1837年6月20日—1901年1月22日	爱德华王子（肯特和斯特拉森公爵）与玛丽·路易丝·维多利亚之女	英国鼎盛的“日不落帝国”时期，史称“维多利亚时代”。英国在此期间加大殖民扩张，经济、文化空前繁荣，君主立宪制得到充分发展。维多利亚女王成为英国和平与繁荣的象征

萨克森–科堡–哥达王朝

爱德华七世(阿尔伯特·爱德华)	1901年1月22日—1910年5月6日	维多利亚女王与阿尔伯特亲王之子	继位时曾是英格兰历史上担任王位继承人最久的王子，在位期间经历了第二次布尔战争，在英国陆军的重组和本土舰队的现代化等方面起到了推动作用，其统治时期被史称“爱德华时代”

温莎王朝

乔治五世(乔治·弗雷德里克·恩斯特·阿尔伯特)	1910年5月6日—1936年1月20日	爱德华七世与丹麦的亚历山德拉之子	在位期间见证了第一次世界大战，大英帝国版图在1922年达到巅峰，领土占全球土地面积的22.5%，人口达到全球五分之一，但印度独立运动、法西斯崛起等迹象也表明帝国行将走向衰亡
爱德华八世(爱德华·阿尔伯特·克里斯蒂安·乔治·安德鲁·帕特里克·大卫)	1936年1月20日—1936年12月11日	乔治五世与特克的玛丽之子	刚继位便向即将二度离婚的美籍名流沃利斯·辛普森求婚，与大众和国教会道德规范产生冲突，引发宪政危机，他最终选择在继位当年退位
乔治六世(阿尔伯特·弗雷德里克·亚瑟·乔治)	1936年12月11日—1952年2月6日	乔治五世与特克的玛丽之子	在位期间见证了第二次世界大战，大英帝国解体过程加速，逐渐演变为英联邦，自乔治六世始，英国君主放弃皇帝头衔，改用英联邦元首的新头衔
伊丽莎白二世(伊丽莎白·亚历山德拉·玛丽)	1952年2月6日至今	乔治六世与伊丽莎白·鲍斯-莱昂之女	英国历史上最长寿的君主，也是目前全世界最长寿的君主，在位期间的重大宪政变革包括权力下放、非洲去殖民化、英国加入欧共体与退出欧盟

致　谢

我要感谢我的研究助理默罗·奥布赖恩和托马斯·赖特，感谢他们在本卷撰写期间提供的宝贵帮助。

参考文献

书　籍

Addison, P., *The Road to 1945: British Politics and the Second World War* (London, 1977)

——, *Churchill on the Home Front, 1900—1955* (London, 1992)

Aldcroft, D. H., & Richardson, H. W., *The British Economy, 1870—1939* (London, 1969)

Ashworth, W., *An Economic History of England: 1870—1939* (London, 1960)

Barnett, C., *The Lost Victory: British Dreams, British Realities, 1945—1950* (London, 1995)

Bartlett, C. J., *A History of Postwar Britain, 1945—1974* (London, 1977)

Beaven, B., *Leisure, Citizenship and Working-Class Men in Britain, 1850—1945* (Manchester, 2005)

Beckett, A., *When the Lights Went Out: Britain in the Seventies* (London, 2009)

——, *Promised You a Miracle: UK 80—82* (London, 2015)

Beer, Samuel H., *Modern British Politics: A Study of Parties and Pressure Groups* (London, 1965)

Benson, J., *The Rise of Consumer Society in Britain, 1880—1980* (London, 1994)

Bentley, M., *High and Low Politics in Modern Britain: Ten Studies* (Oxford, 1983)

Blake, R., *The Unknown Prime Minister: The Life and Times of Andrew Bonar Law, 1858—1923* (London, 1955)

——, *The Conservative Party from Peel to Major* (rev. edn.) (London, 1997)

Blythe, R., *The Age of Illusion: England in the Twenties and Thirties, 1919—1940* (London, 1963)
Blythe, R., *Private Words: Letters and Diaries from the Second World War* (London, 1991)
Bogdanor, V., & Skidelsky, R., *The Age of Affluence, 1951—1964* (London, 1970)
Bower, T., *Broken Vows: Tony Blair: The Tragedy of Power* (London, 2016)
Boyd, F., *British Politics in Transition, 1945—1963: A Short Political Guide* (London, 1964)
Bradford, S., *King George VI* (London, 1989)
——, *Queen Elizabeth II: Her Life in Our Times* (London, 2011)
Brown, C. G., *The Death of Christian Britain: Understanding Secularisation 1800—2000* (London, 2001)
Brown, K. D., *Labour and Unemployment, 1900—1914* (Newton Abbot, 1971)
Bullock, A., *The Life and Times of Ernest Bevin* (vol. 1. *Trade union leader, 1881—1940*; vol. 2. *Minister of labour, 1940—1945*; vol. 3. *Foreign secretary, 1945—1951*) (London, 1960—83)
Burnett, J., *A Social History of Housing, 1815—1985* (2nd edn.) (London, 1986)
Butler, D., & Butler, G., *Twentieth-Century British Political Facts, 1900—2000* (Basingstoke, 2000)
Butler, D., & Stokes, D. E., *Political Change in Britain: Forces Shaping Electoral Choice* (London, 1969)
Campbell, J., *Edward Heath: A Biography* (London, 1993)
Camps, M., *European Unification in the Sixties: From Veto to the Crisis* (London, 1967)
Cannadine, D., *The Decline and Fall of the British Aristocracy* (New Haven, 1990)
——, *Class in Britain* (London, 2000)
——, *Margaret Thatcher: A Life and Legacy* (Oxford, 2017)
Carlton, D., *Anthony Eden: A Biography* (London, 1981)
Channon, H. (ed. R. R. James), *Chips: The Diaries of Sir Henry Channon* (Harmondsworth, 1970)
Churchill, R. S., *Winston S. Churchill, The Official Biography*, vol. 1. *Youth 1874—1900* (London, 1966); vol. 2. *Young Statesman 1901—1914* (London, 1967)
Clarke, P. F., *Hope and Glory: Britain 1900—1990* (London, 1996)
Clegg, H. A., & Fox, A., & Thompson, A. F., *A History of British Trade Unions Since 1889* (vol. 1. *1889—1910*; vol. 2. *1911—1933*; vol. 3. *1934—1951*) (Oxford, 1964—1994)
Coleman, T., *Thatcher's Britain: A Journey through the Promised Lands* (London, 1987)
Collier, J., *Just the Other Day: An Informal History of Great Britain Since the War* (London, 1932)
Cosgrave, P., *The Lives of Enoch Powell* (London, 1989)
Cowling, M., *The Impact of Labour, 1920—1924: The Beginning of Modern British Politics* (Cambridge, 1971)
Crafts, N. F. R., *The British Economy Since 1945* (Oxford, 1991)
Dangerfield, G., *The Strange Death of Liberal England* (London, 1936)
Daunton, M. J., *Meanings of Modernity: Britain from the Late Victorian Era to World War II*

(Oxford, 2001)
Dilks, D., *Neville Chamberlain* (Cambridge, 1984)
Donoughue, B., *Prime Minister: The Conduct of Policy under Harold Wilson and James Callaghan* (London, 1987)
Dyson, J., *Against the Odds: An Autobiography* (London, 1997)
Egremont, M., *Balfour: A Life of Arthur James Balfour* (London, 1980)
Feiling, K., *The Life of Neville Chamberlain* (London, 1970)
FitzGibbon, C., *The Blitz* (London, 1957)
Floud, R., & McCloskey, D. (eds.), *The Economic History of Britain Since 1700* (vol. 2. *1860—1939*; vol. 3. *1939—1992*) (Cambridge, 1994)
Foot, M., *Aneurin Bevan: A Biography* (vol. 1. *1897—1945*; vol. 2. *1945—1960*) (London, 1962—1973)
Foot, P., *The Politics of Harold Wilson* (Harmondsworth, 1968)
Ford, B. (ed.), *The Cambridge Cultural History of Britain* (vol. 9. *Modern Britain*) (Cambridge, 1992)
Foster, R. F., *Modern Ireland, 1600—1972* (London, 1988)
Fussell, P., *The Great War and Modern Memory* (London, 1981)
Gallagher, J., *The Decline, Revival and Fall of the British Empire: The Ford Lectures and Other Essays* (Cambridge, 1982)
Gardiner, J., *The Thirties: An Intimate History* (London, 2010)
Garnett, M., *From Anger to Apathy: The British Experience Since 1975* (London, 2007)
Gifford, D., *Run Adolf Run: The World War Two Fun Book* (London, 1975)
Gilbert, M., *Winston S. Churchill, The Official Biography*, vol. 3. *1914—1916* (London, 1971); vol. 4. *1917—1922* (London, 1975); vol. 5. *1922—1939* (London, 1976); vol. 6. *Finest Hour 1939—1941* (London, 1983); vol. 7. *Road to Victory 1941—1945* (London, 1986); vol. 8. *'Never Despair' 1945—1965* (London, 1988)
——, *The Second World War* (rev. edn.) (London, 1990)
——, *The First World War* (London, 1994)
Grainger, J. H., *Character and Style in English Politics* (Cambridge, 1969)
Green, E. H. H., *The Crisis of Conservatism: The Politics, Economics and Ideology of the Conservative Party, 1880—1914* (London, 1995)
Green, J., *All Dressed Up: The Sixties and the Counter-Culture* (London, 1998)
Green, M., *Children of the Sun: A Narrative of 'Decadence' in England after 1918* (London, 1977)
Grigg, J., *Lloyd George* (vol. 1. *The Young Lloyd George*; vol. 2. *The People's Champion 1902—1911*; vol. 3. *From Peace to War 1912—1916*) (London, 1997)
Gunn, S., & Bell, R., *Middle Classes: Their Rise and Sprawl* (London, 2002)
Guttsman, W. L., *The British Political Elite* (London, 1963)
Halsey, A. H., *British Social Trends Since 1900: A Guide to the Changing Social Structure of Britain* (Basingstoke, 1988)

Harris, J., *Unemployment and Politics: A Study in English Social Policy, 1886—1914* (Oxford, 1972)
Harris, K., *Attlee* (London, 1982)
Harrison, B. H., *Seeking a Role: The United Kingdom 1951—1970* (Oxford, 2009)
——, *Finding a role? The United Kingdom 1970—1990* (Oxford, 2010)
Haste, C., *Rules of Desire: Sex in Britain: World War I to the Present* (London, 1992)
Hately-Broad, B., *War and Welfare: British POW Families 1939—1945* (Manchester, 2009)
Hattersley, R., *David Lloyd George: The Great Outsider* (London, 2010)
Havighurst, A. F., *Britain in Transition: The Twentieth Century* (Chicago & London, 1979)
Hennessy, P., *Ruling Performance: British Governments from Attlee to Thatcher* (Oxford, 1987)
——, *Having it So Good: Britain in the Fifties* (London, 2006)
Hibbert, C., *Edward VII: A Portrait* (London, 1976)
Hilton, M., *Consumerism in Twentieth-Century Britain: The Search for a Historical Movement* (Cambridge, 2003)
Hoggart, R., *The Uses of Literacy: Aspects of Working-Class Life* (new edn.) (London, 2009)
Hollowell, J. (ed.), *Britain since 1945* (Oxford, 2003)
Hopkins, E., *The Rise and Decline of the English Working Classes 1918—1990: A Social History* (London, 1991)
Horne, A., *Macmillan: The Official Biography* (vol. 1. *1894—1956*; vol. 2. *1957—1986*) (London, 1988—1989)
Hynes, S., *The Edwardian Turn of Mind* (Princeton & London, 1968)
——, *The Auden Generation: Literature and Politics in England in the 1930s* (London, 1979)
——, *A War Imagined: The First World War and English Culture* (London, 1990)
Jackson, A. A., *Semi-Detached London: Suburban Development, Life and Transport 1900—1939* (London, 1973)
Jalland, P., *The Liberals and Ireland: The Ulster Question in British Politics to 1914* (Brighton, 1980)
James, R. R., *The British Revolution: British Politics, 1880—1939* (vol. 1. *From Gladstone to Asquith, 1880—1914*; vol. 2. *From Asquith to Chamberlain, 1914—1939*) (London, 1976—1977)
Jay, R., *Joseph Chamberlain: A Political Study* (Oxford, 1981)
Jenkins, P., *Mrs Thatcher's Revolution: The Ending of the Socialist Era* (London, 1987)
Jenkins, R., *Asquith* (London, 1964)
——, *Mr Balfour's Poodle: Peers vs People* (London, 1999)
——, *Churchill* (London, 2001)
Johnson, C., *The Economy under Mrs Thatcher, 1979—1990* (Harmondsworth, 1991)
Johnson, W., & Whyman, J., *A Short Economic and Social History of Twentieth Century Britain* (London, 1967)
Keegan, W., *Mrs Thatcher's Economic Experiment* (London, 1984)
Kennedy, P. M., *The Realities Behind Diplomacy: Background Influences on British External*

Policy, 1865—1980 (London, 1981)
Kershaw, I., *To Hell and Back: Europe, 1914—1949* (London, 2015)
King, A., & Crewe, I., *The Blunders of our Governments* (London, 2013)
Koss, S. E., *Asquith* (London, 1985)
Kynaston, D., *Austerity Britain 1945—1951* (London, 2008)
——, *Family Britain 1951—1957* (London, 2009)
——, *Modernity Britain: A Shake of the Dice 1959—1962* (London, 2014)
Levin, B., *The Pendulum Years: Britain in the Sixties* (Cambridge, 2003)
Lewis, J., *Women in England 1870—1950: Sexual Divisions and Social Change* (Brighton, 1984)
——, *Women in Britain since 1945: Women, Family, Work and the State in the Post-war Years* (Oxford, 1992)
Lloyd, T. O., *Empire, Welfare State, Europe: History of the United Kingdom 1906—2001* (Oxford, 2002)
Lockhart, R. H. B., *Your England* (London, 1955)
Longden, S., *Hitler's British Slaves* (Moreton-in-Marsh, 2005)
Lowe, R., *The Welfare State in Britain since 1945* (Basingstoke, 1993)
McDermott, G., *Leader Lost: A Biography of Hugh Gaitskell* (London, 1972)
McDonald, F., *Britain in the 1920s* (Barnsley, 2012)
Mackay, R. F., *Balfour, Intellectual Statesman* (Oxford, 1985)
McKenzie, R. T., *British Political Parties: The Distribution of Power within the Conservative and Labour Parties* (London, 1955)
McKibbin, R., *The Ideologies of Class: Social Relations in Britain 1880—1950* (Oxford, 1990)
——, *Classes and Cultures: England 1918—1951* (Oxford, 1998)
——, *Parties and People: England 1914—1951* (Oxford, 2010)
Mackintosh, J. P. (ed.), *British Prime Ministers in the Twentieth Century* (vol. 1. *Balfour to Chamberlain*; vol. 2. *Churchill to Callaghan*) (London, 1977—1978)
McSmith, A., *No Such Thing as Society: A History of Britain in the 1980s* (London, 2010)
Maillaud, P., *The English Way* (London, 1945)
Marquand, D., *Ramsay MacDonald* (London, 1977)
——, *Britain Since 1918: the Strange Career of British Democracy* (London, 2008)
Marsh, P. T., *Joseph Chamberlain: Entrepreneur in Politics* (New Haven, 1994)
Marwick, A., *The Deluge: British Society and the First World War* (London, 1973)
——, *Women at War, 1914—1918* (London, 1977)
——, *British Society Since 1945* (Harmondsworth, 1996)
Masterman, C. F. G., *The Condition of England* (London, 1909)
——, *The New Liberalism* (London, 1920)
——, *How England is Governed* (London, 1921)
——, *England After War: A Study* (London, 1922)
Medlicott, W. N., *Contemporary England 1914—1964* (London, 1967)

Middlemas, K., *Diplomacy of Illusion: The British Government and Germany, 1937—1939* (London, 1972)
——, *The Life and Times of George VI* (London, 1974)
——, *Politics in Industrial Society: The Experience of the British System Since* 1911 (London, 1979)
——, *Power, Competition and the State* (vol. 1. *Britain in Search of Balance, 1940—1961*; vol. 2. *Threats to the Postwar Settlement: Britain, 1961—1974*; vol. 3. *The End of the Post War Era: Britain since 1974*) (Basingstoke, 1986—1991)
——, *The Life and Times of Edward VII* (London, 1993)
Middlemas, K., & Barnes, A. J. L., *Baldwin: a Biography* (London, 1969)
Monk, R., *Bertrand Russell: The Spirit of Solitude* (London, 1996)
——, *Bertrand Russell, 1921—1970: The Ghost of Madness* (London, 2000)
Montgomery, J., *The Twenties* (London, 1970)
Moore, C., *Margaret Thatcher: The Authorized Biography*, vol. 1. *Not for Turning* (London, 2013); vol. 2. *Everything She Wants* (London, 2015)
Moore, J., *Portrait of Elmbury* (London, 1957)
Morgan, K. O., *Keir Hardie* (London, 1967)
——, *The Age of Lloyd George* (London, 1971)
——, *Consensus and Disunity: The Lloyd George Coalition Government, 1918—1922* (Oxford, 1979)
——, *Callaghan: A Life* (Oxford, 1997)
——, *Twentieth-Century Britain: a Very Short Introduction* (Oxford, 2000)
Morgan, K. O., *Britain since 1945: the People's Peace* (3rd edn.) (Oxford, 2001)
——, *Michael Foot: A Life* (London, 2007)
Mosley, O., *My Life* (London, 1968)
Mowat, C. L., *Britain Between the Wars, 1918—1940* (London, 1955)
Muggeridge, M., *The Thirties: 1930—1940 in Great Britain* (London, 1940)
Nicol, P., *Sucking Eggs: What your Wartime Granny Could Teach You About Diet, Thrift and Going Green* (London, 2009)
Nicolson, H. (ed. N. Nicolson), *Diaries and Letters* (3 vols.) (London, 1966—1968)
Orwell, G. (ed. P. Davison), *The Complete Works of George Orwell* (20 vols.) (London, 1998)
Osgerby, B., *Youth in Britain Since 1945* (Oxford, 1998)
Overy, R. J., *The Morbid Age: Britain Between the Wars* (London, 2009)
Parker, J., *King of Fools* (London, 1988)
Pearce, M., & Stewart, G., *British Political History, 1867—1990: Democracy and Decline* (London, 1992)
Peden, G. C., *British Economic and Social Policy: Lloyd George to Margaret Thatcher* (Oxford, 1985)
Pelling, H., *Modern Britain, 1885—1955* (London, 1969)
——, *Britain and the Second World War* (London, 1970)

——, *A Short History of the Labour Party* (London, 1972)
Percy, E., *Some Memories* (London, 1958)
Perkin, H. J., *The Rise of Professional Society: England since 1880* (London, 1989)
Phillips, M. G., & Phillips, T., *Windrush: The Irresistible Rise of Multi-Racial Britain* (London, 1998)
Pimlott, B., *Hugh Dalton* (London, 1985)
——, *Harold Wilson* (London, 1992)
Plowden, W., *The Motor Car and Politics, 1896—1970* (London, 1971)
Pollard, S., *The Development of the British Economy, 1914—1990* (4th edn.) (London, 1992)
Ponting, C., *Breach of Promise: Labour in Power, 1964—1970* (London, 1989)
Priestley, J. B., *English Journey: Being a rambling but truthful Account of what one Man saw and heard and felt and thought during a Journey through England during the Autumn of the Year 1933* (London, 1934)
——, *Margin Released: A Writer's Reminiscences and Reflections* (London, 1962)
Pugh, M., *The Making of Modern British Politics, 1867—1939* (Oxford, 1982)
——, *State and Society: British Political and Social History, 1870—1992* (London, 1994)
Ramsden, J., *The Age of Balfour and Baldwin, 1902—1940* (London, 1978)
Raymond, J., *The Baldwin Age* (London, 1960)
Read, D., *Documents from Edwardian England, 1901—1915* (London, 1973)
——, *Edwardian England* (London, 1982)
Reynolds, D., *Britannia Overruled: British Policy and World Power in the Twentieth Century* (London, 1991)
Rose, J., *The Intellectual Life of the British Working Classes* (New Haven & London, 2001)
Rose, K., *King George V* (London, 1983)
Rosenthal, M., *The Character Factory: Baden-Powell and the Origins of the Boy Scout Movement* (London, 1986)
Sampson, A., *Macmillan: A Study in Ambiguity* (London, 1967)
Sandbrook, D., *Never Had It So Good: A History of Britain from Suez to the Beatles* (London, 2005)
——, *White Heat: A History of Britain in the Swinging Sixties* (London, 2006)
——, *State of Emergency: The Way We Were: Britain, 1970—1974* (London, 2010)
——, *Seasons in the Sun: The Battle for Britain, 1974—1979* (London, 2012)
Seaman, L. C. B., *Life in Britain between the Wars* (London, 1970)
Skidelsky, R., *Politicians and the Slump: The Labour Government of 1929—1931* (London, 1967)
——, *Britain since 1900: A Success Story?* (London, 2014)
Smith, S. B., *Diana: The Life of a Troubled Princess* (London, 1999)
Stevenson, J., *British Society, 1914—1945* (London, 1984)
——, & Cook, C., *The Slump: Society and Politics during the Depression* (London, 1977)
Stewart, M., *The Jekyll and Hyde Years: Politics and Economic Policy since 1964* (London,

1977)
Strange, J.-M., *Twentieth-Century Britain: Economic, Cultural and Social Change* (Harlow, 2007)
Sykes, A., *Tariff Reform in British Politics: 1903—1913* (Oxford, 1979)
Symons, J., *The Thirties: A Dream Revolved* (London, 1960)
——, *Between the Wars: Britain in Photographs* (London, 1972)
Taylor, A. J. P., *The Origins of the Second World War* (London, 1961)
——, *The First World War: An Illustrated History* (London, 1963)
——, *English History, 1914—1945* (Oxford, 1965)
——, *The Second World War: An Illustrated History* (Harmondsworth, 1976)
Taylor, C., *Return to Akenfield: Portrait of an English Village in the Twenty-First Century* (London, 2006)
Taylor, D. J., *Orwell: The Life* (London, 2003)
——, *Bright Young People: The Rise and Fall of a Generation, 1918—1940* (London, 2007)
Thompson, F. M. L. (ed.), *The Cambridge Social History of Britain 1750—1950* (vol. 1. *Regions and Communities*; vol. 2. *People and Their Environment*; vol. 3. *Social Agencies and Institutions*) (Cambridge, 1990)
Thomson, D., *England in the Twentieth Century, 1914—1963* (Harmondsworth, 1965)
Thorpe, D. R., *Alec Douglas-Home* (London, 1996)
Tiratsoo, N., *From Blitz to Blair: A New History of Britain Since 1939* (London, 1997)
Todd, S., *The People: The Rise and Fall of the Working Class, 1910—2010* (London, 2014)
Tomlinson, J., *Problems of British Economic Policy, 1870—1945* (London, 1981)
——, *Employment Policy: The Crucial Years 1939—1955* (Oxford, 1987)
Turner, A. W., *Rejoice, Rejoice! Britain in the 1980s* (London, 2010)
——, *A Classless Society: Britain in the 1990s* (London, 2013)
Vincent, D., *Poor Citizens: The State and the Poor in Twentieth Century Britain* (London, 1991)
Vinen, R., *Thatcher's Britain: The Politics and Social Upheaval of the Thatcher Era* (London, 2009)
Vital, D., *The Making of British Foreign Policy* (London, 1968)
Walton, J. K., *The British Seaside: Holidays and Resorts in the Twentieth Century* (Manchester, 2000)
Wells, H. G., *Mr Britling Sees It Through* (London, 1916)
Williamson, P., *National Crisis and National Government: British Politics, the Economy and Empire, 1926—1932* (Cambridge, 1992)
Wilson, J., *C.B.: A life of Sir Henry Campbell-Bannerman* (London, 1973)
Wilson, T., *The Downfall of the Liberal Party, 1914—1935* (London, 1966)
Winterton (Earl), *Pre-War* (London, 1932)
——, *Orders of the Day* (London, 1953)
Woodham, J. M., *Twentieth-Century Design* (Oxford, 1997)

Woodward, E. L., *Short Journey* (London, 1942)
Young, J. W., *Britain and European Unity, 1945—1992* (Basingstoke, 1993)
Youngson, A. J., *The British Economy: 1920—1957* (London, 1960)
Ziegler, P., *Wilson: The Authorised Life of Lord Wilson of Rievaulx* (London, 1993)
Zweiniger-Bargielowska, I., *Women in Twentieth-Century Britain* (Harlow, 2001)

文 章

有关20世纪英国史的文章见如下期刊：

Cambridge Historical Journal (London, 1923—1957)
English Historical Review (London, 1886—)
Historical Journal (Cambridge, 1958)
History (London, 1912—)
Journal of British Studies (Chicago, 1961)
Past & Present (Oxford, 1952—)
Transactions of the Royal Historical Society (London, 1872—)

索 引

（条目后的页码为原书页码，参见本书边码）